P. J. Blumenthal
Kaspar Hausers Geschwister

SERIE PIPER

Zu diesem Buch

Kaspar Hausers Geschwister – so nennt P. J. Blumenthal die Kinder, die abseits der menschlichen Zivilisation aufgewachsen sind. Einige von ihnen wurden von Tieren wie Affen, Wölfen, Gazellen oder Leoparden aufgezogen, andere überlebten ohne jeglichen Kontakt zu anderen Lebewesen. Diese Wesen an der Grenze zwischen Mensch und Tier liefern seit Jahrhunderten Stoff für Mythen, Märchen und Horrorgeschichten. Ihre Sprachlosigkeit, ihre oft erstaunlichen körperlichen und geistigen Mängel und ihre weitere Entwicklung nach ihrer Rückkehr in die menschliche Gemeinschaft haben das Interesse der Wissenschaft geweckt. Ist der Mensch das Ergebnis seiner Natur oder der Umwelteinflüsse? Lernt der Mensch auch ohne andere Menschen eine Sprache? In diesem viel beachteten Band hat P. J. Blumenthal anhand von Augenzeugenberichten, Briefen und anderen Dokumenten spannende und berührende Fallgeschichten versammelt und kommentiert – von den sagenhaften Wolfskindern Romulus und Remus über den rätselhaften Fall des Kaspar Hauser bis zu den erschütternden Fällen von verwahrlosten Kindern der unmittelbaren Gegenwart.

P. J. Blumenthal, geboren 1946 in der Bronx, New York City, studierte Altphilologie am Queens College in New York und an der University of California. Er lebt seit 1975 in München und arbeitet als freier Schriftsteller, Übersetzer und Journalist.

P. J. Blumenthal

Kaspar Hausers Geschwister

Auf der Suche nach dem wilden Menschen

Vorwort von Elfriede Jelinek

Mit 14 Abbildungen

Erweiterte Ausgabe

Piper München Zürich

Für meine Eltern,
Ruth und Leo Blumenthal,
die mich davor bewahrt haben,
ein wilder Mensch zu werden

Erweiterte Taschenbuchausgabe
Piper Verlag GmbH, München
März 2005

Umschlag/Bildredaktion: Büro Hamburg
Isabel Bünermann, Heike Dehning,
Charlotte Wippermann, Katharina Oesten
Umschlagabbildung: Jason Holley
Foto Umschlagrückseite: Carola Regnier
Gesamtherstellung: Clausen & Bosse, Leck
Printed in Germany ISBN 3-492-24101-8

www.piper.de

Inhalt

Dritter Teil · Zum Schluss

Elfriede Jelinek

Fremd. Ein Vorwort

Der Mensch ist sich selbst fremd. Wie fremd wird er erst anderen sein? Ist er »ein Haustier« und »andre Haustiere wurden erst durch ihn vervollkommnet«? Und ist er wirklich das einzige Haustier, »das sich selbst vervollkommnet«, wie P. J. Blumenthal in seinem Buch über wilde Menschen einmal Johann Friedrich Blumenbach zitiert?

Sind diese wilden Menschen etwa Autisten oder Wahnsinnige, die neben den anderen hergehen, ohne sie je zu erreichen (oder daran gehindert werden, verschleppt durch Tiere, verstoßen, verirrt, fortgebracht)? Heißt das, sie gehen einfach neben sich selbst, ihr Bewusstsein von sich, quasi wie der Märtyrer seine abgezogene Haut, in der Hand achtlos neben sich herschleifend, weil sie es nicht brauchen? Viele dieser »wilden Kinder« haben feinst ausgebildete Sinne, sind dafür aber gegen Kälte und Hitze unempfindlich. Wir müssen uns über unsre Haut etwas Wärmendes drüberstülpen, sie aber nicht. Und wir müssen uns über unsre Körper das Bewusstsein stülpen, sie aber nicht. Heißt das, sie bekommen von ihrer Umgebung namens Wildnis ein Bewusstsein? Mit den Zitzen einer Wolfsmutter werden sie es nicht aufnehmen und ihm in ihren Körpern ein liebevolles Gefäß bieten. Sind diese Menschen also sich selbst wirklich fremd oder ist ihnen nur ein Bewusstsein fremd, das über die täglichen Grundbedürfnisse der Nahrungsaufnahme hinausgeht? Was da ist, dieser *homo ferus*, der wilde Mensch, weicht vor uns zurück, aber tut er das, weil er sich nicht kennt oder weil er uns nicht kennt? Werden diese Kinder in die Isolation geschleudert, aus der sie sich nie wieder ganz zurückgewinnen und neu zu Menschen zusammensetzen lassen, also zu etwas, das wir als Mensch verstehen? Gibt es eine

Urnatur des Menschen und alles außerhalb wäre unnatürlich (un-artig, weil un-erzogen? artig, weil erzogen?)?

Ich kann hier nur mit Fragen antworten, denn, und das ist sehr viel: Fragen sind zu mir aus diesem Buch ausgesandt worden, und ich will mich noch viel länger mit ihm zusammensetzen. Vielleicht weiß dann auch ich, woraus ich zusammengesetzt worden bin. Das Urteil der Geschichte über das zivilisierteste Volk, das die größten Barbareien begangen hat, liegt bereits hier vor mir auf dem Tisch, in mehreren Versionen, alle persönlich von der Geschichte unterzeichnet. Auch was die Griechen Barbaren genannt haben, weiß ich (Menschen, die nichts als Kauderwelsch sprechen, das heißt: anders). Ist die Sprache – manche Menschenaffen beherrschen inzwischen schon ziemlich viele Begriffe, auch wenn sie wenig davon hermachen, denn da sie ja nie sprechen lernen können, muss man ihnen Hilfsmittel machen, damit sie sich ausdrücken können – ist die Sprache also das, was den Zivilisierten, den Nichtwilden, ausmacht? Sperrt man kleine Kinder mit Tieren zusammen und zieht sie miteinander auf, so wird das Kind das Tier nachahmen. Nicht umgekehrt. Weiß das Tier also mehr von sich und ist das seine Stärke, oder ist es gerade die Stärke des Tieres, dass es nichts von sich weiß? Kann es damit dem Menschenkind seinen Stempel aufdrücken? Wieder nur Fragen. Stimmt das, was ich von mir weiß, überhaupt? Ja: Was wissen wir von uns und stimmt das, was wir wissen? Was wissen diese Wilden, die Geraubten, Verstoßenen, die Autisten oder Geisteskranken oder was immer sie sind, was wissen sie von sich? Die meisten können es nicht sagen, und sie erlernen es auch nicht mehr, das Sagen. Das Sprechen vielleicht schon, wenn man sich mit ihnen Mühe gibt, aber das Sagen nicht. Das Sagen, ist das etwas, das auch ein gefangenes Tier, das eigentlich ein Kind ist, von sich geben kann? Ich sehe die Einsamkeit der Spuren dieser wilden Menschen vor mir, die nichts (und niemandem etwas) sagen können oder das, was sie sagen konnten, fortgeworfen haben, um auf den eigenen Grund zu kommen, aber denken sie über den Grund nach? Ahnen sie, dass der nachgeben kann, was z. B. der Boden an dieser Stelle, an der sie sich gerade aufhalten, nicht tut? Stellen sie sich in Zweifel, der das eigentliche Sagen wäre (nicht das Sprechen!)? Ist da etwas in ihnen, das sie erst zu Menschen macht, und ihnen irgendeinen Weg ebnet, auch zu sich selbst, ins Ich, das eben nicht ein Auf-Sagen ist, sondern das Sagen, das aus einem Denken kommt? Wie stirbt das Denken, das auch in den Zivilisiertesten jederzeit sterben kann, gemeinsam mit dem, was eben die meisten Zivilisation nennen würden? Wie soll man sich diese Einsamkeit vorstellen, in der es zwar Schritte gibt, oft auf allen vieren, denn so kann man sich viel schneller fortbewegen, was man den Tieren abgeschaut hat, aber nichts, was, außer diesen Tieren, neben einem herläuft wie unser Bewusstsein, das Sprache geworden ist. Von Jesus, Gottes Sohn, wird von den Christen behauptet, das Wort wäre Fleisch geworden und hätte unter ihnen gewohnt. Abraham blickt auf und sieht (in der Genesis) vor sich drei Männer stehen, einen dreifaltigen Gott, der einmal im Singular, dann wieder im Plural spricht, angeblich sind diese Drei in Einem immer unter uns, auch wenn wir ganz unter uns zu sein glauben. Aber die Fremden, die wilden Menschen, sind Fleisch, in dem kein Wort wohnt, und sie sind vollkommen vereinzelt, falls man einen solchen Gedanken überhaupt aushält. Ist der Geist (oder der Irrsinn oder etwa die Seele, wenn man dran glaubt, denn was soll denn das sein?) das, was durch die Dunkelheit geht – und manche dieser wilden Kinder können, dank ihrer besonders geschärften Sinne, in der Dunkelheit viel besser sehen als wir, hören können sie sowieso besser, über weiteste Fernen, und es ist berichtet worden, dass die Augen zweier indischer Wildkinder, Mädchen, im Dunkel blau geleuchtet hätten wie die der Tiere – und sich selbst den Weg zeigt, da es ja kein andrer tut? Der Geist, der ist doch einer dieser drei Aspekte, die jeder einzelne »wir« sagen dürfen, also untrennbar zusammengehören, in eins, und die Menschen ihren (diesen drei) Aspekten, also: Gott ähnlich gemacht haben? Oder ist der wilde, der einsamste Mensch seine eigene Bahn, die er selber gezogen, hinter sich her gezerrt hat wie eine schwere Last, obwohl er sie eigentlich vor sich, als Weg, gebraucht hätte? Können die Menschen einander entbehren, sich selbst aber nicht? Müssen sie in dieser Einsamkeit, in die sie geworfen wurden, vielleicht auch von sich selber (etliche Fälle der überlieferten Wilden könnten gewiss auch Autisten sein), da sie ihren Körper als Gefängnis sehen, aus dem sie nicht heraus können, um mit anderen Kontakt aufzunehmen, etwas suchen, das sie ihrer selbst wieder versichern könnte? Dass sie überhaupt da sind? Wie wissen sie, dass sie da sind? Wir wissen ja nicht einmal, wieso ein Apfel ein Apfel ist, wenn es uns die Sprache nicht sagt. Was ist das Wesen, wenn ihm die Sprache fehlt, die es auch später meist nie mehr wirklich erlernen kann? Was ist diese Abgeschiedenheit, die sich von der der Verschiedenen so sehr unterscheidet, und sie verscheiden ja alle, egal wie verschieden sie im Leben gewesen sind. Aber wie verschieden kann ein wildes Kind von etwas sein, das es gar nicht kennt? Muss es sich in einen Abstand von sich selbst begeben, um sich als etwas Verschiedenes wahrnehmen zu können oder hat es gar keinen Anreiz, aus sich herauszutreten und sich mit den Augen des Nichts zu mustern (oder den Augen des Tieres, das es erzogen hat und mit dem es nun mitlaufen darf?)? Gibt es noch eine Instanz außerhalb seiner selbst, die der Wilde, der auch von sich Abgeschiedene, anrufen kann, um wieder in sich hineingeworfen zu werden? Oder ist das alles ohnedies überflüssig, weil Menschen Tiere sind (Tiere aber nicht Menschen)? Nur letztlich auf den Erhalt ihrer Art bedacht und alles, was diesem Ziel nicht dienen kann, die Alten und die Kinder, die man schließlich jederzeit neu machen kann, alle »Unnützen« also ausmerzend, wie das Volk der Ik während einer großen Hungersnot es getan hat – so beschreibt es zumindest der Forscher Turnbull (aber auch das wird von manchen Wissenschaftlern angezweifelt)? Soll man aus dieser Kultur irgendeine Natur zurückgewinnen, da sich aus der Natur später die Kultur offenbar nicht mehr in die Menschen hineinwaschen lässt, aber das Waschen soll ja: etwas herausholen, nicht hineingeben. Hineingeben tut man das Waschmittel, das alles weiß machen soll oder die schönen Farben möglichst erhalten.

Wo aber Gefahr ist, da wächst nichts, da schweigt es, weil das Sprechen mit dem Schweigen zusammenfällt. Den wilden Menschen bleibt nichts andres übrig. An ihren abgeschiedenen wilden Orten, wo sie wohnen (mussten), gibt es zwar Plätze, die ihnen Unterschlupf geben (so wie die nach dem Ort des Todes befragte Gorillafrau Koko so rührend antwortet: »gemütliches Loch. Wiedersehen«. Auch das Tier kann sich das Nichts, das Nicht-Sein, nicht vorstellen. Weil es kein Bewusstsein von seinem Sein hat? Aber das haben wir dann auch nicht! Denn auch wir können uns den Tod nicht vorstellen, weil niemand zu uns je von ihm gesprochen hat), aber diese Orte geben ihnen nicht zu denken. Sie geben ihnen doch zu denken, aber niemand wagt, wirklich nach einem solchen Ort zu fragen, an dem das Sprechen erst wirklich beginnen könnte, auch wenn man es nicht versteht. Woher überhaupt Sprache nehmen, wenn man sich sogar sein Wohnen selber suchen musste? Braucht die Sprache das Wohnen überhaupt? Vielleicht das Wohnen in sich selbst? Aber wenn man von sich selber kein Bewusstsein hätte, würde dann die Sprache in einem sterben oder wäre sie die Dämmerung, in die manche Affenherden am Abend so melancholisch hineinschauen, als wären sie in sich eben: zu Hause und könnten eine Art Abgeschiedenheit, in die sich die Sonne derzeit begibt, als etwas Anderes begreifen als den Zustand, in dem sie sich befinden? Und das macht sie traurig? Als könnten sie Abschied nehmen von etwas? Natürlich können das Tiere: Abschied nehmen. Aber können sie sich vorstellen, vom Zustand ihres Tierseins Abschied zu nehmen, können sie sich als etwas grundlegend Anderes imaginieren? Können sie ihr Bild von sich wechseln wie wir, wenn wir eins von unserer Wand nehmen und ein anderes hinhängen? Einfach so? Ich sehe, dass ich die ganze Zeit nur Fragen aufgeschrieben habe. Die Antworten können Sie hier suchen. An einsamen Plätzen lässt sich oft etwas entdecken. Woher wissen Sie dann aber, was es ist?

Erster Teil

Die Hintergründe

Die Fragestellung

Nachts blieb er mit seinem Stern allein.
Georg Trakl, Kaspar-Hauser-Lied

Kinder sind gerne Tiere. Sie können das Empfinden des Tieres noch gut nachvollziehen. Tiere denken nicht, sie sind aufmerksam, erfassen die Welt instinktiv, mit Augen, Ohren, Nase und Haut. Angst treibt sie an, und doch sind sie furchtlos. Ihr Bewusstsein besteht letztendlich aus Bedürfnissen und deren Befriedigung. Sie fühlen sich wohl in Verstecken.

Ich war drei Jahre alt, als ich eines Sommertags auf Händen und Knien der Katze unter den Bungalow nachkroch, um ihr beim Verschlingen einer Schlange, die sie mit einem gezielten Nackenbiss soeben getötet hatte, zuzuschauen. Das Reptil blutete noch aus dem halb abgekauten Kopf. Die Katze stierte mich zunächst argwöhnisch an, als wollte ich ihr die Beute streitig machen. Doch sie erkannte mich bald als artfremd und machte weiter, ohne mich zu beachten.

Ich hielt lange inne und fixierte das gefräßige Tier mit meinem Blick, als wäre ich selbst eine Katze. Doch zunehmend nahm ich den modernden Geruch des feuchten Bodens wahr. Die Stille, die Dunkelheit, die Enge und die Einsamkeit des Unterschlupfs wurden mir allmählich unheimlich. Panik stieg in mir auf, und ich spürte plötzlich eine starke Sehnsucht nach meiner Mutter und nach dem helllichten Tag. Augenblicklich wollte ich mich von der Tierwelt verabschieden. Auch wenn ich gerne Tier gespielt hatte, war ich eben ein Mensch. Ich kroch eilig in die Gesellschaft meiner Artgenossen zurück.

Manche Kinder können nicht mehr zurück. Sie verirren sich im Wald oder in einer Wildnis und finden nicht mehr nach Hause. Wenn sie nicht bald sterben, was sicherlich meistens der Fall ist, verwildern sie sehr rasch. Offenbar kann das Menschenkind innerhalb weniger Tage vertieren. Im finnischen Hinterland etwa verlaufen sich Kinder immer wieder im Wald. Nationalgardisten werden dann angehalten, das Gebiet Meter für Meter sorgfältig zu durchkämmen. Die Suchmannschaft weiß aus Erfahrung, dass verirrte Kinder nicht immer reagieren, wenn man sie ruft. Es kommt sogar vor, dass sie vor ihren Rettern manchmal zurückweichen und tiefer in den dichten Wald fliehen.

Das vorliegende Buch handelt von solchen Menschen, zumeist Kindern, aber doch auch hin und wieder Erwachsenen, die sich freiwillig oder auch nicht aus der menschlichen Gemeinschaft entfernten und in einem verwilderten Zustand überlebt haben.

Es gibt mehrere Wege aus der Menschengemeinschaft. Manche verirrten sich im Wald, manche wurden von grausamen Fürsorgern schlichtweg ausgesetzt, manche erlitten Schiffbruch. Wie dem auch sei. Sie vergessen uns bald – je jünger, desto vollständiger – und schlagen sich ohne die tradierten Strategien unserer Gattung durch. Den Berichten zufolge lebten einige von ihnen als Zöglinge unter Tieren – Wölfen, Bären, Panthern, Schafen, Schweinen, Affen –, andere hingegen überlebten ohne Kontakt zu anderen Lebewesen in völliger Isolation. Manche verwilderten auch mitten unter uns, als Opfer geisteskranker Eltern oder Bezugspersonen, die sie aus Sadismus oder unfassbarem Wahnsinn in einem Raum fernab des Tagesgeschehens einsperrten.

Doch egal, wie sie in diesen Ausnahmezustand gerieten, wir lernen sie erst nach der oft traumatischen Entdeckung kennen. Sie werden üblicherweise von ihren Rettern mit Zwang in unsere Mitte zurückgeholt. Einmal unter uns, finden sie sich aber äußerst selten zurecht. Meistens verkommen sie oder fristen ein elendes Dasein als Außenseiter. Dieter E. Zimmer hat sie passend »Tarzans arme Vettern« genannt. Ob sie in freier Bahn glücklicher wären, was Sentimentalisten für möglich halten, bleibt mangels Beweises dahingestellt. Es gibt kaum Augenzeugenberichte über ihr Leben in der »Freiheit«. Es verwundert aber nicht, dass dieses Dasein an der Grenze zwischen Mensch und Tier reichen Stoff für Mythen, Märchen und Horrorgeschichten liefert.

Und natürlich fasziniert das Thema Philosophen, Psychologen, Soziologen und Sprachwissenschaftler. Denn es verspricht, einige der Geheimnisse der Menschwerdung zu lüften: Ist der Mensch das Ergebnis seiner Natur oder der Einflüsse seiner Umwelt? Lernt der Mensch auch ohne andere Menschen eine Sprache? Was macht den Menschen zum Menschen? Auf den folgenden Seiten werden wir viel Gelegenheit haben, zu diesen Fragen Stellung zu nehmen.

Letztendlich aber bleibt der wilde Mensch eine Ausnahme in der langen Geschichte unserer Gattung, was ihn zu einem interessanten Gegenstand der Forschung macht. Seit Jahren bin ich auf der Suche nach ihm. In dieser Zeit habe ich mit größter Sorgfalt unzählige Werke in vielen Sprachen und aus vielen Ländern und Jahrhunderten durchstöbert, um seine Spuren zu sichern. Etwa einhundert Fälle, manche bekannt, manche verhältnismäßig unbekannt, habe ich aufgenommen. Das ist die bisher umfangreichste Zusammenstellung auf diesem Gebiet.

Das vorliegende Werk gibt im Detail alle von mir recherchierten Fälle wieder. Im Übrigen finden der Leser, die Leserin, zur Einführung eine Erläuterung des Phänomens aus historischer, philosophischer und psychologischer Sicht, die hoffentlich die nötigen Vorkenntnisse liefert, um ein eigenes Urteil fällen zu können. Doch so ausführlich dieses Buch auch sein mag, der wilde Mensch bleibt in den allermeisten Fällen ein stummer Zeuge seiner eigenen Geschichte und gibt nur selten sein letztes Geheimnis preis. Ich habe Berichte gelesen, Foto- und Videodarstellungen gesehen, habe in Briefen und Gesprächen mit glaubwürdigen Menschen, die ihn aus erster Hand erlebt hatten, alle erdenklichen Fragen gestellt und befinde mich dennoch noch immer auf der Suche nach ihm.

Deswegen warte ich bis zum letzten Kapitel, bevor ich mich an die Beantwortung der wesentlichsten aller Fragen zum wilden Menschen heranwage: Gibt es ihn nun wirklich oder nicht?

Kapitel 1

Die Grenze zwischen Mensch und Tier

So viel ist klar: Es liegt in der Natur des Menschen, an eine Verbrüderung mit den Tieren glauben zu wollen. So artfremd das Tier auch sein mag, so groß ist die Freude, wenn wir eine Gemeinsamkeit zu erkennen glauben. Die schnurrende Katze schmiegt sich ans Menschenbein. Wir deuten dies gerne als Zuneigung und nicht als Ausdruck eines territorialen Anspruchs. Die Ergebenheit des Hundes verstehen wir lieber als Treue denn als hierarchisches Verhalten. Man will vielleicht durch diese Annäherung das Bedrohliche an dem Tier ausschalten oder zumindest abschwächen.

Beim Menschenaffen stoßen wir auf die unmittelbare Grenze, die den Menschen vom Tier unterscheidet. Denn hier gilt es zuerst festzustellen, ob wir überhaupt verschieden sind. Das malaysische *»orang-utan«* bedeutet »Waldmensch«, was darauf hinweist, dass die malaysischen Stämme diese Nachbarn im Wald möglicherweise einst als artverwandt betrachteten.

Ein punischer Reisebericht aus dem 5. vorchristlichen Jahrhundert – heute nur noch in einer griechischen Übersetzung erhalten – erzählt von der Seefahrt des Karthagers Hanno, der etwa 500 v. Chr. an der Westküste Afrikas bis Sierra Leone oder Guinea entlang segelte. Das Schiff sei in eine Bucht eingefahren und erreichte – so der Bericht – eine große Insel. Dort stießen die Karthager auf einen See, in dessen Mitte wieder eine Insel lag. Auf dieser Insel seien Hanno und seine Matrosen auf nackte, wilde, stark behaarte Einheimische gestoßen. Ein Ortskundiger bezeichnete diese als *»gorillai«*. Die Karthager beschlossen, einige dieser exotischen *gorillai* einzufangen, doch die meisten flüchteten schnell in den Wald. Nur drei Nachzüglerinnen konnten schließlich dingfest gemacht werden. Sie wehrten sich aber so heftig, dass den Karthagern nichts anderes übrig blieb, als sie zu töten. Sie konnten lediglich die Felle als stummes Zeugnis nach Karthago zurückbringen, wo diese viele Jahre im Moloch-Tempel zusammen mit einer Abschrift des Berichts ausgestellt wurden.

Noch im 18. Jahrhundert war über die Menschenaffen in Europa so wenig bekannt, dass die klugen Köpfe der Aufklärung unschlüssig waren, wie sie sie einordnen sollten. Während Linné die Menschenaffen 1735 bereits als Pongiden, nicht als Hominiden klassifiziert hatte, zögerten andere Zeitgenossen mit der endgültigen Zuordnung. Für Herder stand die »Denkungskraft« des Affen »dicht am Rande der Vernunft«. Jean-Jacques Rousseau mutmaßte wiederum in seinem *Discours sur l'origine et les fondements de l'inégalité parmi les hommes*, dass die Pongiden, die Mandrille und die Orang-Utans gleich zu setzen wären mit jenen Satyren, Faunen und Sylphen, die man in der Antike für Götter gehalten hatte. »Vielleicht wird man nach eingehenden Recherchen herausfinden, dass sie Menschen sind«, wagte er zu behaupten. Der schottische Naturwissenschaftler James Burnet, Lord Monboddo, drückte 1779 in seinem Werk *Antient Metaphysics* die Hoffnung aus, dass ein Orang-Utan, der damals gerade auf einem französischen Schiff nach Europa gebracht wurde, möglicherweise zu menschlichen Fähigkeiten erzogen werden könnte. Diese Hoffnung gab man auch im 20. Jahrhundert nicht auf. Es kam – vor allem in den Vereinigten Staaten – zu mehreren Versuchen, Gorillas und Schimpansen die Menschensprache in Form einer Zeichen- oder Gebärdensprache beizubringen.

In den Mythen aller Völker – immerhin sind Mythen auch tradiertes Wissen schriftloser Kulturen – rücken Menschen und Tiere stets eng zusammen, bis sich die Grenze zwischen ihnen verwischt. Nicht selten wurde die Vermengung von Tier und Mensch als göttliches Wesen verehrt: die löwenartige Sphinx, der schakalköpfige Anubis, der habichtköpfige Horus in Ägypten, der elefantenköpfige Ganesha in Indien, Zeus als Schwan oder Stier. Totemtiere, sprechende Tiere oder Menschen, die zu Tieren werden, (wie etwa die Werwölfe) sind gang und gäbe in den zahllosen Märchen und Legenden dieser

Welt. Denn unter dem tierischen Äußeren suchen wir gerne nach Spuren des unlösbaren Geheimnisses der eigenen Existenz.

Doch sosehr wir auch bereit sind, das Tier aufzuwerten und es zu bewundern, wenn wir in ihm auch nur die bescheidenste Spur von Kommunikationsfähigkeit vermuten, so eifrig halten wir Menschen für artfremd, wenn sie Züge vorweisen, die zu sehr von den unseren abweichen. Unter diesem ominösen Schatten stand etwa die Begegnung Europas mit Amerika. Das »wilde« Aussehen der nackten karibischen Indianer betrachteten Kolumbus und seine Nachfolger als Freibrief, um diese zu versklaven, auszubeuten und manchmal abzuschlachten. Es half kaum, dass Papst Paulus III. 1537 in der Bulle *Sublimis Deus* den Fremdlingen in Neuspanien endlich eine unsterbliche Seele zugestand. Der europäische Sklavenhandel mit Schwarzafrikanern und die Sklavenwirtschaft in den amerikanischen Südstaaten waren nur möglich, solange weiße Händler und Verbraucher fest an die Minderwertigkeit der Schwarzen glaubten.

Die gleiche (eurozentrische) Einstellung veranlasste noch den jungen, aufgeklärten Charles Darwin, die Feuerländer, die er an der südlichen Spitze Südamerikas vorfand, als Menschen auf der niedrigsten Stufe der Evolution zu betrachten. Er bezweifelte, dass sie über einen eigenen Glauben verfügten. Der französische Philosoph Lucien Lévy-Bruhl – durchaus kein bekennender Rassist – vertrat noch in seinem 1922 erschienenen Buch *La Mentalité Primitive* die Meinung, dass die Menschen »in den minderwertigen Gesellschaften … wo der Einfluss der Weißen noch nicht eingeführt ist«, auf »vorlogischer Bewusstseinsebene« verharren.

Die Grenze zwischen Mensch und Tier scheint also ein verschwommenes Gebiet voll Gefahren, Missverständnissen und Hoffnungen. Unsere wilden Menschen haben dieses Grenzgebiet bewohnt. Oft wurden sie deswegen als Mittler zwischen den zwei Welten gedeutet und missbraucht. Naturwissenschaftler und Philosophen hielten (und halten) sie immer wieder für geeignete Studienobjekte, um einen Blick über die Mauer in die letztlich unerforschbare Zone des tierischen Bewusstseins zu gewähren. Aus diesem Grund versuchten einige ihrer Retter, ihnen die menschliche Sprache so schnell wie möglich beizubringen, um dadurch einen zuverlässigen Augenzeugenbericht aus der grauen Zone zu erhalten. Der Erfolg blieb allerdings stets aus.

Kapitel 2

Die stummen Zeugen

Bis zum Anfang des 18. Jahrhunderts gehörten Schilderungen von wilden Menschen in Europa zu den Merkwürdigkeiten, die Autoren in Chroniken, Zeitungen, wissenschaftlichen Traktaten und Reiseberichten gerne aufgriffen. Beschreibungen dieser exotischen Geschöpfe übten die gleiche Faszination auf die Leser aus wie eine Geschichte über die Geburt eines zweiköpfigen Kalbs oder ein Beitrag über einen kräftigen Froschregen.

Die Zahl der tradierten Fälle blieb aber stets bescheiden, ein Beweis dafür, dass es sich bei den Wilden eindeutig um Ausnahmen handelte. Zu den bekanntesten Fällen zählten drei Wolfsjungen aus Hessen (s. S. 96–98), deren Schicksal in mehreren Chroniken aus dem frühen 17. Jahrhundert verewigt wurde; ein Kalbskind aus Bamberg (s. S. 106) im 16. Jahrhundert; ein irisches Schafskind (s. S. 113 f.), das der holländische Mediziner Nikolaus Tulp in seinen *Observationes Medicae* (1672) beschrieb, und verschiedene litauische Bärenjungen (s. S. 109–117), die in der 1698 erschienenen *History of Poland* des britischen Mediziners und Leibarztes des polnischen Königs Jan Sobieski III., Bernard Connor, auftauchen.

Doch selten war die Schilderung eines verwilderten Menschen mehr als das Erzählen einer interessanten Anekdote, denn der Glaube an Ungeheuer und Fabelwesen war noch sehr lebendig. Der englische Philosoph Kenelm Digby war wohl eine Ausnahme. Er erwähnte 1644 in einem Essay über die Menschenseele das Schicksal eines Jungen aus Lüttich namens Hans (s. S. 107 f.), der in den Wirren des Dreißigjährigen Krieges in einen nahe gelegenen Wald geflüchtet war, wo er bald verwilderte. Als Hans Jahre später wieder auftauchte, verfügte er über einen ausgeprägten Geruchssinn. Digby machte diese erworbene Eigenschaft zum Gegenstand der Fragestellung nach der unterschiedlichen Entwicklung der Sinne in einem natürlichen und einem kultivierten Umfeld.

Erst die Aufklärer des 18. Jahrhunderts begannen nach einem tieferen Sinn im Wesen der wilden Menschen zu suchen. Es war ohnedies eine Zeit, als sich immer mehr Gelehrte in Europa Gedanken über die menschliche Natur machten. 1724 entdeckte ein Bauer auf einer Wiese in der Nähe der Stadt Hameln einen stummen, verwahrlosten Knaben, den man bald den Wilden Peter (s. S. 124–132) nannte. Es dauerte nicht lange, bevor er in seiner Heimat ins Rampenlicht geriet. Auch der Hannoversche Kurfürst Georg Ludwig, der als King George I England regierte, wurde neugierig und bestellte den verwilderten Jungen nach London. Kaum war Peter in England gelandet, meldete sich bei Hof der Arzt und Schriftsteller John Arbuthnot. Er hoffte, durch eine Untersuchung des Wilden Peter herauszufinden, welche menschlichen Eigenschaften zu den angeborenen und welche zu den erworbenen gehörten – damals eine zentrale Frage der Philosophie. Zwei Monate lang versuchte der engagierte Arbuthnot, die Antwort auf diese Fragen seinem Studiengegenstand zu entlocken. Vergebens. Der Wilde Peter blieb stumm und unkooperativ. Arbuthnot brach die Untersuchung ab, der Junge kam in die Obhut eines Bauern im Norden des Landes.

Nur wenige Jahre später betrat ein verwildertes Mädchen (s. S. 132–139) das französische Dorf Songi in der Champagne und sorgte ebenfalls für Aufsehen. Auch ihr Fall wurde bald von den Fachleuten untersucht. Immer mehr kluge Köpfe machten sich Gedanken über das Phänomen der verwilderten Menschen. Der französische Aufklärer Etienne Bonnot de Condillac veröffentlichte 1746 einen *Essai sur l'origine des connaissances humaines*. Darin behauptete er, dass der Mensch als unbeschriebenes Blatt auf die Welt komme und seine Kenntnisse nur durch sinnliche Erfahrungen erwerbe. Auch die Aneignung der Sprache sei nur durch die Mitarbeit der Sinne möglich, meinte Condillac. Wer über keine Sprache verfüge, der besitze auch kein Erinnerungsvermögen. Als Beispiel dafür zitierte er den Fall eines der litauischen Bärenjungen, über den schon Bernard Connor berichtet hatte. »Kaum hatte er zu sprechen gelernt, so fragte man ihn nach seinem ursprünglichen Zustand aus. Doch er behielt nur soviel darüber in seinem Gedächtnis wie wir wohl über die Geschehnisse in der Wiege.«

1749 erschien das monumentale Kompendium *Histoire naturelle générale et particulière* des großen französischen Universalgelehrten Georges-Louis Buffon. In mehreren illustrierten Bänden beschrieb er die Lebewesen und Gesteine dieser Erde. Ein ausführliches (und auch heute noch sehr lesbares) Kapitel widmete Buffon der Verschiedenheit der Menschheit und reihte darin die damals wenig erforschten Indianer Nordamerikas unter die primitivsten Menschen des Planeten ein. Nach seiner Meinung lag der Grund für ihre Rückständigkeit darin, dass sie auf der weitläufigen Prärie viel zu zerstreut lebten, was sie daran hindere, eine komplexe Zivilisation zu entwickeln. Seine Theorien zu den Indianern regten ihn zu Gedanken über den Urzustand der Menschheit an, wobei ihm auch die wilden Kinder, unter anderem die litauischen Bärenjungen, der Wilde Peter aus Hameln und das Mädchen aus Songi als Beispiele dienten. Würde ein Philosoph, so Buffon, eines dieser wilden Kinder aus der Nähe beobachten, könnte er »die Stärke der Begierden der Natur richtig einschätzen; er würde die Seele darin aufgedeckt sehen, er würde alle natürlichen Regungen wahrnehmen und vielleicht mehr Sanftmut, Ruhe und Stille darin erkennen als in der seinigen; vielleicht würde er klärlich sehen, dass die Tugend dem Wilden mehr als dem gesitteten Menschen angehört, und dass das Laster seine Entstehung nur in der Gesellschaft erhalten hat.«

Buffon scheint der erste zu sein, der die wilden Menschen zu edlen Wilden umfunktionierte. Es lag aber auf der Hand, sie so zu deuten. Sie lebten weitab von der zivilisierten Welt, waren also prädestiniert, die Rolle des unverdorbenen Naturmenschen zu spielen, eine Auffassung, die im Lauf des Jahrhunderts immer neue Anhänger gewann.

Jean-Jacques Rousseau, selbst einer der bekanntesten Verfechter des Begriffs des »edlen Wilden«, gehörte allerdings nicht zu diesen. Er war nicht der Ansicht, dass die wilden Kinder ein Abbild unserer eigenen Geschichte darstellten. Auch wenn sie sich auf allen vieren fortbewegten, sei dies kein Beweis, dass alle Menschen ursprünglich Vierbeiner gewesen seien, sinnierte er in seinem *Essay über den Ursprung der Ungleichheit unter den Menschen* (1754). »Es beweist lediglich, dass der Mensch seinen Gliedern eine bequemere Bestimmung als die natürliche geben kann und nicht, dass die Natur den Menschen bestimmt hat, anders zu laufen als sie ihm es beigebracht hat.« Und der Aufklärer Voltaire meinte zu diesem Thema: »Wenn man auf eine verirrte Biene trifft, soll man daraus folgern, dass sich diese Biene im Zustand der reinen Natur befindet und dass diejenigen, die im Bienenstock kollektiv arbeiten, degeneriert sind?«

Dennoch wurden die wilden Kinder im Lauf des Jahrhunderts zu begehrten Studienobjekten der Aufklärer. Der Höhepunkt wurde wohl 1758 erreicht, als Carl von Linné die 10. Auflage seines einflussreichen Werks *Systema Naturae* herausgab. Der Schwede Linné hatte in der ersten Auflage seines systematischen Werkes 1735 eine umfassende Gliederung der Schöpfung nach Art und Gattung vorgenommen. 1758 räumte er auch dem *homo ferus*, dem wilden Menschen, einen Platz in seinem System ein. Das verwilderte Wesen galt fortan neben *homo americanus, homo europaeus, homo asiaticus, homo afer* und *homo monstrosus* ganz offiziell als Unterart der Gattung *homo sapiens*.

Linné bezeichnete den *homo ferus* in knappen Zügen als *tetrapus, mutus* und *hirsutus,* d. h., vierbeinig, stumm und behaart, und führte als Beispiele sechs Fälle an, die damals zu den bekanntesten gehörten, unter ihnen einen litauischen Bärenjungen, den der pedantische Schwede *juvenis ursinus lithuanus* betitelte, einen hessischen Wolfsjungen *(juvenis lupinus hessensis)* und den Wilden Peter *(juvenis hannoveranus)*. Der 12. Auflage seines Werkes fügte er noch weitere drei Fälle hinzu.

Die Behauptung, der wilde Mensch sei vierbeinig, stumm und behaart, scheint allerdings übertrieben. Sie entsprach aber durchaus der damaligen weit verbreiteten Vorstellung eines *homo ferus*. Vielleicht hatte Linné, als er diese Zeile verfasste, den Holzschnitt eines wilden Menschen aus der *Historia animalium* (1552) des Schweizer Naturwissenschaftlers Konrad Gesner vor Augen. Dieser zeigt ein auf allen vieren kriechendes Geschöpf, einen »Forstteufel« (s. S. 101 f.), wie ihn der Schweizer nannte, den man angeblich 1531 im Hasberger Wald bei Salzburg entdeckt hatte. Mit löwenähnlichen Tatzen und Adlerkrallen hockt das behaarte Biest auf dem Boden, als würde es den Betrachter gleich anspringen.

Letztendlich ist es aber unwichtig, wie wahrheitsgetreu Linné seinen *homo ferus* darstellt. Wichtig ist, dass er dem wilden Menschen einen festen Platz in der Weltordnung einräumte. Die Wissenschaft konnte nun nicht umhin, sich mit diesem unbequemen Wesen auseinander zu setzen. Der wilde Mensch wurde immer häufiger zu einem Kronzeugen, der helfen sollte, die brennende Frage zu klären, die John Arbuthnot schon am Anfang des Jahrhunderts gestreift hatte: Werden wir als Menschen geboren oder zu Menschen erzogen?

Kapitel 3

Jedem das Seine

Es ist bedauerlich, dass Johann Christian Daniel Schrebers Werk, *Die Säugetiere in Abbildungen nach der Natur mit Beschreibungen* – es erschien schrittweise in 62 Heften zwischen 1774 und 1804 in Erlangen – nur noch in den Handschriftensammlungen großer Archivbibliotheken wie der Bayerischen Staatsbibliothek zu beziehen ist. Dieser Abriss der Tierwelt, eine Art *Brehms Tierleben* des 18. Jahrhunderts, ist ein wahrer Augenschmaus voll farbiger Stiche exotischer Tiere, die Schreber neben seinen gewissenhaften Texten aus Augenzeugenberichten selbst nachgezeichnet hatte. Einige seiner Bilder wirken durchaus utopisch, da Schreber nicht selten auf unzuverlässige Quellen angewiesen war. Das Los Angeles Museum veranstaltete übrigens eine unterhaltsame Ausstellung mit den von Schreber skizzierten phantastischen Kreaturen. Die kopflastige Darstellung eines Pottwals, die einer Giraffe mit Kropf und andere wenig naturtreue Illustrationen sollten die Wissenschaft des 18. und die des 21. Jahrhunderts witzig-ironisch einander gegenüberstellen.

Ein naiver Beobachter war Schreber aber allemal nicht. Sein Kompendium der Tiere wie auch seine zahlreichen Werke über Pflanzen und Insekten sind auch heute noch lesenswert, weil der Forscher den Gegenstand seiner Untersuchungen durchaus kritisch unter die Lupe nahm. Wie sein Vorbild Linné, dessen Vorlesungen in Uppsala er besucht hatte, zählte auch Schreber den Menschen zu den Tierarten, die es in einer zoologischen Studie zu beschreiben galt. Dessen Verwandter, der wilde Mensch, fand ebenfalls Eingang in Schrebers Werk.

Doch im Gegensatz zu seinem Lehrer Linné bewertete Schreber den *homo ferus* nicht als Unterart unserer Gattung, sondern als deren »Ausartung«. Linné hatte den wilden Menschen nur stichwortartig als stummen, haarigen Vierbeiner gezeichnet, Schreber malte alle bekannten Fälle systematisch und mit Quellenangaben detailliert aus. Allerdings erlaubte er sich eine gewisse Skepsis, was die Überlieferung betraf. Über den *juvenis lupinus hessensis* bemerkte er lapidar: »Diese Geschichte ist ein offenbares Märchen, dessen Urheber man nicht einmal weiß.« Die Geschichten der verschiedenen litauischen Bärenjungen hielt er dagegen für Dubletten. Zum irischen Schafskind meinte er, dass es seines Wissens gar keine wilden Schafe in Irland gäbe, ergo, auch keine wilden Schafskinder. Darüber hinaus lehnte Schreber die Behauptung Linnés ab, dass der *homo ferus* behaart und vierbeinig wäre. »Was ihnen insgesamt zu mangeln schien, war die Vernunft nebst der Sprache«, meinte er und hielt dies für »eine Folge der Einsamkeit«.

Was ihn aber besonders erboste, war die Mutmaßung, dass der *homo ferus* den Naturmenschen bar jeder zivilisatorischen Beeinflussung darstellen könne, wie Buffon und andere Beobachter meinten. Es lohnt sich, Schrebers Schlussfolgerung zu dieser Frage in vollem Wortlaut wiederzugeben: »Durch diese Beispiele ist also die vorgebliche Unvollkommenheit des Menschen in seinem ursprünglichen Stand noch lange nicht erwiesen. Überhaupt lässt sich nicht wohl annehmen, dass sie schon in dem zartesten Alter in die Wildnis geraten seien. Sie würden sich selbst weder ihren Unterhalt, noch den nötigen Schutz gegen die Strenge der Witterung haben verschaffen können, in der Ermangelung sie binnen kurzem würden haben umkommen müssen. Der wilden Tiere zu geschweigen, von welchen in Europa nicht viel für sie zu befürchten war. Vielleicht würden sie sich auch im gegenseitigen Falle in so bevölkerten Gegenden, als die meisten von denen sind, wo man sie gefunden hat, nicht so lange haben verborgen halten können. Sie waren schon ziemlich herangewachsen und hatten folglich auch bereits einen Teil der Erziehung genossen, dass ist, wenigstens gehen, einigermaßen nachdenken und reden gelernt, wenn ihnen die Beschaffenheit ihres Körpers dieses erlaubte. Hierauf wurden sie durch einen Zufall von den ihrigen getrennt, einige vielleicht durch eine Art Wahnsinn, denn verschiedene von ihnen sind deutlich mit demselben behaftet gewesen; andere etwa durch eine harte Begegnung, auf der Reise usf. Eine gewisse Blödigkeit des Gemüts oder Furcht hinderte sie, sich wieder nach menschlicher Gesellschaft umzutun, welches sonst gewiss nicht unterblieben sein würde. Wenn man dieses erwägt, so wird hoffentlich kein Zweifel sein, dass weder die einen noch die anderen, auch nur einigen Begriff von dem ursprünglichen Zustand des Menschen geben können. Nicht jene; denn man wird doch nicht eine Krankheit für die ursprüngliche Beschaffenheit des Menschen annehmen wollen? Nicht diese; denn sie waren nicht von der bloßen Natur gebildet.«

Für Schreber war der wilde Mensch also mitnichten eine Naturerscheinung und erst recht kein Fossil, das einen Blick in den ursprünglichen Zustand der Menschheit gewährte, sondern lediglich ein armer Tropf, der sich irgendwann verirrt hatte.

Ganz anders urteilte Lord Monboddo. Er schwärmte einmal, dass der *homo ferus* aufregender sei »als die Entdeckung des Uranus, oder wenn die Astronomen noch 30000 neue Sonnen zu den schon bekannten hinzufänden«. Insbesondere faszinierte ihn der Fall des Wilden Peter von Hameln. In seinem 1779 erschienenen Werk *Antient Metaphysics* bezeichnete Lord Monboddo das Schicksal Peters »als eine kurze Kronik [sic] der Geschichte des Fortschritts der Menschennatur vom Zustand des Tierischen bis zum ersten Stadium eines zivilisierten Lebens«.

Dieser Überschwang des Schotten hat den Göttinger Professor und Arzt Johann Friedrich Blumenbach aufgebracht. Auch Blumenbach, der heute in manchen Kreisen als Vater der biologischen Anthropologie bezeichnet wird, hatte den bekannten Fall vom Wilden Peter während des letzten Viertels des 18. Jahrhunderts eingehend recherchiert. Im Gegensatz zu Lord Monboddo hielt er Peter für einen gewöhnlichen Schwachsinnigen, ohne jeglichen Wert für die Wissenschaft. »Dr. Arbuthnot hatte bald gefunden«, schrieb Blumenbach 1811 in einem Essay (enthalten in seiner Sammlung *Beiträge zur Naturgeschichte)*, »dass von dem blödsinnigen Buben für

Psychologie oder Anthropologie eben keine belehrende Ausbeute zu erwarten sei.« Blumenbach, der seinerzeit großen Einfluss auf die Naturwissenschaft ausübte, stufte alle bisher vorgetragenen Fälle von verwilderten Kindern pauschal in die Rubrik »naturwidrige Missgeschöpfe« ein, wies mit Nachdruck auf die Unwahrheiten und Widersprüche in den Berichten hin und erklärte ihre Zuverlässigkeit schließlich für »höchst problematisch«.

Blumenbach lehnte die Möglichkeit eines echten wilden Menschen ab, denn nach seiner Auffassung war der Mensch von Anfang an »ein Haustier«. Dem gemäß sei es unmöglich, dass Kinder in eine »wilde Stammrasse« zurückmutieren könnten.

Ganz anders Johann Gottfried Herder. Er zweifelte nicht an der Existenz wilder Menschen. In seinen *Ideen zur Philosophie der Geschichte der Menschheit* (1784–1791) nutzte er sie als abschreckendes Beispiel, um zu beweisen, dass nur die Vernunftfähigkeit, nicht aber die Vernunft selbst dem Menschen angeboren sei. Letztere müsse man mühevoll erlangen. Um dies zu veranschaulichen, zog Herder das Schicksal zweier wilder Kinder heran, des irischen Schafskinds und des Mädchens von Songi: »Lauter Erweise, wie sehr sich die biegsame menschliche Natur, selbst da sie von Menschen geboren und eine Zeit lang unter ihnen erzogen worden, in wenigen Jahren zu der niedrigsten Tierart gewöhnen konnte, unter die sie ein unglücklicher Zufall setzte.« Der wilde Mensch lieferte Herder also den eindeutigen Beweis, dass dem Menschen nichts angeboren ist. Er komme in diese Welt gewissermaßen als Mensch ohne Eigenschaften.

An der Schwelle zum 19. Jahrhundert gehörte der *homo ferus* zum festen Repertoire der Entwicklungstheoretiker. Er war zum stehenden Begriff geworden, den man je nach Standpunkt wohlwollend oder ablehnend zitierte. Doch es waren immer die gleichen, bekannten Fälle, die für die Diskussionen herhalten mussten. Mit Ausnahme von zwei neuen Fällen aus dem fernen Ungarn, einem Wilden von Kronstadt (s. S. 152–157) und einem gewissen Tomko von Zips (s. S. 157–161), schien die

Zeit der Verwilderung in Europa, wie Schreber bereits festgestellt hatte, endgültig vorbei.

Man kann deswegen die Aufregung in Frankreich verstehen, als im Sommer 1799 ein etwa zwölfjähriger Knabe, stumm und splitternackt, in der Nähe des Dorfs Lacaune im Departement Aveyron von drei Jägern festgenommen wurde.

Die Nachricht von der Existenz eines verwilderten Kindes machte schnell die Runde. Auf Befehl des Innenministeriums trat der »Wilde von Aveyron« (s. S. 162–180) Anfang 1800 die Reise in die Hauptstadt an. Kurz nach seiner Ankunft am Institut für Taubstumme in der Rue Saint-Jacques untersuchte ihn Philippe Pinel, eine Koryphäe – und ein wahrer Reformator – im Bereich der Geisteskrankheiten, und fällte schließlich das vernichtende Urteil, dass der »*sauvage de l'Aveyron*« gar kein Naturmensch wäre, sondern lediglich ein gewöhnlicher Schwachsinniger.

In diesem Augenblick meldete sich zum Glück der junge idealistische Arzt Jean Itard. Beseelt von den Erziehungstheorien Condillacs, die besagen, man erlange die Vernunft durch die Sinnesorgane, bat er um die Erlaubnis, den *sauvage* als Schüler annehmen zu dürfen. Die nächsten fünf Jahre verbrachte der Junge, den Itard inzwischen Victor genannt hatte, in der Obhut seines Lehrers. Itard veröffentlichte zwei lange Berichte über diese Zusammenarbeit, Zeugnisse eines oft frustrierenden Ringens, Victor in die Normalität zurückzuholen.

Außer dem Fall Victor erreichten während der ersten Hälfte des 19. Jahrhunderts nur selten Berichte von verwilderten Menschen in Europa eine breite Öffentlichkeit. Kaspar Hauser (s. S. 192–212) bildete die große Ausnahme. 1828 erschien er plötzlich auf einer Nürnberger Straße, in seiner Hand einen dubiosen Zettel, der eine mysteriöse Herkunft andeutete. Obwohl diese Geschichte für Schlagzeilen sorgte, wurde sie nur selten von den Psychologen und Naturwissenschaftlern des 19. Jahrhunderts untersucht. Sie galt vielmehr als Kriminalfall. Es wurde gemunkelt, Kaspar Hauser wäre als rechtmäßiger Erbe des badischen Königshauses das Opfer eines Verbrechens geworden. Die meisten Schriften über ihn befassen sich deshalb mit diesem Aspekt der Geschichte.

Im Großen und Ganzen wurde der *homo ferus* während der ersten Hälfte des 19. Jahrhunderts wenig beachtet. Die französischen Physiologen F. J. Gall und G. Spurzheim erwähnten zwar den wilden Menschen in ihrem zweibändigen Werk, *Anatomie et Physiologie du système nerveux en général et du cerveau en particulier* (1812), lehnten aber diesen Begriff ab: »Manche glauben, sie können nachweisen, dass der Mensch ohne Fähigkeiten und Interessen geboren wird, und dass er seine geistigen und moralischen Fähigkeiten nur dank seiner Erziehung erwarb. Sie zitieren als Beispiele manche der ›Wilden‹, die man in den Wäldern fand, die keine Erziehung genossen und daher nur die Brutalität der Tiere ohne menschliche Fähigkeiten besaßen. Diese Einwendung scheitert aber, wenn man merkt, dass diese Wilden, die man im Wald entdeckte, üblicherweise elende Geschöpfe sind, die unvollständig organisiert sind …« Gall und Spurzheim mutmaßten, dass alle bekannten Fälle vermutlich als Wasserköpfe oder Mikrozephale zu erklären seien.

Ein Besuch des französischen Naturwissenschaftlers J. J. Virey bei Victor und dessen Betreuerin Mme. Guérin 1817 in Paris schien die Skepsis solcher Kritiker zu bestätigen. »Heute«, schrieb Virey, »ist diese Person schreckhaft, halbwild geblieben und konnte das Sprechen aller Bemühungen zum Trotz nicht lernen.«

Erst Mitte des 19. Jahrhunderts fanden die wilden Menschen wieder einen eifrigen Fürsprecher. Der Theologe und Philosoph Johann Friedrich Immanuel Tafel, Bibliothekar an der Universität Tübingen, veröffentlichte im Revolutionsjahr 1848 seine *Fundamentalphilosophie in genetischer Entwicklung mit besonderer Rücksicht auf die Geschichte jedes einzelnen Problems*, die ihm anschließend eine Professorenstelle einbrachte. Tafel, ein leidenschaftlicher Verfechter der Swedenborg'schen Lehre, hatte sich vorgenommen, in diesem Werk die Evolution des Bewusstseins *ab origine* darzustellen. Allerdings ist nur der erste Teil erschienen. Darin findet sich jedoch ein ausführliches Kapitel über den *homo ferus* und dessen Bedeutung für die menschliche Entwicklungsgeschichte.

Wie Herder vertrat auch Tafel die Meinung, dass die Menschwerdung stark umweltabhängig sei. Das, was wir unter Bewusstsein verstehen, sei lediglich eine »Anlage zur Freiheit und Vernünftigkeit«, und die könne nur wachsen, wenn »ein schon entwickeltes Vernunftwesen uns sinnlich gegenüberträte«. Sein Fazit hat er in einem einzigen Satz unmissverständlich zusammengefasst: »Der Mensch wird also nur unter Menschen ein Mensch, er muss zum Menschen erzogen werden, ohne diese Erziehung bleibt er Tier.«

Als Bibliothekar einer gut sortierten Universitätsbibliothek hatte Tafel alle schriftlichen Quellen zur Hand. Er zitiert diese in voller Länge, mit ausführlichen Kommentaren versehen, um seine Theorie über die Menschwerdung zu untermauern. Er griff auch einige zeitgenössische Fälle auf, unter ihnen den des Victor von Aveyron. Durch das Heranziehen der Quellen war er bestrebt, ein gerechtes Bild des Phänomens zu bieten. Doch aller Ausgewogenheit zum Trotz erkennt der Leser auf fast jeder Seite, dass Tafel insbesondere mit dem Anthropologen Blumenbach ein Hühnchen zu rupfen hatte. Den Schluss Blumenbachs, dass die Verwilderten unter einer angeborenen Geisteskrankheit litten, wies Tafel zurück. Wenn die Wilden schwachsinnig wären, so Tafel, dann nur wegen der außergewöhnlichen Umstände ihrer Erziehung. Er selbst unterschied zwischen zwei Arten der geistigen Debilität: dem »Blödsinn« und dem »Stumpfsinn«. Ersteres sei seiner Meinung nach dem Menschen angeboren, Letzteres das Ergebnis der Erziehung.

Rückendeckung erhielt Tafel, der 1863 starb, etwa vierzig Jahre später von einem Leipziger Professor der Anatomie namens August Rauber. Dieser veröffentlichte 1885 eine Monographie mit dem allumfassenden Titel *Homo sapiens ferus oder die Zustände der Verwilderten und ihre Bedeutung für Wirtschaft, Politik und Schule*. In dieser »biologischen Untersuchung«, wie er sie nannte, wollte er dem Phänomen der Verwilderung auf den Grund gehen.

Nach Auffassung Raubers war der *homo ferus* schlicht und einfach der Mensch ohne Kultur, der Gegensatz zum Menschen in der Gesellschaft. Wenn der Verwilderte ohne Vernunft und Sprache in Erscheinung trete, habe dies keinesfalls mit angeborenem Schwachsinn zu tun, wie Schreber und Blumenbach behaupteten, sondern lediglich mit seinem erbärmlichen Leben als Einzelgänger. Raubers Ansicht ähnelte der von Tafel: »Der Einzelne bedarf nicht bloß zu seiner Menschwerdung der Wirkungen des staatlichen Verbandes, sondern die menschliche Vernunft selbst, so wie die Sprache des Menschen, sind langsam gereifte Erzeugnisse des Verbandslebens.«

Und doch räumte Rauber ein, dass die Verblödung der wilden Kinder, die Schreber, Blumenbach und andere festgestellt hatten, nicht ganz von der Hand zu weisen sei. Rauber bezeichnete sie aber als eine *dementia ex separatione*, einen durch die Absonderung verursachten Schwachsinn. Ursache dafür sei eine Erstarrung der Bildungsfähigkeit während der Isolierung. Rauber hielt die ersten zwei Jahre eines Menschenlebens für die kritische Zeit, in der ein Kind die wichtigsten Grundlagen des Menschseins aufnimmt. Je früher es in die Isolierung gerate, umso gravierender wäre demnach die Wirkung der Absonderung auf seine weitere Entwicklung. Im schlimmsten Fall wären die Verluste nicht mehr wettzumachen. Doch anders als die geistig behindert Geborenen, die eine solche Isolierung nie überlebt hätten, könnten wilde Kinder dank ihrer naturgegebenen Möglichkeiten die Strapazen der Isolierung durchaus meistern.

Zudem hielt es Rauber mit Lord Monboddo, dass nämlich der isolierte Mensch sehr wohl den Urzustand der Menschheit widerspiegele. Er zeigte aber Verständnis für die Einwände seiner Vorgänger, Schreber und Blumenbach, die »nicht gegen den Urmenschen der heutigen Wissenschaft, sondern weit eher gegen den ›Naturmenschen‹ der Naturphilosophie des vorigen Jahrhunderts« kämpften. »Der Naturmensch des vorigen Jahrhunderts war ein anderer, als unser vorgeschichtlicher und vorkultureller Mensch«, beschwichtigte Rauber. »Er war den Einen ein beneidenswert Glücklicher, dem man ähnlich werden müsse und dem man die Fehler der ›Gesellschaft‹ gegenüberstellte; oder er war ein anderes Phantasiegebilde, kein Gegenstand der Wissenschaft, und wir haben mit demselben nichts zu tun.«

So wollte Rauber – ebenso überzeugend wie Schreber einst

das Gegenteil – beweisen, dass der Mensch in der Isolierung, der Mensch, dem der Kontakt zur menschlichen Gesellschaft durch welche Umstände auch immer fehlte, in der Tat zum lebenden Fossil würde, das uns einen unvermittelten Einblick in unsere stammesgeschichtliche Vergangenheit gewährt.

Ein Wort zu Charles Darwin. Er machte keinen direkten Gebrauch vom *homo ferus* für seine Evolutionstheorie. In seiner berühmten Abhandlung, *Die Abstammung des Menschen und die geschlechtliche Zuchtwahl* (1871), kommt der wilde Mensch so gut wie gar nicht vor. Dennoch war Darwin mit dem Phänomen bestens vertraut. Dies kann man annehmen, weil er direkt aus dem einschlägigen Traktat Blumenbachs zitierte. Unter »Wilden« verstand Darwin aber nicht solche Menschen, die unter die Tiere geraten waren, sondern die »primitiven« Stämme Afrikas, Amerikas und Asiens, die seiner Theorie zufolge auf einer niedrigeren Entwicklungsstufe standen als die Europäer.

Es ist aber zu vermuten, dass er den *homo ferus* wie Blumenbach zu den Geisteskranken zählte. Doch auch die Geisteskrankheit entbehrte für Darwin nicht des Sinns in der Entwicklungsgeschichte der Menschheit. In ihr sah Darwin einen vergangenen Zustand der Gattung widergespiegelt. Über Mikrozephale schrieb er: »Ihre Intelligenz und die meisten ihrer geistigen Fähigkeiten sind äußerst schwach. Sie sind nicht imstande, die Fähigkeit der Sprache zu erlangen, und sind einer fortgesetzten Aufmerksamkeit völlig unfähig, aber sehr geneigt, nachzuahmen. Sie sind kräftig und merkwürdig lebendig, beständig herumtanzend und springend und Grimassen schneidend. Sie kriechen oft Treppen auf allen vieren hinauf und klettern merkwürdig gern an Möbeln oder Bäumen in die Höhe ... Blödsinnige ähneln niederen Tieren noch in anderen Beziehungen; so hat man mehrere Fälle berichtet, wo sie jeden Bissen Nahrung erst sorgfältig berochen, ehe sie ihn in den Mund steckten ... mehrere Fälle sind endlich beschrieben worden, wo ihr Körper merkwürdig haarig war.«

Für Blumenbach waren die stummen Schwachsinnigen nichtssagende, leere Hüllen, während Darwin in diesen entwicklungsgehemmten Hüllen die Spuren der eigenen Stammesgeschichte zu erkennen glaubte.

Jedem das Seine also. Der *homo ferus* als Studiengegenstand wird je nach den Erwartungen des Forschers als Zeuge für die Entwicklung des Menschen gedeutet oder als Fehlentwicklung angesehen. Aber *plus ça change, plus c'est la même chose*. Der französische Philosoph, Franck Tinland, stellte in einem hervorragenden Buch zum Thema, *L'Homme Sauvage*, fest, dass Monboddo und Blumenbach am anschaulichsten die gängigsten Interpretationen des wilden Menschen vertraten. Ihre Standpunkte seien wie ein roter Faden bis in die heutige Zeit zu verfolgen. Die einen Theoretiker gehen von einem angeborenen Schwachsinn aus, während die anderen lediglich die Wirkung der Umwelt auf einen sonst normalen Menschen erkennen.

Zu den Monboddisten des 20. Jahrhunderts gehörte gewiss der Anthropologe Robert M. Zingg, der Anfang der Vierzigerjahre an der Universität Denver lehrte. Sein 1942 erschienenes Buch, *Feral Man and Cases of Extreme Isolation* (leider längst vergriffen), war die bisher vollständigste Studie zum Thema überhaupt. Mit über vierzig ausführlichen Fallbeschreibungen bot er einen gut lesbaren Überblick über das gesamte Gebiet. Der idealistische Zingg sah im Schicksal der wilden Menschen den Beweis, dass der Mensch hauptsächlich durch seine Prägung gesellschaftsfähig wird. Auch wenn Zingg den Einfluss angeborener Eigenschaften und Fähigkeiten nicht ablehnte, glaubte er, sie kämen nur dank eines Zusammenspiels mit der Umwelt zur Geltung. Zingg, wie Rauber vor ihm, räumte ein, dass es eine optimale Zeit für die Entfaltung von menschlichen Fähigkeiten (etwa Sprechen, aufrechter Gang, geschlechtliche Sozialisierung) gäbe. Wer diese biologischen Termine verpasse, könne das Verpasste kaum mehr aufholen. Daher die offenkundige Zurückgebliebenheit vieler wilder Kinder.

Ein Paradebeispiel einer Verwilderung beschreibt das Tagebuch des Geistlichen J. A. L. Singh. Zingg druckte es in voller Länge mit Kommentar in seinem Buch ab. Reverend Singh, Leiter eines Waisenhauses in der indischen Stadt Midnapur, hatte den Alltag zweier Mädchen, Amala und Kamala (s. S. 68–291), protokolliert, die 1920 im nahe gelegenen Dschungel aufgefunden wurden. Dieser Fall sorgte in den USA viele Jahre lang für große Aufregung unter führenden Psychologen, Soziologen und Anthropologen. Mit der Veröffentlichung des Singh-Tagebuches befand sich Zingg im Mittelpunkt der Diskussion. Bis heute bleiben manche Fragen zu dem Fall noch offen.

Lucien Malson, ein französischer Sozialpsychologe, dessen 1964 erschienenes Buch, *Die wilden Kinder*, zu den heute bekanntesten gehört, ist ein besonders radikaler Vertreter des Einflusses der Umwelt. Es gibt, meinte er, »eine gesellschaftliche Konstante des Menschen, aber keine menschliche Natur, die in gleichem Maße wie die tierische Natur präsozial wäre.« Malson hielt den Menschen, der fern der Gesellschaft groß wird, für ein Monstrum. Keineswegs sei er aber als Beweis zu verstehen, dass »die Natur vor der Kultur« möglich ist, wie manche Idealisten glaubten. Ganz im Gegenteil. Die wilden Kinder lieferten den letzten Nachweis, »dass der Ausdruck ›menschliche Natur‹ jedes Sinns entbehrt«, was für Malson gewissermaßen eine frohe Botschaft ist, weil es implizit eine Chancengleichheit verspricht. Mit behutsamer Zuversicht teilt er uns mit: »Die Wahrheit, die letztlich durch all dies verkündet wird, lautet, dass der Mensch als Mensch vor seiner Erziehung nichts weiter ist als eine Eventualität, und sogar noch weniger: nur eine Hoffnung.«

Für die italienische Psychologin Anna Ludovico zeigen die wilden Kinder, dass die selbstverständlichsten Fähigkeiten unserer Gattung, etwa das Sprechen, das Essen und das aufrechte Gehen, im Bereich des Phänotypischen und keineswegs des Genotypischen zu suchen sind (d. h. sie werden von uns erlernt und sind nicht angeboren). Was den Menschen vom Tier letztendlich unterscheide, sei dem zufolge »nicht die Biologie, sondern die Kultur«. Nach dieser Sichtweise ist der wilde Mensch »eine Art Bindeglied zwischen Mensch und Nichtmensch, eine *ultima ratio* zwischen ›Natur‹ und ›Kultur‹«. Ludovico ist allerdings derart von der These der Vertierung des Menschen fasziniert, dass sie die Einzelfälle kaum in Frage stellt.

Claude Lévi-Strauss, der seine Gedanken zum Thema nur flüchtig in *Les Structures élémentaires de la Parenté* (1949) zum Ausdruck brachte, erinnert dagegen stark an Blumenbach. Er lehnte die Möglichkeit der tradierten Verwilderung pauschal ab: »Man kann es nicht klarer sagen, als dass diese Kinder auf Grund ihres angeborenen Schwachsinns von ihrer Familie zurückgewiesen wurden und ihrem Schicksal überlassen.« Oder noch deutlicher: »Die wilden Kinder ... können kulturelle Monstrositäten sein, sie sind aber auf keinen Fall zuverlässige Zeugen eines vergangenen Zustands.«

Ähnlich ablehnend äußerte sich Bruno Bettelheim, der sich jahrelang ausführlich mit dem Phänomen der wilden Kinder befasst hatte. Als Leiter der Orthogenetic School in Chicago betreute er Autisten und erwog schließlich ganz kühn, ob der »Mythos des Wolfskinds«, wie er es nannte, eben doch nur ein Mythos sei. Bettelheim hielt die wilden Kinder in den meisten Fällen für Autisten und vermutete, dass der Begriff *homo ferus* zu einer Zeit entstanden sei, als der Autismus noch nicht als pathologischer Zustand diagnostiziert wurde.

Autisten, Idioten, Urmenschen, Tiermenschen oder lediglich arme Wichte, die sich im Wald verlaufen hatten? Da die meisten stumm blieben, gibt es nur wenige authentische Aussagen zu ihrer Identität. Jene, die doch noch sprechen lernten, wie etwa Marcos Rodríguez Pantoja (s. S. 329–337), der im andalusischen Hinterland über ein Jahrzehnt in der Gesellschaft von Tieren verbrachte, erlebten sich in der Zeit danach stets als Außenseiter. Die einfühlsameren Betreuer der wilden Menschen haben diesen unbequemen Gemütszustand instinktiv wahrgenommen. Itard, ein gewissenhafter Idealist, beobachtete den ruhelosen Victor, wie er manchmal sehnsüchtig aus dem Fenster in den Himmel schaute oder ausgelassen im Schnee spielte. Mehr als einmal fragte sich der Lehrer, ob es vielleicht nicht besser gewesen wäre, wenn man den Jungen in seinem vertrauten Wald in Ruhe gelassen hätte.

Kapitel 4

Die Stunde der Wölfe

Von den etwa hundert Fallbeschreibungen im zweiten Teil dieses Buches handeln etwa die Hälfte von Kindern, die bei Tieren gelebt und von diesen Zuwendung erfahren haben sollen. Wölfe, Bären, Leoparden, Löwen, Tiger, Paviane, Schafe, Schweine, Gazellen, Strauße, auch unser nächster Verwandter, der Schimpanse, haben den Berichten zufolge zuweilen die Rolle der Pflegemutter übernommen. Die Geschichten machen verständlicherweise stutzig.

Romulus und Remus, Stich von Leonardo Agostini, 1685

Die Vorstellung eines fürsorglichen Tieres als Ersatzmutter war aber schon der Inhalt antiker Mythen. Laut Überlieferung sei der persische König Kyros, so Herodot, von einer Hündin aufgezogen worden. Die Römer erzählten von einer Wölfin (*lupa* auf lateinisch), die Romulus und Remus säugte, nachdem ihre Mutter, eine Vestalin, aus Angst vor Strafe die beiden am Ufer des Tiber ausgesetzt hatte. Einem griechischen Mythos zufolge versteckte die Göttin Rhea den Säugling Zeus auf Kreta, um ihn vor seinem Vater Kronos zu retten, der seine neugeborenen Söhne bei lebendigem Leib zu verschlingen pflegte, weil er fürchtete, einer von ihnen könnte ihn eines Tages entmachten (der Urödipusmythos). Auf Kreta wurde der junge Gott von der Ziege Amaltheia gestillt.

Doch schon in der Antike hatten kritische Geister Probleme mit solchen Geschichten und suchten deshalb nach glaubwürdigeren Erklärungen. Der griechische Historiker Plutarch etwa meinte, dass *lupa* in der lateinischen Umgangssprache auch »Prostituierte« bedeute, dass die Säuglinge daher wohl von einer gutherzigen Hure und nicht von einem Tier in Pflege genommen worden seien. Der Lyriker Pindar spricht von der zarten Nymphe Amaltheia, von einer Ziege ist bei ihm nicht die Rede. Was Kyros betrifft: Herodot selbst hielt die Geschichte von dessen wundersamer Jugend für eine glatte Mär.

Dass Tiere Artfremde aufnehmen und umsorgen, ist aber aller Skepsis zum Trotz durchaus belegt. Schon der unermüdliche Bibliothekar Tafel lieferte mehrere Beispiele aus der Tierwelt. Katze säugt Maus, Katze säugt Hund, Hündin säugt und erzieht Katze, Katze brütet Hühner aus und umsorgt die Küken, Henne brütet Ente aus, Londoner Katze säugt Ratte, Hündin bemuttert Lämmer usw. Eine Münchner Boulevardzeitung brachte im Jahr 2000 das Foto einer Katze, die ein Küken liebevoll umschlingt, nicht allerdings als künftige Mahlzeit. Die Tiere, so der Text, stammten aus Lalin, einer Kleinstadt in Nordspanien. Die Katze säugte drei eigene Junge und hatte gleichzeitig drei verwaiste Küken »adoptiert«. Die Mischfamilie lebte gemeinsam in einem Schuhkarton, wo die Katzenmutter für Ordnung sorgte.

Dennoch ist es verständlich, dass Berichte von einer Wahlverwandtschaft zwischen Mensch und Tier mit Skepsis aufgenommen werden. Als Tafel, Herder, Blumenbach, Schreber, Rousseau usw. über den *homo ferus* schrieben, lagen die Fälle von Menschen, die unter die Tiere geraten waren, bereits sehr lang zurück und die Beweise waren keineswegs lückenlos, was nicht gerade zu ihrer Glaubwürdigkeit beitrug.

Doch als 1852 in London eine Broschüre mit dem Titel *An Account of Wolves Nurturing Children in their Dens* erschien, nahm die Suche nach dem wilden Menschen plötzlich eine neue Wende. Der anonyme Verfasser, ein »Offizier in Indien«, schilderte sechs Fälle von Kindern, die Augenzeugenberichten zufolge buchstäblich mit den Wölfen gelaufen waren, als man sie festnahm.

Der Autor der Broschüre war, wie man einige Jahre später erfuhr, ein gewisser General William Henry Sleeman, der eine lange und erfolgreiche Karriere in Indien als Soldat im Kampf gegen die Thug und andere Banditen hinter sich hatte. 1848 war er vom Governor General Britisch Indiens, Lord Dalhousie, zum Resident in Lucknow im Königreich Oudh, einem Teil des heutigen Uttar Pradesch, ernannt worden. Obwohl Oudh zu dieser Zeit noch unabhängig war, lag es bereits im Interessensbereich der Engländer. Sleeman sollte im politisch unruhigen Land die Vermittlerrolle spielen.

In den Jahren 1849 und 1850 führte der gewissenhafte Sleeman ein ausführliches Tagebuch über Oudh. Er beschrieb nicht nur die politische Situation, sondern auch die geographischen und kulturellen Besonderheiten des Gebietes. Im April 1852 druckte er auf einer eigenen kleinen Druckerpresse achtzehn Exemplare dieses Tagebuches und verteilte sie unter Regierungsvertretern und in der eigenen Familie. Bald darauf erkrankte Sleeman, er starb 1856 auf See auf dem Weg in die Heimat. Die Tagebücher wurden 1858 in zwei Bänden unter dem Titel *A Journey Through the Kingdom of Oude* in London veröffentlicht.

Auf etwa sechzehn Seiten hatte er – beinahe als Kuriosität – sechs Fälle von Kindern geschildert, von denen er behauptete, sie hätten bei Wölfen gelebt. Er war von der Zuverlässigkeit seiner Quellen vollkommen überzeugt. Zwei der Fälle habe er selbst erlebt. Es waren diese sechzehn Seiten, die 1852 – auf wessen Veranlassung, ist nicht mehr zu ermitteln – in London anonym veröffentlicht wurden.

In Deutschland und in Frankreich nahmen die Wissenschaftler merkwürdigerweise keine Kenntnis von dieser Schrift. In England dagegen erweckte sie ein neues öffentliches Interesse an der Vertierung von Menschen. Der Anthropologe E. Burnett Tylor, später berühmt für seine Theorien über primitive Religionen, nahm die indischen Wolfskinder 1863 zum Anlass, einen kritischen Aufsatz zu diesem Thema zu schreiben. »Dass sich diese Jungen in einem außergewöhnlichen Zustand der Verwahrlosung befanden, kann man als Tatsache annehmen«, räumte er ein. »Was ihr Leben unter den Wölfen betrifft: Wir haben keinen anderen Beweis außer dem der Eingeborenen. Der Wert des orientalischen Beweises in solchen Angelegenheiten ist wohl ziemlich bekannt.« Am liebsten hätte er die Geschichten ins Mythische gerückt oder sie als Ausdruck eines primitiven Glaubens betrachtet, dem man weltweit begegnen könne.

Warum, fragte er sich, gerieten immer nur Jungen und keine Mädchen unter die Wölfe? (Sechzig Jahre später entdeckte Reverend Singh die zwei Wolfsmädchen, Amala und Kamala, in der gleichen Gegend.) Tylor stieß sich auch an der auffallenden Ähnlichkeit der Fälle. Alle sechs Kinder waren etwa zehn Jahre alt, brutal im Aussehen, schwachsinnig, aßen am liebsten rohes Fleisch, verabscheuten Kleidung, vermochten nicht zu sprechen und drückten sich mittels einer Zeichensprache aus. Tylor mutmaßte, dass die Eingeborenen versucht hätten, tierisches Benehmen mit einem vermeintlichen Leben unter Tieren zu erklären. Und er verwies auf ein weiteres Problem: Eine Wölfin säugt ihre Welpen in der Regel etwa ein Jahr. Wäre sie wirklich in der Lage, ein hilfloses Menschenkind jahrelang zu ernähren?

Tylors Schlussfolgerung erinnerte letztlich an die vieler seiner Vorgänger: »Es ist unmöglich in jedem Fall festzustellen, inwieweit ihr elender Zustand das Ergebnis eines Mangels an Zivilisation oder einer Geistesschwäche war.«

Was das fragliche Tier betrifft: Es heißt nach Auskunft des Indienkenners Charles Maclean *canis lupus pallipes* und ist kleiner als seine Artverwandten im Norden. Es hat ein kurzes, ockergelbes bis rostbraunes Fell, das gut zu den Tropen passt. Es verleiht ihm eher das Aussehen eines Hundes oder eines Schakals als das eines Wolfs.

Ursprünglich jagten diese Tiere in Rudeln auf der Steppe. Mit dem Vordringen der Menschen in ihr Gebiet flüchteten sie in den Dschungel und erhaschten als Einzelgänger nur mehr kleine Beute, lebten jedoch weiterhin in enger Gemeinschaft. Zu Zeiten von Hungersnöten überfielen sie aber Menschen, zumeist die schwächsten, Greise und Kinder. Der englische Geologe Valentine Ball, der sechs Jahre (1867–1873) in Oudh verbracht hatte, bezeichnete die dortigen Wölfe als »eine lokale Rasse der Menschenfresser«. Die Hindus in Oudh töteten sie dennoch nur selten. Denn es galt aus religiöser Sicht als großes Unglück, sie niederzustrecken.

Dass sie Kindern auflauerten, bestätigte 1895 Hercules Grey Ross. Er schilderte in der Zeitschrift *The Field* seine Erlebnisse mit diesen Wölfen während seiner Tätigkeit als Assistant Commissioner in der Stadt Sultanpur um 1860. Die Wälder waren damals noch nicht abgeholzt, die Tiere lebten in den Ruinen alter Festungen. Jährlich, so schätzte er, rissen sie Hunderte von Kindern (eine Zahl, die auch aus anderen Quellen bestätigt wird). Da die meisten armen Menschen in der Hitze des Sommers im Freien nächtigten, wobei Säuglinge dicht neben ihren Müttern lagen, konnte ein Wolf bzw. eine Wölfin spielend ins Dorf schleichen und mit einem Baby im Maul entkommen.

Er selbst habe einmal kurz vor Sonnenaufgang auf einer Pritsche gelegen, als ein Wolf an ihm vorbeihuschte. Instinktiv richtete er seine Waffe auf das fliehende Tier und feuerte. Der Wolf konnte in den Wald entwischen. Im grauen Dämmerlicht erkannte Ross aber, dass das Tier etwas fallen gelassen hatte. Als er sich näherte, sah er ein Baby, das weinend, aber unverletzt am Boden lag. Nach kurzer Zeit kamen aufgebrachte Dorfbewohner aus dem Dickicht angerannt, nahmen das Kind zu sich und kehrten erleichtert ins Dorf zurück.

Der springende Punkt für Ross: Wölfe fangen ihre Beute lebendig und bringen sie in ihre Höhle. Eine Wölfin, die gerade einen Wurf verloren habe, könnte, so Ross, ihre noch vorhandenen mütterlichen Gefühle leicht auf ein hilfloses Menschenkind übertragen. Ross hatte nach eigenen Angaben in Sultanpur selbst einen ehemaligen Wolfsjungen (s. S. 230f.) kennen gelernt, der später Polizist geworden war.

1873 veröffentlichte Valentine Ball einen Aufsatz über seine Begegnung mit einem Wolfsjungen namens Dina Sanichar (s. S. 232–236). Auch dieser war, so die damaligen Berichte, in einer Wolfshöhle gefunden worden. Er lernte nie richtig sprechen, wurde aber nach Erscheinen von Balls Aufsatz in den einschlägigen Kreisen zu einer Berühmtheit.

Die Berichte aus Oudh hörten lange nicht auf. Ehemalige Kolonialbeamte wie Ross meldeten sich in der englischen Presse vermehrt zu Wort, um ihre privaten Erinnerungen, deren Wichtigkeit sie lange unterschätzt hatten, mitzuteilen. Kiplings Mowgli ist das Ergebnis dieses Zeitgeists. Kipling, der sein *Jungle Book* in Indien Ende der Achtzigerjahre verfasste, waren die Geschichten von Wolfskindern, die damals die Runden machten, ganz sicher bekannt. Er machte das Kind, das unter die Tiere geraten war – nicht anders als manche Schwärmer des 18. Jahrhunderts –, zu einem Symbol der Tugend. Mit Mowgli kam der Begriff »Wolfskind« in die deutsche Sprache. Mittlerweile wird dieses Wort pauschal auf alle wilden Kinder übertragen.

Bis ins 20. Jahrhundert blieb Uttar Pradesch ein wichtiger Fundort von Wolfskindern. Der jüngste Fall ereignete sich 1972, als der »Wolfsjunge« Pascal (s. S. 357–359) unter mysteriösen Umständen in der Stadt Midnapur auftauchte. Stumm und anhänglich, verbrachte dieses liebenswürdige Wesen die letzten Jahre seines kurzen Lebens unter der Obhut des von Mutter Teresa gegründeten Ordens der Barmherzigen Schwestern in einem Krankenhaus.

Mit weiteren Wolfskindern in diesem indischen Bundesstaat ist kaum mehr zu rechnen. Wolf und Wolfskind sind beide inzwischen – zumindest im einst dicht bewaldeten Nordindien – gleichermaßen als Opfer des Fortschritts und der Überbevölkerung vom Aussterben bedroht.

Rein statistisch ist der Wolf das Tier, das dem Menschen am häufigsten als Ersatzmutter gedient haben soll. Ob diese Fürsorge mit der besonderen Beziehung zwischen unserer Gattung und der Hunderasse zusammenhängt, bleibe dahingestellt. An zweiter Stelle, mit sieben bekannten Fällen, steht der Bär. Warum ausgerechnet Bären etwas für Menschen übrig haben sollen, ist leider nicht bekannt. Darüber kann man nur spekulieren oder sämtliche Berichte pauschal ablehnen. Ganz anders dagegen, wenn eine Sau oder ein Schaf ein Menschenkind säugt. Solche Fälle sind durchaus nachvollziehbar. Tylor berichtete von einem Jungen namens Clemens (s. S. 185–187), der in Deutschland in den Wirren des Krieges gegen Napoleon zu einem Bauer geriet. Dieser verbannte die Waise sogleich in den Schweinestall. Dass sich Clemens bald wie ein Schwein verhielt, verwundert wohl nicht.

KAPITEL 5

DAS BESEELTE TIER

Ob Wölfin, Sau, Bärin oder Schaf, was geht in einem Muttertier vor, wenn es ein gieriges Menschenkind stillt? Gesetzt den Fall, dass so etwas überhaupt möglich ist. Ist hier mütterliche Liebe für eine artfremde Waise oder nur der blinde Instinkt am Werk?

An Mutmaßungen über das Wesen der Tierseele hat es nie gefehlt. Insbesondere im Lauf der letzten zwei Jahrzehnte wurde das Thema – wohl als Begleiterscheinung der aufkeimenden Umweltbewegungen – aufgegriffen. Eine Flut von Büchern über das Bewusstsein und Empfinden der Tiere voll anschaulicher Anekdoten und leidenschaftlicher Polemik ist in dieser Zeit erschienen. Die Massentötung von Huftieren in jüngster Zeit als Folge der BSE-Epidemie und der Maul- und Klauenseuche hat ebenfalls – sicherlich aufgrund des kollektiven schlechten Gewissens – ein brennendes, wenn auch etwas sentimentales Interesse am Seelenleben der Tiere erneut entfacht.

Schon die Kommunikation zwischen Menschen verschiedener Kulturen ist schwierig genug. Die Verständigung zwischen Mensch und Tier muss also umso mehr Gegenstand von Spekulation bleiben.

Die als »Zauberer« bekannte Figur eines tanzenden Hirsches aus einer Höhle in Les Trois Frères, die Mensch und Tier zugleich darstellt, lässt vermuten, dass sich schon die Cromagnon-Menschen mit diesem Urgeheimnis auseinander setzten. Sie lösten es offenbar nach einem bis heute gültigen Muster, indem sie einen Schamanen als Vermittler zwischen den beiden Welten einsetzten. In den Mythen sprechen die Tiere oft. Und keiner ist davon überrascht. In Kinderbüchern und Zeichentrickfilmen dienen sie als Statthalter für das Erlernen menschlicher Umgangsformen. Es stört niemanden.

Wer an die Seelenwanderung glaubt, ob Pythagoräer, Buddhist oder Hindu, nimmt die Existenz der Tierseele stets billigend in Kauf, auch wenn das Tier selten auf der gleichen Bewusstseinsebene existieren darf wie wir. Der Buddhist weigert sich (zumindest in der Theorie), auch nur die kleinste Fliege zu erschlagen. Juden sehen das Tier grundsätzlich als fühlendes Wesen an. Es hat das Recht, wie der Mensch am Sabbat zu ruhen. Weil sie Gefühle hat, ist man angehalten, die Vogelmutter zu vertreiben, bevor man die Eier aus dem Nest entfernt. Untersagt wird aus ähnlichen Überlegungen das Schlachten des Rinds, des Schafs und der Ziege am gleichen Tag wie deren Jungen. Der jüdische Religionsphilosoph Maimonides kommentierte diese verbindliche Vorschrift: »Es gibt keinen Unterschied in diesem Fall zwischen dem Schmerz eines Menschen und dem eines anderen Lebewesens, da die Liebe und Zärtlichkeit einer Mutter für ihren Nachwuchs nicht von der Vernunft stammt, sondern von den Gefühlen, einer Fähigkeit, die nicht nur im Menschen, sondern in den meisten Lebewesen existiert.«

Erst im frühen Christentum erlitt das Tier eine Wertminderung, die bis heute wirksam geblieben ist. Ausgelöst wurde sie wahrscheinlich durch das römische Recht, das Tiere als Sache einstufte. Der heilige Augustinus erklärte: »Nach weiser Verfügung des Schöpfers, sind sie [d. h. die Tiere] da, damit wir sie, tot oder lebendig, gebrauchen.« Wenig hatte sich an dieser Einstellung geändert, als Thomas von Aquin in der *Summa Theologica* lehrte: »Tiere handeln nicht, es handelt in ihnen.« Tierliebhaber wie der heilige Franz von Assisi waren eher die Ausnahme.

Auch für die Philosophen war das Tier ein Thema. Schon Platon und Aristoteles räumten ihm die Möglichkeit einer Seele ein, nicht aber die Fähigkeit zur Vernunft, was auch Kant, Rousseau, Spinoza und Schopenhauer später festhielten. Immerhin räumte Michel de Montaigne in einem Essay (I, 21) dem Tier Vorstellungskraft ein – ebenbürtig der unseren. »Nehmen Sie das Beispiel der Hunde, die beim Verlust des Herrchens vor Gram sterben.« Und wir sehen sie japsen und zittern, wenn sie träumen. Auch Pferde wiehern und schlagen im Traum aus. Wir sind diejenigen, die unentwegt das Bedürfnis haben, über die Natur des Tiers zu spekulieren. Die Tiere, davon bin ich überzeugt, kommen nie in Erklärungsnot, auch wenn sie uns näher kennen lernen.

Letztendlich war es ein weiterer Philosoph, der einem Denksystem zuliebe Generationen von Tieren großes Leiden zugefügt hat. René Descartes machte in seinem *Discours sur la Méthode* aus dem Tier eine seelenlose Maschine, einen von Gott erschaffenen Automaten, der weder denken noch fühlen könne. Descartes betrachtete als beseeltes Geschöpf nur das, was in der Einsamkeit der Existenz von sich aus behaupten konnte: »Ich denke, also bin ich.« Schön für das Aufblühen der Gedankenfreiheit und der Wissenschaft, schlecht für das dadurch entseelte Tier, das als »empfindungsloses« Wesen bis heute der Wissenschaft wehrlos ausgesetzt ist.

Descartes und nach ihm Newton ebneten den Weg, der in den heutigen Materialismus führte. Als im fortschrittlichen 19. Jahrhundert die wichtigsten Fragen der Existenz endlich gelöst zu sein schienen, fielen die letzten Schranken hinsichtlich der Abwertung des Tieres. Das Weltall galt als die perfekte Maschine. Nun mutmaßten Wissenschaftler wie Darwin, Huxley oder Wallace, dass nicht nur die Tiere, sondern auch die Menschen ebenso wundervolle Maschinen seien. Man konnte eine nahtlose Entwicklungsgeschichte vorweisen und – dank eines Vorgangs, der von Darwin als »natürliche Auswahl« bezeichnet wurde – einen gemeinsamen Ursprung. Dass sich Mensch und Tier ähnelten, war schon Aristoteles aufgefallen. Die Evolutionisten verkündeten nun, dass auch der Geist seine eigene Entwicklungsgeschichte habe.

Damit war es mit der Tierseele wie auch mit der Menschenseele – zumindest als unsterbliche Bewusstseinsinstanz – vorbei. Die Ethologen um Konrad Lorenz und Irenäus Eibl-Eibesfeldt, die eigentlichen Erben der Evolutionstheorie, betreiben geflissentlich die vergleichende Verhaltensforschung weiter mit stets verblüffenden Ergebnissen, die das Darwin'sche Modell von der körperlichen und seelischen Verwandtschaft zwischen Mensch und Tier glaubhaft machen.

Mit seiner Theorie der *selfish genes*, der selbstsüchtigen Gene, schuf der amerikanische Zoologe Richard Dawkins das bisher reduktivste Modell der Seele und des Bewusstseins. Er verlegte die gesamte Verantwortung für das Leben in die Gene, welche nach seiner Theorie nur ein Ziel verfolgen: sich selbst zu verewigen. Das Paradebeispiel dieses »Prinzips Eigennutz«, wie die Verhaltensforscher Wolfgang Wickler und Uta Seibt es auffassten, liefert der Löwe auf Paarungssuche: Stößt er auf eine »allein erziehende« Löwin, greift er ihre saugenden Jungen sofort an und tötet sie. Erst dann macht er ihr den Hof. Denn nur ohne Nachwuchs ist eine Löwin paarungswillig. Dass der Löwe die eigenen Artgenossen vernichtet, stellt aber letztlich die Darwin'sche These von der zentralen Bedeutung der Arterhaltung in Frage. Nicht die Erhaltung der Art, sondern die der eigenen Gene scheint nach Dawkins maßgebend zu sein. Aus ähnlichen Gründen sind Ameisen, so Wickler und Seibt, bereit, sich für das Überleben des Nests aufzuopfern. Das Nest zu retten bedeutet nämlich, die eigenen Gene zu erhalten. Immerhin sind die Bewohner einer Ameisen-Kolonie allesamt Kinder derselben Königin-Mutter.

Aber genug der Theorien. Letztendlich bleibt jeder Mensch – zumindest was die Existenz der Seele betrifft – sein eigener Experte. In diesem Bereich haben die Wissenschaftler nur wenig Einfluss auf uns ausüben können. Theorien über die Seele interessieren meistens nur die Experten. Instinktiv will sich jedes Kind mit Tieren verbrüdern – egal, ob es Insekten oder Affen sind. Auch Erwachsenen ist das Gefühl nicht fremd. Das Gedränge im Tierpark ist ein klares Zeichen des Bedürfnisses, die Tiere aus der Nähe zu beäugen. Wenn das Känguru sich kratzt, erinnert es an uns selbst; ebenso der Wolf, der mit seinen balgenden Welpen spielt, oder die verzweifelte Fliege, die im Spinnennetz gefangen ist und um ihr Leben kämpft. Der Affe sorgt für noch größeres Rätselraten. Wie einst Hanno der Karthager müssen auch wir uns vergewissern, dass er ja doch nicht einer von uns ist. Hildegard von Bingen betrachtete den Affen als ein elendes Wesen, das in einem Zustand zwischen Mensch und Tier steckengeblieben ist. Der Primatologe und Ethologe Frans de Waal erkannte in der Primatengesellschaft eine ganze Palette von Verhaltensmustern, die unsere widerspiegeln, etwa die Kompromissbereitschaft, die Schmeichelei, die Organisationsfähigkeit, was vermuten lässt, dass der Unterschied zwischen Menschen- und Affengemeinschaften viel geringer ist als bisher angenommen. Jane Goodall hat Ähnliches konstatiert. Diese Eigenschaften als Aufwertung des Affen bzw. als Abwertung des Menschen zu deuten, steht jedem natürlich frei. Vor etwa hundert Jahren beobachtete der südafrikanische Naturforscher Eugène Marais aus der Entfernung, wie sich eine Pavianherde am Rande eines Abhangs für die Nacht einrichtete. Die Tiere kamen allmählich zur Ruhe und blickten stillschweigend gen Westen, als die rote Sonne langsam unterging. Ihr Gehabe verstand Marais als eine »abendliche Melancholie«. Der Vorwurf einer Vermenschlichung liegt nahe. Können Paviane so etwas wie Schwermut empfinden?

Anekdoten über Elefanten, die trauern und – ganz anders als die selbstsüchtigen Löwen – verwaiste Artgenossen umsorgen, sind häufig, auch wenn die Wissenschaftler noch nicht ganz überzeugt sind. Der amerikanische Papagei Alex kann den Berichten zufolge richtig zählen und verschiedene Farben unterscheiden. Er kann sogar die Menschensprache sinnvoll anwenden. Er sagt: »Kitzel mich« und »Ich will Popcorn«, »Ich will zum Stuhl« und, noch wichtiger, »Nein!«. Insgesamt verfügt er über einen Wortschatz von mehr als hundert Wörtern. In jüngster Zeit wird die Komplexität der Krähengesellschaft erforscht: »Tauziehende« Jungkrähen, Rudelverhalten auf der gemeinsamen Jagd und bei der Selbstverteidigung, ebenfalls ein eigenes Verständigungssystem, um das Nötigste zu übermitteln, wurden von Wissenschaftlern beobachtet. Auch von mütterlichen Spinnen ist schon einmal die Rede gewesen. Geschichten von treuen Hunden und überaus intelligenten Katzen sind selbstredend Legion.

Der Knackpunkt bleibt aber nach wie vor das Problem, eine

gemeinsame Sprache mit den Tieren zu finden. Es ist sicherlich die Unmöglichkeit, den Zugang zur Parallelwelt der Tiere zu finden, die in Respektlosigkeit gegenüber der Kreatur ausartet.

Douglas Candland berichtet, dass der Psychologe Richard Lynch Garner 1892 in Gabun die Seele des Menschenaffen, unseres nächsten Verwandten in der Tierwelt, zu ergründen suchte. Man muss bedenken: Vor hundert Jahren waren Gorillas und Schimpansen – heute kaum zu glauben – beinahe unbekannt in den Tierparks Amerikas und Europas. Nur wilde Geschichten über ihre Gewohnheiten grassierten. Man meinte, sie seien angriffslustige Bestien, Menschenfresser sogar. Edgar Rice Burroughs' Tarzan-Geschichten geben einen guten Einblick in die damals üblichen Phantasien.

In Gabun angekommen, kaufte Garner einen verwaisten Schimpansen und zog sich mit ihm und mit einem jungen eingeborenen Diener in den Dschungel zurück, wo er einen großen Käfig aus Bambus und Draht baute. In dieser mit Blättern getarnten Bleibe verbrachte Garner 112 Tage in der Gesellschaft seines Dieners und des jungen Tieres, das er Moses nannte. Garner gehörte zu denen, die postulierten, dass der Unterschied zwischen Mensch und Affe lediglich eine Frage der Erziehung sei, und er versuchte, seinen Affen durch konsequente Erziehungsmaßnahmen zu vermenschlichen. Der Affe wollte aber weder Tischmanieren noch sonst irgendwelche Verhaltensregeln von seinem Beschützer lernen, erst recht nicht die Menschensprache. Ganz ohne Erfolg war das Experiment aber nicht. Das Tier wurde nach kurzer Zeit sehr anhänglich. Es entstand eine tiefe gegenseitige Zuneigung zwischen Garner und Moses.

Leider starb der Affe, kurz nachdem Garner und sein Gefährte den Wohnkäfig verlassen hatten. Zwei Schimpansen, die der Psychologe hintereinander kaufte, verendeten nach kurzer Zeit ebenfalls. Schweren Herzens kehrte Garner nach Amerika zurück und veröffentlichte 1896 ein Buch über seine Erlebnisse mit den drei Affen. Dieses Werk war einer der ersten glaubhaften Erlebnisberichte über das Verhalten von Schimpansen. »Es ist schwer, den geistigen Stand des Affen mit dem des Menschen zu vergleichen«, zog Garner eine nüchterne Bilanz, »denn man findet keinen gemeinsamen Nenner. Der beiden Lebenswandel sind derart ungleich, dass man keinen gemeinsamen Maßstab hat. Sie entfalten ihre Fähigkeiten grundverschieden vom Menschen. Es gibt kaum Probleme, die Mensch und Affe auf gleiche Art lösen.«

Diese klarsichtige Schlussfolgerung Garners steht im krassen Gegensatz zu anderen Berichten über Erlebnisse mit Tieren aus der Zeit – etwa die oft erzählte Geschichte vom »Klugen Hans«, dem Pferd, das in Berlin am Anfang des 20. Jahrhunderts Rechenaufgaben löste, indem es die Antwort durch Klopfen mit den Hufen mitteilte. Es stellte sich schließlich heraus, dass Hans' Besitzer, ein gewisser Herr von Osten, durch minimale unbewusste Körperzeichen das Pferd merken ließ, wann es mit dem Klopfen aufzuhören hatte. Das eigentliche Talent des Klugen Hans war lediglich seine Fähigkeit, auf Kommando mit dem Huf zu klopfen.

1907, so Candland, veröffentlichte eine Frau, die sich B. B. E. nannte, in der Zeitschrift *Century* einen Bericht über ihren Spaniel Roger. Sie erzählte, wie sie ihm das Erkennen von Spielkarten beigebracht habe. Zunächst hatte sie mehrmals auf eine bestimmte Spielkarte gezeigt, wobei sie jedes Mal den Namen der Karte artikulierte. Roger musste diese dann apportieren und bekam eine kleine Belohnung dafür. Später machte sie die Übung komplizierter. Sie verteilte mehrere Spielkarten auf dem Fußboden und verlangte eine von ihnen. Prompt richtete Roger die Schnauze auf diese und apportierte sie. B. B. E. brachte dem Hund auf ähnliche Art und Weise den Umgang mit Buchstaben und Zahlen bei. Roger konnte offenbar einige Wörter, darunter auch den eigenen Namen, buchstabieren und einfache Rechenaufgaben lösen. Doch als B. B. E. eines Tages den genialen Hund danach fragte, wie viel zwei mal drei seien, während ihre Aufmerksamkeit auf die acht gelenkt war, apportierte Roger mit wedelndem Schwanz die acht. B. B. E. war danach überzeugt, dass Roger wohl kein Genie war. Er habe nur eins beherrscht: die Fähigkeit, das zu erkennen, worauf sein Frauchen aufmerksam geworden war.

Im Februar 1931 veröffentlichte der junge Psychologe Winthrop Niles Kellogg einen Aufsatz in der Zeitschrift *Psychological Review* mit dem Titel *»Humanizing the Ape«*. Darin behauptete er, die Wissenschaft mache auf dem Gebiet Tierintelligenz keine Fortschritte, weil die meisten Forscher ihre Versuchstiere eben wie Tiere behandelten. Man schließe sie im Käfig ein und führe sie an einer Kette oder Leine. Wie könne man von einem Tier Kooperation erwarten, wenn es höchstens zwei Stunden täglich als reiner Versuchsgegenstand unter Menschen lebe? »Das Tier bekommt nie die Chance, menschliches Verhalten zu lernen«, warf er seinen Kollegen vor.

Kelloggs besonderes Interesse galt den Menschenaffen. Wie Garner gehörte auch er zu jenen, die den Unterschied zwischen dem Wesen des Affen und dem des Menschen für gering erachtete. Nun stellte er die Frage, wie wohl ein Affenkind sich verhalten würde, wenn es die gleiche Erziehung genösse wie ein Menschenkind, das heißt, wenn man es mit der Flasche füttere, ankleide, es wasche, beschmuse, kurz, es in einer ganz normalen menschlichen Umgebung aufzöge.

Gua & Donald Kellog

Am 26. Juni 1931 zog das 7½ Monate alte Schimpansenweibchen Gua, eine Leihgabe der Anthropoid Experiment Station der Yale Universität in Orange Park, Florida, zu der Familie Kellogg. Die Kelloggs hatten einen Sohn, Donald, damals zehn

Monate alt. Gua und Donald sollten ohne Unterschied als Geschwisterpaar erzogen werden.

Die beiden nahmen ihre Mahlzeiten im Hochstuhl ein, lernten mit dem Löffel umzugehen, badeten, schliefen beide in Schlafanzügen in Kinderbettchen. Nach den damals gültigen Erziehungsmethoden wurden auch beide auf den Topf gesetzt, um Sauberkeit zu lernen. Der Affe meisterte diese Aufgabe allerdings schneller als das Menschenkind. Auch in der Handhabung des Löffels war das Tier geschickter. Gua musste auch Schuhe tragen und lernte, aufrecht zu gehen. Zunächst war dies für den Schimpansen ein wahrer Balanceakt, den er nur mit aufgerichteten Armen bewältigen konnte. Später lief Gua sicher über Gehsteige und Wiesen, die Arme entspannt in die Seiten gestemmt. Allerdings verlernte das Tier durch das Tragen von Schuhen die den Affen eigene Fähigkeit, mit den Füßen zu greifen.

Unterdessen führte Kellogg ausführliche Experimente und Messungen durch, um die Fähigkeiten des Kindes und des Affen so objektiv wie möglich zu vergleichen. In vieler Hinsicht – vor allem im körperlichen Bereich – machte Gua viel schneller Fortschritte als Donald. Gua sprang und kletterte waghalsig durch die Gegend und wurde zum Vorbild für Donald, der zum Beispiel vom Affen das Klettern lernte. Dr. Kellogg stellte fest, dass Donald dank dem Affen anderen Menschenkindern seines Alters im Klettern weit voraus war. Gua pflegte einen lebhaften Umgang mit den Gegenständen des Kellogg-Hauses. Sie warf die Sofakissen auf den Boden und sprang auf sie. Dann patschte sie mit den Händen. Donald schaute zunächst zu. Dann machte er ihr das nach. In vieler Hinsicht begriff Gua die Welt schneller als Donald. Kellogg befestigte einen Keks an einer Schnur, die von der Wohnzimmerdecke hing. Gua rückte einen Stuhl unter den baumelnden Keks, um hinaufzuklettern und den Preis zu schnappen. Donald kam von allein nicht auf die Idee. Auch andere räumliche Aufgaben löste Gua im Vergleich zu Donald mühelos. Nur in einem Bereich war Donald unschlagbar: im Nachahmen. Nein, nicht der Affe ist der Meister im »Nachäffen«, sondern der Mensch.

Mit vierzehn Monaten lernte der nachäffende Donald von

Gua eine Art Bellen, um Hunger kundzutun. Immer häufiger krabbelte er auf allen vieren durch die Gegend, machte Gebrauch von seinem Mund, um Gegenstände zu tragen, und leckte Essensreste vom Boden. Mit achtzehn Monaten begann Donald, seine Schuhe zu benagen. Der Mensch war dabei, peu à peu zu vertieren. Allmählich setzte die Sprachentwicklung bei ihm aus. Mit neunzehn Monaten konnte er gerade noch sechs Wörter sagen. Normal für dieses Alter sind etwa fünfzig. Dafür verfügte er allerdings über eine Reihe von Grunz-, Schrei- und Belllauten, die er von Gua übernommen hatte. Dem Wissenschaftler Kellogg war nicht entgangen, was für eine Rolle die Nachahmungsfähigkeit im Überleben von wilden Kindern spielte.

Nach neun Monaten brach Kellogg sein kühnes Experiment ab. Er teilt dem Leser keinen ausschlaggebenden Grund für diese Entscheidung mit. Man kann sich aber vorstellen, dass er sich Sorgen um seinen Sohn machte, der auf dem besten Weg war, Tarzan zu werden. Immerhin versichert Kellogg, dass Gua schonend auf die Rückkehr zu ihren Artgenossen – unter anderem ihrer leiblichen Mutter – vorbereitet wurde.

Aus dem Experiment geht hervor, dass, anders als der Psychologe es erwartete, nicht das Tier zum Menschen, sondern der Mensch zum Tier wurde. Fakt ist, das lebensfrohe Äffchen Gua hätte auch nach zwanzig Jahren bei den Kelloggs keinen Bericht vor der Akademie vortragen können. Was Donald betrifft: Sicherlich wäre er mit der Zeit zunehmend in die Gesellschaft von anderen Menschenkindern gekommen, was seiner Verwandlung in einen Affen Einhalt geboten hätte. Immerhin hat man dank diesem Experiment einen konkreten Hinweis, dass die Vorstellung von einem Wolfskind vielleicht doch nicht so abwegig ist.

Nach Auskunft der Psychologin Judith Harris beherrschte Donald Kellogg übrigens später sehr wohl die Menschensprache und promovierte schließlich zum Doktor der Medizin an der Harvard Medical School. Über das Schicksal Guas ist leider nichts Näheres bekannt.

Kellogg war keinesfalls der einzige Psychologe, der es wagte, einen Affen unter Menschen zu erziehen. 1947 adoptierten Cathy Hayes und ihr Mann Keith, ein Psychologe an den Yerkes Primate Laboratories in Florida, das neugeborene Schimpansenweibchen Viki, das ebenfalls nach Art eines Menschenkindes erzogen wurde – in diesem Fall allerdings ohne menschliche Geschwister. Mit sechzehn Monaten begann Viki, Cathy Hayes intensiv nachzuahmen. Diese Fähigkeit erwacht bei Affen offenbar später als bei Menschen. Da Gua in diesem Alter bereits ins Gehege zurückgeschickt worden war, kann man schwer sagen, ob auch sie »ihren« Menschen zunehmend nachgeahmt hätte. Was Viki betrifft, so konnte sie schon mit sechs Jahren (entspricht etwa zwölf »Menschenjahren«) eine Zigarette anzünden, Staub wischen, Wäsche waschen, Staub saugen, Haare bürsten. Sie feilte sich die Fingernägel, zupfte an ihren Augenbrauen mit einer Pinzette, vermochte geschickt eine Säge, eine Bohrmaschine, einen Flaschenöffner und einen Bleistiftspitzer zu betätigen. Einmal begab sie sich vor einen Spiegel und zog sich mit einer Zange einen lockeren Zahn aus dem Maul.

Letztendlich wurde aus der gelehrigen Viki aber doch kein Mensch. Versuche, ihr das Sprechen beizubringen, scheiterten erwartungsgemäß. Sie wurde auch nie ganz stubenrein. Zudem: Als sie in die Pubertät kam, versuchte sie nach Affenart ihre Stelle in der Rangordnung zu erkämpfen. Das niedliche Äffchen war groß und stark geworden und verfügte obendrein über scharfe Zähne. Um die eigene Vorrangstellung zu behaupten, musste Cathy Hayes das Tier einmal fest in den Arm beißen. Später besorgte sie sich sogar einen Stock, um die Machtverhältnisse zu klären.

Manches ist dem Affen offensichtlich angeboren. Viki, die für gewöhnlich in einem Bett schlief, baute sich zuweilen instinktiv auch ein Nest (das Gleiche gilt übrigens für Gua). Ebenfalls verspürte sie oft den Drang zum gegenseitigen Lausen, obwohl sie bei den Hayes sicherlich kaum Ungeziefer vorfand. Gerne schnappte sie sich auch Insekten, mit Vorliebe Heuschrecken, obwohl sie zu Hause reichlich zu essen bekam. Viki konnte es eben nicht lassen, ein Affe zu sein.

Auch Gorillas werden gelegentlich wie Menschen erzogen. So zum Beispiel Toto, ein weibliches Gorillababy, das 1932 Zögling einer wohlhabenden Dame, Maria Hoyt, wurde. Das kluge Affenkind lernte bald Pullover und Strümpfe selbstständig anzuziehen, wenn ihm kalt war. Es bekam Steak, Huhn und Bohnensuppe zu essen, was ihm auch schmeckte, obwohl das ja nicht die übliche Kost eines Gorillas ist. Toto schaffte es sogar, stubenrein zu werden. Mit Werkzeugen war sie nicht besonders geschickt. Immerhin kapierte sie ganz früh, dass sie Steine und Stöcke zu Waffen umfunktionieren könnte. Als sie groß und stark wurde, suchte auch sie ganz instinktiv nach ihrer Stelle in der Rangordnung. Mrs. Hoyt ließ sich aber nicht einschüchtern. Dennoch war Toto mit einem einfachen Stock nicht zu bändigen. Toto kam in einen Käfig. Ein Pfleger wachte über sie rund um die Uhr. Wenn sie aufmüpfig wurde, hielt sie der Pfleger mit Elektroschocks, lebendigen Schlangen und brennenden Fackeln in Schach.

Das einst possierliche Tier wurde immer schwieriger zu handhaben, bis Mrs. Hoyt nichts anderes übrig blieb, als es an den Zirkus der Ringling Brothers weiterzugeben, wo Toto die Braut ihres Artgenossen Gargantua wurde. Schließlich gewöhnte sie sich als Affe unter Menschen an ihre neue Umgebung.

Auch diese Geschichte hat einen Nachtrag. Mrs. Hoyt litt unter heftigen Gewissensbissen, nachdem sie ihre nicht zu bändigende Tierfreundin in die Verbannung geschickt hatte. 1956 kaufte sie Toto vom Zirkus zurück. 1962 – das letzte mir bekannte Lebenszeichen – wohnten Äffin und Frauchen wieder in New York City zusammen.

So viel steht also fest: Ein Tier ist – ob beseelt oder seelenlos – kein Mensch, auch wenn es sich in einer menschlichen Umwelt artfremde Züge aneignet. Dies lasse ich als Fakt gelten, obwohl Forscher seit über dreißig Jahren offenbar den kühnsten aller Träume endlich realisiert haben: Sie haben Gorillas und Schimpansen die Menschensprache beigebracht. Schon Hildegard von Bingen mutmaßte, dass Affen die Fähigkeit zur Sprache hätten, sich aber weigerten, in der Gegenwart der Menschen zu reden, weil sie arbeitsscheu seien. Der Grund des Schweigens war selbstverständlich ein anderer. Affen sind rein physiologisch nicht in der Lage, unsere Lautsprache nachzumachen. Darüber hinaus brauchen sie keine differenzierte, syntaktische Sprache. In einer Gesellschaft wie der ihren, wo die Rangordnung durch vollendete Tatsachen, sprich brachiale Gewalt, bestimmt wird, hat man einander sowieso nur wenig zu sagen.

Der Durchbruch kam mit der Entdeckung, dass Gorillas und Schimpansen eine modifizierte Zeichensprache, ähnlich der Taubstummensprache, erlernen können. Washoe und Nim Chimpsky, zwei Schimpansen, und Koko, eine Gorilladame, sind die bekanntesten der »sprechenden« Affen, wobei die nunmehr dreißigjährige Koko das erfolgsreichste dieser Tiere geblieben ist. Sie verfügte um die Jahrhundertwende über rund 1000 Handzeichen und verstand 2000 englische Worte. Sie ist in der Lage, viele Wünsche zu äußern, erkennt namentlich jede Menge Gegenstände, macht Witze, schimpft und lügt sogar.

Die Psychologin Francine »Penny« Patterson bekam das damals einjährige Gorillaweibchen 1972 vom Tierpark in San Francisco und begann sogleich, Koko eine eigens für sie erfundene Zeichensprache beizubringen. Dreißig Jahre später sind Pflegerin und Schützling immer noch zusammen, ein Glücksfall, der die Kommunikation zusätzlich erleichtert. Andere Versuchsaffen haben die Bezugspersonen öfters gewechselt. Patterson beschreibt Koko als »sanft, zornig, trübe, liebenswürdig und auf der Suche nach dem richtigen Mann«. Einst hatte sie einen Gefährten, den Gorilla Michael, mit dem sie sogar in Zeichensprache kommunizierte. Er starb aber. Inzwischen hat sie einen neuen Partner, Ndume. Man hofft auf Nachwuchs. Denn die brennende Frage ist, ob Koko auch ihrem Nachwuchs die Zeichensprache, die sie erlernte, beibringen würde oder nicht.

Wie sieht ein Gespräch mit Koko aus? Um die Antwort gleich vorwegzunehmen: Kokos Hauptthemen sind Essen oder ihre Gefühle. Ein Witzbold würde vielleicht meinen: »Wie bei uns.« Aber das stimmt nicht. Es ist doch ganz anders. Hier zum Beispiel einige Auszüge aus einem Weihnachtsinterview des amerikanischen Senders ABC mit dem berühmten Gorilla

(Penny Patterson übersetzte die Fragen und Antworten in die Zeichensprache):

Frage: Was willst du zu Weihnachten?
Koko: Süßigkeiten, Medizin-Süßigkeiten [d.h. Vitamin C], Apfel.
Frage: Bist du glücklich?
Koko: Ich gut (sie schnurrt ins Telefon, ein Ausdruck der Zufriedenheit bei Gorillas, so erklärt Betreuerin Patterson).
Frage: Wie ist das Leben unter Menschen für dich?
Koko: Menschen gut. Ich durstig.
Frage: Willst du einen Hund?
Koko: Süßigkeiten.
Frage: Hast du einen Freund?
Koko: (Sie grunzt. Laut Patterson bedeutet dies »ja«)
Frage: Willst du ein Baby?
Koko: Baby mir geben. Großartig.

Koko soll in der nahen Zukunft auf die Insel Maui übersiedeln. Dort wird unter der Regie von Dr. Patterson ein Gorilla-Reservat entstehen, das von der Stanford University gestiftet worden ist. Schon jetzt, so Patterson, freue sich Koko auf den kommenden Umzug. Sie habe schon Bilder aus der Gegend begutachtet und verstehe wohl, was mit ihr geschehen soll. Ihr sehnlichster Wunsch sei aber, ein eigenes Baby zu bekommen. Bisher habe es aber noch nicht geklappt. Als Ersatz hatte sie viele Jahre eine Katze als Haustier, um die sie sich liebevoll kümmerte. Auch mit Menschensäuglingen soll sie sehr sanft umgehen.

Ganz ohne Gedanken ist der Gorilla aber vielleicht auch nicht, das heißt, falls folgendes Gespräch mit Pflegerin Penny Patterson keine Einbildung Pattersons ist. Als Koko und ihr Frauchen die Abbildung eines Gorillaskeletts betrachteten, fragte Dr. Patterson:

Patterson (mit Handsignalen und sprechend): Lebt der Gorilla oder ist er tot?
Koko (mit Handsignalen): tot, wiedersehen.

Patterson:	*Wie fühlt sich ein Gorilla, wenn er stirbt, glücklich, traurig, ängstlich?*
Koko:	*schlafen.*
Patterson:	*Wohin gehen Gorillas, wenn sie sterben?*
Koko:	*gemütliches Loch. Wiedersehen.*
Patterson:	*Wann sterben Gorillas?*
Koko:	*Sorgen, alt.*

Dieses Gespräch beeindruckt in der Tat. Man sieht, wohin der Glaube an eine gemeinsame Sprache zwischen Mensch und Tier führen kann. Doch würde eine Truppe Schimpansen oder Gorillas im Freien, auch wenn sie dank dem Fleiß eines Wissenschaftlers eine Zeichensprache beherrschten, diese von allein untereinander anwenden? Bisher bleibt die Antwort auf diese Frage aus. Was der Affe oder auch andere Tiere einander zu sagen haben, wenn sie unter sich sind, gehört weiterhin zu den Geheimnissen einer Parallelwelt, über die selbst die begabtesten Forscher lediglich zu spekulieren vermögen. Oder vielleicht doch nicht.

Seit vierzig Jahren »spricht« Monty Roberts, der als »Pferde-Flüsterer« bekannt wurde, mit seinen Pferden. Das heißt: Er behauptet, er habe eine gemeinsame Sprache entdeckt. Immerhin hat er über zehntausend wilden Mustangs das Leben gerettet, indem er sie anhand seiner Pferdesprache zähmte. Schon als Junge beobachtete er in der Wüste von Nevada den Umgang der Pferde untereinander. Sie suchten meistens nicht die Konfrontation, stellte er fest. Das Leittier bestrafte Abtrünnige, indem es sie gewaltlos wegschickte. Kein Pferd will allein sein, wie es scheint. Die Abtrünnigen kehrten schließlich freiwillig zurück und wurden mit Freundlichkeit vom Leittier empfangen. Ihre Treue war ab diesem Augenblick für immer gesichert. Roberts machte es dem Leittier nach. Er schickte die Mustangs einfach weg, ohne Schläge, versteht sich, wenn sie ihm nicht gehorchten. Sie kehrten immer zurück.

Zugegeben ist dies eine Sprache mit nur wenigen Aussagen. Sie genügt scheinbar unter Pferden und, wer weiß, vielleicht unter anderen Tieren auch, um alles, was wichtig ist, überzeugend zu kommunizieren.

Kapitel 6

Der entseelte Mensch

Der menschliche Geist ist zäh. Wie Wasser sucht er eine Möglichkeit, nach außen durchzusickern, egal wie undurchlässig das Gefäß zu sein scheint, in dem es gefangen gehalten wird. Auch den hoffnungslosesten Fällen von verwilderten oder verwahrlosten Menschen gelingt, wenn auch meist mit nur bescheidenem Erfolg, bisweilen die Rückkehr in die Gemeinschaft. Das Wolfsmädchen Kamala beherrschte nach mehreren Jahren einige Worte Bengali. Das Wolfskind Pascal, das man 1972 im Wald bei Sultanpur geborgen hatte, lernte zwar nie zu sprechen, so erzählte mir seine einstige Betreuerin Schwester Antonia, konnte sich aber in Zeichensprache deutlich ausdrücken und strahlte Wärme aus. Manchmal wird dem wilden Kind jedoch eine Entfaltung, die zu einer vollständigen Integration führt, ermöglicht. Das sind aber freilich die Ausnahmen, wie etwa das Mädchen, das man »Rypa« (Schneehuhn) nannte (s. S. 99–101).

Auch der schottische Matrose Alexander Selkirk (s. S. 117–119) kehrte in die menschliche Gemeinschaft zurück. Er war 1704 nach einer Auseinandersetzung mit seinem Kapitän auf einer Insel ausgesetzt worden. Als er nach vier Jahren gerettet wurde, konnte er nur noch ein paar englische Wörter stammeln. Kapitän Woodes Rogers, Selkirks Retter, stellte fest, dass der Matrose »das Geheimnis fast vollkommen verlernt hat, verständliche Laute zu artikulieren«. Der Fall Selkirk diente übrigens als Vorlage für Daniel Defoes *Robinson Crusoe*. Und er diente, so Franck Tinland, auch dem holländischen Menschenforscher Cornelius de Pauw 1772 als Nachweis, dass »der größte Metaphysiker, der größte Philosoph, der zehn Jahre auf der Insel Fernandez verlassen wäre, verroht, stumm, stumpfsinnig zurückkehren würde, er würde keine Kenntnisse aus der ganzen Natur behalten«.

Die Sprachfähigkeit eines Menschen wird gerne als Messlatte verwendet, um das Vorhandensein des Verstandes zu konstatieren. Das heißt: Wer von Hause aus stumm ist, an Sprachstörungen leidet oder sich nur in einer unbekannten Sprache verständigen kann, wird von der Gesellschaft kaum besser akzeptiert als der Verwilderte. Nicht von ungefähr bezeichneten die Athener Fremde als *barbaroi*, das heißt als Menschen, die ihrer Ansicht nach nur ein unverständliches »bar-bar« hervorbrachten.

Doch nicht überall wird die Beherrschung der Sprache als Maßstab der gesellschaftlichen Akzeptanz gehandhabt. In manchen Gesellschaften wird der Sprachgestörte zu den Schamanen oder den Heiligen gezählt. Im alten Russland wurden die *jurodivji,* die »heiligen Narren«, oft sehr verehrt, so zum Beispiel der Heilige Simon von Jurew (gest. 1584), den man einst als wilden Jungen im Wald gefunden hatte. Das menschenscheue »Wolfskind« flüchtete mehrmals, wie so oft der Fall bei diesen bedauerlichen Wesen, bis es endlich festgenommen wurde. Es kam in die Obhut eines Dorfpriesters und wurde nach und nach als Heiliger verehrt.

Ein gewisser Grischa von Sankt Petersburg geisterte vor der Oktoberrevolution durch die Straßen seiner Heimatstadt, ausgemergelt, barfuß, in Lumpen, Haare und Bart verfilzt, eine schwere Kette um den Hals geschlungen. Die Kinder lachten ihn aus, doch die Erwachsenen ließen sich von ihm gerne segnen.

Wolf Singer, Direktor des Max-Planck-Institutes für Hirnforschung, berichtet, dass das Hirn eines Neugeborenen chemische Stoffe ausschüttet, wenn gewisse Reize – etwa Licht, Laute oder Berührungen – die Sinnesorgane erreichen. Diese Ausschüttung, die von der jeweiligen genetischen Veranlagung gesteuert wird, setzt wiederum eine Strukturveränderung der Nervenzellen in Bewegung. Wenn zum Beispiel die Augen das erste Mal das Licht erblicken oder die Ohren die Stimme von Mitmenschen vernehmen, so reagieren die dafür zuständigen Nervenzellen und verzweigen sich. Jeder zusätzliche Reiz verfestigt die neu entstandenen Nervenbahnen. Fehlen diese

Reize aber, so wird es nach einer gewissen Frist beinahe unmöglich, die noch nicht beziehungsweise unzureichend vorhandenen Fähigkeiten, wie etwa das Sehen oder das Sprechen noch zu aktivieren. Oder sie werden nur unvollkommen in Gang gesetzt. Die Fristen für diese Aktivierung sind allerdings von Mensch zu Mensch verschieden. Spätestens mit der Pubertät, möglicherweise aber auch viel früher, kann durch Reizmangel eine lebenslange Behinderung eintreten.

Was also Rauber im 19. Jahrhundert die »Erstarrung der Bildungsfähigkeit« nannte, versteht man heute als Wirkung einer biologischen Uhr. Das heißt: Wenn gewisse Entwicklungsschritte bis zu einem bestimmten Alter nicht ordnungsgemäß aktiviert werden, gehen diese als Ausdrucksmöglichkeit ganz oder teilweise verloren. Unter anderem gehört auch die Fähigkeit zur Sprache hierher. Nicht also von ungefähr waren die meisten wilden Kinder – wie schon Linné feststellte – stumm (*mutus*) oder zumindest in ihrer Sprachfähigkeit eingeschränkt. Von Kamala war schon die Rede. Genie (s. S. 363–374), ein Mädchen aus Los Angeles, verbrachte beinahe dreizehn Jahre in einem reizarmen Zimmer. Nach ihrer Befreiung 1970 lernte sie endlich das Sprechen. Doch sie schaffte es nie, ihre Muttersprache einwandfrei zu beherrschen.

Marcos, ein kindlicher Selkirk des 20. Jahrhunderts, kam im Alter von sieben Jahren zu einem Gutsbesitzer, der ihn ins einsame Bergland Andalusiens schickte. Dort lebte er völlig isoliert als Hirte, bis er mit achtzehn Jahren von der Guardia Civil entdeckt und in die Zivilisation zurückgeholt wurde. Da er bereits Spanisch gesprochen hatte, bevor er in die Isolation geraten war, vermochte er es wieder zu erlernen. Aber die Jahre der Einsamkeit prägten sein Sprachvermögen deutlich. Sein Wortschatz blieb klein, und er musste ständig nach den passenden Wörtern suchen.

Aber nicht nur die Sprachfähigkeit geht mangels Anreiz verloren. Vor zwei Jahrhunderten, erzählt Israel Rosenfield, operierte der englische Chirurg William Cheseldon einen Jungen, der wegen eines angeborenen grauen Stars blind auf die Welt gekommen war. Kollegen waren gespannt, was der Junge nach der Operation sehen würde. Man erinnerte damals an eine Frage, die der Philosoph William Molyneux an John Locke gestellt hatte, ob nämlich ein Mensch, der von der Geburt an blind war und seine Sehkraft wiedergewonnen hätte, »zwischen einem Würfel und einer Kugel des gleichen Metalls unterscheiden« würde. Lockes Antwort: Er würde diese nicht unterscheiden können, denn er habe die dafür nötige Seherfahrung noch nicht. Lockes Vermutung erwies sich als richtig. Cheseldons Patient hatte erhebliche Schwierigkeiten, die Größe von Objekten auseinander zu halten. Sein Zimmer schien ihm so groß zu sein wie ein Haus. Porträts an der Wand kamen ihm dreidimensional vor. Dreidimensionale Gegenstände empfand er dagegen als flach. Auch Kaspar Hauser beschwerte sich über die Welt der Gegenstände, nachdem er seinen Kerker verlassen hatte. Vor allem machte ihm die Einschätzung von Entfernungen zu schaffen. Obendrein schmerzte ihn die Helligkeit des Himmels. In seinem Fall waren die für das Sehen notwendigen Nervenzellen zwar vorhanden – immerhin hatte er die ersten Jahre seines Lebens einigermaßen normal verbracht –, doch nach Jahren in einem dunklen Verlies konnten seine Augen Tageslicht schwer ertragen.

Experimente mit Tieren bestätigen die Wirkung der biologischen Uhr und der »kritischen Zeiten«, wie sie genannt werden. In einem 1969 ausgeführten Forschungsprojekt, so Dieter E. Zimmer, nähten die amerikanischen Hirnphysiologen David Hubel und Torsten Wiesel neugeborenen Kätzchen jeweils ein Auge zu. In den folgenden Wochen wurden die Tiere zu unterschiedlichen Zeiten aus dieser misslichen Lage wieder befreit. Daraufhin prüften die Wissenschaftler die Funktionsfähigkeit des abgedeckten Auges. Sie stellten fest, dass das Sehvermögen der Kätzchen nach etwa vier Wochen Untätigkeit nicht mehr wiederherzustellen war. Bei erwachsenen Tieren konnte man dagegen ein Auge beliebig lang zunähen. Wenn das Auge wieder freigemacht wurde, war die Sehkraft so gut wie vorher.

Eine Beeinträchtigung der biologischen Uhr ist freilich die Ausnahme in der Natur. Sie endet meistens für das betroffene Tier tödlich – wie auch wahrscheinlich für die meisten Menschen, was die geringe Zahl der wilden Kinder im Lauf der Geschichte erklären würde.

Es wird vielleicht überraschen, welche Fähigkeiten abstumpfen, wenn so instinktarme Lebewesen wie Menschen nicht artgerecht gehalten werden. Vom Verlust der Sprache und von Sehstörungen war oben schon die Rede. Nicht minder empfindlich ist aber scheinbar auch unser aufrechter Gang. Linné bezeichnete den *homo ferus* nicht ganz ohne Grund als *tetrapus*, vierbeinig, obwohl nur einige der Fälle, die ihm damals bekannt waren, von Wilden handelten, die auf allen vieren gingen. Doch Berichte aus mehreren Jahrhunderten bis in die Gegenwart scheinen zu bestätigen, dass sich viele wilde Kinder in der Tat mit Vorliebe auf allen vieren fortbewegten. Von Kamala existieren sogar Fotos (soweit sie nicht gestellt sind), die sie beim Laufen auf allen vieren zeigen. So lange sie lebte, so Reverend Singh, bewegte sie sich sicherer und schneller auf allen vieren als auf zwei Beinen. Pascal, das wilde Kind aus Lucknow, krabbelte zuerst auf allen vieren. Erst in späteren Jahren, wie seine Betreuerin mir beteuerte, konnte er aufrecht gehen.

Eine mögliche Erklärung wäre, dass der Drang zum aufrechten Gang durch Nachahmung ausgelöst wird. Donald Kellogg, der als Baby der Wissenschaft zuliebe mit dem Affenkind Gua aufgezogen wurde, ist dafür ein gutes Beispiel. Je inniger die Beziehung zu Gua wurde, umso mehr betrachtete Donald den Affen als Verhaltensvorbild. Obwohl Donald das Laufen bereits beherrscht hatte, entwickelte er sich quasi zurück und krabbelte mit Vorliebe auf allen vieren umher.

Wenn gerade von Nachahmung die Rede ist, soll auch der Gazellenjunge (s. S. 337–343) an dieser Stelle kurz erwähnt werden, den der französische Künstler J. C. Armen 1960 in der spanischen Sahara gesehen haben will. Armen behauptete – wohlgemerkt, er war der einzige Zeuge – dass die Fußgelenke des Jungen, der mit den Gazellen lief, sichtbar verdickt und sehr muskulös erschienen, eine Folge, so vermutete Armen, der Gazellensprünge des Menschenkinds. Ob eine physiologische Anpassung dieses Ausmaßes überhaupt möglich ist, bleibe dahingestellt.

Die Fähigkeit zum aufrechten Gang verkümmert oder passt sich offenbar an, wenn die dafür zuständigen Muskeln nicht regelmäßig beansprucht werden. Kaspar Hauser bewegte sich zeit seines Lebens staksig, nachdem er Jahre in einem engen Verlies mit ausgestreckten Beinen zugebracht hatte. Im Reitsport, einer sitzenden Aktivität, brillierte er allerdings. Genie, die schon als Baby an ihr Töpfchen gefesselt wurde, blieb sichtbar gehbehindert. Obwohl sie das Gehen endlich lernte, beherrschte sie wie Kamala das Laufen nie. Victor, der wilde Junge von Aveyron hingegen, der fernab der Menschen gelebt hatte, trabte und galoppierte am liebsten, er musste das langsame Gehen erst mühevoll lernen, beziehungsweise wieder erlernen.

Jedenfalls scheint dem Menschen die Veranlagung zum aufrechten Gang angeboren zu sein. Dieser tritt mit wenigen Ausnahmen zu passender Zeit reibungslos in Erscheinung – vielleicht als Folge der bereits erwähnten biologischen Uhr. Dennoch gibt es offensichtlich Kinder, die es manchmal vorziehen – Vorbilder hin, Vorbilder her –, sich dennoch auf allen vieren fortzubewegen, obwohl ihnen die Gelegenheit zum von der Mehrheit bevorzugten aufrechten Gang gegeben ist. Der Anthropologe Aleš Hrdlička (1869–1943), vierzig Jahre als Kurator in der Abteilung Anthropologie am Smithsonian Natural History Museum in Washington tätig, sammelte Hunderte solcher Fälle in einem längst vergriffenen Band aus dem Jahr 1931 mit dem merkwürdigen Titel *Children Who Run On All Fours And Other Animal-like Behaviors in the Human Child.* Diese auf allen vieren laufenden Kinder hätten wenig gemeinsam, stellte er fest. Sie entstammten allen Rassen und gesellschaftlichen Schichten. Gemeinsames Merkmal war lediglich eine kräftige Natur und eine robuste Gesundheit. Dank des vierbeinigen Gangs verfügten sie darüber hinaus über ein ausgezeichnetes Gleichgewichtsgefühl. Meistens gaben sie um das fünfte Lebensjahr die ungewöhnliche Gangart auf und passten sich der Umwelt an. Hrdlička leugnete, dass er in seinem kuriosen Buch irgendwie eine zuverlässige Statistik zusammengestellt hätte, er vermutete aber, dass es sich bei der Vorliebe für das Gehen/Laufen auf vier Beinen um eine angeborene Prädisposition handele, die im Menschen quasi als atavistische Möglichkeit schlummere. Manche Kinder hätten sich sogar zurückentwickelt, nachdem sie bereits den Aufrechtgang beherrscht hatten, vermutlich, weil sie spürten, dass sie schneller auf allen vieren als auf zwei Beinen laufen konnten. So zum Beispiel der Sohn eines gewissen Professor Worcester. Er »begann mit circa dreizehn Monaten zu laufen«, berichtete die beunruhigte Mutter in einem Brief an Hrdlička. »Mit fünfzehn und sechzehn Monaten, nachdem sich seine Laufgewohnheit verfestigt hatte, fing er an, wieder auf allen vieren zu laufen.« Eine gewisse E. B. Jones aus Purvis, Mississippi, erzählte dem Anthropologen von ihrer zweiten Tochter: »Sie ist jetzt siebzehneinhalb Monate alt und will nicht versuchen, aufrecht zu gehen, es sei denn, dass jemand sie führt.« Auf allen vieren aber »kann sie schneller laufen als das Durchschnittskind auf zwei Beinen«. Mrs. Jones versicherte Hrdlička, dass ihre Familie zur weißen Rasse gehöre.

Anekdoten dieser Art – und davon lieferte Hrdlička Hunderte – widerlegen kein Naturgesetz. Sie beweisen nur, dass das Laufen auf allen vieren als Möglichkeit im Menschenprogramm durchaus noch vorhanden ist. Auch wenn diese Erkenntnis das Geheimnis der menschlichen Urnatur nicht lüften wird, bestätigt sie, dass die Suche nach dieser Urnatur wohl schwieriger ist, als man vielleicht glauben will.

Homo ferus ist kein Urmensch. Er ist, wie Lucien Malson meinte, ein Mensch ohne Geschichte. Sexualität komme bei ihm häufig gar nicht oder lediglich am Rande zum Vorschein. Wie könnte es auch anders sein? Er ist kein Häftling, dessen Lebenserfahrung ihn in die Einsamkeit begleitet. Noch ähnelt er dem KZ-Häftling, dessen Triebe in der Zeit des entsetzlichen Mangels verkümmerten. Denn diese Menschen konnten in den meisten Fällen ihre Sexualität wieder leben, wenn sie sich von ihrer Haft erholt hatten. Nein, er ist (ähnlich dem Autisten) der von vornherein Ausgesperrte, der nie Begierde empfunden hat, zumindest wenn seine Verwilderung zu einer entscheidenden Zeit in seiner Entwicklung eintrat. Ob biologisch begründete kritische Zeiten in diesem Bereich eine Rolle spielen, ist unklar.

Schon Blumenbach war die Gleichgültigkeit des Wilden Peter in Bezug auf Frauen aufgefallen. Der Wilde von Kronstadt zeigte nach seiner Rückkehr in die Welt der Menschen so gut wie kein Interesse an Frauen. Er war allerdings noch lernfähig. Nach drei Jahren unter Menschen »hatte seine Apathie in diesem Punkt aufgehört«, so ein Augenzeuge an Michael Wagner. »Sobald er ein Frauenzimmer bemerkte, brach er in ein heftiges Freudengeschrei aus und suchte seine rege gewordene Begierde auch durch Gebärden auszudrücken.« Da so gut wie keine Auskunft über sein frühes Leben existiert, wäre es auch denkbar, dass er Erfahrungen gemacht hatte, die dem Wiederbeleben des Geschlechtstriebs letztendlich zu Gute kamen.

Victor von Aveyron erlebte, so Itard, nach dem Ende der Pubertät ein heftiges, wenn auch undefinierbares Aufflammen der Begierde. »So habe ich ihn bei einer Zusammenkunft von Frauen beobachtet, wie er mehrmals bei einer von ihnen eine Erleichterung seiner Ängste suchte, sich neben sie setzte, ihr sanft die Hand, die Arme, die Knie drückte und dies so lange fortsetzte, bis er spürte, dass seine unruhigen Wünsche wuchsen, statt sich durch diese seltsamen Liebkosungen zu beruhigen, und, da er das Ende seiner peinsamen Erregung nicht absehen konnte, plötzlich sein Verhalten änderte, missmutig die Dame fortstieß, die er mit einer Art Begeisterung aufgesucht hatte, und sich sofort einer anderen zuwandte, bei der er sich auf die gleiche Weise verhielt. Eines Tages indes trieb er seine Unternehmungen etwas weiter. Nachdem er die Dame zuerst in der geschilderten Weise geliebkost hatte, nahm er sie bei den Händen und zog sie, ohne jedoch Gewalt anzuwenden, in einen Alkoven. Sehr unbeholfen zeigte er dort in seinen Gesten wie in seinem außergewöhnlichen Gesichtsausdruck ein Gemisch aus Fröhlichkeit und Trauer, Wagemut und Unsicherheit, bat zu wiederholten Malen seine Dame um Zärtlichkeiten, indem er ihr seine Wangen hinhielt, langsam und mit nachdenklicher Miene um sie herumging und sich schließlich an ihre Schultern warf, wobei er fest ihren Hals drückte. Dabei blieb es, und seine Liebesbezeigungen endeten, wie alle anderen, in einer verdrießlichen Geste, mit der er das Objekt seiner flüchtigen Zuneigung fortstieß.«

Dieses manifeste Ungestüm seines Schützlings war Itard peinlich, und er weigerte sich, Viktor in die Geheimnisse der Sexualität einzuweihen. »Und ich zweifle nicht daran, dass man, wenn man es gewagt hätte, diesem jungen Mann das Geheimnis seiner Unruhe und das Ziel seiner Begierden zu enthüllen, unabschätzbare Vorteile daraus hätte ziehen können. Doch angenommen, mir wäre es gestattet gewesen, einen solchen Versuch zu wagen, hätte ich dann andererseits nicht befürchten müssen, unseren Wilden mit einem Bedürfnis bekannt zu machen, das er ebenso öffentlich hätte befriedigen wollen wie die anderen und das ihn zu Handlungen von empörender Anstößigkeit geführt hätte? Eingeschüchtert durch die Furcht vor einem solchen Ausgang, musste ich hier innehalten und mich wie in so vielen anderen Fällen damit zufrieden geben, mitanzusehen, dass meine Hoffnungen wie schon so oft vor einem unvorhergesehenen Hindernis dahinschwanden.« Was Itard genau meinte, ist heute nicht mehr zu deuten. Hatte er Angst, Victor würde zum schamlosen Vergewaltiger werden? Oder war der Gegenstand seiner Befürchtungen die Peinlichkeit einer zur Schau gestellten Selbstbefriedigung seitens Victors?

Wie dem auch sei, Itard stellte die Arbeit mit seinem Schützling ein. Victor rutschte, wie spätere Augenzeugen berichteten, in die Idiotie ab und verbrachte den Rest seines Lebens in der Obhut seiner Betreuerin, Madame Guérin. Er blieb offenbar sexuell passiv.

Marcos, der wilde Junge aus der Sierra Morena, hatte nach eigener Auskunft keine sexuellen Bedürfnisse, obwohl er aus körperlicher Sicht durchaus in der Lage gewesen wäre, erotischen Neigungen nachzugehen. Als Erwachsener entdeckte er seine sexuellen Bedürfnisse nur langsam, das heißt, erst nachdem Bekannte ihn aufgeklärt hatten. Er hatte aber angeblich nur ein einziges sexuelles Erlebnis mit einer Frau, einer Touristin auf Mallorca, wo er eine Zeit lang in Hotels jobbte. »Es ist sehr merkwürdig«, schreibt Gabriel Janer Manila, »dass es so lange dauerte, bis sich seine Sexualität zeigte. Die Entstehung von Marcos Geschlechtstrieb zeigte sich, ohne Zweifel, erst nach seiner Eingliederung: das Resultat seines Lebens unter Menschen.«

Es scheint also möglich, dass Sozialisierung auch die Sexualität beeinflusst.

Linné hatte, wie bereits erwähnt, den *homo ferus* als stumm (*mutus*), vierbeinig (*tetrapus*) und auch als behaart (*hirsutus*) charakterisiert. Mag sein, dass diese Beschreibung im 18. Jahrhundert Eindruck machte, vor allem, weil die Gelehrten zu jener Zeit die wilden Kinder in die Nähe der neu entdeckten Menschenaffen rückten. Von der Sprache und der Gangart wilder Kinder war schon oben die Rede. Aber behaarte Kinder? Vielleicht bezog sich Linné auf die langen, verfilzten Kopfhaare der verwilderten Kinder, wie sie nicht selten in den alten Berichten beschrieben wurden. Körperbehaarung war dagegen in den Beispielen, die er anführte, kaum ein Thema. Ein dokumentierter Fall aus der damaligen Zeit spricht von einem etwa dreißigjährigen, überbehaarten wilden Mann, der in den Pyrenäen entdeckt wurde (s. S. 150 f.). Ein behaarter Erwachsener fällt aber nicht aus der Reihe. Außerdem kann man nicht sicher sein, ob Linné mit diesem Fall überhaupt vertraut war. Dass die wilden Kinder bei der Festnahme alle verdreckt waren, steht außer Zweifel. Hat man vielleicht eine Schmutzschicht mit Körperbehaarung verwechselt?

Es gibt aber durchaus Berichte von wahrhaftig behaarten wilden Kindern. Sleeman beschrieb ein Wolfskind von Hasunpur (s. S. 219 f.), das »kurze Haare überall auf seinem Körper« hatte. Diese verschwanden allerdings bald nach seiner Festnahme. Auch John von Uganda (s. S. 388–394) war, einem Augenzeugenbericht zufolge, behaart. Möglich ist, dass eine Mischung aus Schmutz, Fasern und trockenem Gras einen solchen Eindruck hätte hervorrufen können, zumal John später normal behaart war. Der Filmemacher James Cutler, der eine Dokumentation über John für die BBC drehte, wies in einem Schreiben an mich darauf hin, dass die Zeugin möglicherweise modernde Kleidungsstücke oder Schimmel mit Körperbehaarung verwechselt hätte. Allerdings wusste Cutler zu berichten, dass dieses Phänomen bei Kleinkindern durchaus ein Symptom einer Fehl- bzw. einer Unterernährung sein kann. Der Mediziner Dr. Gennadi Rajwich, Senior Lecturer an dem University

College of London, bestätigte mir dies in einem Gespräch und fügte hinzu, dass auch eine psychologische Komponente da eine Rolle spielen kann. Robert M. Zingg glaubte im Übrigen zu wissen, dass auch eine übermäßige Sonnenbestrahlung in der Lage wäre, dieses seltene Phänomen zu verursachen.

Kein Verlust bleibt in der Natur ohne Ausgleich: Auch der Verlust des Verstandes wird offensichtlich durch besondere Fähigkeiten kompensiert. So zum Beispiel die häufig zitierte artfremde Ausprägung des Geruchssinns bei wilden Kindern. Oft wurde beim *homo ferus* beobachtet, wie er Gegenstände, Menschen und vor allem Essbares beschnupperte, um sich mit den Gerüchen vertraut zu machen. Der Geruchssinn scheint eigentlich die bescheidenste Form des Begreifens zu sein, der Prozess also gewissermaßen eine Art Denken. Victor, Kamala und Amala, verschiedene Wolfskinder, ein Leopardenkind, der Lütticher Hans im 17. Jahrhundert, laut Bruno Bettelheim auch manche Autisten, verfügen über diese Fähigkeit.

Über Kaspar Hauser schrieb sein Betreuer, der Gymnasialprofessor Georg Friedrich Daumer: »Tabak auf dem Felde, der in der Blüte stand, roch er auf mehr als 50, getrockneten, der an einem Gebäude ausgehängt war, auf mehr als 100 Schritte.« Manche Gerüche, etwa der von altem Käse, lösten bei ihm regelrechte Übelkeit aus. Katzenerbrochenes sei ihm lieber gewesen als Kölnisch Wasser, meinte Daumer. Der spanische Junge Marcos erzählte, wie er Heilpflanzen an deren schlechtem Geruch erkannte, nachdem er ihre Wirkung bei kranken Tieren beobachtet hatte. Allerdings scheint die Zivilisation diese Fähigkeit abzustumpfen. Der englische Wissenschaftler Kenelm Digby bedauerte in einem 1644 veröffentlichten Traktat über die Natur der Menschenseele den Verlust dieser Fähigkeit. Er führte ihn auf unsere Essgewohnheiten zurück. »Verstopft und gehemmt durch die groben Dämpfe kochender Speisen, die man täglich auf dem Tisch und aus ihren Mägen riecht, wird die Erkenntnis der viel reineren Atome von Körpern nicht mehr wahrgenommen.« Digby stellte auch fest, dass Hunde im Zwinger über einen viel empfindlicheren Geruchssinn verfügten als Hunde, die in Küchen geduldet werden.

Die sensorischen Fähigkeiten scheinen also bei Menschen,

die lange in großer Einsamkeit gelebt haben, ausgeprägter zu sein. Kaspar Hauser konnte, so berichtete Daumer, auch nachts Farben unterscheiden. In der Dämmerung war er aus einer Entfernung von hundertachzig Schritten in der Lage, eine Hausnummer und von sechzig Schritten eine Fliege in einem Spinnennetz wahrzunehmen. Über Kamala und Amala erzählte der Reverend Singh, dass ihre Augen in der Nacht blau leuchteten wie die eines Tieres. Robert Zingg und andere Wissenschaftler rätselten lange über dieses Phänomen und stellten schließlich fest, dass diese Fähigkeit ein Atavismus wäre, den man hin und wieder anträfe (wahrscheinlich ähnlich dem Gehen auf allen vieren). Immerhin konnten die zwei Wolfsmädchen bei finsterster Nacht sicher über unebene Wege laufen. »Sie konnten die Gegenwart eines Menschen, eines Kindes, eines Tiers, eines Vogels oder sonst eines Gegenstands in der dunkelsten Ecke erkennen, wo das menschliche Sehvermögen völlig nachlassen würde.«

Die Umstellung auf gekochte Nahrung hat offenbar sowohl bei Kaspar Hauser wie auch bei Kamala zum Abstumpfen dieser besonderen sensorischen Fähigkeiten geführt.

Anekdoten über außergewöhnliches Hörvermögen sind nicht weniger beeindruckend. Kasper Hauser vermochte den Inhalt von Gesprächen, die auf weit entfernten Feldern stattfanden, zu verstehen. Victor vernahm das leiseste Rasseln von Nüssen. Hingegen ignorierte er alle Geräusche, die seiner Meinung nach mit ihm nichts zu tun hatten. Als Itard eine Pistole hinter seinem Rücken abfeuerte, reagierte er gar nicht. Dieses Phänomen veranlasste Professor Pinel und andere Experten, ihn anfänglich für hörgeschädigt zu erklären.

Ferner scheinen wilde Kinder beinahe ausnahmslos unempfindlich in Bezug auf Schmerzen und extreme Temperaturen zu sein, eine Eigenschaft, die sie laut Bruno Bettelheim mit psychotischen Kindern teilen. Victor wurde beobachtet, wie er seine Hand in einen Topf eintauchte, um eine kochende Kartoffel herauszufischen. Er trabte nackt durch den Schnee, ohne darunter zu leiden. Auch Kamala, Kaspar Hauser und Marcos, wie auch viele andere Leidensgenossen, galten als witterungsunempfindlich. Doch ließ auch diese Fähigkeit nach, je mehr die Eingliederung in die menschliche Gemeinschaft voranging. Die Fähigkeit, zwischen kalt und heiß zu unterscheiden, wurde von Itard strategisch eingesetzt, um Victor empfindsam zu machen. Der Lehrer bemühte sich, das Bewusstsein seines Schützlings durch dessen Körper zu erreichen. Mit Erfolg. Victor bekam einerseits heiße Bäder verschrieben und musste andererseits nackt in der Kälte neben seinen Kleidern stehen, bis er selbst auf die Idee kam, sich anzuziehen. Außerdem erhielt er stimulierende Massagen, um das Körpergefühl zu erwecken. Diese Massagen stellte Itard allerdings ein, als »die ersten Regungen einer schon allzu vorzeitigen Pubertät in eine unliebsame Richtung zu drängen drohten«.

Der Mensch ist ein Meister der Anpassung. Wilde Kinder, die Berichten zufolge unter Fleischfressern gelebt hatten, gewöhnten sich schnell an Mahlzeiten aus rohem Fleisch und gediehen. Ein *homo ferus* unter grasenden Tieren graste ebenfalls und litt dennoch unter keinen offensichtlichen Mangelerscheinungen. Manche, wie etwa Victor oder das Mädchen von Songi, zählten wohl zu den Allesfressern und machten dank des Verzehrs von Nüssen, Wurzeln, Beeren, Fischen, Fröschen, Eichhörnchen und Vögeln einen rundum gesunden Eindruck. Andere Verwilderte dagegen, wie etwa John von Uganda, litten eindeutig unter den Folgen einer fortgesetzten Unterernährung. Viel wissen wir über die Ernährung der Verwilderten im Freien eigentlich nicht. Man kann nur Rückschlüsse aus ihrem Verhalten, als sie wieder unter Menschen waren, ziehen. Doch mehr darüber im zweiten Teil.

Von Verhaltensnormen zu reden ist eine Selbsttäuschung der Mehrheit. Das weiß jeder. Doch auch wenn es keine Normen gibt, trifft es zu, dass menschliche Gefühle weltweit – sieht man von den üblichen kulturellen Unterschieden ab – auffallend ähnlich sind. Eifersucht, Liebe, Hass, Aggressivität, Mitgefühl, das Bedürfnis, nach einer höheren Macht zu suchen oder die eigene Umwelt zu erklären, das sind Empfindungen, die alle

Menschen bewegen, Grundelemente des Menschseins quasi. Der *homo ferus*, der entseelte Mensch, lebt außerhalb dieser Sphäre. Er bleibt deshalb eine Ausnahme, umso mehr, wenn man bedenkt, wie bescheiden die Zahl der überlieferten Fälle der Verwilderung ist.

»Der Mensch ist ein nacktes Tier mit zwei Händen und zwei Füßen, das aufrecht geht, das in der Lage ist, vernünftig zu denken und eine artikulierte Sprache zu verwenden und das anfällig für die Zivilisation ist«, meinte der französische Naturwissenschaftler J. J. Virey 1817 in seinem *Nouveau Dictionnaire d'Histoire Naturelle.* Auffällig bei dieser Definition ist das Fehlen jeglicher moralischen Eigenschaft, es sein denn, die moralischen Werte werden dem Begriff »Zivilisation« zugeordnet. Wilde Kinder scheinen jedenfalls keinem moralischen Imperativ zu unterliegen. Sie respektieren das Eigentum anderer nicht. Sie nehmen sich, wonach ihnen der Sinn steht, und morden sogar, wenn es ihnen passt. Das Mädchen von Songi habe, so hieß es, eine verwilderte Begleiterin getötet oder zumindest schwer verletzt, als die zwei miteinander wegen eines gefundenen Rosenkranzes in Streit gerieten. Moral also als Zivilisationsmerkmal?

Der Anthropologe Colin Turnbull lebte ein Jahr (1965–66) bei den Ik, einem Bergvolk im nördlichen Uganda. Er beschrieb die gesellschaftliche und moralische Zersetzung dieses Volkes während einer entsetzlichen Hungersnot, die er miterlebte. Die üblichen Regeln des Zusammenlebens traten außer Kraft. Die Stärkeren rissen ohne zu zögern den Schwachen Nahrung aus der Hand, manchmal sogar aus dem Mund. Oft waren die Opfer die eigenen Eltern oder Kinder. Man verhöhnte das Leiden der anderen. Das Schwindeln, so der Anthropologe, wurde zur häufigsten Umgangsform. »Die Kinder wurden als fast ebenso unnütz wie die Alten angesehen. Solange man die fortpflanzende Gruppe am Leben hält, kann man jederzeit weitere Kinder erzeugen. Man verzichtet zunächst auf die Alten, dann auf die Kinder. Alles sonst wäre Selbstmord für das Volk. Die Ik sind bedauerlicherweise alles andere als selbstmordgefährdet.« Turnbull, dessen Beobachtungen nicht ganz unumstritten sind – manche Kollegen warfen ihm vor, die Lage der Ik völlig missverstanden oder gar verfälscht zu haben –, erläuterte diesen Sittenverfall mit unverblümtem Pessimismus: »Die Werte, die wir so hoch schätzen und auf die manche hinweisen, um unsere grenzenlose Erhabenheit über andere Formen des tierischen Lebens zu unterstreichen, sind womöglich wesentlich für die menschliche Gesellschaft, nicht aber für die Menschheit schlechthin. Die Ik erbringen also den Beweis, dass die Gesellschaft für das Überleben der Menschen wohl nicht unentbehrlich ist, dass der Mensch aber keineswegs das soziale Wesen ist, für das er sich immer gehalten hat, dass er durchaus vermag, eine lockere Verbindung zu anderen zum Zweck des Überlebens einzugehen, ohne gesellig zu sein.« Ob die Prognose so düster ist, wie Turnbull damals urteilte, bleibe dahingestellt.

Man muss immer bedenken, dass der Mensch, der aus welchen Gründen auch immer verwildert, sein Verhalten zuweilen nicht steuern kann. Er reagiert auf die Anforderungen seiner Umwelt. Er ist ständig am Umdenken. Bei Kindern kommt noch ein Faktor dazu: Das Leben in der Isolation kann irreversible Veränderungen bewirken. Neben körperlichen Veränderungen – wie oben geschildert – können auch seelische Schäden auftreten, die nicht mehr rückgängig zu machen sind.

Bereits im 18. Jahrhundert, also noch vor Virey, glaubte Schreber, dass die Möglichkeit einer Verwilderung in Europa am Verschwinden sei, weil auf dem kultivierten Kontinent kaum noch genügend Hinterland zur Verfügung stehe, in dem ein Mensch verwildern könne.

Er hatte nur zum Teil Recht. Die Verwahrlosung bedarf nicht unbedingt eines Urwalds. Sicherlich waren die Wälder von Uttar Pradesh im 19. und 20. Jahrhundert mehr als durchschnittlich oft der Schauplatz bekannter Fälle der Verwilderung. Doch ebenso ist eine derartige Verkümmerung der Seele und des Körpers in einer Groß- oder Kleinstadt möglich. Genie zum Beispiel lebte im Los Angeles des 20. Jahrhunderts.

Die Hauptpersonen dieses Buches – wir nennen sie immer wieder mangels eines passenderen Begriffs leider allzu klinisch »Fälle« – agieren am äußersten Rand des Menschseins. Dabei darf man aber nicht vergessen, dass es eine graue Zone der Verwahrlosung gibt, die weniger extrem zu sein scheint als die unserer »Fälle«. Die Geschichten derer, die mühelos in diese Kategorie passten, würden aber die Grenzen beinahe jeglichen Buches sprengen. Denn die Seele kann auch in Raten verkümmern. Die Waisenkinder Rumäniens haben in jüngster Zeit für Schlagzeilen gesorgt und vermittelten ein Bild der elendsten Verwahrlosung. Sie sind mitnichten die einzigen Opfer der institutionellen Vernachlässigung. In jedem Land der Erde dümpeln Kinder und Greise dahin, als wären sie nicht Teil unserer Welt, und verkommen aufgrund mangelnder Zuwendung. Ähnlich verhält es sich mit den Kindersoldaten und Straßenkindern in Afrika, in Myanmar, auf den Philippinen, in Südamerika. Sie verlieren den Anschluss zwar etwas weniger dramatisch als der Wilde Peter oder Kaspar Hauser, dennoch verlieren sie ihn. Denn bei ihnen wird ebenfalls der kritische Zeitpunkt ihrer möglichen Integration in die Gesellschaft verpasst. Mitglieder von Banden in den Straßen von Los Angeles, New York, St. Louis, London, Paris, Neapel und auch Berlin vermögen nur selten nachzuholen, was sie in der Kindheitsentwicklung versäumt haben. Die Straßenkinder in Bogotá, in Rio, in Kalkutta oder in Bukarest, um nur einige Großstadtdschungel zu erwähnen, verlieren Geist und Gesundheit in einer erbarmungslosen Umwelt. Ethische Normen bleiben oder werden ihnen fremd, wie etwa Turnbull von den Ik berichtete.

Edith Flynn, Professorin der Kriminologie an der Northeastern University, bezeichnete diese verwahrlosten Jugendlichen allesamt als *»feral children«,* wilde Kinder also. »Sie leben nur in der Gegenwart. Erstaunlich ist, dass sie keine Gefühle, keine Gewissensbisse zu haben scheinen.« Diese Beobachtung ist das schreckliche Thema von Anthony Burgess' *A Clockwork Orange*, William Burroughs *The Wild Boys*, Elfriede Jelineks *Die Ausgesperrten*: Jugendliche, die einer moralischen Gesellschaft nicht verpflichtet sind, weil die Gesellschaft selbst im Begriff ist zu verwildern. Nicht wie im Fall der Ik wegen einer Hungersnot, sondern aus gesellschaftlich sanktionierter Gier, die sich auf jeder Ebene des Gemeinschaftslebens ausbreitet. Eine Umwelt, die den reinen Materialismus als Tugend preist, entseelt nicht minder als Jahre unter den Wölfen.

Kapitel 7
Die Autisten

Der in Panik geratene Autist wirkt manchmal wie ein wildes Tier. Er schlägt um sich, schnappt, beißt, kratzt, oder brüllt wie ein Bär in der Falle. Sein schlimmster Feind ist aber weder ein Raubtier noch ein Jäger, sondern stets er selbst. Er selbst ist auch sein bevorzugtes Opfer, die Beute seiner eigenen Wildheit. Er hadert mit sich, weil er unfähig ist, die Welt zu entwirren. Manchmal wirft er sich im Ringen mit seinen unsichtbaren Dämonen zu Boden, schlägt mit seinem Kopf dagegen, um endlich zur Ruhe zu kommen; er gräbt sich die Fingernägel in die eigene Haut, in der Hoffnung, sich durch Schmerzen von dem großen Schrecken abzulenken. Von Angst besessen, verschließt er seine Augen vor dem grellen Licht der Wirklichkeit, um die bedrohliche Welt der Gegenstände verschwinden zu lassen. Er schreit sich die Seele aus dem Leib, um sich durch den eigenen Lärm den Geräuschen der Welt zu entziehen.

An seiner Privatklinik in Chicago, der Orthogenic School, glaubte Bruno Bettelheim im Verhalten seiner schwierigsten kleinen Patienten manche Ähnlichkeiten mit den tradierten Verhaltensweisen des verwilderten Kindes zu erkennen: die Abkapselung gegen die Außenwelt, die Sprachschwierigkeiten, die absolute Verstummung, auch die Wildheit. Geradezu raubtierhaft kam ihm zuweilen das Benehmen einiger seiner extremsten Autisten vor. Eine seiner kleinen Patientinnen pflegte sich am ganzen Körper abzulecken wie ein Hund oder eine Katze und nagte obendrein an ihren Zehen. Hätte sie in Indien gelebt, meinte Bettelheim, so wäre es denkbar gewesen, dass man ihr ein Leben unter Wölfen angedichtet hätte. An seinem Institut gab es Kinder, die mit den Zähnen fletschten, wenn man ihnen zu nahe kam, einige knurrten im Schlaf. Manche nahmen nur Rohkost zu sich, leckten Salz, richteten sich kleine Höhlen ein, um sich darin einzunisten, rannten nackt herum, urinierten und defäkierten überall nach Belieben. Allerdings stellte Bettelheim fest, dass keines der Kinder auf allen vieren lief.

Aus diesen Beobachtungen ergab sich für ihn nur eine mögliche Schlussfolgerung: »Seit Jahren war ich anhand meiner Erfahrungen mit schwer autistischen Kindern überzeugt«, schrieb er in einem Aufsatz aus dem Jahr 1959, »dass die Mehrheit der so genannten wilden Kinder in Wahrheit unter der schlimmsten Form des kindlichen Autismus litt, während manche, wie möglicherweise der wilde Junge aus Aveyron, wohl schwachsinnig waren.« Eine Aussage, die der Entmystifizierer Blumenbach und Schreber würdig gewesen wäre.

Dass es tatsächlich Kinder gebe, die wie etwa Amala und Kamala unter den Wölfen gelebt hätten, hielt Bettelheim für äußerst unwahrscheinlich, für Märchen, mittels derer Kinder in Angst versetzt und zu Artigkeit angehalten werden sollten. Er prangerte jene Verhaltensforscher und Anthropologen an, die aus seiner Sicht den frommen Wunsch hegten, »die Gesellschaft nicht als Schöpfung des Menschen, sondern den Menschen als ein Produkt der Gesellschaft« anzusehen, was bedeuten würde, so Bettelheim, »dass der Mensch lediglich das Produkt seiner Umwelt und seiner Beziehungen ist« und »dass es keine vererbten Funktionen gibt und keine Potentiale, die sich – obwohl sie sich durch die Lebensumstände entwickeln oder nicht entwickeln können – nie völlig zu verändern vermögen«. Das klang beinahe wie Blumenbach: »Der Mensch ist ein Haustier … Andere Haustiere wurden erst *durch ihn* vervollkommnet. Er ist das einzige, das *sich selbst* vervollkommnet.« Das tierische Benehmen des Autisten, beziehungsweise des wilden Kindes, entsteht nach Meinung Bettelheims nicht in der Wolfshöhle oder im einsamen Wald. Sie sei vielmehr das Resultat einer seelischen Vereinsamung in der eigenen Familie, verursacht durch elterliche Kälte – vor allem die der Mutter. Bettelheim prägte den Begriff der »Eisschrankmutter«: »Wilde Kinder scheinen nicht erzeugt zu werden, wenn sich Wölfe wie Mütter, sondern wenn sich Mütter wie Unmenschen benehmen

... es gibt zwar keine wilden Kinder, dagegen gibt es wohl, wenn auch selten, manche wilde Mütter ...«. Eine ganze Generation von Eltern autistischer Kinder wurde durch diese Theorie nunmehr doppelt belastet, indem ihnen nicht nur die Krankheit ihrer Kinder, sondern auch noch die Schuld daran aufgebürdet wurde.

1943 verwendete der amerikanische Psychologe Leo Kanner das Wort »Autismus« zum ersten Mal im heutigen Sinn. Beinahe zeitgleich beschrieb der österreichische Seelenarzt Hans Asperger unabhängig von Kanner das gleiche Krankheitsbild, das er als »autistische Pathologie« bezeichnete. Die Zeit war offenbar reif für die Erfassung einer neuen Gemütskrankheit. Kanner wies auf drei Erkennungsmerkmale für diese »autistische« Krankheit hin: das Empfinden einer »autistischen Einsamkeit«, die »Sehnsucht nach der Unveränderlichkeit« und das Vorhandensein von »Inselchen der Fähigkeit«. Asperger schilderte etwas weniger stichwortartig unter anderem die Eingliederungsstörungen seiner Patienten, das Vermeiden des Blickkontakts, die Armut des Gesichtsausdruckes, den unnatürlichen Gebrauch von Sprache und eine ausgeprägte abstraktlogische Fähigkeit.

Der Autist, so Uta Frith, Mitarbeiterin am Medical Research Center Cognitive Development Unit in London und führende Forscherin auf dem Gebiet des Autismus, benehme sich wie ein Außerirdischer oder ein Roboter. Man erkenne ihn an seiner Arglosigkeit, seiner Distanziertheit, seiner fehlenden Spontaneität. Er könne nie voll am Leben teilnehmen, weil er viele Signale aus seiner Umwelt nicht richtig zu deuten vermag – insbesondere die spielerischen und gefühlsbetonten Mitteilungen des täglichen Lebens oder etwa Ironie, ohne die der Mensch zu einer Maschine degradiert wird.

Das Fehlen dieser Eigenschaften, die ein angepasstes Dasein ermöglichen, verunsichert den Autisten offenbar sehr. Er weiß oder spürt zumindest, dass er anders ist und dass seine bedrohliche Umwelt sein Gleichgewicht jederzeit sabotieren könnte. Er bleibt aber ein ratloser Gefangener im eigenen Körper. »ich habe augen und kann sehen deshalb habe ich schreckliche angst gehabt ich habe deshalb nichts mehr sagen wollen«, äußerte sich der autistische Schriftsteller Birger Sellin mit unpunktierter Erregtheit über seinen Zustand. Eine »Sehnsucht nach der Unveränderlichkeit«, wie Kanner es nannte, ist die letzte Rettung des verzweifelten Autisten. Er nimmt oft Zuflucht zu »Stereotypien«. Das sind ritualisierte Bewegungen oder Beschäftigungen mit Gegenständen, etwa Murmeln, Sand, kleines Spielzeug, die ständig nach einem gewissen Muster geordnet werden, um der Welt quasi durch Magie eine Ordnung zurückzugeben. Oder er schaukelt vor sich hin, klatscht rhythmisch mit den Händen, vermeidet hartnäckig den Blick anderer.

Der Autismus ist eine seltene Seelenstörung. Es leiden schätzungsweise fünf bis zehn Kinder von zehntausend darunter, wovon drei Viertel Knaben sind. Die Mehrzahl von ihnen ist außerdem schwachsinnig, manche sogar epileptisch. Das sind allerdings die hoffnungslosesten Fälle. Man trifft im täglichen Leben selten auf sie, denn sie verschwinden meistens in geschlossenen Anstalten, wo sie unserem Blick entzogen sind. Der Autismus ist zudem eine schleichende Krankheit, die manchmal als solche erst endgültig erkannt wird, wenn ein Kind schon drei Jahre alt ist. Zunächst stellt man lediglich die Verlangsamung, das Nachlassen der Menschwerdung fest: Der Augenkontakt, das Nachplappern und Reden, das vertrauliche Lächeln, all dies versiegt nach und nach. Der Mensch verschwindet hinter einer Maske, hinter einer gläsernen Wand. Einheitliche Symptome gibt es kaum, so dass eine eindeutige Diagnose zunächst oft schwierig ist. Es gibt Autisten, die sprechen können, manche, die nur papageienhaft wiederholen, was ihnen gesagt wird. Man findet aber auch ausgesprochene Genies unter den Autisten: Der Berliner Birger Sellin, jahrelang tobsüchtig und stumm, lernte mit siebzehn einen Computer zu bedienen und entpuppte sich, ohne sich akustisch artikulieren zu müssen, als großer Sprachkünstler. Bis dahin hatte man ihn für schwachsinnig gehalten. Sein Talent kam allerdings erst anhand der umstrittenen »unterstützten Kommunikation« zum Vorschein, einer Technik, wobei ein vertrauter Mensch den

Autisten berührt, um durch die körperliche Nähe dessen Ausdrucksfähigkeit zu aktivieren. Die Autistin Elly Park entdeckte in der Geborgenheit einer liebenden und fürsorglichen Familie ihr Talent als Malerin. Die australische Borderline-Autistin (auch »Asperger-Syndrom« genannt) Donna Williams wurde eine überzeugende Schriftstellerin, die mit schneidender Klarheit über ihre Berührungsängste zu erzählen vermochte. Temple Grandin, die auch am Asperger-Syndrom leidet, hält als anerkannte Fürsprecherin ihrer Leidensgenossen Vorträge über die eigene Krankheit. Auch die »Fachidiotie«, die Kanner als »Inselchen der Fähigkeit« und Asperger als »abstraktlogische Fähigkeiten« beschrieb, gehört in diesen Bereich. Es gibt tatsächlich Autisten, die nicht in der Lage sind, ihre Schnürsenkel zu binden oder am Kiosk eine Zeitung zu besorgen. Dennoch vermögen sie wie ein Computer mehrstellige Zahlen zu addieren, zu malen oder das Telefonbuch auswendig herunterzubeten. Unter Autisten gibt es auch überdurchschnittlich viele, die über ein absolutes Gehör verfügen. Wenn sie ausreichend sozialisierbar sind, werden sie erfolgreich als Klavierstimmer vermittelt.

Der junge Autist, so Uta Frith, entspricht nicht unbedingt dem Bild eines sichtbar behinderten Menschen. Er kann sogar ungewöhnlich anziehend wirken, wie es übrigens auch bei manchen wilden Kindern der Fall zu sein schien. Es verwundert nicht, dass auch Uta Frith hinter dem Phänomen der wilden Kinder den Autisten wittert. »Es wäre ja möglich, dass der Autismus mit seinen oft erheblichen Verhaltensproblemen der Hauptgrund für eine Aussetzung gewesen wäre«, meint sie. Autistische Kinder, so Frith, sind durchaus bei einer plötzlichen Absonderung aus der Menschenwelt gegenüber normalen Kindern im Vorteil, was das Überleben in einer schwierigen Situation betrifft. Denn Autisten sind offenbar nicht selten hart im Nehmen, weniger empfindlich in Bezug auf extreme Temperaturschwankungen, Schmerzen und Hunger als normale Kinder. Einmal ausgesetzt, würde ein autistisches Kind auch kaum nach Hilfe rufen. Denn die Fähigkeit, um Hilfe zu bitten, gehört nicht zum Repertoire des Autisten.

Frith zählt auch Victor zu den Autisten (Bettelheim ebenfalls). Sie meinte, aus den Berichten über ihn auf die typische autistische Zurückgezogenheit schließen zu können. Auch seine überlieferte Sprachlosigkeit, sein nervöser Blick, seine Gangart, seine selektive Taubheit, seine zumeist vorsichtige Weise, Gefühle zu zeigen, passen für Frith hervorragend ins diagnostische Bild. Victors geduldige Art, Nüsse zu schälen, wie dies in den Berichten zu lesen ist, erinnerte Frith an die Stereotypien des Autisten. Doch anders als Bettelheim lehnt Frith eine pauschale Klassifizierung der wilden Kinder als Autisten ab. »Es gibt ohne Zweifel verschiedene Gründe, weshalb kleine Kinder verloren gehen, versteckt, isoliert oder ausgesetzt werden, und ebenso verschiedene Gründe für ihr Überleben in der Isolation.« Dass Kaspar Hauser und Genie Autisten waren, hielt sie zum Beispiel für wenig wahrscheinlich. Der Zustand dieser beiden besserte sich rapide nach ihrer Befreiung, was für einen Autisten ein untypisches Verhalten wäre. Das Benehmen der im vorigen Kapitel erwähnten *jurodiwij*, der »heiligen Narren« aus dem alten Russland, betrachtete sie aber als durchaus symptomatisch für Autisten.

Mitte der Siebzigerjahre sorgte ein Zeitungsartikel aus Südafrika für Aufregung. In einem Waisenhaus in Burundi sollte sich ein Jugendlicher befinden, der offenbar unter den Affen gelebt hatte. Der Psychologe Harlan Lane und sein Kollege, der Psychiater Richard Pillard, machten sich auf die Reise in das vom Bürgerkrieg schwer heimgesuchte Land, um diesen aktuellen Fall vor Ort zu untersuchen. Von den Einzelheiten dieses Abenteuers wird später die Rede sein (s. S. 375–380). Der Junge hatte, wie sich bald herausstellte, gar keine Erfahrungen im Dschungel gemacht. Im Gegenteil. Er hatte seit seinem zweiten Lebensjahr in verschiedenen Anstalten gehaust. Lane und Pillard erkannten in ihm letztendlich nach sehr ausführlichen Untersuchungen einen ganz gewöhnlichen Autisten. Diese Diagnose würde ohne Zweifel ebenso deutlich auf manche andere Fälle der Verwilderung zutreffen. Nur – und das ist das Entscheidende: Wie soll man die Autisten von den Autistenähnlichen zuverlässig unterscheiden?

Die bestdokumentierten Fälle von Verwilderung, etwa der Fall Victor, lassen keine eindeutigen Schlüsse zu. Vor 150 Jahren wurde Victor für schwachsinnig gehalten, während Uta Frith und Bruno Bettelheim, wie schon oben erwähnt, auf Autismus tippten. Harlan Lane, der selbst ein wichtiges Buch über den Wilden von Aveyron veröffentlicht hatte, lehnte beide Lösungen, sowohl den Autismus wie auch den Schwachsinn, als Erklärung für Victors Zustand ab. Dessen Symptome, auch seine unbestreitbare Sprachlosigkeit, so Lane, »mögen sich mit denen des angeborenen Schwachsinns oder des Autismus durchaus überschneiden, sie können aber weder durch den einen noch den anderen erklärt werden; vielmehr sind sie das Ergebnis seiner Isolation in der Wildnis ...«, eine Schlussfolgerung, die stark an Raubers *dementia ex separatione* erinnert, eine Debilität also auf Grund der Absonderung.

In der Tat: Die Suche nach dem wilden Menschen gerät immer wieder auf eine Argumentationsebene, die mindestens 250 Jahre zurückgeht. Wie schon erwähnt, fasste Franck Tinland sie einprägsam als »Blumenbach gegen Monboddo« zusammen, das heißt, eine Auseinandersetzung zwischen denjenigen, die den Zustand des wilden Menschen biologisch, und denjenigen, die ihn lieber als durch Isolation bedingt deuten. Entscheiden wir uns für die erste Lösung, so konstatieren wir, dass die Welt einer klaren Ordnung unterliegt und wissenschaftlich erklärbar ist, was sehr beruhigend wirkt. Gott bleibt in seinem Himmel, der Mensch behält seine unsterbliche Seele und das Tier ist weiterhin dem Menschen untertan. Entscheiden wir uns aber für die zweite Lösung, dann stehen wir vor der Frage nach der Urnatur des Menschen. Den *homo ferus* zu ergründen fällt uns so oder so schwer, weil er stets zurückweicht, wenn wir uns ihm nähern. Ihn verbindlich einzuordnen ist genauso problematisch für unser Selbstverständnis wie das Einordnen der Neandertaler oder des *homo erectus*. Fest steht: Über viele Bären-, Leoparden-, Wolfs- und Gazellenkinder gibt es keine zuverlässigen Angaben. Das Unwissen führt leicht zu Spekulationen oder Phantasien über diese unartigen Verwandten, manche Lösungsversuche klingen ausgesprochen lächerlich.

Mit Recht will der wissenschaftlich veranlagte Mensch den War-Zustand mit dem Ist-Zustand vergleichen, um einen Sachverhalt durch genügend Beweise zu erfassen. Auf dem Gebiet der wilden Menschen geht dieser Wunsch aber leider nur äußerst selten in Erfüllung. Die Fälle, über die wir glaubwürdige Informationen besitzen, etwa die Geschichte von Marcos, von Genie, vom wilden Pyrenäer Mädchen aus dem Jahr 1744, das sich als normales Mädchen einst in den Bergen verirrte und erst Jahre später wieder auftauchte, die Fälle Anna, Edith und Isabelle aus den USA (s. S. 301–309) erlauben keine zuverlässigen Rückschlüsse auf die vielen ungeklärten Fälle. Im Gegenteil. Sie können sogar leicht zu Fehlschlüssen verleiten, weil der *homo ferus* kein berechenbares Phänomen ist.

Aber zurück zum Autisten. Den wilden Menschen generell den Autisten zuzuordnen, ist sicherlich nur ein altes Argument in neuer Montur. Ohne die Übereinstimmungen mit dem Autisten schmälern zu wollen, und die gibt es durchaus, ohne also das Vorhandensein von wahren Autisten, Schwachsinnigen, Psychotikern und so weiter unter den wilden Menschen zu leugnen, bleiben uns dennoch genügend Fälle einer wahrhaftigen Verwilderung. Suchen wir also weiter.

Zweiter Teil

Die Überlieferungen

Ein Blick durch den Spalt

»Jeder hat den wilden Menschen, den er verdient«, bemerkte Franck Tinland über die Vielfalt der Auslegungen, die das Phänomen der Verwilderung eines Menschen stets hervorgerufen hat. Von allen Wunschvorstellungen über die Bedeutung des *homo ferus* scheint aber am hartnäckigsten diejenige zu sein, wonach der wilde Mensch wohl den Ausgangspunkt, die Stunde Null des menschlichen Wesens darstellen könnte.

Eine derartige Erwartung ist keineswegs eine Erfindung der Neuzeit. Schon das Gilgamesch-Epos, das ins dritte vorchristliche Jahrtausend zurückreicht, erzählt vom Tiermenschen Enkidu, der mit den Tieren in der Wildnis umhertollte und Gras fraß. Dieser Naturmensch sprach nicht, tötete nicht, er lebte in Harmonie mit den Tieren und mit der ganzen Erscheinungswelt. Sein erster Kontakt mit Menschen war Zufall. Ein Jäger erspähte ihn, als er mit den anderen Tieren am Wasserloch trank. Drei Tage lang beobachtete der Jäger Enkidu, ein mächtiges, behaartes Wesen, bevor er einen Plan schmiedete, um den Wilden zu fangen: Es war die Nacktheit einer Hure, die Enkidu bezirzen und der Menschheit zuführen sollte. Enkidu tappte in die Falle. Sechs Tage und sieben Nächte vereinte er sich in unbändiger Leidenschaft mit der Schönen. Neben der Liebe brachte sie ihm auch die Sprache und den Umgang mit Menschen bei. Der Preis dafür war seine Unschuld. Dies merkte er aber erst, nachdem er nicht mehr zu den Tieren zurückkonnte. Sie flohen vor ihm, erkannten in ihm den Menschen, den Feind. Er selbst wurde zum Jäger von Löwen und Wölfen und schließlich zum engsten Freund des Helden Gilgamesch, des mächtigsten Menschen im Lande. Doch Enkidu war nun glücklich, Mensch zu sein, glücklich in der engen Verbindung mit Gilgamesch und in ihrem gemeinsamen Heldenleben. Erst im Augenblick des Sterbens sehnte er sich wieder nach dem Dasein unter den Tieren, nach seiner verlorenen Unschuld.

Ähnlich idealisierend betrachtete offenbar der wissbegierige Pharao Psammetichos den Menschen im Zustand der Isolierung. Psammetichos (594–588 v. Chr.) ging davon aus, dass in jedem Neugeborenen das absolute Wissen noch intakt stecke. Als er einmal die älteste Sprache und das älteste Volk der Welt ermitteln wollte, gab er, so Herodot, zwei neugeborene Kinder in die Obhut eines Hirten, der die Auflage erhielt, sie bei seinen Ziegen unterzubringen und mit ihnen nie ein Wort zu reden, damit sie die Menschensprache ja nicht nachzuahmen begännen. Anhand der ersten spontanen Laute dieser alles Wissen speichernden Kinder erhoffte der Pharao eine Antwort auf seine Frage. Tägliche Zuwendung seitens des Hirten sorgte für ihr Wohlergehen, und sie wuchsen und gediehen prächtig. Nach etwa zwei Jahren begrüßten die Kinder den Hirten mehrmals mit einem freudigen *»bekos«*. Nachdem sie diese Lautfolge mehrere Tage wiederholt hatten, meldete der Hirte dem Pharao, dass die Kinder endlich spontan geredet hätten. Psammetichos befahl ihm, sie unverzüglich in den Palast zu bringen, um dem besagten Laut mit eigenen Ohren lauschen zu können. Sogleich ließ der neugierige Pharao den möglichen Sinn dieses Wortes *bekos* von seinen Gelehrten erforschen, die bald feststellten, es bedeute in der phrygischen Sprache »Brot«. Daraus folgerte der Pharao, dass die Phrygier das rangälteste Volk der Welt seien. Herodot, der diese Geschichte in Ägypten erfahren hatte, war von ihrer Wahrheit überzeugt.

Im ersten Teil dieses Buches war mehrfach die Rede davon, dass dieses hoffnungsvolle Bild von dem Menschen in der Isolation in manchen Kreisen auf entschiedene Ablehnung stieß. Die Meinungen von Blumenbach, Schreber und Lévi-Strauss, sind Ihnen bereits bekannt, allesamt Skeptiker, die nicht überzeugt waren, dass *homo ferus* auch nur annähernd den Menschen in seiner ursprünglichsten Form darstellen könnte. Was manche als wilde Menschen bezeichneten, waren für sie bloß Schwachsinnige, nicht mehr und nicht weniger.

Doch um Urteile zu fällen, sind Gegner und Befürworter stets auf die Beweiskraft von Fallbeschreibungen angewiesen. So auch Sie und ich. Ab diesem Augenblick sollen wir deshalb die Wilden oder zumindest die Augenzeugen beziehungsweise die tradierten Berichte sprechen lassen. Wie alle Vorgänger auf diesem Gebiet sind auch wir nur Suchende. Ob wir den wilden Menschen tatsächlich finden, steht auf einem ganz anderen Blatt.

Ein Wort zu den Quellen: Die Spuren der wilden Menschen lassen sich durch viele Länder und durch viele Epochen verfolgen; doch die Berichte sind unterschiedlich zu bewerten und nicht frei von störenden Widersprüchen. Ich als Autor betrieb meine Spurensuche in bekannten wie auch weniger bekannten Texten in verschiedenen Sprachen, mittels Interviews, Telefonaten, E-Mails, Briefen, durch Sichtung von Fotos und Videoaufnahmen, die ich so genau wie möglich für den Leser zu schildern gedachte. Selbst bin ich allerdings noch nie einem wilden Menschen begegnet. Sie als Leser sind aber gewissermaßen mein Partner. Ihre Arbeit wird es sein, meine Beweisstücke kritisch unter die Lupe zu nehmen, um sich am Schluss eine eigene Meinung zu bilden. Ich helfe Ihnen dabei, und gleichzeitig, so denke ich, hindere ich Sie bei dieser Aufgabe. Denn schließlich dient auch meine Darstellung der Quellen als eine Art Filter, durch den Sie in diese sonst wenig bekannten Welten Einblick nehmen werden. Dennoch geht die Tür zumindest einen Spalt auf, genug, so meine ich, um Ihnen wenigstens einige Teile dieses finsteren Schauplatzes zu beleuchten.

Kapitel 1
Frühe Erinnerungen

Das Ziegenkind von Asculum Picenum (539 n. Chr.)

Als im Jahr 539 byzantinische Streitkräfte unter dem Feldherrn Johannes im römischen Asculum Picenum gegen die Ostgoten unter Alarich aufmarschierten, brach unter den Einheimischen Panik aus. Fluchtartig verließ man Haus und Hof. Im Laufe dieses Chaos verlor eine Frau in der Stadt Urbs Salvia ihren Säugling. Ob sie ohne ihn geflüchtet war oder ob sie von den Ostgoten gefangen genommen wurde, konnte später nicht mehr ermittelt werden.

Der in Tücher gewickelte Säugling schrie nach seiner Mutter. Eine Ziege, die vor kurzer Zeit Junge geworfen hatte, hörte das Gejammer, näherte sich dem Kind und stillte es. Über längere Zeit kümmerte sie sich dann um dessen Wohlergehen und schützte es obendrein vor wilden Hunden und anderen Raubtieren.

Nachdem des Kaisers Heer die Ostgoten in die Flucht geschlagen hatte, kehrte die Bevölkerung nach und nach in ihre Häuser zurück. Die Überlebenden staunten, als sie in den Ruinen von Urbs Salvia ein lebendes, in Tücher gewickeltes Kind vorfanden. Stillende Mütter boten sich spontan als Ammen an, aber das Baby saugte lieber an der Ziege, die von seiner Seite nicht weichen wollte und die fürsorglichen Frauen vertrieb. Man entschloss sich, das Kind, das alle mittlerweile Aigisthos (Ziegensohn) nannten, der Obhut der Ziegenmutter ganz zu überlassen.

Der byzantinische Geschichtsschreiber Prokop von Caesarea behauptete (*De Bello Gothico* II,17), er habe den Säugling selbst gesehen. Die Lokalbevölkerung habe ihm die Mutterliebe der Ziege vor Augen führen wollen: Man zwickte das

Kind so lange, bis es vor Schmerzen schrie. Kaum hatte das Tier das Geschrei vernommen, berichtete Prokop, kam es meckernd herbeigeeilt und stellte sich schützend vor das Kind.

ANMERKUNG: Prokop, eigentlich ein nüchterner Berichterstatter, gab wieder, was er selbst in der Stadt erfahren hatte. Gerne möchte man aber noch einiges wissen, zum Beispiel, wie alt das Kind zur Zeit der Trennung von seiner Mutter war und wie lange es von der Ziege gesäugt wurde, bevor die Menschen zurückkehrten. Es kann sich nur um wenige Tage, höchstens ein paar Wochen gehandelt haben. Dass Aigisthos während der ganzen traumatischen Episode stets in die gleichen Tücher gehüllt blieb, darf man ruhig in Frage stellen. Historiker des 6. Jahrhunderts kümmerten sich kaum um solche Details.

♦

Das Experiment Friedrichs II. (um 1235)

Der aufgeklärte Staufer Friedrich II. schreckte nicht vor Grausamkeit zurück, wenn es um Erkenntnis ging. Der Franziskanermönch Salimbene da Palma erzählte folgende Geschichte über Friedrichs Wissensgier:

> *»Seine Wahnidee war, dass er ein Experiment machen wollte, welche Art Sprache und Sprechweise Knaben nach ihrem Heranwachsen hätten, wenn sie (vorher) mit niemandem sprächen. Und deshalb befahl er den Ammen und Pflegerinnen, sie sollten den Kindern Milch geben, dass sie an den Brüsten saugen möchten, sie baden und waschen, aber in keiner Weise mit ihnen zu schwatzen oder sprechen. Er wollte nämlich erforschen, ob sie die hebräische Sprache sprächen, als die älteste oder Griechisch oder Latein oder Arabisch oder aber die Sprache ihrer Eltern, die sie geboren hatten. Aber er mühte sich vergebens, weil die Kinder alle starben. Denn sie vermochten nicht zu leben ohne das Händchenpatschen und das fröhliche Gesichterschneiden und die Koseworte ihrer Ammen und Nährerinnen.«*

ANMERKUNG: Der belesene Friedrich wollte es vielleicht dem Pharao Psammetichos gleichtun (s. S. 92). Als absoluter Herrscher nahm er das Leiden der Kinder oder gar deren Tod offenbar in Kauf. Man hält den heute als aufgeklärt gepriesenen Staufer-Kaiser für den ersten »modernen« Menschen. Dies mag stimmen, leider auch im negativen Sinn, wie Sie einige Kapitel weiter sehen werden. Denn der *homo ferus* genießt ab dem 18. Jahrhundert meist kaum eine bessere Behandlung im Würgegriff der Wissenschaftler als diese künstlich verwilderten Kinder unter Friedrich. Bettelheim hielt diese Geschichte übrigens für ein Paradebeispiel des »Eisschrankmutter«-Phänomens.

♦

Der erste hessische Wolfsjunge (1341)

Lassen wir Wilhelm Dilich (sonst Scheffer), Geograph und Historiker beim Landgrafen Moritz von Hessen, aus den alten Quellen zitieren. 1608 veröffentlichte Dilich seine *Hessische Chronika*, in der er vor allem jene Ereignisse hervorhob, die unmittelbar mit der Familiengeschichte des Landgrafen zusammenhingen. So fand er in einer Chronik aus dem 14. Jahrhundert nur folgendes Ereignis in einem Kapitel für die Jahre 1338 bis 1347. Es handelte von einem Vorfahren des Landgrafen, Heinrich von Hessen:

> *»Jahrs 1341 ist ein wildes kindt von ohn gefehr 7 oder, wie etliche schreiben, 12 jahren undern wölfen gefunden, von jägern gefangen unnd zum Landgrafen gebracht worden: hat zuweilen auff allen vieren gelauffen, auch übernatürliche sprüng thun können. Als man es auffm schloß zemen wollen, hat es die menschen flohen, sich under die bäncke geschloffen, und ist in kurzem, weiln es die speise nicht vertragen können, gestorben.«*

ANMERKUNG: Die Anekdote ist äußerst nüchtern formuliert, erweckt Neugierde, befriedigt nur wenig. Man möchte mehr wissen. Und doch besitzt diese knappe Schilderung alle wesentlichen Elemente des typischen Wolfskindsschicksals: Das wilde Kind läuft auf allen vieren, ist flink und menschenscheu, lehnt normale Speisen ab, vermeidet Betten und stirbt früh.

♦

Der zweite hessische Wolfsjunge (1344)

Johann Friedrich Tafel und Dr. August Rauber haben die Vorarbeit für uns schon geleistet und die alten Quellen sorgfältig durchstöbert, um diesen Fall (wie auch manche andere in diesem Buch) zu durchleuchten. Beide zitierten als Quelle das 1583 in Frankfurt erschienene Werk *Scriptores rerum a Germanis gestarum* des Theologen Johannes Pistorius, ein im 17. Jahrhundert beliebtes Sammelwerk des deutschen Altertums. Pistorius wiederum fand diese Geschichte über einen Vorfall in Hessen aus dem Jahr 1344 in dem Bericht eines anonymen Mönches. (Ein Druckfehler im lateinischen Originaltext gibt das Datum mit 1544 an. Aus dem Zusammenhang ergibt sich, dass das nicht stimmen kann.)

In diesem Jahr wurde in Hessen ein Junge aufgefunden, der angeblich unter den Wölfen gelebt hatte. Mit drei Jahren sei er von ihnen entführt und auf wundersame Art und Weise groß gezogen worden: Sie teilten ihre Beute mit ihm, und er erhielt stets das vorzüglichste Stück. Im Winter gruben sie ihm eine Unterkunft und legten sie mit Blättern aus, um ihn vor der Kälte zu schützen. Sie zwangen ihn, auf allen vieren zu gehen, bis er in der Lage war, so schnell zu laufen wie sie.

Nach seiner Festnahme waren es nun die Menschen, die ihn unter Druck setzten. Sie legten ihm Schienen um die Beine, damit er aufrecht ginge. Er wurde an den Hof des Grafen Heinrich von Hessen gebracht, wo er jedem, der ihm zuhören wollte, erzählte, er würde jederzeit lieber mit den Wölfen verkehren als mit Menschen zu reden.

Der Wetterauer Wolfsjunge (1344)

Auch diese nur in sehr kurzen Zügen erzählte Geschichte stammt von jenem anonymen Mönch im bereits zitierten Werk von Pistorius, sie steht im Anhang zu der vorhergehenden: Auf einem Gut Echtzel in der Wetterau wurde im Winter 1344 ein Jüngling in einem schneebedeckten Wald, den man »die Hardt« nannte, von adligen Jägern festgenommen. Er soll zwölf Jahre unter den Wölfen verbracht haben und sei mit achtzig Jahren gestorben.

Anmerkung: Die Ähnlichkeit zwischen dieser und der obigen Geschichte liegt auf der Hand. Es kann sich nur um ein und dasselbe Ereignis handeln, was auch Rauber glaubte. Drei Wolfskinder in Hessen innerhalb von drei Jahren, das kann nicht stimmen. Der fleißige Dilich hätte sicherlich das zweite erwähnt, da der Landgraf Heinrich auch in dieser Geschichte vorkam. Der anonyme Mönch, der kein Augenzeuge war, entnahm seine beiden Fälle wohl anderen Chroniken, die auch nicht von Augenzeugen geschrieben wurden. Dennoch: Etwas Ungewöhnliches war unter der Herrschaft des Landgrafen Heinrich geschehen. Was genau, kann man heute nicht mehr eruieren. Die erste Geschichte klingt nach wie vor am glaubwürdigsten. Ob das erste hessische Wolfskind wirklich unter Wölfen gelebt hatte, bleibt aber weiterhin unklar. Es fehlen zu viele Details, um den Tatbestand zu bekräftigen. Allenfalls war Linné von der Existenz eines *juvenis lupinus hessensis* im Jahr 1344 überzeugt. Rousseau war entsetzt, dass der zweite hessische Wolfsjunge durch brachiale Gewalt zum Aufrechtgang gezwungen wurde. Schreber hielt den ganzen Komplex für ein Märchen. Rauber suchte hoffnungsvoll nach dem Körnchen Wahrheit in der Geschichte.

♦

Das Schneehuhn vom Justedal (1350)

Ich entdeckte diese märchenhafte Geschichte in einer Studie über den schwarzen Tod, *The Black Death* (1969), des amerikanischen Historikers Philip Ziegler. Ziegler wiederum fand sie im Werk eines deutschen Historikers, Johannes Nohl, dessen *Der schwarze Tod, eine Chronik der Pest* 1924 erschienen war. Nohls Quelle, mittelbar oder unmittelbar, war das *Danmarckis Rigis Kronicke* (Kopenhagen 1650-1652) des Dänen Arrild Huitfeld. Nohl zufolge hieß der Ort des Geschehens »Tusdedal«, eine geringfügige Abweichung von Zieglers »Tusededal«.

Über einen ähnlichen Fall, den des »Schneehuhns von Justedal«, berichtete der französische Reiseautor Hugues LeRoux 1895 (*Notes sur la Norvège*). Nach der Version von LeRoux habe »vor einigen Jahren« eine Pestilenz gewütet, in deren Folge ein Mädchen als einzige Überlebende durch einen Wald bei Bergen umhergeirrt sei, bis es aufgefunden wurde. Bevor ich Ziegler und Nohl kannte, ging ich davon aus, dass es sich hier um ein Ereignis aus dem Norwegen des 19. Jahrhunderts handelte. Nachher fiel mir die Klangähnlichkeit zwischen »Justedal«, »Tusededal« und »Tusdedal« schnell auf.

Weitere Recherchen ergaben, dass das Schicksal der *Jostedalsrypa* in Norwegen (vor allem im Norden des Landes) eine sehr bekannte Legende (beziehungsweise Geschichte) war, die in verschiedenen Versionen überliefert wurde. Sie lautet wie folgt:

Einige Familien aus der Gegend um Sogn waren 1350 in die Berge beim Jostedalen geflüchtet, um dem schwarzen Tod zu entkommen. Sie wollten eine neue Existenz gründen und bauten sich dort ein Dorf. Da sie aber Angst vor einer Ansteckung von außerhalb hatten, vermieden sie jeglichen Kontakt mit anderen Menschen. Wer mit ihnen in Verbindung treten wollte, wurde angehalten, einen Brief in der Nähe des Jostedalen unter einen weißen Stein zu legen. Doch aller Vorsicht zum Trotz suchte die Pest das Jostedalen heim und raffte alle bis auf ein kleines Mädchen dahin.

Nachdem die Seuche wieder abgeklungen war, kamen Viehhirten oder, wie manche erzählten, Jäger in das Jostedalen und entdeckten dort die Geisterstadt der Flüchtlinge. Die Toten lagen zum Teil noch immer auf der Straße. (Nach LeRoux sei der Boden in dieser Gegend im Winter so hart, dass man meist das Frühjahr abwarten muss, um die im Winter Verstorbenen unter die Erde zu bringen.) Nirgends gab es ein Lebenszeichen, bis die Besucher im nahe gelegenen Wald frische Fußstapfen entdeckten. Sie verfolgten diese und erspähten aus der Entfernung ein kleines Mädchen. Als dieses die Männer wahrnahm, lief es geschwind in den Birkenwald. Die Männer rannten hinterher und vermochten nur mit großer Mühe, das Mädchen einzufangen. Als sie versuchten, mit dem Kind zu reden, stellten sie fest, dass es nur einen einzigen verständlichen Satz hervorbrachte: »Mutter, kleines Schneehuhn«. Sonst redete es nur wirre Laute.

Wie sich später herausstellte, hatte seine Mutter es ausreichend versorgen können, bevor sie selbst der Seuche erlegen war. Sie hatte Lebensmittel auf den Tisch gestellt und das Kind in ein Federbett gepackt, um es warm zu halten. Nachdem die *rypa* gerettet wurde, wuchs sie ganz normal heran und heiratete schließlich.

ANMERKUNG: Ob sie das Jostedalen als Mitgift wirklich erhalten hat, wie manche behaupten, ist auch heute nicht ganz von der Hand zu weisen. Manche Familien aus der Gegend halten sich jedenfalls noch immer für ihre Nachkommen. Man kann sich vorstellen, dass das Mädchen den Spitznamen *rypa* (Schneehuhn) bekam, nachdem man es in ein Federbett gehüllt aufgefunden hatte. Im Grunde ist dies also eine durchaus nachvollziehbare Geschichte. Es ist nicht undenkbar, dass das gut versorgte Mädchen – LeRoux gibt ihr Alter mit zwölf an – eine Zeit lang im Wald und im Geisterdorf hätte überleben können.

Die legendenhaften Elemente der Geschichte wurden sicherlich erst im Nachhinein hinzugefügt. Die ausgeschmückte Wahrheit ist ja allemal unterhaltsamer als Tatsachen. So erzählte man unter anderem, dass die Federn des Federbettes wie Daunen aus der Haut der *rypa* gewachsen seien. Und ihre

Nachkommen sollen als besonderes Merkmal mit einer großporigen Vogelhaut ausgestattet gewesen sein.

Auch die Verwechselung zwischen Jostedal und Tusdedal lässt sich leicht erklären: Das »J« und das »T« sehen in der Fraktur der alten Texte verblüffend ähnlich aus. Die Möglichkeit einer Verwirrung war schon vorprogrammiert.

♦

Der Forstteufel von Salzburg (1531)

Der Schweizer Naturforscher Conrad Gesner erwähnte dieses Geschöpf in seiner *Historia Animalium* von 1552. Man fand den Teufel 1531 im Hasberger Wald bei Salzburg. Er ging auf allen vieren, sein Körper war mit einem rötlichen Fell bedeckt. Nachdem man das menschenscheue Wesen endlich zu fangen vermochte, verweigerte es jegliche Nahrung. Es sei nach einigen Tagen gestorben.

Der Forstteufel von Salzburg

Der Forstteufel erweckte bei Gesner die Erinnerung an ein Ungeheuerpaar aus Sachsen, von dem er gelesen hatte. In diesem Fall wurde das Weibchen von Hunden gerissen, während man das Männchen gefangen nahm und schließlich bändigen konnte. Es lernte auf zwei Beinen zu gehen und beherrschte einige Sprachbrocken. Seine Stimme klang piepsig, womöglich etwas ziegenartig, und es blieb Zeit seines Lebens ganz »unvernünftig«.

ANMERKUNG: Hier sind die Fakten zu skizzenhaft, um sie vernünftig zu deuten. Gesner hat weder den Forstteufel noch das Ungeheuerpaar selbst vor Augen gehabt. Er bleibt die einzige, mittelbare Quelle. Die Abbildung des vierbeinigen Forstteufels in seiner *Historia Animalium* mit Vogelbeinen und Löwenkrallen ist hübsch, aber eine Phantasie. Dass der Forstteufel schnell starb, erinnert an das Schicksal des ersten hessischen Wolfskindes. Dass das männliche Ungeheuer aus Sachsen kaum lernfähig war, ist ein bekanntes Problem des *homo ferus*. John Locke erzählte in seinem *An Essay Concerning Human Understanding* (siehe Tinland) von einem gewissen Abbé de Saint-Martin, der so hässlich, so absolut monströs bei seiner Geburt gewesen sei, dass der zuständige Pfarrer nicht sicher war, ob man ihn taufen sollte. Er erhielt schließlich so etwas wie eine provisorische Taufe und wurde »Malotru« genannt, das heißt, der »unter einem bösen Stern (mal astru)« Geborene. Wenn schon Hässlichkeit so arg bestraft werden kann, so war der Forstteufel sicherlich noch schlimmer dran als der unglückliche Malotru.

♦

Das Wolfskind von den Ardennen (1563)

Louis Guyon Dolois, Sieur de la Nauche, behauptete, er habe am Tag des Heiligen Andreas 1563 folgende Geschichte von einem Monsieur de Humière gehört. Außerdem sei der künftige französische König Henri III. zugegen gewesen. Guyon fügte diesen wenig bekannten Fall in sein umfangreiches naturwissenschaftliches Werk *Les Diverses Leçons de Loys Guyon, Dolois, Sieur de la Nauche* von 1610 (Buch II, Kap. XXXIV), im Rahmen eines Diskurses über Wölfe ein:

Adlige und Bauern hatten sich im Ardennenwald in Pikardie versammelt, um einer Wolfsplage Herr zu werden. Mit Arkebusen und Netzen ausgerüstet, vermochten sie insgesamt zwölf der Tiere zu erlegen. Nahe einer toten Wölfin entdeckten sie einen nackten Menschenjungen von etwa sieben Jahren mit lockigen blonden Haaren. Finger- und Zehennägel waren lang und krumm, und er vermochte nicht zu sprechen. Ein Adliger nahm ihn mit nach Hause, legte ihm Fesseln an und ließ ihn hungern, bis er hörig wurde. Schon nach sieben Monaten vermochte der Knabe zu reden. Daraufhin stellte man ihn in den verschiedenen Städten, Dörfern, Burgen und Schlössern zur Schau und verdiente damit viel Geld.

Das Abenteuer begann, erzählte der Autor, sechs Jahre vor der Festnahme des Kindes. Man schrieb den Tag vor einem besonders kalten Allerheiligenfest. Die Bauern froren, und in ihrer Verzweiflung begaben sie sich in den königlichen Wald, um nach Brennholz zu suchen, was allerdings gesetzeswidrig war. Plötzlich wurden sie von Förstern und Wächtern überrascht. Die Bauern ließen alles liegen und flüchteten.

»Unter ihnen war eine Frau, die ihren Säugling mitgebracht hatte, er dürfte neun Monate alt gewesen sein. Sie hatte niemanden zu Hause, um auf ihn aufzupassen, denn ihr Mann, ein Tagelöhner, kam nur sonntags und an Feiertagen nach Hause. Also ließ sie das Kind zurück und flüchtete in den Wald ... Es war fast Nacht, als sie an den Platz zurückkehrte, wo sie das Holz geschlagen hatte. Sie fand weder ihre Axt, welche die Wächter mitgenommen hatten, noch ihr Kind.«

Sie glaubte zunächst, die Förster und Wächter hätten das Kind mitgenommen, und suchte die Männer im Wirtshaus auf. Diese beschimpften sie, beteuerten aber, dass sie nichts von dem Kind wüssten. Am nächsten Tag, dem Allerheiligenfest, kehrte ihr Mann endlich nach Hause. Die Eltern suchten den Wald vergeblich ab, bis sie ihre Bemühungen einstellten. Sie vermuteten das Schlimmste: Ein Wolf habe das Kind gerissen. Bald darauf verließen die Eltern die Gegend und meldeten sich nie wieder.

Auch Louis Guyon war der Meinung, dass ein Wolf das Kind hätte reißen können, »denn ein Wolf trägt in seinem Maul einen Hammel oder ein Schaf, egal wie groß und schwer diese seien, eine halbe Meile, ohne sich zu ermüden ...« Aber in diesem Fall war etwas anderes geschehen:

»Nachdem sie das Kind zu ihren Welpen getragen hatte, so wie alle Wölfinnen es tun mit den kleinen Tieren, die sie fangen, um den eigenen Jungen beizubringen, für sich zu sorgen, waren die Welpen wohl gesättigt und wollten mit dem Kind zuerst spielen, bevor sie es fraßen. Die Wölfin legte sich neben sie hin. In diesem Augenblick entdeckte das Kind die Zitzen der besagten Wölfin, nahm sich eine und saugte. Es dachte dabei, es habe die eigene Mutter wiedergefunden. Ab diesem Moment liebte die Wölfin das Kind, als wäre es das eigene …«

So erklärte Louis Guyon den Umstand, dass der Junge die nächsten Jahre, bis zu seiner Festnahme im Jahr 1563, als Wolf unter Wölfen mit allen Rechten und Pflichten lebte. Nach seiner Eingliederung in die Menschengesellschaft sprach er so perfekt, dass er über diese abenteuerliche Zeit selbst berichten konnte:

»… es sei gar nicht einfach gewesen, ihn dazu zu bringen, rohes Fleisch zu fressen. Darüber hinaus, sagte er, habe die Wölfin jährlich einen neuen Wurf bekommen; er habe die Säuglinge gehütet, während sie auf die Jagd ging; sie biss das Vatertier, wenn es sie aufsuchte, damit die zwei nur sehr selten zusammenkommen würden.«

Im Dorf erkannte man den Jungen als Sohn der oben erwähnten Frau, und zwar daran, dass seine Hände je mit sechs Fingern versehen waren. Nach und nach gewöhnte er sich wieder an das Leben unter Menschen und machte sich als Hirte besonders beliebt. Denn die Wölfe erkannten ihn nach dem Geruch, so Guyon, und vermieden daher das Vieh, das er hütete. Erst mit der Pubertät verlor der Knabe den Wolfsgeruch. Damit war seine Karriere als Hirte endgültig vorbei. Er ging zum Militär, galt als tapferer Soldat und starb 1572 in Flandern im Krieg gegen den König Spaniens.

Anmerkung: Wann genau Louis Guyon sein Buch geschrieben hat, konnte ich leider nicht feststellen. Die älteste Ausgabe im Katalog der Bibliothèque Nationale de France trägt das Datum 1604. Ich arbeitete mit der erweiterten zweiten Auflage von 1610. Die Frage ist insofern wichtig, weil der Autor seine Unterhaltung mit Monsieur de Humière auf das Jahr 1563 zurücklegte, möglicherweise mehr als vierzig Jahre vor Erscheinen des Buches also. Nicht dass es ungewöhnlich wäre, über Ereignisse zu berichten, die man vor vierzig Jahren erlebt hätte. Problematisch ist lediglich die Tatsache, dass es sich hier von vornherein um eine Geschichte aus mindestens zweiter Hand handelt. Darüber hinaus wurde sie angeblich in einer Situation erzählt, in der unterhaltsame Anekdoten sicherlich den Vorzug gehabt hätten. Man hat also das Recht, an ihrer Seriosität zu zweifeln.

Dass das Kind nach nur sieben Monaten unter Menschen bereits sprechen konnte, klingt wenig glaubhaft. Erfahrungsgemäß redeten nur diejenigen Wilden fließend, die schon vor ihrer Verwilderung über Sprachkenntnisse verfügt hatten (etwa Kaspar Hauser, das Mädchen von Songi, Marcos, Tarzancito). Nicht dass es unmöglich ist, mit sieben Jahren eine Sprache zu erwerben. Dies tat sogar die taubblinde Helen Keller. Amala und Kamala, das Leopardenkind, auch die hessischen Wolfskinder hatten weniger Glück. Gewisse Elemente dieser Geschichte sind zu schön, um wahr zu sein, wie Teile einer gut durchdachten Dramaturgie. Ich denke an das sechsfingrige Erkennungsmerkmal und die erfolgreiche Karriere des ehemaligen Wolfskindes als Hirte. Alles so perfekt wie bei Mowgli.

Was diese Geschichte meiner Meinung nach interessant macht, ist die Tatsache, dass ihre Handlung erstaunlicherweise an den Details mancher Wolfskindergeschichten aus Indien (siehe vor allem Kapitel 6) erinnert – obwohl die Entfernung in Zeit und Raum (Frankreich 16. Jahrhundert / Indien 19. Jahrhundert) keine unmittelbare Verknüpfung vermuten lassen kann. Hier nur ein paar Beispiele: 1) Die Mutter legt das Kind hin und geht arbeiten. 2) Alsdann entführt ihn die Wölfin. 3) Das Kind saugt an dem Tier und wird zum Mitwolf. 4) Das Kind wird während der Jagd dingfest gemacht. 5) Auch in späteren Jahren pflegt das Wolfskind freundliche Beziehungen mit den artfremden Tieren. Man darf die Frage ruhig stellen: Handelt es sich um ein Märchen aus einem kollektiven Unbewusstsein, oder haben wir bei solchen Fällen vielleicht doch mit einer etwas verballhornten Wiedergabe wahrer Begebenheiten zu tun?

♦

Das Kalbskind von Bamberg (Ende des 16. Jahrhunderts)

Der Philologe Philipp Camerarius (Kammerer) gab in seinem *Horae Subcisivae* (1602) an, dass er am Hof des Fürsten in Bamberg das inzwischen erwachsene Kalbskind kennen gelernt habe. Der einstige *homo ferus* wurde offenbar nie müde, von seiner Kindheit in den nahe liegenden Bergen unter den *pecora*, wie es im lateinischen Originaltext hieß, zu erzählen. Camerarius beschrieb ihn als gelenkig und behände und durchaus in der Lage, noch große Sprünge zu leisten und auf allen vieren zu laufen. Auch die größten Hunde hatten vor ihm Angst, wenn er mit ihnen raufte. Er war übrigens verheiratet.

Linné zählte das Kalbskind zu den Beispielen des *homo ferus*. Was genau mit *pecora* gemeint war, steht nicht ganz fest (*Pecu* bedeutet auf Latein »Vieh«). Schreber zweifelte, ob dieser Courtier überhaupt eine verwilderte Vergangenheit gehabt hatte. »Denn in dem Stifte Bamberg hat es damals so wenig als jetzt wildes Rindvieh gegeben.«

ANMERKUNG: Ehemalige wilde Kinder waren an den Höfen Europas des späten Mittelalters und der frühen Moderne keine Seltenheit. Für uns klingt die Geschichte an den Haaren herbeigezogen. Aber vielleicht hat Camerarius etwas mehr gehört oder gesehen, als er uns wissen lässt.

♦

Der dänische Bärenknabe (um 1610)

Robert Zingg entdeckte in einer knappen Fußnote die Spur dieses sonst unbekannten Schicksals. Seine Quelle war ein Bericht über das Leben des freidenkenden italienischen Priesters und Anthropologen Lucilio Vanini, der 1619 in Frankreich von der Inquisition wegen seines Atheismus hingerichtet wurde.

La vie et les sentiments de Lucilio Vanini hieß das Werk, dessen Autor, David Durand, es 1717 in Rotterdam veröffentlichen musste, um mögliche Schwierigkeiten in Frankreich wegen des Inhalts zu vermeiden. Die Fußnote auf Seite 136 lautete:

»Ein zuverlässiger Mann versicherte mir, dass in Dänemark ein junger Mann, etwa vierzehn oder fünfzehn Jahre alt, aufgefunden wurde. Er habe im Wald mit den Bären gelebt und könne nur anhand seiner Gestalt von ihnen auseinander gehalten werden. Nachdem sie ihn festgenommen hatten, brachten sie ihm das Reden bei. Einst sagte er: Er könne sich an nichts mehr erinnern, außer was geschehen war, seit sie ihn von unter den Bären geholt hatten.«

ANMERKUNG: Ein Fünfzehnjähriger ist viel zu alt, um unter den Bären zu verwildern. Welche säugende Bärin hält einen Heranwachsenden für einen hilflosen Säugling? Oder umgekehrt: Welcher Heranwachsende möchte an einer Bärin saugen? Dieser Bericht stimmt hinten und vorne nicht. Man hat dem mutigen Priester offenbar einen Bären aufgebunden.

♦

Der Lütticher Hans (um 1630)

Als Lüttich im Wirrwarr des Dreißigjährigen Krieges Schauplatz vieler fürchterlicher Zerstörungen wurde, pflegten die Einheimischen aus den umliegenden Dörfern in den Ardennerwald zu flüchten, wo sie jeweils einige Tage ausharrten, bis die erschöpften Heere weiterzogen. Im Zuge einer solchen Aktion verlief sich ein fünfjähriger Bub namens Hans im Wald. Tagelang suchten und riefen seine Eltern und Nachbarn verzweifelt nach ihm. Doch der verstörte Junge fürchtete, dass sie Soldaten seien, die nach seinem Leben trachteten, und verbarg sich. Schließlich gaben die Suchenden schweren Herzens auf.

Wider Erwarten überlebte Hans. Er hatte schnell gelernt, sich von Wurzeln, Beeren und Körnern zu ernähren. Mit der Zeit schärfte er auch seinen Geruchssinn, um Essbares geschwinder aufzuspüren und dessen Qualität zu prüfen. Er vermied jeden Kontakt mit Menschen, obwohl er sie manchmal aus der Entfernung sah. Im Laufe eines besonders kalten Winters (er war damals sechzehn Jahre alt) kehrte er aber doch heimlich in eine Siedlung zurück, um im Schutz der Dunkelheit nach Essen zu suchen. Diesmal hatte er aber Pech. Man entdeckte die behaarte, nackte Figur, die man mit Entsetzen für einen Satyr hielt, und machte auf sie Jagd. Zunächst war das ein wahres Katz-und-Maus-Spiel. Solange der Wind in seine Richtung wehte, vermochte er die Feinde aus der Entfernung zu wittern und konnte fliehen. Als sich der Wind drehte, überraschten ihn die Bauern und nahmen ihn endlich gefangen.

Das war ein schrecklicher Augenblick, denn er glaubte, Soldaten hätten ihn festgenommen. Weil er seit so vielen Jahren nicht geredet hatte, verstand er die Sprache nicht mehr. Er beruhigte sich aber allmählich und kam schließlich in die Obhut einer älteren Dame. Er wurde sogar sehr anhänglich. Wenn sie sich nicht in Sichtweite aufhielt, konnte er ihre Geruchsspur verfolgen wie ein Hund. Er wurde wieder zahm und verlor seinen empfindlichen Geruchssinn dadurch, wie es hieß, dass er sich an gekochtes Essen wieder gewöhnt hatte.

Kelmen Digby, der englische Philosoph, berichtete als Erster über dieses Ereignis. Er erwähnte es in seinem 1644 erschienenen Buch *Two Treatises in the one of which the nature of bodies in the other the nature of man's soule is looked into in way of discovery of the immortalilty of the reasonable soules.* Seine Zeit sei eine einzige Katastrophe, behauptete Digby nach sechsundzwanzig Jahren Krieg, und wollte sich anhand einer Suche nach der Menschenseele davon ablenken. Die Geschichte von Hans – im Original heißt er Jean – erfuhr Digby von zuverlässigen Freunden, die behaupteten, mit dem mittlerweile vernünftigen Jungen persönlich gesprochen zu haben.

Was Digby besonders interessierte, war Hans' ausgeprägter Geruchssinn. Der Philosoph war überzeugt, dass der Mensch im natürlichen Zustand ebenso sensibel auf Gerüche reagiere wie Hunde und andere Tiere. Schuld am Verlust dieser kostbaren Fähigkeit trügen seiner Meinung nach allein die Zivilisation und vor allem unsere Essgewohnheiten, die »das Wahrnehmen der reineren Atome von Körpern verhindern«.

Seine Zeugen hätten, so Digby, Hans »erst vor nur wenigen Jahren« vor Augen gehabt. Damals war er noch immer gesund und robust. Digby vermutete, er sei noch immer am Leben. Er, Digby, sei außerdem sicher, dass Hans die eigene Geschichte viel besser erzählen könnte, als er selbst es tat.

Anmerkung: Blumenbach hielt Digby für »leichtgläubig«. Die Geschichte von Hans ist aber durchwegs nachvollziehbar. Dass die Bauern den zerzausten Jungen für einen Satyr hielten, war keine ungewöhnliche Reaktion zu einer Zeit, als man Menschen noch als Hexen verfolgte. Ob Jean / Hans wirklich so viele Jahre im Wald verbracht hatte, wie berichtet, ist freilich fraglich. Ebenso stutzig macht die Tatsache, dass Hans selbst als ultimative Quelle seiner Erlebnisse diente.

♦

Das erste litauische Bärenkind (1657)

Nun folgt ein Augenzeugenbericht des Jesuitenpaters Tylkowski, der 1721 in einer Geschichte Polens (*Historia naturalis curiosa Regni Poloniae*) vom Jesuiten Gabriel Rzaczynski veröffentlicht wurde. Es handelt von einem Knaben, den man 1657 in einem Wald in Litauen unter Bären auffand:

»Er hatte völlig tierische Anlagen, Sitten und Begehrungsvermögen. Nach Warschau gebracht, erhielt er in der Taufe den Namen Joseph. Mit vieler Mühe wurde er aufrecht gehen gelehrt, er bewegt sich jedoch mehr nach Bärenart, als dass er einherschreitet. Die Haut ist trocken, die Kräfte stark, die Stimme fehlt oder ist vielmehr das Gemurmel eines Bären, seine ganze Beschäftigung besteht darin, sich zusammen zu rollen, nach Bärenart einen Winkel aufzusuchen und in diesem sich murmelnd umherzutreiben. Das Zeichen des heiligen Kreuzes zu machen, konnte er nicht gelehrt werden, er streckte mir jedoch die Hand entgegen, dass ich es auf seiner Brust bilden sollte. Das Gesicht hat nichts Tierisches und würde nicht hässlich sein, wenn es nicht durch viele Narben entstellt wäre, von welchen auch die Brust bedeckt ist und die

er, sei es von den Bären, sei es später von Hunden davontrug. Der Appetit zieht ihn zum Gras, zu Krautabfällen, rohem Fleisch, und er sehnt sich nach den Wäldern. Das Kopfhaar ist weiß, sehr dicht, wie es in Russland und einigen Teilen Litauens bei den Bären zu sein pflegt. Die Finger sind länglich, die Stirn mittelmäßig, die Stimme rein bärenartig; durch Schläge wurde er zum Ankleiden gebracht. Er scheint, während wir dies zu Warschau schreiben, im zwölften Lebensjahr zu stehen.«

1667 äußerte sich der Naturwissenschaftler Athanasius Kircher über denselben Fall, den er übrigens in das Jahr 1663 verlegte. Er habe gehört, dass das Bärenkind mit einem anderen Jungen im Wald von Grodnow aufgefunden wurde, der zweite sei aber entkommen, während der erste nach Warschau zum König Johann Kasimir gebracht wurde. Das Bärenkind habe, so Kircher, mit großer Mühe das Sprechen gelernt.

In einem 1732 veröffentlichten Werk des französischen Enzyklopädisten Louis Moréri erfährt man zusätzliche Details. Demnach wurde der Junge 1661 von Jägern gefangen genommen. Auch dieser Version zufolge war ein zweites Menschenkind mit von der Partie, das aber fliehen konnte. Der gefangene Junge kreischte, fletschte mit den Zähnen und kratzte wie ein echter Bär. Moréri gab sein Alter mit neun Jahren an und wusste ebenfalls wie Athanasius Kircher, dass der Bärenjunge später in Warschau am Hof lebte. Sein Körper sei wohl proportioniert, sein Gesicht hübsch gewesen, und er habe blaue Augen gehabt. Doch das Sinnesvermögen und die Neigungen blieben die eines Tiers. Er wurde nie vernünftig. Nach Moréri lernte Joseph nie sprechen, war aber in der Lage, Hände und Augen gen Himmel zu strecken, wenn er den Namen Gottes hörte. Eine Zeit lang diente er als Gegenstand der Belustigung am Hof. Dann schenkte der König den Jungen einem polnischen Adligen, der versuchte, ihn als Diener anzulernen, was aber nur begrenzt möglich war. Obwohl er lernte, aufrecht zu gehen und bei Fuß zu laufen, vermochte er seine tierische Natur nicht zu überwinden. Er trug ungern Kleidung, aß gleichermaßen gekochtes und rohes Fleisch und flüchtete gelegentlich in den Wald, wo er mit den bloßen Händen Baumrinde abriss, um daran zu kauen.

Anmerkung: Der Augenzeuge Tylkowski scheint am zuverlässigsten zu sein. Er beschrieb nur das, was er erlebt hatte: ein Menschenwesen, das minderbemittelt war. Tylkowski glaubte dennoch zu wissen, der Junge habe unter Bären gelebt. Die Schilderungen des gelehrten Dr. Kircher und des Moréri sind keine Augenzeugenberichte. Die verschiedenen Jahresangaben 1657, 1661 und 1663 stören kaum. Am meisten irritiert das Alter des Jungen bei der Festnahme. Er scheint in den verschiedenen Fassungen etwa zehn Jahre alt gewesen zu sein. Hat er wirklich so viele Jahren bei den Bären verlebt? Ist so ein langer Aufenthalt unter Tieren überhaupt möglich für einen Menschen? Oder liegt die Ursache seines Zustands woanders?

Der russische Bärenjunge (1667)

Tafel fand den Bericht des französischen Reisenden Jean Struys, *Les Voyages de Jean Struys en Moscovie, en Tartarie, en Perse, aux Indes etc.* (1682): Struys befand sich 1668 in einem abgelegenen russischen Dorf, wo er von einem ungewöhnlichen Ereignis aus dem Jahr zuvor erfuhr: Eines Nachts war eine Bärin in ein Haus geschlichen, wo eine Frau mit ihrem Säugling im Bett lag. Die Bärin riss die Frau und fraß sie. Das Kind war spurlos verschwunden. Einige Zeit später kam die Bärin wieder in das Dorf. Diesmal wurde sie von den Bauern überrascht und getötet. Man stellte erst dabei fest, dass es sich um ein säugendes Weibchen handelte, weshalb man sich am nächsten Tag auf die Suche nach deren Jungen machte. Diese wären, so dachte man, leicht zu finden, weil sie vor Hunger laut schreien müssten. Nach langer Suche vernahmen die Bauern am Fuß eines Berges die erhofften Schreie. Sie fanden aber keine Bärenjungen, sondern das entführte Menschenkind, das sie sogleich mit ins Dorf zurück brachten. Dessen Tante erkannte es gleich wieder. »Aus lauter Neugierde«, schrieb Struys, »habe ich sie dann besucht.«

ANMERKUNG: Ein säugendes Tier, das einen artfremden Säugling zu sich nimmt. Was wäre aus diesem Jungen geworden, wenn die Bauern ihn nicht so schnell gefunden hätten?

♦

Das zweite litauische Bärenkind (1669)

Es folgt ein Brief an Dr. Bernhard Connor (1666–1698), dem irischen Leibarzt des polnischen Königs Johann III. Sobieski. Der Autor, ein gewisser J. P. van den Brande de Kleverskerk, war der holländische Botschafter in London. In einem Brief vom 1. Januar 1698 beschreibt er seine Eindrücke von dem Bärenjungen, den er 1669 in Warschau gesehen hatte:

»Er mochte ungefähr zwölf oder dreizehn Jahr alt sein. Sobald ich etwas nahe zu ihm hin kam, sprang er auf mich zu, gleich als ob er sich über meine Kleidung verwundert und Gefallen daran gehabt hätte. Zuerst fasste er mit großem Eifer einen von meinen silbernen Knöpfen in seine Hände, hielt ihn an die Nase, und roch daran. Hierauf sprang er plötzlich in einen Winkel und fing ein seltsames Geschrei an, das einem Bärengeheul nicht unähnlich war. Ich ging ins Haus hinein und traf darin eine Magd an, die mir ausführlich erzählte, wie dieser wilde Knabe wäre gefangen worden. Weil ich aber das Buch nicht bei mir hatte, in das ich meine Reisebemerkungen zu schreiben pflegte, kann ich hiervon keine Nachricht geben. Gedachte Magd rief den wilden Jungen zu sich herein und zeigte ihm ein großes Stück Brot. Sobald er dies sah, sprang er auf eine Bank, welche an der Wand in dem Hause stand, worauf er auf allen vieren ging. Hierauf richtete er sich mit einer großen Bewegung in die Höhe und nahm das Brot in seine beiden Hände, hielt es an die Nase, sprang sodann wieder von der Bank herab auf die Erde und fing an, eine ebenso grässliche Stimme von sich zu geben, wie zuvor. Man sagte mir dabei, dass er noch gar nichts reden könne, jedoch, wie man hoffe, solches bald lernen würde, weil er ein gutes Gehör hätte. Er hatte einige Narben in seinem Gesicht, welche man für Schrammen hielt, die ihm von den Bären gekratzt worden.«

Kleverskerk liefert auch eine Erklärung, wie dieser Junge zu den Bären geraten sein könnte:

»Es ist bekannt, dass die Tartaren oftmals in dieses Königreich einfallen ... Wenn sie nun an den Ort, wo sie hinwollen, gekommen sind, so stellen sie sich sofort in einem sehr großen Kreis auf und fangen dann Alles, was sie in ihren Klauen bekommen, wie mit einem Netz, und führen es in die Sklaverei. Wenn nun auf solche Weise Manns- oder Weibspersonen in dergleichen Gefahr geraten und derselben wieder entfliehen wollen, haben sie öfter nicht Zeit an ihre Kinder zu denken. Daher ist sehr wahrscheinlich, dass auch bemeldeter Knabe bei einem solchen Zufall von den Seinigen verlassen und sonach von den Bären gefunden und erzogen worden ist, weil es deren sowohl in Polen als in Litauen sehr viele gibt ...«

ANMERKUNG: Kleverskerks Beschreibung des Bärenkinds wirkt wie Tylkowskis auch heute noch glaubhaft. Das muntere, beinahe spielerische Benehmen, das Beschnuppern der Knöpfe ist auch an anderen Fällen bekannt. Ob das Benehmen des verwilderten Kindes einem Aufenthalt unter den Bären zuzuschreiben war, steht auf einem anderen Blatt. Wer wie ein Bär heult, hat dies nicht unbedingt unter Bären gelernt. Möglicherweise handelt es sich hier um eine Dublette des ersten litauischen Bärenkinds (»Joseph Ursinus«, wie ihn ein gewisser Professor Ludwig Müller im 18. Jahrhundert nannte). Kam es ins Kloster, nachdem es den Hof nicht mehr interessierte?

♦

Das irische Schafskind (um 1672)

Doktor Nikolaus Tulp (1593–1674), Bürgermeister und Kurator des Gymnasiums zu Amsterdam, ist das Wissen um diesen Fall zu verdanken. Tulp kennen wir von Rembrandts *Anatomiestunde,* er ist der ruhige, sorgfältige Wissenschaftler, der die Leiche des Kriminellen Adriaen Ardriaensz seziert. Sein Interesse für Details wurde von seinen Zeitgenossen sehr geschätzt. Sein mehrbändiges Werk *Observationes medicae* wurde deswegen zwischen 1641 und 1672 mehrfach aufgelegt. In einer Passage aus diesem Werk, in der er sich mit der Fähigkeit der Menschen befasste, Tierlaute nachzumachen, erwähnt er das irische Schafskind. Hier sein Augenzeugenbericht, aus dem Lateinischen von August Rauber übersetzt:

»Es wurde ein Jüngling von sechzehn Jahren nach Amsterdam gebracht, welcher in Irland seinen Eltern entwichen war, von frühester Jugend an unter wilden Schafen gelebt und deren Natur gleichsam angenommen hatte. Er war von gelenkigem Körper, in ununterbrochener Bewegung, von trotziger Miene, festem Fleisch, trockener sonnverbrannter Haut, strammen Gliedmaßen, zurückweichender, niedriger Stirn, gewölbtem, hökerigem Hinterhaupt, roh, planlos, unerschrocken, jeder Menschlichkeit bar. Im Übrigen war er von gesunder Körperbeschaffenheit und erfreute sich des besten Wohlseins. Er hatte keine menschliche Stimme, sondern blökte wie ein Schaf, verweigerte unsere gewöhnlichen Speisen und Getränke, verzehrte dagegen nur Gras und Heu wie die Schafe. Alles mehrmals hin und herwendend und stückweise untersuchend, wählte und kostete er endlich bald dies, bald jenes, je nachdem die Nase oder der Gaumen es angenehmer fand. Er hatte in rauhen Bergen und wilden Orten gelebt; er selbst war nicht weniger wild und ungebändigt, ein Freund von Höhlen, wegelosen Gegenden, unzugänglichen Orten. Er war gewohnt unter freiem Himmel zu leben, ertrug Winter und Sommer und entging sehr lange den Nachstellungen der Jäger, bis er endlich in ihre Netze geriet. Er hatte mehr das Ansehen eines Tieres als eines Menschen. Den Waldgeist hatte er, nur ungern unter Menschen verweilend, erst nach langer Zeit ausgezogen. Seine Kehle war weit und breit, die Zunge an dem Gaumen gleichsam angefügt. Die Gegend der Herzgrube war in Folge des vorwärts geneigten Ganges nach oben gerückt.«

ANMERKUNG: Tulp hat den Jüngling selbst untersucht, kurz nachdem Schausteller ihn nach Amsterdam mitgebracht hatten, um ihn auf den Jahrmärkten vorzuführen. Dass er unter wilden Schafen gelebt hat oder Ire war, weiß man nur vom Hörensagen. Das Blöken, die Essgewohnheiten, die niedrige Stirn und seine Körperhaltung reichen leider nicht aus als Beweise seiner Vergangenheit unter Tieren. Schreber wandte ein, dass es in Irland keine wilden Schafe gebe. Tafel, ein überzeugter Verfechter der Existenz von *homo ferus,* wusste aber eine Antwort auf die Skepsis Schrebers. Er mutmaßte, dass Schafe sich in die Wälder verirrt hätten und dort verwildert worden seien.

♦

Das dritte litauische Bärenkind (1694)

Den Bericht von Kleverskerk über das zweite litauische Bärenkind veröffentlichte Dr. Bernhard Connor als Anhang zum jetzigen Fall. Beide Fälle erschienen 1698 in seiner *History of Poland.* Hier ein Auszug aus einer zeitgenössischen deutschen Übersetzung dieses Augenzeugentextes:

»Man hat mir am Hofe öfter versichert, wie es denn auch im ganzen Königreich für gewiss geglaubt wird, dass von den Bären, deren es in den litauischen Wäldern sehr viele gibt, öfter kleine Kinder gesäugt und aufgezogen werden. Ein solches Kind hatte man zu meiner Zeit in einem Kloster, wie ich in meinem lateinischen Traktat De Suspensione legum naturae gedacht habe. Dieser Knabe war ungefähr 10 Jahre alt (was man nur aus seiner Statur und Gesicht mutmaßen konnte), hatte eine grässliche Gestalt und konnte sich weder seiner Vernunft bedienen, noch reden. Er ging auf allen vieren und hatte nichts an sich, was einem Menschen glich, ausgenommen die menschliche Struktur seines Leibes. Weil er aber einer vernünftigen Kreatur ähnlich zu sein schien, wurde er getauft. Jedoch war er stets unruhig und ungebärdig und wollte oft davon laufen. Endlich lehrte man ihn aufrecht stehen, indem man seinen Leib in die Höhe richtete und an eine Wand anlehnte, wie man es mit den Hunden zu machen pflegt, wenn man sie aufwarten lehrt. Nachdem man ihn nun so nach und nach gewöhnt hatte, mit an einem Tisch zu essen, wurde er nach einiger Zeit ein wenig zahm und fing an, seinen Sinn mit

einer rauhen und fast unmenschlichen Stimme und Rede, auszudrücken. Wenn man ihn aber über sein Waldleben befragte, konnte er ebenso wenig davon sagen, als wir von unserem Tun in der Wiege erzählen können. Dies versicherte mich [sic] der König selbst nebst verschiedenen Reichsräten und anderen hohen Personen des Reichs. Ja, es ist der allgemeine und unbezweifelte Bericht im ganzen Königreich. Ferner sagen sie auch, dass wenn ein hungriger Bär männlichen Geschlechts ein Kind finde, das man aus Sorglosigkeit irgendwo hat liegen lassen, er solches sofort zerreiße; finde aber eine säugende Bärin dasselbe, so werde sie es sofort in ihre Höhle tragen und nebst ihren Jungen säugen und erziehen, welches dann oft nach einiger Zeit von den Jägern gefangen und aus ihren Klauen errettet werde …«

ANMERKUNG: In seinem Lateinisch geschriebenen Traktat *(De Suspensione legum naturae)* versicherte Connor, dass Jäger dieses Kind als Teil einer Bärensippe aufgespürt hätten. Es sei auffallend hässlich *(aspectu horridus)* und behaart *(pilis hirsutus)* gewesen. Leider verriet der Doktor eine genaue Quelle für die Festnahme nicht. Der Skeptiker Blumenbach hielt Connor schlichtweg für einen »Schwärmer«. Tafel war anderer Meinung. Er wies darauf hin, dass der ehemalige Katholik zum Protestantismus übergetreten war und dass er sogar des Deismus und des Atheismus bezichtigt wurde. Auch wir können bestätigen, dass Connor ein gewissenhafter Beobachter war. Dass er nach anderen Fällen in Litauen gesucht hatte, etwa den von Kleverskerk, ist nur ein Zeichen seines Forschergeistes. Auch die Geschichte von »Joseph Ursinus« (dem ersten litauischen Bärenkind) war ihm bekannt und diente ihm als weiterer Beweis, dass es dieses wundersame Phänomen gebe. Selbst habe er über Joseph in dem Werk »eines glaubwürdigen Autors«, des preußischen Adligen Christoph Hartknoch von Passenheim, gelesen. Nach dieser Version übrigens kam der getaufte Joseph in die Obhut des Vize-Kanzlers von Posen, Peter Adam Opalinski, lernte nie Polnisch, konnte Wasser und Holz tragen und behielt seine Wildheit bis zu seinem Tod. Connor wollte gerne glauben. Auch wir würden gerne glauben.

Für den Philosophen Condillac lieferte die Geschichte vom dritten litauischen Bärenkind einen wichtigen Beweis für seine Theorie über den Ursprung des Bewusstseins *(Essai sur l'origine de la connaissance humaine,* 1746). »Was ich hier vortrage, ist nicht bloß Theorie«, beteuerte der angesehene Condillac, und zitierte obigen Fall als Bestätigung, dass das menschliche Gedächtnis nur dann vorhanden ist, wenn man die Sprache beherrscht.

♦

Der Matrose Alexander Selkirk (1708)

Vom schottischen Matrosen Alexander Selkirk war bereits im ersten Teil die Rede. 1676 in der schottischen Hafenstadt Largo geboren, stach der mathematisch begabte Selkirk 1703 als Navigator auf dem englischen Freibeuter *Cinque Ports* in See. Das Schiff durchkämmte die Nordwestküste Südamerikas auf der Suche nach spanischen Handelsschiffen. 1704 verkrachte sich der hitzköpfige Selkirk mit dem Schiffskapitän Thomas Stradling. Die Mannschaft würde, so beanstandete der Navigator, unter Mangelerscheinungen leiden, obendrein hielt Selkirk das Schiff für nicht mehr ausreichend seetüchtig. Als die *Cinque Ports* vor der Insel San Fernandez in chilenischem Gewässer vor Anker ging, um Wasser und Holz von der Insel zu holen und einige Reparaturen durchzuführen, meinte der Schotte, er würde lieber auf der Insel bleiben als weiter auf dem elenden Wrack mitzufahren. Er ging allerdings davon aus, dass sich die anderen Matrosen mit ihm solidarisieren würden. Leider ging diese Rechnung nicht auf. Wenn auch unzufrieden, hofften seine Kameraden auf reiche Beute von den fetten spanischen Frachtern und wollten deshalb so schnell wie möglich wieder in See stechen. Kapitän Stradling ließ den störrischen Selkirk nur allzu gerne allein zurück.

»Er hatte seine Kleider, sein Bettzeug, eine Flinte, etwas Pulver, Kugeln und Tabak, eine Axt, ein Messer, einen Kessel, eine Bibel, manche praktische Dinge, seine Messinstrumente und auch andere Bücher bei sich. Er lenkte sich ab und ver-

sorgte sich so gut er konnte. Während der ersten acht Monate musste er aber gegen seine Schwermut und den Schrecken des Alleinseins an diesem verlassenen Ort ankämpfen. Er baute sich zwei Hütten aus Pimentobäumen, bedeckte sie mit langem Gras und überzog sie mit der Haut von Ziegen, die er mit seiner Flinte erlegte, so viele, wie er brauchte, bis das Pulver alle war. Er hatte davon insgesamt ein Pfund. Nachdem dies verbraucht war, erzeugte er Feuer, in dem er zwei Stöcke aus Pimentoholz auf seinen Knien zusammenrieb.«

Während der ersten anderthalb Jahre seiner Isolierung las er fleißig in seiner Bibel und betete auch viel. Die Insel bot ausgiebig Wasser, Bäume und Ziegen, um ihn am Leben zu erhalten. Auch Fische und Krebse gab es zur Genüge. Auf den Besuch früherer Schiffe war eine große Ratten- und Katzenbevölkerung auf der Insel zurückzuführen. Die Ratten wurden für ihn zu einer wahren Plage. Selkirk pflegte also gute Beziehungen zu den Katzen und entledigte sich dadurch des Rattenproblems. Er zähmte auch Zicklein, die ihm Gesellschaft leisteten. Ihnen las er aus der Bibel vor, sang für sie und tanzte mit ihnen.

Im Februar 1709, nach vier Jahren und vier Monaten der vollkommenen Einsamkeit, hielten zwei englische Freibeuterschiffe, *Duke* und *Duchess*, vor der Küste. Der Kapitän, Woodes Rogers, sah aus der Ferne eine Rauchfahne über der Insel und wollte diese näher erforschen. Selkirk war überglücklich, als er die englischen Matrosen erspähte. Doch als er versuchte, mit den Matrosen zu reden, konnte er nur noch stammeln. Also holte er seinen Gästen frisches Wasser und Flusskrebse, fing eine Ziege und lud seine Landsleute zu einem Ziegeneintopf ein.

Kapitän Woodes Rogers beschrieb Selkirk in seinen 1717 erschienenen Memoiren, *A Cruising Voyage Around the World*: »Als er an Bord kam, hatte er seine Sprache derart verlernt, dass wir ihn kaum verstehen konnten. Es schien, als ob er seine Wörter halbieren würde.« Doch Selkirk fand seine Sprache schnell wieder. Woodes wiederum war so beeindruckt von der Findigkeit und dem Lebenswillen des Schiffbrüchigen, dass er ihn bald zum Schiffsoffizier beförderte. Als Selkirk 1713 nach England zurückkehrte, bat ihn der englische Essayist Richard Steele um ein Interview und veröffentlichte seine Geschichte in einer Ausgabe der Zeitschrift *The Englishman*. Auch Daniel Defoe lernte ihn kennen und machte ihn zum Vorbild seines *Robinson Crusoe*. Selkirk zeigte sich aber wenig interessiert an diesem neuen Ruhm. Er kehrte nach Schottland zurück und heiratete. Doch dann stach der unruhige Geist wieder in See. Er starb 1721 vor der Goldküste an Gelbfieber.

ANMERKUNG: Selkirk zählt zu den wenigen Beispielen eines verwilderten Erwachsenen. Schon immer machten sich Wissenschaftler Gedanken über den Verlust der Sprache in der Einsamkeit. Hätte er keine Bibel gehabt, mutmaßte der Psychiater Richard Pillard, oder wären die englischen Schiffe nicht bei San Fernandez vor Anker gegangen, so wäre sein Sprachvermögen wohl ganz versiegt. Ähnlich äußerten sich manche Kenner des Falls im 18. Jahrhundert, etwa de Pauw und Schreber.

♦

Das Mädchen von Kranenburg (1717)

Folgender Bericht über ein wundersames Ereignis in Zwolle (Schwoll) in der Overijssel erschien in den *Breslauer Sammlungen* vom 15. Januar 1718:

> »*Vor einigen Tagen ist ein Mädchen hierher gebracht worden von achtzehn Jahren, welches man auf einem Berge bei Kranenburg erhascht hatte. Man konnte sie wohl mit Recht als ein wildes Mädchen ansehen: die Bauern da herum hatten zwar schon einige Zeit von ihr gewusst, man hat sie aber nicht fangen können. Endlich haben sich derselben bei 1000 aufgemacht, Stricke und Netze ausgestellt, und sie also überwältigt: sie war meist nackend, nur dass sie ihr selbst einen Gürtel oder Schürze von etwas Stroh gemacht: ihre Haut war sehr rauh, ziemlich schwarz und hart: sie hat sich bisher von Kräutern und Baumblättern, wie auch von Milch, welche die Bauern nach dem Berge gebracht, um sie zu haschen, erhalten. Sie re-*

det zwar, aber stammelnd, und weiß kein Mensch, was es heißen soll. Man hat sie jetzt bei einer gewissen Frau einlogiert, die ihr das Zeugnis gibt, dass sie sehr ruhig und still sei.«

Ende Januar wurden weitere Einzelheiten dieser Geschichte in Den Haag veröffentlicht, berichten die *Breslauer Sammlungen.*

»Man hat endlich von dem jungen Mädchen, welches in dem Walde von Kranenburg bei Schwoll in Ober-Yssel Mense August 1717 gefunden worden, folgende Nachricht erhalten: Dieses Kind ist den 5. Mai 1700 entführt worden, da es nur sechzehn Monat alt gewesen, daher in den Antwerper Zeitungen vom 14. Mai selbigen Jahres eine Wahrschauung eingerückt, und darin gebeten wurde, dass diejenigen, so es entdecken würden, solches bei sich behalten und dem Verleger der Zeitungen davon Nachricht geben möchten. Nach solcher Zeit nun hat man von diesem Kinde weiter nichts vernommen, als was die holländischen Gazetten im Januar 1718 gemeldet, wie man nämlich in dem Walde von Kranenburg ein junges Mädchen gefunden, ungefähr achtzehn Jahr alt, ganz nackend und wild aussehend nichts redend, und sich nur von Gras und Blättern unterhaltend etc. Da dann die Mutter dieses verlorenen Kindes gefunden, dass das angezeigte Alter mit dem Alter ihrer Tochter übereinkäme, und dass sein könnte, dass diejenigen, welche solches entführt, gestorben, ehe das Kind zum Alter und Vernunft gekommen, erkundigte sie sich deswegen zu Schwoll, wohin das Mädchen gebracht und durch dortigen Magistrat unterhalten worden; und weil selbige an gewissen Merkmalen erkennt, dass dies Mädchen das verlorene Kind sei, so ging die Mutter von Antwerpen zu Anfang dieses Monates, um ihrer Tochter zu Schwoll zu suchen, dahin, mit der sie auch zu Amsterdam angekommen ist, und wird mit selbiger ungesäumt nach Antwerpen zurückkehren, überaus vergnügt, dass sie selbiges nach einer so langen Zeit wieder bekommen.«

Vier Jahre später, im Oktober 1722, griffen die *Breslauer Sammlungen* die Geschichte wieder auf, um sie zu ergänzen. So wurde unter anderem berichtet, wie die Mutter ihre Tochter in Antwerpen bei der Pflegemutter zum ersten Mal wiedersah. »Die Mutter, indem sie ihr Kind sieht, ist in Ohnmacht gefallen, dass man sie hat laben müssen. Nachdem sie sich nun wieder erholt, sagte sie, das ist mein Kind. Zur selbigen Zeit hat man in Acht genommen eine große Verwunderung bei dem wilden Mädchen, welches sogleich auf die Mutter mit freundlicher Miene zulief, da ihr sodann ein paar Tropfen Blut aus der Nase auf die Hand fielen.« Die Tochter wird als monströs mit langem, dickem, zerzaustem Haar beschrieben. Ihre Haut sei braun und hart gewesen. »Einige Zeit aber nach ihrer Gefangennehmung ist selbige abgefallen und hat eine neue Haut bekommen.« Wer sie zur Zeit ihrer Festnahme bei Zwolle gesehen hatte, erkannte sie nicht wieder. Auffallend war aber ihre Stummheit. »Man hat sie niemals reden hören, und aus dem Fliehen vor den Menschen kann man verspüren, dass sie sehr jung gewesen sein muss, als sie weggenommen worden.«

Nun stand es fest, dass das Mädchen in Wirklichkeit Anna Maria Gennärt hieß und aus Antwerpen stammte, wo es am 18. Oktober 1698 auf die Welt gekommen war. Das wilde Mädchen verlor schnell jede Spur seiner Wildheit, nachdem es bei seiner Mutter lebte. Einmal, so die *Breslauer Sammlungen,* reisten Mutter und Tochter nach Zwolle, dem Ort ihres langen Aufenthalts im Freien. »Man stellte sich, als ob man sie da lassen wollte. Nachdem sie aber dieses gewahr geworden, wurde sie sehr betrübt, und als die Mutter ihr ein Zeichen gab, kam sie gleich zu ihr her.« Das einst wilde Mädchen wuchs zu einem freundlichen und liebenswürdigen Wesen heran und verbrachte sein Leben »in Gesellschaft verschiedener Frauenspersonen«, beherrschte das Spinnen und grüßte alle, die es grüßten. Die junge Frau lernte aber nie zu sprechen, auch wenn sie manchmal so tat, als wollte sie etwas sagen.

Schlussendlich glaubten die *Breslauer Sammlungen* auch die näheren Umstände aufgedeckt zu haben, die zu dem Kindesraub geführt hatten. Ein Kaufmann aus Amsterdam hatte eine junge Frau geschwängert. Um Gerede zu vermeiden, ließ er sie nach Antwerpen bringen, wo sie das Kind gebar, das jedoch kurz danach starb. Der Kaufmann aber wurde krank und wollte vor seinem Tod dem Kind 5000 Taler vermachen. Die junge Frau stahl einem Ehepaar ein Kind, reiste damit nach Amsterdam und ließ sich das Geld auszahlen. Wohin sie dann ging und wo genau sie das Kind aussetzte, konnte nicht geklärt werden.

ANMERKUNG: Anna Gennärt wurde also entführt und im Wald bei Zwolle ausgesetzt. Wie alt sie damals war, kann man nicht mehr feststellen. Ob ihre Sprachlosigkeit damit in Zusammenhang gebracht werden kann, ist auch nicht mehr zu eruieren. Womöglich lag ein anderes Problem – zum Beispiel ein frühkindlicher Autismus? – vor. Ohne Zweifel handelt es sich jedoch um ein echtes wildes Kind. Rauber bedauerte, dass die Berichte aus den *Breslauer Sammlungen* letztendlich nur karge Auskunft gaben. Ob es wirklich tausend Bauern waren, die die junge Frau gejagt hatten, ist ja nicht relevant. Ihre harte, braune Haut war wohl eine Hornhaut oder vielleicht eine sehr dicke Schmutzschicht. Warum sie eine Schürze trug (wenn diese Einzelheit nicht gerade aus sittlichen Gründen hinzugedichtet wurde), wäre auch interessant zu wissen. Dass sie sich sehr schnell wieder an den Menschen gewöhnen konnte, spricht nicht unbedingt dafür, dass sie sich seit ihrem zweiten Lebensjahr im Wald aufgehalten hatte. Das wilde Mädchen von Kranenburg, Linné nannte sie lateinisch *puella transisalana* (overijsselisches Mädchen), lieferte wenigstens den Beweis, dass auch Mädchen verwildern können.

♦

Die zwei pyrenäischen Knaben (1719)

Jean-Jacques Rousseau ist die Quelle dieses knappen Berichts. Er erzählt in seinem *Discours sur l'origine de l'inégalité* (1754) von zwei Wilden, die 1719 in den Pyrenäen entdeckt wurden. Sie seien in den Bergen nach Art der vierbeinigen Tiere umhergesprungen. Linné trug sie guten Glaubens in seine Liste der wilden Menschen ein. 1817 fügte J. J. Virey einige zusätzliche Details hinzu: dass sie von Menschen aufgefunden worden seien, die in den Wäldern nach geeignetem Holz für den Schiffbau suchten. Nach seiner Darstellung sprangen sie von Fels zu Fels wie die Gämsen.

ANMERKUNG: Dies ist nur die Verballhornung einer Geschichte, die an anderer Stelle erzählt wird.

♦

Kapitel 2

Kinder unter der Lupe

Der Wilde Peter (1724)

Hameln wurde in zweifacher Weise durch Kinder berühmt, meinte Johann Friedrich Blumenbach 1811, wegen des Rattenfängers und wegen des Wilden Peter. Im Jahrhundert der Aufklärung war der Wilde Peter eine Zeit lang das bevorzugte Forschungsobjekt hoffnungsvoller Wissenschaftler und Philosophen, die ihn gerne als Inbegriff des natürlichen Menschen verstehen wollten. 1782 stattete ihm Lord Monboddo einen Besuch ab – der etwa siebzigjährige Peter lebte damals bereits auf der *Broadway*-Farm in Hertfordshire. Der Greis vermochte, so stellte der Lord fest, einige Wörter deutlich zu artikulieren: den eigenen Namen (den er »Pet-er« aussprach) und den des Königs. Er sagte auch »*bow-wow*« (für Hund), »*wild man*« (über sich selbst), »Auge«, »Nase« und verstand sämtliche Anweisungen und Befehle des täglichen Lebens. Doch nie fing er selbst zu reden an. Er war von kleiner Gestalt und angenehmem Äußeren und wirkte recht munter. Er trällerte gerne Melodien, war außerdem einem kleinen Schnaps (vor allem Gin) nicht abgeneigt. Monboddo war es, der Peters Erscheinung für merkwürdiger erklärte »als die Entdeckung des Uranus«. Denn er hielt Peter für den natürlichen Menschen, das heißt, den Menschen in seinem ursprünglichen Zustand. Gleiches hielt er übrigens vom Orang-Utan.

Einer der ersten Berichte über Peters Leben erschien am 18. März 1726 in Hameln unter dem ausführlichen Titel: *Zuverlässige und wahrhafte Nachricht von dem bei Hameln im Felde gefundenen wilden Knaben, was es mit selbigem eigentlich für eine Beschaffenheit habe, wie er sich nach seiner Arretierung aufgeführt, und was für Mutmaßung sich hervorgetan, auch was sonst Merkwürdiges dabei vorgefallen, von einer glaubwürdigen Person aus Hameln selbst an einen Freund schriftlich abgefasst, nunmehr aber wegen vieler unterlaufenden Merkwürdigkeiten zum Druck befördert.«* 1729 wurde der Text wegen großen Interesses in den *Breslauer Sammlungen: Supplementum IV* nachgedruckt. Hier einige Auszüge:

> *»Anno 1724, den vierten Mai, findet ein Bürger, welcher aufs Feld gegangen, diesen Knaben, dem Ansehen nach, wie aus seiner Leibesgestalt zu schließen gewesen, etwa von dreizehn Jahren, im Felde ganz nackend, außer dass er am Halse etwas hangen gehabt, daraus man ersehen konnte, dass es ein Hemd gewesen. Der Bürger wird anfangs von dem ungewöhnlichen Anblick etwas stutzig, ergreift aber dennoch denselben, und fragt ihn: wer er sei und warum er in so ungewöhnlicher Stellung sich hier befinde? Wie nun der Knabe ihn also reden hört, antwortet er nichts, sondern fällt zur Erde, küsst dieselbe und macht allerhand abenteuerliche Mienen und Stellungen, so dass der Bürger, der solches alles mit angesehen, selbigen für wahnwitzig hält, ihn auch wieder mit sich in die Stadt zurückführt, da dann bei solch seltsamem Aufzug der Zulauf des Pöbels dergestalt angewachsen, dass es der Obrigkeit angezeigt worden …«*

Eine Bürgersfrau warf ihm ein Hemd und alte Beinkleider zu, und er wurde nun ins Armenhaus geführt, wo man ihn gründlich untersuchte. Er schien gut zu hören, sprach aber nicht. Der wilde Junge wurde unruhig, so dass man ihn in einem Zimmer einschloss. Es gelang ihm zu flüchten, seine Freiheit war aber nur von kurzer Dauer. Am nächsten Tag wurde er erneut festgenommen. Inzwischen hatte er sich die Kleider vom Leib gerissen und mit dem eigenen Kot besudelt. Man fertigte ihm ein leinenes Kleid an und gab ihn in die Obhut eines Mannes im Armenhaus. Dieser brachte ihm durch Rutenschläge das Fürchten bei. »Wenn er ihm die Rute nur gezeigt, er sogleich sich gehorsam erwiesen«, hieß es. Er war schnell und flink, konnte Bäume wie eine Katze oder ein Eichhörnchen hochklettern.

Seine Stummheit, erklärte ein herbeigeeilter Regimentsfeldscher, sei auf eine Missbildung der Zunge zurückzuführen, welche »sehr dick und an beiden Seiten angewachsen« sei.

Das wilde Kind zeigte großen Appetit und aß für zwei. Anfänglich lehnte es Brot ab und nahm nur die Erzeugnisse des Gartens an, wobei es eine besondere Vorliebe für Bohnenstangensaft hatte. Die Bohnen selbst warf es weg. Nach einigen Wochen war es seinem Aufseher gelungen (mit Hieben, versteht sich), es an normale Kost zu gewöhnen.

Ein Dreivierteljahr lebte Peter, wie ihn die Hamelner inzwischen nannten, bei seinem strengen Aufseher, der dann den wilden Jungen an einen anderen ebenso strengen Bürger weitergab. Dieser wollte nun Peter einen Beruf beibringen. Es war aber vergebliche Liebesmühe. Der Knabe lernte nichts und blieb stumm. Er brachte nur einige sinnlose Laute, ein »ala ala ala«, hervor. Sein Gehör war aber in Ordnung, und er schien Worte zu verstehen. Kleidung trug er weiterhin ungern und riss sie schnell vom Leib, wenn er angezogen wurde. Noch weniger duldete er Schuhe.

Manchmal empfand er die Strenge seines Aufsehers als frustrierend. Dann biss er sich in den Arm, um sich abzureagieren. Seine Natur war aber im Ganzen recht fröhlich. Er mochte Musik und sang gerne, manchmal wagte er sogar ein Tänzchen.

Doch die Hamelner wollten sich nicht weiter mit Peter befassen. 1725 schickten ihn die Stadtväter nach Celle, wo er in ein Waisenhaus kam.

Ab diesem Augenblick sind Blumenbach und Lord Monboddo die Hauptquellen für den weiteren Werdegang des Wilden. Beide forschten in den verschiedenen Augenzeugenberichten und sonstigen Reportagen der Zeit, um ihre jeweiligen Biographien über diesen verwilderten Menschen anzufertigen. Monboddo suchte, wie bereits erwähnt, anhand des Schicksals von Peter nach dem natürlichen Menschen. Der Skeptiker Blumenbach versuchte dagegen, ihn als Schwachsinnigen ohne jegliche Bedeutung für die Wissenschaft zu entlarven.

Als der Wilde Peter im Oktober 1725 nach Celle kam, hatte er bereits ein gewisses Renommee erlangt. Auch der englische

König, der Hannoveraner George I, der sich gerade in seiner Heimat aufhielt, hatte von ihm gehört und bestellte ihn zu sich. Wilde Menschen waren gern gesehene Zerstreuungen an den Höfen. Als der König im Februar 1726 nach London zurückkehrte, nahm er den Jungen mit.

Peter war aber mehr als nur ein Gegenstand der Belustigung. Auch die Wissenschaftler der Zeit bekundeten ihr Interesse, ihn zu untersuchen. Dieses Interesse konnte Blumenbach leicht erklären:

»Sie traf in eine Zeit, wo gerade der Streit über die Frage, ob es angeborene Begriffe gebe, mit voller Lebendigkeit und respektiver Hitze geführt ward. Und da schien Peter ein erwünschtes Subjekt zur Entscheidung derselben.«

Nicht wenige Gelehrte waren mittlerweile auf ihn aufmerksam geworden, unter ihnen ein gewisser Graf Zinzendorf, Restaurator und Ordinarius der evangelischen Brüdergemeinde. Er wandte sich schon Anfang 1726 an die Gräfin von Schaumburg-Lippe in London, »um ihre Vermittlung, dass Peter ihm überlassen werden möchte, um die Entwicklung der angeborenen Begriffe an demselben zu erproben«. Er erhielt die enttäuschende Antwort, dass der König Peter der damaligen Prinzessin von Wales, der späteren Königin Caroline, geschenkt und diese ihn bereits einem Dr. Arbuthnot anvertraut habe. Arbuthnot, ein Freund Popes und Swifts und Mitarbeiter an *Gullivers Reisen,* wollte »die etwaigen *Idées innées* [angeborene Vorstellungen Anm. d. Verf.] des wilden Peters erproben«.

Zu schade, denn Arbuthnot verlor das Interesse an Peter nach nur zwei Monaten, nachdem es ihm nicht gelungen war, dem Wilden Sprachkenntnisse zu vermitteln. Er schenkte den unkooperativen Schüler einer Hofdame der Königin. Gräfin von Schaumburg-Lippe schrieb ihrem Freund, dem Grafen Zinzendorf:

»Ich muss Euer Liebden auch Nachricht von dem wilden Jungen geben, dessen Edukation Sie zu haben verlangten. Man hat sich alle Mühe hier gegeben, ihn ernstlich sprechen zu leh-

ren, damit man etwas von ihm vernehmen möchte von seinem vorigen Aufenthalt und, womöglich von seinen Notionen. Er hat aber kaum bis dato so viel gelernt, dass er englisch das Nötigste fordern kann. Das Gehör ist gut, die Aussprache aber mehr wie ein Lallen als ein ordentliches Reden. Er weiß auch auf nichts zu antworten und sein Gedächtnis ist nicht einmal so gut als der Tiere Instinkt. In Summa: Er hat wenig Menschliches oder Vernünftiges an sich, ist auch keine Hoffnung, dass er jemals etwas lernen wird.«

Die gelehrten Kreise kamen zu dem Schluss, dass Peter kein geeignetes Studienobjekt sei. Monboddo bedauerte viele Jahre später diese kurzsichtige Reaktion. Er wusste von einem Mr. Braidwood in Edinburgh, dem es mit großer Geduld gelungen war, einigen Stummen das Sprechen beizubringen. Wahrscheinlich war es Peters Glück, dass er nicht zu Mr. Braidwood kam. Denn als Unverbesserlicher hörte er bald auf, Gegenstand der Wissenschaft zu sein und durfte den Rest seines Lebens in beneidenswerter Abgeschiedenheit verbringen. Er kam nach Hertfordshire und genoss, von der Krone unterstützt, ein friedliches Dasein, bis er 1785 starb. Nur bei schlechtem Wetter wurde er manchmal trübsinnig, was Monboddo gerne als urmenschlichen Instinkt interpretierte; ansonsten blieb er weiterhin gutmütig, harmlos und folgsam. Er war sogar in der Lage, kleine Dienste in der Küche und auf dem Feld zu leisten – wenn auch nur unter Aufsicht. Nach Blumenbach konnte er lediglich »Peter«, »ki scho« (King George) und »qui ca« (Queen Caroline) aussprechen. Monboddo versicherte, dass er alles Alltägliche verstand und mehrere Zwei-Wort-Phrasen hervorbringen konnte. Als Erwachsener war er von mittlerer Statur und blieb auch im Alter robust und stark. Sein Bart war lang, seine Essgewohnheiten ganz normal. Musik gefiel ihm nach wie vor, und er sang gerne. Sein ganzes Leben lang blieben ihm Geld und Frauen gleichgültig. Allerdings, so Monboddo, wurde ihm einmal, offenbar als Jux, eine Frau aufgezwungen. Was da genau passiert ist, weiß man nicht. »Von den Abbildungen, die von Peter existieren«, schrieb Blumenbach, »besitze ich zwei meisterhafte Kupferblätter, die, wie mir versichert worden, ihm vollkommen ähneln. Das eine aus seinen 50ger Jahren, ein großes Blatt von schwarzer Kunst von B. Green nach P. Falconet. Die ganze Figur sitzend, anno 67 in London gemalt, da er dem Könige vorgestellt worden. Und das andere von Bartolozzi, nach dem von J. Alefounder drei Jahre vor Peters Tode gemalten Brustbilde. Ein recht wohl aussehender Greis, von dem man – wer es nicht besser wüsste – glauben würde, er habe es hinter den Ohren.«

Der Wilde Peter

Es war insgesamt ein Leben ohne besondere Ereignisse. Nur ab und zu riss Peter aus, aber vielleicht verirrte er sich lediglich. 1746 kam er bis nach Norfolk. Dort wurde er als verdächtiger Unbekannter in Untersuchungshaft genommen. Weil er nicht auf Fragen antwortete, kam er ins Zuchthaus in Norwich. Dort brach ein Feuer aus. Alle Gefangenen wurden aus diesem Anlass freigelassen. Ein Wärter fand ihn aber noch in seiner Zelle, wo er sich ruhig am Feuer ergötzte. Nun erkundigte sich die Gefängnisleitung, ob irgendwo nach Vermissten gesucht werde. Bald durfte Peter nach Hertfordshire zurückkehren. Ein anderes Mal schaffte er es bis nach Schottland, wo man ihn für einen Spion hielt und ihn eine Weile in Gewahrsam nahm.

Schwachsinniger oder wilder Mensch? Blumenbach fasste einige Argumente zusammen, um zu beweisen, dass er nie und nimmer ein echter *homo ferus* hätte sein können:

»1. dass Peter, als er zuerst aufgefunden ward, den kleinen Überrest eines abgerissenen Hemdes noch mit Bindfaden um den Hals gebunden trug;
2. dass die auffallend hellere Hautfarbe seiner Oberschenkel zu den untern schon bei seinem Einzuge in die Stadt die Bemerkung einer Bürgerfrau veranlasste und rechtfertigte, dass der Junge zwar Beinkleider, aber keine Strümpfe getragen haben müsse;
3. dass seine Zunge zugleich dick und angewachsen sei;
4. dass einige Schiffer ausgesagt, sie hätten im Sommer auf ihrer Fahrt von Polle bergab verschiedentlich einen nackten armen Jungen am Weserufer gesehen und ihm ein Stück Brot gereicht;
5. dass man bald erfahren, wie ein verwitweter Krieger zu Lüchtringen zwischen Holzminden und Höxter im Paderborn'schen einen stummen Jungen gehabt, der sich schon 1723 ins Gehölz verlaufen, zwar im folgenden Jahr wieder eingefunden, aber da der Vater indes zum zweitenmal geheiratet gehabt, von der neuen Stiefmutter in kurzem wieder fortgeprügelt worden.«

Der letzte Punkt war für Blumenbach ein Hinweis auf die Herkunft Peters, den er für plausibel hielt. Die Misshandlung der Stiefmutter, so Blumenbach, hätte auch Peters jugendliche Abneigung gegen das weibliche Geschlecht und seine spätere Gleichgültigkeit Frauen gegenüber erklären können.

»Kurz als Ende vom Lied«, schloss Blumenbach, »das vermeintliche Ideal des reinen Naturmenschen, wozu spätere Sophisten den Wilden Peter erhoben hatten, war durchaus nichts weiter als ein stummer, blödsinniger Tropf.«

Tafel wollte es nicht dabei belassen. Er zitierte eine Kapazität auf dem Gebiet der Psychologie, S. E. Esquirol, um zu beweisen, dass Peter keineswegs ein Schwachsinniger hätte sein können. Esquirol hatte behauptet, dass Blödsinnige und Idioten »häufig wollüstig« seien, genau das Gegenteil vom keuschen Peter also. Zudem unterschied Esquirol zwischen der Idiotie als angeborenem und der Verwirrtheit als erworbenem Zustand. Tafel wollte Peter als verwirrt und nicht als idiotisch verstehen. Auch Rauber schloss sich dieser Meinung an. »Die Tatsache der vorhanden gewesenen außerordentlichen und frühzeitigen Verwahrlosung und Vereinsamung steht fest, und wir wissen bereits, dass diese Ursachen tiefe Spuren hinterlassen.« Dennoch betrachtete Rauber diesen Fall »nicht als typisches Bild der Isolierten« und räumte ein, dass er für uns zweifelhaft bleibe.

Anmerkung: Auch wir geraten in Zweifel. Manches spricht dafür, dass Peter ein echtes wildes Kind war, etwa seine Flinkheit und seine Essgewohnheiten zur Zeit seiner Entdeckung; doch manches wiederum dagegen. Wenn es wirklich stimmt, dass die Hautfarbe seiner Beine wie auch die Fetzen seines Kragens die Spuren getragener Kleider verrieten, war Peters Wildheit also doch nur von relativ kurzer Dauer gewesen. Menschen waren ihm nicht fremd. Wie soll man sonst seine Freude erklären, als er im Feld entdeckt wurde? Aus lauter Ungestüm küsste er die Erde und folgte willig in die Stadt zurück. Immerhin räumte auch Blumenbach ein, dass Peter »keine dumme Physiognomie« hatte, wie vielleicht zu erwarten wäre. Nebenbei: Auch Autisten sehen oft ganz unauffällig aus. Die Unruhe Peters, die in seiner Jugend zumeist durch Prügel ausgetrieben beziehungweise unterdrückt wurde, wäre für einen Autisten typisch, auch die Tatsache, dass er nie ein Gespräch selbstständig anfing. Tafel wollte herausgefunden haben, dass der verwahrloste Junge, den die Matrosen am Weserufer gesichtet hatten, wohl ein anderer war als Peter. Er habe nämlich erfahren, dass ein Wirt in der Gegend einen Sohn und eine Tochter hatte, die beide stumm waren. Da sein Wirtshaus damals ein beliebter Treffpunkt für Matrosen war, witterte Tafel eine Verwechslung. Die Kinder des Wirts waren allerdings rothaarig, nicht dunkelhaarig wie Peter. Tafel wies auch darauf hin, dass Peters sonnige Natur alles anders als typisch für einen Stumpfsinnigen sei. »Das Frische und Lebendige bei ihm passt nicht gut zu Blödsinn, wohl aber zur tierischen Verwilderung.«

Dennoch muss der ausgesetzte Peter zumindest eine Zeit lang im Wald gelebt haben. Seine Sprachlosigkeit scheint allerdings nicht das Ergebnis der Isolation, sondern vielleicht die

Ursache dafür. Ob eine zu dicke Zunge der wahre Grund für seine Sprachprobleme war, kann man getrost bezweifeln. In vielen Berichten aus dem 18. und 19. Jahrhundert wurde dies gerne als Ursache für Sprachschwierigkeiten angegeben.

♦

Das Mädchen von Songi (1731)

»Im Monat September 1731. lief ein Mädgen von neun oder zehen Jaren, weil sie äusserst durstig war, gegen die Abend-Demmerung, in das Dorf Songi, vier bis fünf Meilen von Châlons, in der Provinz Champagnie, gegen Mittag zu gelegen. Sie gieng mit blosen Füssen, ihr Leib war mit zerrissenen Lumpen und Fellen bedeckt, ihre Haare staken unter einer Haube von einem ausgehölten Kürbis; sie hatte ein so schwarzes Gesicht und Hände als eine Aethioperin. Statt der Waffen führte sie einen kurzen und an dem einen Ende sehr diken Prügel, der einer Streitkolbe ähnlich sahe. Diejenige, welche sie zuerst gewar wurden, flohen vor ihr und schrien: seht, der Teufel kommt; ihr Habit und ihre Farbe konnten fürwar den Bauren gar leicht diesen Gedanken erweken. Wie denn einer, so schnell er nur konnte, seine Thür und Fenster verrügelte. Ein anderer hingegen, welcher steif und fest glaubte, der Teufel fürchte sich vor den Hunden, hezte eine englische Dogge, welche ein ausgezaktes eisernes Halsband hatte, auf sie. Als diese Wilde denselben auf sie zurinnen sahe, bliebe sie unverwandt stehen und erwartete ihn, hielt ihr kleines Gewehr mit beyden Händen in solcher Stellung, als wenn man mit einer seitwärts weit aufgehobenen Art zuschlagen will und so bald dieser sie erreicht hatte, versezte sie ihm einen so erschreklichen Streich auf den Kopf, daß er zu ihren Füssen tod liegen blieb. Voller Freuden über ihren Sieg hüpfte sie einigemal auf dem todten Hund herum. Hierauf gab sie sich Mühe eine Thüre zu erbrechen, weil aber diese fruchtlos ablief, so wandte sie sich wieder auf das Feld gegen den Fluß zu, stieg auf einen Baum und schlief darauf ruhig ein.«

Originalton aus der 1756 in Frankfurt und Leipzig erschienenen Broschüre *Merkwürdiges Leben und Begebenheiten eines in der Wildniss aufgewachsenen Mädgens von zehn Jahren, welches vor kurzem im Wald gefunden und hernach eine Nonne geworden,* der Verdeutschung des ein Jahr zuvor in Paris veröffentlichten Büchleins *Histoire d'une jeune fille sauvage* (Geschichte einer jungen Wilden), herausgegeben – und sicherlich auch geschrieben – von einer gewissen Madame H...t, wie sie sich halbanonym nannte. Es handelt sich um Marie-Catherine Homassel, bekannt als Madame Hecquet. Sie lernte die Hauptfigur ihres Berichtes im November 1752 kennen und war brennend interessiert, deren Lebensgeschichte zu erzählen.

Das Büchlein war ein Schlager und wurde bald ins Deutsche und ins Englische übersetzt. Linné bekam es in die Hände und fügte die *puella campanica*, wie er sie schön wissenschaftlich betitelte, in die 12. Ausgabe (1766) seines *Systema Naturae* ein. Auch Herder, von Schreber, Monboddo und Buffon befassten sich mit ihrem Schicksal. Das wilde Mädchen von Songi war nämlich eines der wenigen wilden Kinder, das seine Sprachfähigkeit wiedererlangte und deswegen selbst über sein Leben als verwilderter Mensch berichten konnte.

Songi war damals das Lehneigentum eines gewissen Vicomte d'Epinoy. Als er vom wilden Mädchen erfuhr, erteilte er den Befehl, sie zu fangen und auf sein Schloss zu bringen. Das Mädchen erwies sich als leichte Beute. Man stellte einen Eimer Wasser unter den Baum, auf dem sie eingeschlafen war. Es herrschte nämlich in diesem Jahr eine Dürre in der Champagne. Unmittelbar daneben stand eine junge Frau mit einem Säugling. Die Szene sollte den Eindruck der Gefahrlosigkeit vermitteln. Nach einer Bedenkzeit kletterte das wilde Mädchen vorsichtig vom Baum herab, um aus dem Eimer zu trinken. Sogleich überfielen sie einige Hirten, die sich versteckt hielten, und nahmen sie fest.

Im Schloss angekommen, machte man zunächst in der Küche halt, wo die Wilde zu essen bekommen sollte, bevor man sie dem Vicomte vorführte. Die Gefangene erblickte, wie der Koch gerade Hühner zubereitete, stürzte sich blitzschnell auf ein rohes Huhn und verschlang es auf der Stelle. Ihre Begleiter staunten nicht schlecht und reichten ihr nun ein lebendes Kaninchen, um zu beobachten, was sie damit machen würde. Sie würgte es, häutete es mit den bloßen Händen und vertilgte es ebenfalls.

In den nächsten Tagen entdeckte man die besonderen Fähigkeiten dieses wilden und furchtlosen Menschen. Sie kletterte mit Leichtigkeit über Dächer und auf Bäume und lief so schnell, dass sie Hasen und Kaninchen einholen konnte. Auch als Schwimmerin erwies sie sich als sehr geschickt. Sie fing Frösche und Fische mit den Händen und verdrückte sie sogleich. Obwohl sie aufrecht ging, war ihre Gangart mehr ein Gleiten als ein Schreiten. Nachdem man sie einige Male gründlich geschrubbt hatte, stellte man fest, dass die kleine »Negerin« blitzblanke weiße Haut hatte.

Sie lebte etwa zwei Monate im Schloss oder in der umliegenden Gegend und kam in die Obhut eines Hirten. Sie hatte sich inzwischen an Menschen gewöhnt. Dennoch riss sie einmal aus. Man fand sie auf einer Flussinsel, wo sie fleißig dabei war, Frösche zu fangen und zu vertilgen. Stark war sie auch. Als ein Mann sie wohlwollend zu umarmen versuchte, schlug sie ihn mit einem großen Stück Fleisch, das sie zufällig in der Hand hatte, so fest, dass er kaum mehr stehen konnte. Einmal drängte sie kraft ihres Körpers sechs erwachsene Männer aus ihrem Zimmer und konnte auch noch die Tür hinter ihnen verriegeln.

Mit Vorliebe aß sie rohes Fleisch, gekochtes machte sie krank. Madame Hecquet zufolge – allerdings war sie keine Augenzeugin – verlor sie bei der Essensumstellung ihre Zähne, die aber später nachwuchsen. Die neue Kost wirkte offenbar zermürbend auf ihre Gesundheit. Sie begann zu kränkeln und wurde öfters zur Ader gelassen, was sie jedoch nur weiter schwächte.

Getauft wurde sie im Juni 1732, als sie bereits ernsthaft krank war. Sie lebte damals im Waisenhaus Hôpital St. Maur in der Stadt Châlons-en-Champagne. Vielleicht rechnete man mit dem Schlimmsten. Sie überlebte, war aber zeit ihres Lebens nie wieder so robust wie einst. Auf dem Taufschein heißt sie Marie-Angélique Memmie, später nannte man sie Mlle. LeBlanc.

Schon kurz nachdem sie im September 1731 in Songi erschienen war, begann sie sich in Worte zu fassen. Täglich besserten sich ihre Sprachkenntnisse – ähnlich wie bei Kaspar Hauser ein Hinweis, dass sie einst über normale Sprachfähigkeiten verfügt hatte. Anfänglich hatte sie nur wie ein wildes Tier gekreischt, dann bediente sie sich einer Art Zeichensprache in Verbindung mit abgehackten französischen Sprachfetzen (»*tien man man donc tien*«, gemeint war »tiens, mange, mange, donc, tiens«). Schließlich war sie in der Lage, einige Erinnerungen aus ihrem früheren Leben zu schildern. Obendrein konnte sie gut nähen und sticken – keine Tätigkeit eines Naturmenschen. Ihre Erziehung hatte zum Ziel, ihr die Wildheit auszutreiben. Sicherlich spielte die Prügelstrafe da eine Rolle.

Die nächsten Jahre machte sie die Runden durch die Damenklöster der Champagne, allerdings nie als Ordensschwester. Denn ihr Ruf als »wildes Mädchen« reiste überall mit, ein Grund auch dafür, dass sie 1737 Besuch von der polnischen Königin, der Mutter der französischen Königin, bekam, die sehr neugierig auf das »Phänomen« war. Die gutmütige Marie-Angélique führte der Königin vor, wie schnell sie laufen konnte, und beeindruckte die königliche Besucherin mit ihren Fähigkeiten sehr. Ab 1744 wurde der Herzog von Orléans, Vetter des französischen Königs, ihr Wohltäter. Im September 1747 zog sie ins Kloster Ste. Menehould. Dort – so Mme. Hecquet – besuchte sie der berühmte Naturwissenschaftler M. de la Condamine, dem sie ihren sehnlichsten Wunsch anvertraute: sich in Paris niederzulassen – was er dann bewerkstelligte. Marie-Angélique kam ins Kloster Nouvelles Catholiques in der Rue Ste. Anne. Der Herzog von Orléans übernahm die Kosten.

Kurz nach ihrer Ankunft in Paris 1751 erlitt sie aber einen Unfall, bei dem sie schwer verletzt wurde. Sie wurde auf Befehl des Herzogs in ein Spital in der Faubourg S. Marceau gebracht, wo sie nach Auskunft Mme. Hecquets, die sie dort besuchte, lange, aber geduldig dahinvegetierte.

Die nächsten Jahre lebte sie nach ihrer Genesung mehr schlecht als recht, meistens außerhalb des Klosters. 1765 besuchte sie Lord Monboddo, wie immer auf der Suche nach dem natürlichen Menschen, und erklärte sie zum außergewöhnlichsten Menschen seiner Epoche. Sie wohnte damals nach seiner Aussage in der Rue St. Antoine »beinahe gegenüber von La Vieille Rue du Temple im dritten Stock vorne« sehr bescheiden, konnte aber ein kleines Zubrot verdienen, indem sie Exemplare ihrer Lebensgeschichte verkaufte. 1775 erlag sie einer Lungenschwäche.

Der Dichter Louis Racine, ein Bewunderer, hatte sie 1750 mit seiner kleinen Tochter im Kloster Nouvelles Catholiques besucht. Bei dieser Gelegenheit meinte sie, dass sie auch jetzt noch manchmal Lust auf frisches Blut bekäme. Einmal habe sie ein Kind betrachtet und Appetit danach verspürt. Dann wandte sie sich lachend an die Tochter Racines und beteuerte: »Machen Sie sich keine Sorgen, Mademoiselle, Gott hat mich ja verändert.« Auch Humor hatte das wilde Mädchen.

Wer war Marie-Angélique Memmie? Bereits im Dezember 1731 veröffentlichte ein Autor mit dem Kürzel M. AM. N. – es handelt sich um einen gewissen Claude Faron – einen Brief im *Mercure de France* über die Wilde. Blaue Augen habe sie und habe einst nach eigener Auskunft in einem anderen Land bei einer Frau gelebt, bis deren Ehemann sie wegschickte. Im Übrigen habe sie im Wald eine Begleiterin gehabt, eine, die etwas älter gewesen sei als sie selbst. Gemeinsam seien sie bis nach Songi gekommen. Faron erfuhr selbst, dass Zeugen aus der Gegend zwei »Negermädchen« gesichtet hätten. Die zwei, so Marie-Angélique, hätten im Wald einen Rosenkranz gefunden und seien in Streit geraten. Marie-Angélique schlug mit einer Keule auf ihre Begleiterin ein und verletzte sie schwer. Sie wollte ihre Gefährtin medizinisch behandeln, nachdem sie sie so verletzt hatte, und bedeckte die Wunde mit einer Froschhaut. Dann habe sie mit eigenen Fingern Baumrinde vom Stamm gerissen, um die heilende Froschhaut auf der Wunde festzubinden. Was mit der Begleiterin letztendlich geschehen sei, habe man, so Claude Faron, nicht mehr ermitteln können.

Manche der Wörter, die sie anwendete, waren sicherlich nicht französischen Ursprungs. Für *filet* (»Netz«) sagte sie *debily. Bonjour fille* war in ihrer Sprache *yas yas fioul*. Wenn einer sie begrüßte, entgegnete sie *riam riam fioul*. Für Faron waren diese Sprachfetzen ein klarer Hinweis, dass sie von den Antillen, genauer von Guadeloupe stammte. Noch ein Grund für diese Annahme: Sie reagierte auf Maniok und Wintermelone mit großem Appetit. Andere hielten sie für eine Norwegerin. Zwanzig Jahre später wagte Mme. Hecquet eine andere Erklärung für die Herkunft der ehemaligen Wilden. Hecquet hatte lange Interviews mit ihr geführt. Marie-Angélique konnte sich zwar nur dunkel und sehr unvollständig an die eigene Vergangenheit erinnern, sie beteuerte aber, dass sie einst mit dem Schiff über ein großes Wasser gekommen war. Auch war sie in der Lage, eine Bootsform zu beschreiben, die damals nicht ohne weiteres in Europa bekannt war: den Kajak. Mme. Hecquet, die mit einer Ordensschwester, Mme. Duplessis, aus Québec in Briefkontakt und gut informiert über die Verhältnisse im kalten Norden war, wusste den Hinweis zu schätzen. Sie erklärte, dass Marie-Angélique ein Eskimo-Mädchen aus Labrador sei.

Normalerweise mussten wir unsere Suche nach den wahren Fakten in diesem bunten Blütenmeer aufklärerischer Spekulationen beenden. Fantastische Geschichten sind allzu oft ein Bestandteil der Biographien wilder Menschen. Doch dann erschien im Jahr 2004 in Frankreich ein neues, wagemutiges und sehr ausführliches Werk über Marie-Angélique. Der Autor Serge Aroles hatte mit bewundernswerter Ausdauer diverse Archive in der ganzen Welt durchkämmt, um das Geheimnis um Marie-Angélique zu lösen, und vermochte ihre Biographie von der frühesten Kindheit bis zu ihrem Tod beinahe lückenlos zu rekonstruieren. Hier einige seiner Ergebnisse:

Marie-Angélique sei kein Eskimomädchen gewesen, vielmehr eine Fuchs-Indianerin und 1712 im nördlichen Mississippi-Tal geboren. 1718 erreichte sie nach verheerenden Kriegen zwischen Fuchs und Franzosen und deren Indianer-Verbündeten als Kriegsbeute Labrador (so wie Mme. Hecquet gemutmaßt hatte), wo sie als Dienstmädchen bei einer gewissen Mme. de Courtemanche untergebracht worden sei, von der sie wohl das Nähen und das Sticken gelernt habe. Unterlagen aus der Zeit weisen daraufhin, dass dies kein ungewöhnliches Schicksal war. Das Mädchen sei wohl schon in Kanada auf den

Namen Marie-Angélique getauft worden und lebte bis 1720 in Labrador, kein ungefährliches Pflaster. Denn die Eskimos begehrten gegen die französischen Siedler auf und lieferten ihnen blutige Angriffe. Madame Courtemanche flüchtete mit ihren drei Töchtern und einer *sauvagesse* (»Wilden«), wie es in einem zeitgenössischen Dokument steht, auf dem Schiff *Aventurier* in Richtung Frankreich. Als das Schiff im Hafen von Marseille vor Anker gegangen sei, wütete aber die Pest in der Stadt. Man habe den Passagieren eine Quarantäne verordnet. Monatelang durfte niemand die *Aventurier* verlassen. Die Verhältnisse in Marseille und im Hafen seien zunehmend katastrophaler und anarchischer geworden. Marie-Angélique habe in dieser Zeit die Spuren ihrer Gönnerin verloren und sich November 1721, damals neun Jahre alt, in der Stadt befunden, wo sie als Zwangsarbeiterin in einer Stofffabrik arbeitete. Mme. de Courtemanche kehrte mit den drei Töchtern, aber ohne ihre *sauvagesse* nach Kanada zurück. Inzwischen lernte Marie-Angélique eine dunkelhäutige junge Sklavin, die über Palästina nach Marseille gekommen sei, kennen. Die beiden ergriffen die Flucht. Es folgten nun zehn Jahre der Verwilderung, zehn Jahre großer Entbehrungen in einer völligen Sprachlosigkeit, da die zwei Mädchen keine gemeinsame Sprache hatten und auch nicht brauchten. Nur der Erfindungsgeist sei ihnen vonnöten gewesen. Die Begleiterin, so Aroles, der sich an dieser Stelle auf eine Aussage Monboddos stützt, sei kurz vor Songi von einem in Panik geratenen Gutsherrn namens De Bar erschossen worden. Nun war Marie-Angélique zum ersten Mal wirklich allein. Sie marschierte direkt ins Dorf.

Anmerkung: Wenn M. Aroles Recht behält, und er argumentiert in der Tat sehr überzeugend, wenn auch manche Behauptungen lediglich auf Indizien beruhen, dann besteht kein Zweifel, dass Marie-Angélique und ihre namenlose Begleiterin zehn Jahre lang als verwilderte Menschen lebten. Das ist sicherlich eine große Leistung. Dennoch darf man nicht vergessen: Sie hatten einander. Sie bildeten also eine kleine – besser gesagt die kleinstmögliche Gesellschaft. Vielleicht hat dieser Umstand Marie-Angélique – und ihre Begleiterin – vor einer vollkommenen Verwahrlosung gerettet. Möglich ist, dass ihre Erziehung als Indianermädchen auch da eine Rolle gespielt hätte.

Im Bericht von Mme. Hecquet wird das Alter des Mädchens bei seiner Ankunft in Songi mit »neun oder zehen Jaren« wiedergegeben. Dies, betont Aroles, kann nicht stimmen. Eine Abbildung des Taufscheins der *sauvagesse* – zu sehen in seinem Buch, und zwar in zwei Fassungen – gibt ihm auch Recht. Auf dem einen wird das Alter des Mädchens mit *dix neuf* (»neunzehn«) angegeben – allerdings sind diese Wörter durchgestrichen und mit einer anderen Handschrift durch *onze* (»elf«) ersetzt worden. Auf dem zweiten steht aber eindeutig *agée d'environs vingt ans* (»etwa zwanzig Jahre alt«). Claude Faron, der sie immerhin 1731 kennen lernte, bemerkte in seinem damaligen Brief: »Übrigens schien sie ungefär 18. Jar alt zu seyn«. Mme. Hecquet war allerdings mit dieser Aussage nicht einverstanden und hielt sie für einen Druck- oder Abschriftfehler. »Endlich scheint sie auch gegenwärtig im Jar 1754. nicht älter als 33. oder 34. Jar, ob sie gleich langwierige und vielfältige Krankheiten ausgestanden.« Dass Marie-Angélique 1731 etwa achtzehn Jahre alt war, würde aber die Kraft erklären, mit der sie sechs erwachsene Männer aus ihrem Zimmer hinauskomplimentierte.

Nebenbei: Die Wörter, die Claude Faron zitierte, um dem Mädchen eine Heimat in den Antillen oder genauer Guadeloupe anzudichten, entspringen nach Meinung von M. Aroles einer Algonkinsprache.

Nur eins macht mich stutzig: Claude Faron bezeichnete die Augenfarbe der jungen Wilden in seinem Brief an *Mercure de France* als blau. Eine blauäugige Fuchs-Indianerin am Anfang des 18. Jahrhunderts? Ist das möglich? Vielleicht gibt es dafür eine Erklärung. Ich habe sie aber nicht.

♦

Das wilde Mädchen aus den Pyrenäen (um 1735)

J. J. S. Leroy, ein französischer Marineingenieur, erzählte diese Geschichte in seinen Erinnerungen, *Mémoire pour les travaux qui ont rapport à l'exploitation de la mâture dans les Pyrénées*

(1774). 1765 befand sich Leroy auf einer Erkundungsreise im Wald von Issaux in den Pyrenäen, um Mastholz für die französische Marine zu gewinnen. Man erzählte ihm von einem dreißig Jahre zurückliegenden Ereignis. Man habe damals ein wildes Mädchen, etwa sechzehn Jahre alt, entdeckt. Es hatte sich offenbar schon sieben oder acht Jahre früher im Wald verirrt, als es mit einer Gruppe gleichaltriger Mädchen unterwegs war. Ein Schneesturm hatte sie überrascht, so dass sie im Wald Unterkunft finden und dort die Nacht verbringen mussten. Als die Mädchen am nächsten Tag nach Hause zurückkehren wollten, fiel ihnen auf, dass diese eine Gefährtin fehlte. Sie suchten verzweifelt nach ihr, doch mussten sie schließlich aufgeben und gingen ohne sie nach Hause.

Erst Jahre später wurde das verirrte Mädchen, inzwischen verwildert, von Hirten aufgefunden. Die junge Frau konnte sich an nichts mehr erinnern und hatte offensichtlich das Sprechen verlernt. Sie lebte von den Früchten des Waldes. Man brachte sie in ein Heim in der Stadt Mauléon, wo sie auch blieb. Viel mehr war Leroy über sie nicht bekannt. Man erzählte lediglich, dass sie einen traurigen Eindruck machte und sich nach der Freiheit zu sehnen schien. Die Tage verbrachte sie regungslos in ihrem Zimmer, den Kopf in die Hände gestützt. Vom Aussehen her machte sie einen ganz normalen, wenn auch etwas verhärmten Eindruck.

Anmerkung: Rousseau hatte zwei Pyrenäer Wilde aus dem Jahr 1719 geschildert, die, wie er schrieb, in den Felsen umhersprangen. Bezog er sich auf diese Geschichte? Zugegeben, die wenigen Fakten stimmen keineswegs überein, doch Geschichten über wilde Menschen werden oft mit neuen oder verkehrten Details geschmückt. Ein weiterer Wilder wurde 1774 in der gleichen Gegend gefunden (siehe unten), dessen Schicksal ebenfalls von Leroy erläutert wurde. Gab es also insgesamt vier Wilde im 18. Jahrhundert in den Pyrenäen? Oder haben wir etwa mit Dubletten oder schlichtweg mit Legenden zu tun? Wie dem auch sei, das traurige Schicksal dieses Mädchens klingt recht glaubwürdig, erinnert ein bisschen an die *Jostedalsrypa*. Dass es mit acht oder neun Jahren seine Sprache unwiderruflich verlernt hatte, ist angesichts der traumatischen Ereignisse seines kurzen Lebens durchaus nachvollziehbar – wenn auch gar nicht zwingend (siehe Marcos). Fest steht aber: Es war als normales Kind in den Wald eingetaucht und viele Jahre später als Menschenwrack wieder zurückgekehrt. Die Einsamkeit frisst die Menschenseele auf.

♦

Der Negerjunge zu Barra (1756)

Die Geschichte des Negerjungen zu Barra war lange Zeit mehr ein dunkler Hinweis als ein Fall. Tafel wusste selbst gar nichts darüber und zitierte den Mediziner Karl Asmund Rudolphi, einen Schüler Blumenbachs. Rudolphi hatte in seinem *Grundriss der Physiologie* (1830) kurz von einem durch Schiffbruch nach der Insel Barra verschlagenen »Negerknaben« berichtet und verwies auf ein Werk mit dem Titel *Ausführliches Leben und besondere Schicksale eines wilden Knaben von zwölf Jahren, der zu Barra von zwei berühmten Ärzten gefangen und auferzogen worden.* (Frankfurt und Leipzig 1759)

Tafel suchte selbst nach der genannten Quelle, musste aber eingestehen, dass sie »uns nicht zu Gebot« stünde. Doch oh Wunder, ich entdeckte sie in der Bayerischen Staatsbibliothek, eine schmale Broschüre mit achtzig vergilbten Seiten, die das Erscheinungsjahr 1762 (nicht 1759) trägt. Es folgt hier eine Zusammenfassung des grausamen Inhalts:

Der anonyme deutsche Übersetzer behauptet in einer kurzen Vorrede (datiert den 16. Juli 1758), er habe den Text aus einer französischen Version übersetzt, die wiederum auf einem in der »schottischen Sprache« geschriebenen Originaltext beruhe. Ob der Übersetzer mit »schottischer Sprache« ein keltisches oder ein englisches Werk meinte, ist unklar.

Autor des Haupttextes – gesetzt den Fall, es handelt sich hier nicht um eine Fiktion – war, so der Übersetzer, ein schottischer Mediziner aus Edinburgh, Eduard Milsintown, der im Sommer 1756 mit seinem Kollegen Dr. Wilsay eine Forschungsreise zu den Hebriden unternahm. Dr. Milsintown machte auf der Insel

Barra Station, während Dr. Wilsay nach Harrey (Harris) weiterzog. Zweimal wöchentlich wollten die beiden Mediziner Berichte über ihre jeweiligen Forschungen austauschen.

Als eines Tages Ende August Dr. Milsintown am Strand von Barra gemütlich nach Schnecken und Steinen suchte, stieß er auf menschliche Fußstapfen im Sand und hörte in der Entfernung ein entsetzliches Jaulen.

»Es waren noch 4 bis 500 Schritte von mir, wo dieses Schreckensbild lag. Als ich mit meinem Fernglas solches betrachtete, so konnte ich wohl abnehmen, dass es ein Mensch wäre. Jedoch fiel mir gleich das Außerordentliche daran in die Augen, dass der Leib voller Haare, und fast wie zottligt war. Von dem Gesicht sah man nichts deutliches, weil es die Haupthaare ganz verdeckt hatten, und der viele Sand, der sich an dem Körper angelegt, hatte solches noch unkenntlicher gemacht.«

Der Forscher beschreibt nun detailliert, wie er, Dr. Wilsay und auch andere Inselbewohner diesen wilden Menschen dingfest machten. Die Festnahme war dramatisch. Der junge Wilde erwies sich als recht kräftig. Man musste ihn schließlich mit Gurten anbinden, da er sich äußerst unkooperativ zeigte. Aber jetzt war Dr. Milsintown endlich in der Lage, seinen rätselhaften Fund genauer zu untersuchen.

»Es war dieser wilde Knabe beinahe zwei schottländische Ellen in der Länge. Sein Leib war eben nicht hager, doch aber auch nicht von einer merklichen Dicke. Er hatte schöne und ziemliche frische Brüste, wie ein junger Europäer von 18 bis 19 Jahren haben mag. Die Gestalt an ihm schien nicht aus den Regeln eines wohlgebauten Menschen geschritten zu sein, und seine breiten Schultern und dicklichte Waden gaben ihm von hintenher ein sehr gutes Ansehen. Er war stark von Muskeln und Knochen, und es zeigte sich an seinen großen und breiten Händen etwas Mehreres, als dass man ihn für einen Knaben halten konnte, der seine ersten Jugendjahre überschritten. Bloß an seinen Geburtsgliedern bemerkte man, dass er noch

sehr jung sein müsse. An seinen Füßen hatte er auf den Fingern derselben große Schwielen, die er sich durch sein Herumwandern und öfteres Stoßen an Steine oder Wurzeln von Bäumen mag zugezogen haben. An der Seite auf dem linken hintern Backen war er mit einem Buchstaben, so ein Römisches V vorstellte, eingebrannt, und dieses war ziemlich tief in die Haut miteingewachsen. An den Ohren hatte er Löcher, die man ihm eingestochen, deren eines schon fast zugewachsen war. Diese Umstände ließen uns deutlich annehmen, dass er bereits einen Herrn gehabt haben müsse, von dem er entkommen sein mag. Sein Kopf war überaus groß und stünde mit dem Körper fast in keiner Verhältnis. Eine sehr kleine Stirne, die voller Narben war, machte sein Gesicht ganz ungestaltet. Unter derselben lagen tief im Kopf ein paar große Augen, worin die Augapfeln sehr klein waren. Statt der Augenbrauen aber sah man hervorragende starke und steife Haare, die eher für Schweineborsten als Haare anzusehen waren. Die Nase war eingedrückt, unten aber sehr dicke, und mit sehr weiten Nasenlöchern versehen, durch welche ein beständig starkes Schnauben hervorging. Der Mund war fast bis an die Ohren aufgeschlitzt, und an den obern Lippen hingen sehr starke Haare, die jedoch ihren ersten Wachstum anzeigten. An den untern sah man ebenfalls einen starken Ansatz zu Haaren, die aber wegen ihres Anflugs mehr einer krausen Wolle ähnlich waren. Wenn er den Mund öffnete, so sah man in denselben, als in einen Löwenrachen, und eine breite hochrote Zunge von einer ziemlichen Dicke und rundigten Art, die zwischen großen breiten weißen und oben sehr spitzigen Zähnen sich bewegte, machte das Aussehen noch fürchterlicher. An dem ganzen oberen Leib waren viel Haare, und an manchen Orten wie ganz zottigt zu sehen, und die Farbe der Haut war fast dunkelgelb, so ins Schwärzliche fällt, und ein Anzeigen seiner Jugend war, indem bei denen zu ihren Mannsjahren gekommenen Wilden die Schwärze sich noch stärker ergibt. Es schiene, als wenn er redete, wenn er bisweilen den Mund öffnete, doch dass er auch durch seinen Rachen und sehr schwere Zunge daran behindert wäre.«

Zwei schottische Ellen, erfährt der Leser, sind gleich anderthalb französische Ellen, etwa 1,75 m. Der wilde Junge schien der Beschreibung nach tatsächlich achtzehn oder neunzehn Jahre alt zu sein. Ob die »Geburtsglieder« Genitalien sind, die noch jugendlich aussehen, ist nicht ganz klar. Noch schwieriger aber ist der Hinweis auf den aufgeschlitzten Mund. Ob es sich hier um eine angeborene Missbildung oder eine Verstümmelung handelt, ist nicht zu ermitteln. Die Form dieses Mundes spielt jedenfalls eine große Rolle in der Geschichte. Immerhin war Dr. Milsintown der Meinung, dass der Junge wegen seines Mundes nicht in der Lage war, eine europäische Sprache zu lernen.

Die darauf folgenden Seiten schildern die Bemühungen der zwei Gelehrten, ihren Wilden zu bändigen und zu zivilisieren. Dr. Milsintown gab ihm den Namen Eduard, seinen eigenen Vornamen. Sechs Wochen befassten sie sich mit ihm. Während dieser Zeit gelang es den beiden Forschern, ihren jungen Exoten zu beruhigen. Man konnte sich mit ihm schließlich in einer Zeichensprache verständigen. Er lernte sogar ein paar Wörter sprechen, obwohl, wie es heißt, sein weiter Rachen ihn daran hinderte, genau zu artikulieren.

Doch der junge Eduard erkrankte plötzlich an Fieber und Bauchkrämpfen. Dr. Wilsay war der Meinung, dass der Wilde die Milch, die er nach seiner Festnahme gierig zu trinken gelernt hatte, nicht vertrug. Dr Milsintown behauptete dagegen, dass Eduards Krankheit »von einer innerlichen Wut und aufgebrachten Galle« herrührte. Wie dem auch sei, der Patient wurde mehrmals zur Ader gelassen. Nach acht Tagen dank (oder trotz) dieser Behandlung erholte er sich.

Oktober 1756 war der lange Urlaub vorüber. Die zwei Mediziner beschlossen, mit dem Jungen nach Edinburgh zurückzukehren.

»Ich ließ meinen Wilden, ehe ich abreiste, ordentlich kleiden, wie es sonst bei den Mohren gewöhnlich ist und nahm ihn mit in unser Schiff, wo ich ihm eine Kammer einräumen ließ, aus welcher er das Meer nicht sehen konnte, um keine Lust zu bekommen, in dasselbe zu springen.«

Auf dem Heimweg machten sie aber erst in Dublin halt, um einen gewissen Dr. Patrik aufzusuchen, der als Afrikakoryphäe galt. Sie erhofften von ihm eine Auskunft über die Herkunft Eduards zu erhalten. Sie selbst mutmaßten, er sei ein Schwarzer aus Guinea, der wohl als Sklave unterwegs in die Neue Welt Schiffbruch vor der Küste Barras erlitten hatte.

Dr. Patrik bestätigte diese Vermutung anhand eines Experiments. Er ließ einen dunkelgelb geschminkten Mitarbeiter sich als Westafrikaner verkleiden (Dr. Patrik hatte eine große Sammlung von Gegenständen aus Westafrika), um Eduards Reaktion auf diesen zu beobachten. Eduard sprang freudig in die Luft und begann in einer unbekannten Sprache einige Wörter hervorzustammeln. Er erkannte die List aber nicht. Nun hatten die Mediziner die erwünschte Gewissheit und wollten mit ihrem Schützling weiterreisen. Doch Dr. Patrik legte ihnen nahe, dass seiner Meinung nach eine Operation erforderlich wäre, wenn Eduard jemals sprachfähig werden sollte. Milsintown zögerte zunächst. Immerhin wollte er endlich nach Edinburgh zurückkehren. Eduard zuliebe lenkte er ein.

»Es war der 30. Oktober, als wir solche unternahmen. Wir nahmen die linke Seite zuerst unter die Hand, welches aber unserm Wilden sehr große Schmerzen verursachte; doch wurde er, nachdem wir solche mit Nadeln wohl zusammengeheftet, glücklich kuriert, wiewohl eine ziemliche Narbe zurück geblieben. Als wir acht Tage darauf die rechte Seite angegriffen, so fanden wir eine große Hindernis vor uns. Denn weil bei der ersten Operation der Patient allzuviel Blut verloren und die Nadeln nicht im Fleisch halten wollten, so konnte keine Konglutination oder Zusammenhaltung zustande kommen, und wir mussten wohl 14 Tage anhalten … Aber auch nach dieser Zeit befanden wir uns nicht im Stande, solche zu unternehmen… Er behielt diese rechte Seite seines Rachens noch immer offen, und wir mussten auf die künftige längere Zeit hoffen, ob wir alsdann, wenn er zu mehrerem Verstand käme, damit fortfahren könnten. Unterdessen sah unser Wilder jetzt noch scheußlicher aus als vorhin, und die allzugute Meinung, die Herr Patrik für ihn und uns gehabt, hatte einen traurigen Erfolg.«

Nach dieser Tortur durfte sich der junge Eduard in Dublin eine Zeit lang erholen. Er konnte mittlerweile sechs oder sieben Wörter artikulieren, spielte mit Jungen und lernte sogar reiten. Besonders stolz berichtete Dr. Milsintown, »dass er bei dem Empfang seiner Speise und Tranks die ehrerbietige Stellung gegen Gott, mit Aufsehung gen Himmel nachahmte«. Inzwischen hatte es sich aber auch in den Kreisen der Wissenschaftler herumgesprochen, dass sich ein Wilder in Dublin befand. Bald kamen Briefe von Wissenschaftlern aus dem In- und Ausland. Manche standen vor der Tür, um den Wilden selbst untersuchen zu dürfen. Die Abreise nach Edinburgh musste also abermals verzögert werden. Im Frühjahr meldete sich dann ein neues Hindernis. Eduard wurde erneut krank und, wie gewohnt, wieder zur Ader gelassen. Doch die heilsame Wirkung blieb dieses Mal aus. Der Junge wurde immer schwächer.

Nun tauchte ein unerwarteter Besucher auf, der spanische Kaufmann Don Josepho Valverde. Er hatte vom wilden Eduard gehört und mutmaßte, es könnte sich um einen schiffbrüchigen Sklaven handeln, der ihm gehöre. Don Josepho erzählte, dass er auf dem Weg in die Neue Welt gewesen sei. Unter den Sklaven, die er transportierte, befanden sich zwei junge Brüder mit ihrer Mutter. Im August 1756 strandete das Schiff im Sturm vor der Küste Schottlands. Von 150 Sklaven hätten nur 22 überlebt, unter ihnen die Mutter von Eduard. Als sie erfuhr, dass ihre Söhne verschollen waren, starb sie vor Gram.

Eigentlich sollte Eduard, dessen wahrer Name Fecchonumi sei, mit Mutter und Bruder zu einem gewissen Don Vermillez, Kommandant in Cadir in Curaçao, gebracht werden. Eduard käme aus einer adligen Familie und stünde unter dem persönlichen Schutz des Kaufmanns. Dr. Milsintown erklärte sich bereit, den Spanier zum Krankenbett des Jungen zu begleiten. Als Eduard den Kaufmann wahrnahm, »so schwach er war, so behend sprang er auf, ging zu dem Kaufmann, warf sich vor ihm nieder und hielt sich an seine Füße«. Von Don Josepho erfuhr der Junge, der plötzlich mühelos reden konnte, das Schicksal seiner Familie. Don Josepho gab das Alter des Knaben mit zwölf Jahren an, was nicht ganz stimmen kann. Wie dem auch sei, Dr. Milsintown willigte ein, Eduard dem Kaufmann zu übergeben, wenn sich der Jüngling erholt hätte, um seine Reise in die Sklaverei fortsetzen zu können.

Fortuna hatte mit diesem Wilden aber anderes vor. Sein Zustand wurde zusehends schlimmer.

»Wir sahen, dass er es nicht lange mehr aushalten würde. Was war nötiger, als dass wir ihm die höchste Wohltat, die zu dem Himmel das Recht gibt, und auf der Welt den höchsten Vorzug unter allen Völkern erheilt, die heilige Taufe beizubringen ließen. Wir sahen ihn als ein neugeborenes Kind an, welches vor allen dieses großen Schatzes gewürdigt wird, und den 15. April war es, da wir ihn unter dem Namen Eduard unter die Zahl der Christen setzten.«

Drei Tage später starb Eduard.

ANMERKUNG: Eigentlich ist dies nicht die Geschichte eines wilden Knaben, sondern die einiger wild gewordener Wissenschaftler – wenn dieser Bericht keine Erfindung des anonymen Übersetzers ist. Viele Fragen bleiben offen. Im 18. Jahrhundert rang die europäische Wissenschaft noch immer mit der Frage, ob die Bewohner Amerikas und Afrikas beseelt seien oder den Tieren näher stünden und dergleichen mehr. Manche Forscher fanden es einfacher zu akzeptieren, dass eher Orang-Utans im Besitz einer Seele seien als »primitive Menschen«. Die Arroganz dieses Ansatzes nahm selbstverständlich die Misshandlung von Menschen in Kauf. Diese wissenschaftliche Kaltschnäuzigkeit hörte allerdings nicht im 18. Jahrhundert auf. Eduard, der Negerjunge von Barra, war nur einer von vielen Verwilderten, beziehungsweise vermeintlich Verwilderten, die unter der Wissenschaft zu leiden hatten. Seiner Sprache, seiner Würde, seiner Kultur beraubt, stuften ihn seine Förderer als ein Wesen zwischen Mensch und Tier ein. Ich will nicht alle Details dieser Broschüre wiedergeben, doch auch da, wo Dr. Milsintown mit Zuneigung über seinen Knaben schrieb, spürt der Leser die eisige Wärme des Dompteurs:

»Ich wagte es, und legte ihm meine Hand auf seinen Kopf, spielte mit meinen Fingern in seinen wolligen Haaren, welches er eine Zeit lang aushielt, und mit seiner Hand mir eine gleiche Gefälligkeit erweisen wollte, die ich aber für diesmal nicht annahm.«

♦

Das Bärenmädchen von Karpfen (1767)

Tafel entdeckte den folgenden Fall im *Nouveau Dictionnaire d'histoire naturelle* (Paris 1817) des französischen Naturwissenschaftlers J. J. Virey, der sich Anfang des 19. Jahrhunderts für das Phänomen der Verwilderung sehr interessierte. Vireys Quelle war der Bericht eines französischen Autors, Sigaud de la Fond, in dessen *Dictionnaire des merveilles de la nature*.

»Im Jahr 1767 waren einige Einwohner von Frauenmark auf die Bärenjagd gegangen und hatten sich bei Verfolgung eines außerordentlich großen Bären bis in die unzugänglichsten Berge verirrt, wo vielleicht vor ihnen kein Mensch hingekommen war. Sie erstaunten, als sie auf dem Schnee die Abdrücke eines menschlichen Fußes wahrnahmen. Sie verfolgten dieselben und fanden ein wildes Mädchen von ungefähr achtzehn Jahren, welches nackend, groß und stark war und eine sehr braune Haut hatte. Man musste sie mit Gewalt aus ihrer Höhle hervorziehn. Indessen schrie sie nicht, vergoss auch keine Tränen und folgte endlich willig. Man brachte sie nach Karpfen, einer kleinen Stadt in der Gespanschaft Sohl, wo man sie in das Hospital tat. Vergebens wurden ihr verschiedene gekochte Fleischspeisen gereicht. Allein rohes Fleisch, Baumrinden und verschiedene Wurzeln aß sie mit unglaublichem Appetit. Es war nicht möglich zu entdecken, wie sie in diese unzugänglichen Wälder gekommen war und wie sie sich vor den wilden Tieren hatte in Acht nehmen können.«

Anmerkung: Sigaud de la Fond erzählte diese Geschichte ohne jegliche Sensationshascherei. Das Mädchen, dessen weiteres Schicksal leider unbekannt ist, wird oft als »Bärenmädchen« bezeichnet, es gibt im Grunde keinen unmittelbaren Hinweis, dass es jemals unter Bären gelebt hatte, nur Indizien. Dass seine Entdecker auf Bärenjagd waren, reicht nicht aus als Beweis, ebenso wenig wie die Tatsache, dass man das Kind in einer Höhle aufgefunden hatte. Die Sache mit der braunen Haut kennen wir schon von Mlle. LeBlanc und auch anderen. Das Mädchen sei groß und stark und habe rohes Fleisch und Baumrinden gegessen, so heißt es. Dennoch folgte sie willig. Es gab also keinen wilden Kampf, wie in anderen Berichten über Bärenkinder zu lesen ist. Vielleicht war sie nicht ganz so wild. Wie immer muss man sich fragen: Wie lange lebte sie im Wald und warum? Auch hier fehlt leider die Möglichkeit, eine befriedigende Antwort zu erhalten.

♦

Die Sumpfjungen von Virginia (um 1770)

Lord Monboddo glaubte, dass der Mensch einst in einem natürlichen, gewissermaßen unberührten Zustand *(natural state)* gelebt hatte. Der *homo ferus*, so Lord Monboddo, widerspiegele diesen Urzustand. In seinem dreibändigen Werk *Antient Metaphysics* befasste sich der schottische Lord eingehend mit diesem Thema. Der Wilde Peter diente ihm darin als Paradebeispiel. Dennoch berichtete Monboddo auch über andere Fälle, darunter einige, die recht unbekannt sind, so zum Beispiel über die zwei Sumpfjungen von Virginia, die frühesten verwilderten Menschen Amerikas. Seine Quelle war der Reverend Maddison, Professor der Mathematik an der Universität von Williamsburgh in Virginia. Lord Monboddo lernte ihn um 1778 in London kennen.

Maddison erzählte von zwei jungen Männern, der eine zwanzig, der andere ungefähr siebzehn oder achtzehn Jahre alt, die man im südlichen Virginia an einem sumpfigen Ort, *Dismal Swamp* genannt, gefunden hatte. Bei der ersten Begegnung mit Menschen flüchteten die zwei in den Sumpf, doch sie konnten letztendlich eingefangen werden. Als Mr. Maddison Monboddo die Geschichte erzählte, lebten sie bereits in einem Haus und hatten sich ans Häusliche gewöhnt. Sie hätten inzwischen auch Englisch gelernt. Zuvor hatten sie eine private Sprache benutzt, die wie Gänsegeschnatter klang und die sie mit Zeichen ergänzt hatten. Mr. Maddison wusste nicht, wie sie in den Sumpf gekommen waren. Es gab aber ein Gerücht, demzufolge ihre Eltern dorthin geflüchtet waren, um ihren Gläubigern zu entkommen. Die Eltern seien aber nach kurzer Zeit gestorben. Die Kinder waren noch sehr jung und mussten für sich selbst sorgen. Sie lebten von Fisch und von Wurzeln. Ihre Köpfe und Bäuche waren groß. Sie konnten außerordentlich gut laufen und klettern.

ANMERKUNG: Wie manche andere ist auch diese eine durchaus glaubwürdige Geschichte, wenn auch eine traurige. Lord Monboddo wollte damit den Beweis liefern, dass der Mensch im natürlichen Zustand ohne Sprache auskommt. Doch weil diese Jungen in der Zweisamkeit gelebt hatten, räumte der Wissenschaftler ein, dass sie ganz natürlich eine eigene Sprache hatten entwickeln können. »Diese zwei Wilden verständigten sich vermittels eines Lautes, welchen meine Quelle mit Gänsegeschnatter vergleicht«, fasste er zusammen. »Daraus kann nach einer Zeit lang eine Sprache entstehen (sicherlich nicht in einer, sondern nach einigen Generationen)...« So stellte sich Lord Monboddo den Ursprung der Sprache in der Zweisamkeit vor.

♦

Der Pyrenäer Wilde (1774)

Hier jetzt der zweite Bericht aus den Memoiren von J. J. S. Leroy. Etwa zwei Jahre bevor Leroy seine Lebenserinnerungen niederschrieb, sichteten Hirten nahe des Yratywalds bei St.Jean de Pied-de-Port abermals einen wilden Mann, der sich in den Felsklüften im Wald aufhielt. Er war groß gewachsen, behaart wie ein Bär und flink wie die Gämsen. Er schien etwa dreißig Jahre alt zu sein. Er war fröhlich und scheinbar sanftmütig, denn er fügte niemandem Schaden zu. Oft betrat er die Hirtenhütten, ohne etwas zu berühren. Er kannte weder Brot, Milch noch Käse. Sein größtes Vergnügen bestand darin, die

Schafe zum Laufen zu bringen und sie in alle Winde zu schicken. Dabei lachte er herzhaft, aber er tat ihnen nichts zuleide. Manchmal hetzten die Hirten die Hunde auf ihn. Er verschwand dann im Nu. Keiner durfte ihm zu nahe kommen. Eines Morgens betrat er die Hütte einiger Handwerker, stellte sich an die Tür und lachte. Einer der Arbeiter schlich heran, um ihn ans Bein zu fassen. Der Wilde beobachtete ihn und lachte noch lauter. Dann entfloh er und wurde nie wieder gesehen. Man ging davon aus, dass er sich als Kind im Wald verirrt und gelernt hatte, sich von der Vegetation zu ernähren.

ANMERKUNG: Wer war dieser Wilde? Ein Irrer? Ein Ausgesetzter? Beides wäre möglich. Dass er mit den pyrenäischen Knaben im Rousseau'schen Text gleichzusetzen ist, ist aber sehr fragwürdig. Wenn er 1774 wirklich dreißig Jahre alt war, dann wäre er etwa 1744 geboren. Oder hatte sich Rousseau mit seinem Datum, 1719, vertan? Rousseaus Hinweis stammt immerhin aus dem Jahr 1754.

♦

Der Wilde von Diego Garcia (1778)

Diese Geschichte, ebenfalls von Lord Monboddo, erinnert an das Schicksal des schottischen Matrosen Alexander Selkirk. Der Urheber war ein Franzose, der sich in einem Gefängnis in Glasgow befand, nachdem er von einem Glasgower Freibeuter gefangen genommen wurde. Lord Monboddo hatte Gelegenheit, diesen Gentleman im Gefängnis zu besuchen und seine Erzählung niederzuschreiben.

1778 lernte der Franzose einen Menschen auf der Insel Bourbon kennen, der ohne Sprache war und auf einer Insel im Indischen Ozean, von den Spaniern Diego Garcia genannt, aufgefunden worden war. Dort hatte er als einziger Bewohner lange gelebt. Er hatte sich von Schildkröten ernährt und eine Hütte aus Schildkrötenpanzern bewohnt. Als ein französisches Boot am Strand festmachte, flüchtete der Mann spontan vor den Matrosen. Er war viel schneller als sie und nicht leicht zu fangen. Neugierig lauerten sie ihm in seiner Hütte auf und konnten ihn dort festnehmen. Er war weder aggressiv noch wild und gewöhnte sich schnell an seine Retter. Er verließ freiwillig seine Insel mit ihnen. Nachdem der Ausgesetzte vier Monate auf Bourbon gelebt hatte, sah ihn der französische Gentleman erneut. Noch immer war er sprachlos, verständigte sich aber mit Zeichen und schien recht vernünftig zu sein. Er war etwa zwanzig Jahre alt, vom Aussehen her weder ostindisch, malayisch noch europäisch, sondern, so vermutete der französische Gentleman, maledivisch. Die Malediven befinden sich nämlich unweit der Insel, wo man ihn entdeckt hatte. Er konnte Feuer machen. Dazu benutzte er zwei Stöcke. Den einen bohrte er in die Erde, mit dem anderen rieb er an dem ersten, bis Funken entstanden. Monboddo bezweifelte, dass der Mann diese unter primitiven Völkern bekannte Technik selbst erdacht hatte, und sah es als erwiesen an, dass er aus einem Land stammte, wo diese Technik praktiziert wurde und wo er sie erlernt hatte. Der Mann gab durch Zeichensprache zu verstehen, dass er mit etwa elf oder zwölf Jahren auf die Insel gekommen war. Monboddo hielt es für möglich, dass er damals noch über eine Sprache verfügte und sie durch die lange Isolierung verlernt hatte. Der schottische Philosoph bezweifelte, dass er die Fähigkeit zum Sprechen wieder erlangen würde.

Anmerkung: Ganz seiner Meinung bin ich nicht. Wenn er wirklich mit zwölf Jahren ausgesetzt wurde, hätte er wohl eine Sprache wieder erlernen können. Hatte seine Sprachlosigkeit vielleicht eine andere Ursache? Dass er nach einer Absonderung von mehreren Jahren sprachlos war, ist dagegen nicht verwunderlich.

♦

Der Wilde von Kronstadt (1781)

Der Anthropologe Michael Wagner zitierte in seinen 1794 erschienenen *Beiträgen zur Philosophischen Anthropologie und den damit verwandten Wissenschaften* den folgenden ausführlichen Brief eines Augenzeugen in Siebenbürgen:

»Hier haben Sie die Nachricht von dem Wilden, der vor einigen Jahren auf der siebenbürgisch-wallachischen Grenze gefunden und nach Kronstadt gebracht wurde, woselbst er im Jahre 1784 noch am Leben war. Auf welche Weise dieser Arme in den Wald geraten, ob er in der Jugend seinen Eltern entlaufen, oder von einer unglücklichen Mutter im Walde selbst geboren wurde, darüber konnte ich nichts erfahren … Der unglückliche Mensch war männlichen Geschlechtes und von mittlerer Grösse. Er hatte einen äußerst verwilderten Blick. Seine Augen lagen tief im Kopfe und rollten in wilder Bewegung umher. Die Stirne war stark einwärts gebogen und die Haare von aschgrauer Farbe, in die Stirne heruntergewachsen, kurz und struppig. Er hatte starke Augenbrauen, welche weit über die Augen hervorragten, und eine kleine plattgedrückte Nase. Der Hals schien aufgedunsen und in der Gegend der Luftröhre kropfartig dick. Der Mund, den er beständig halb offen hielt und durch welchen er schnaufend den Atem einzog, stand etwas hervor. Die Zunge war beinahe unbeweglich, und die Backen mehr eingefallen als voll, und wie das Gesicht, mit einer gelblich schmutzigen Haut überzogen. Man fühlte es beim ersten Anblick dieses Gesichtes, aus welchem Wildheit und tierisches Wesen hervorleuchtete, dass es keinem vernünftigen Geschöpfe angehöre; ein neuer Beweis für die Bemerkung, welche man auch in Tollhäusern bestätigt findet, dass jenes eigentümliche Gepräge, welches die Vernunft der menschlichen Bildung aufdrückt, bei allen denjenigen Personen mehr oder weniger vermisst werde, welchen der Vernunftsgebrauch in höherem oder geringerem Grade versagt ist. Der übrige Körper des Wilden, besonders der Rücken und die Brust, war stark behaart; die Muskeln an Arm und Beinen stärker und sichtbarer als bei gewöhnlichen Menschen; die Hände schwielig (welches vermutlich von dem verschiedenen Gebrauche derselben herrührte) und die Haut durchgängig so schmutzig gelb und dick wie am Gesichte. An den Fingern hatte er sehr lange Nägel und an den Ellenbogen und Knien dichte, knotenartige Verhärtungen. Die Fußzehen waren länger als bei gewöhnlichen Menschen. Er ging zwar aufrecht, aber etwas schwerfällig … Kopf und Brust trug er

vorwärts, welches, wie ich vermute, daher zu erklären ist, weil er im Walde sich auf allen Vieren fortzubewegen gewohnt war. Er ging barfuß und konnte schlechterdings keine Schuhe an den Füßen leiden. Die Sprache, selbst jede Spur eines artikulierten Tones, mangelte ihm ganz. Was er hören ließ, war ein unverständliches Gebrumme, welches sich dann äußerte, wenn ihn sein Begleiter vor sich her trieb; und dieses Gebrumme ging in ein Geheul über, wenn er eines Waldes oder eines Baumes ansichtig wurde. Er schien dadurch seine Begierde nach seinem gewohnten Aufenthalt ausdrücken zu wollen; denn als er einmal auf meinem Zimmer war, wo man die Aussicht nach einem Berge hat, der mit mehreren Baumgärten bepflanzt ist, fing er bei dem Anblick der Bäume jämmerlich an zu heulen. Von Vernunft waren wenige Spuren bei ihm anzutreffen. Er bezeigte für keine Sache Aufmerksamkeit. Man mochte ihm zeigen, was man wollte, so wurde man mit einem gleichgültigen Blicke abgefertigt. Weder ein menschliches Wort, noch was immer für eine Stimme oder Gebärde war ihm verständlich. Man konnte lachen oder sich zornig stellen, er blieb unbewusst und verriet auch nicht die mindeste Fertigkeit, wie dergleichen doch an mehreren wild gefundenen Menschen, besonders an dem Mädchen, von welchem Condamine in seiner Histoire d'une jeune fille sauvage Nachricht gibt, beobachtet wurden. Selbst die bei den wildesten Völkern und schon an kleinen Kindern sichtbare Neigung nach Gegenständen, welche in die Sinne fallen, war an ihm nicht bemerklich … Daher erkläre ich es auch, warum er anfänglich bei dem Anblick eines Weibes nicht die geringste Regung bezeigte. Als ich ihn aber nach Verlauf von drei Jahren wieder sah, hatte seine Apathie in diesem Punkte aufgehört. Sobald er ein Frauenzimmer bemerkte, brach er in ein heftiges Freudengeschrei aus und suchte seine rege gewordene Begierde auch durch Gebärden auszudrücken … Bei keiner Sache, welche anderen Menschen Furcht einflösst, ahnte er eine Gefahr. Nur wenn er einen widrigen Eindruck erhalten hatte, bezeigte er Abneigung gegen die Sache, welche ihm die unangenehme Empfindung verursachte. Mit einer Stecknadel, die man ihm in die Haut stieß, konnte er zum Laufen gebracht werden; aber ein bloßer Degen, den man auf seine Brust oder über seinem Kopf hielt, jagte ihm keine Furcht ein. Übrigens bemerkte ich an ihm keine Menschenscheu, welche man sonst an Personen seiner Art wahrnimmt. Bei dem Anblick mehrerer Menschen blieb er ebenso unempfindlich, als ob er allein wäre. Kein Ton eines musikalischen Instrumentes rührte ihn; nur beim Trommelschlag schien er furchtsam zu werden und suchte sich zu entfernen. Leidenschaften äußerte er, außer der Sehnsucht nach seinem vorigen Aufenthalt, keine … Doch zeigte er Zorn und Unwillen, wenn er Hunger und Durst fühlte, und würde in diesem Falle wohl selbst einen Menschen angepackt haben, so wenig er sonst ihnen oder irgend einem Tiere gefährlich war … Seine Speisen waren anfänglich nichts als allerhand Baumblätter, Gras, Wurzeln und rohes Fleisch. Erst nach und nach gewöhnte er sich an gekochte Speisen und nach der Aussage desjenigen, bei welchem er wohnte, soll ein ganzes Jahr verflossen sein, bis er gekochte Speisen essen lernte. Dann aber milderte sich auch die tierische Wildheit merklich.

Das Alter desselben vermag ich nicht mit Gewissheit anzugeben. Dem äußeren Ansehen nach mochte er drei- bis fünfundzwanzig Jahre haben. Die Sprache erlernte er vermutlich niemals. Als ich ihn nach drei Jahren wieder sah, fand ich ihn noch immer sprachlos, obgleich in vielen Stücken merklich verändert. Seine Miene verriet noch immer etwas Tierisches, war aber ungleich sanfter geworden … Sein Gang war fester und ordentlicher. Die Begierde nach Speise, welch er nun von allen Gattungen, besonders Hülsenfrüchte liebte, gab er durch unverständliche Töne zu verstehen, und bezeigte eine sichtliche Zufriedenheit, wenn man ihm etwas zu Essen brachte, bediente sich auch wohl des Löffels. Selbst an den Gebrauch der Schuhe und der übrigen Kleider hatte er sich gewöhnen gelernt … Nach und nach fand er auch seine Wohnung ohne Führer. Das einzige Geschäft, wozu man ihn brauchen konnte, bestand darin, dass er einen Krug, den man ihm in die Hand gab, bei dem Brunnen mit Wasser füllte und wieder nach Hause brachte… Übrigens wusste er für seine Nahrung auch dadurch zu sorgen, dass er die Häuser fleißig besuchte, wo man ihm etwas zu essen gegeben hatte … Doch machte nichts einen blei-

benden Eindruck auf ihn, und hatte er auch eine Sache mehrmals nachgeahmt, so vergaß er sie doch bald wieder, wenn man die Gewohnheit ausnimmt, welche mit seinen natürlichen Bedürfnissen, dem Essen, Trinken, Schlaf u. s. w. in einem näheren Zusammenhange standen. Durch diese geleitet fand er des Abends sein Lager und des Mittags die Häuser, wo er Nahrung zu erwarten hatte. Den Wert des Geldes lernte er nie kennen. Er nahm es zwar an, aber in der Absicht, um damit zu spielen, und machte sich auch nichts daraus, wenn er es wieder verlor. Überhaupt glich er in allen Stücken einem Kinde, dessen Fähigkeiten sich zu entwickeln beginnen, nur mit dem Unterschiede, dass er – der Sprache unfähig – keine Fortschritte in dieser Entwicklung machen konnte, sondern stets auf derselben niederen Stufe stehen blieb … Der Ton musikalischer Instrumente schien ihn jetzt zwar etwas zu rühren, aber es war eine flüchtige Rührung, die keinen Eindruck hinterließ. Als ich ihn in meinem Zimmer vor das Klavier führte, hörte er die Töne mit einem scheinbaren Vergnügen an, traute sich aber nicht eine Taste anzurühren und bezeigte eine große Furcht, als ich ihn dazu zwingen wollte. Seit dem Jahre 1784, in welchem ich Kronstadt verließ, hatte ich keine Gelegenheit weiter, Nachrichten von demselben einzuziehen.«

ANMERKUNG: Rauber ging etwa 100 Jahre nach Wagner auf den Wilden von Kronstadt ein und betrachtete ihn als einen Menschen, der kraft seiner Findigkeit jahrelang im Wald überlebt hatte. Er bestreitet nicht, dass dieser Wilde der Beschreibung nach schwachsinnig zu sein scheint, will diesen Schwachsinn aber als Beispiel einer *dementia ex separatione* verstehen. Vielleicht hat er Recht. Doch die Grenze zwischen wilden und schwachsinnigen Menschen bleibt oft sehr undeutlich. Einen klaren Hinweis darauf, wie lange sich der Wilde (hatte er einen Namen?) im Walde aufgehalten hatte, besitzen wir leider nicht. Dies gab der Augenzeuge zu. Lief er nackt im Wald umher, als er festgenommen wurde? Hatte er wie Mlle. LeBlanc Tiere getötet und verzehrt? Das weiß man alles nicht. Der Augenzeuge erlaubte sich allenfalls die Phantasie, dass der Wilde im Wald auf allen vieren ging, was nicht unbedingt stimmen muss. Der

Beschreibung nach haben wir es hier mit einem geistig Behinderten zu tun. Ob er am Down-Syndrom oder vielleicht einer anderen Chromosomen- beziehungsweise Stoffwechselkrankheit litt, ist nicht feststellbar, wäre aber nahe liegend. Was seine Sexualität betrifft, scheint er ganz normal gewesen zu sein. Seine anfängliche Gleichgültigkeit Frauen gegenüber könnte jedenfalls ein Hinweis auf sein früheres Leben sein. Kam er aus einer Umgebung ohne Frauen? Oder war er bei der Festnahme lediglich zu sehr traumatisiert, um dem Geschlechtlichen viel Aufmerksamkeit zu schenken? Eins ist jedenfalls klar: Es handelt sich hier um einen ungeliebten Menschen, dem wenig Glück beschieden war. Aus irgendeinem Grund geriet er in den Wald. Möglich ist, dass seine Angehörigen gestorben waren oder dass sie ihn verstoßen hatten. Vielleicht hat er sich im Wald verirrt. Rauber kann sich nicht vorstellen, dass ein Schwachsinniger sich im Wald hätte ernähren können. Aber warum nicht? Geistige Behinderung muss nicht notgedrungen instinktive Überlebenstaktiken ausschließen.

♦

Tomko von Zips (1793)

Auch die Geschichte von Tomko ist Michael Wagner zu verdanken. Er entnahm sie einem Schreiben aus Zips in Ungarn, in dem von einem »halb-verwilderten Menschen« die Rede ist. Der Brief ist mit dem 11. Oktober 1793 datiert und stammt von Tomkos Pfleger.

> *»Ich teile Ihnen mit Vergnügen dasjenige mit, was mir von der Geschichte des nunmehr in meinem Hause wohnenden halbwilden Menschen Tomko bekannt ist, und was ich täglich von ihm selbst beobachte. Ich fand ihn in dem Bade zu Reischenbach im Zipser Komitat an der galizischen Grenze. Er war den Leuten in der dortigen Gegend nicht unbekannt. Den Sommer über wohnte er im Walde, in den daselbst befindlichen Meyereien, und nährte sich von Wurzeln und von rohem Fleisch. Des Winters hielt er sich meistens in den Dörfern auf, wo ein Stall, ein Schupfen und zuweilen die Hütte eines barm-*

herzigen Bauers seine Herberge war. Als ich ihn zum erstenmal sah, war ein langes Hemd seine einzige Kleidung ... Er hat einen ziemlich großen Kopf, eine weite zurückgebrückte Stirne, starkes krauses Haar, kleine, tief liegende, funkelnde Augen, eine breite platte Nase, einen weiten Mund, in welchem gleichwohl eine äußerst lange Zunge kaum Platz zu haben scheint, einen roten Bart, eine weiblich gebildete Brust, einen herabhangenden Bauch, und sehr übel geformte Beine. Die Farbe seines Gesichts und seines ganzen Körpers ist braun. Jetzt mag er ungefähr 30 Jahre alt sein; aber seine schwache Konstitution und seine schlechte Lunge versprechen ihm kein langes Leben. Bei der ersten Bekanntschaft umgaben seinen Hals ein Duzend Kröpfe, die sich nach der Zeit verloren. Er konnte nichts sprechen als die Silbe ›ham‹, wobei er wie die Hunde, wenn sie nach etwas schnappen, eine Bewegung mit dem Kopfe vorwärts machte. Durch diese Gebärde drückte er seinen Hunger aus. Er aß und trank zu jeder Zeit alles, was man ihm darreichte, verzehrte sogar die rohen Eingeweide der Tiere, die man aus der Küche warf, und trank Urin, wenn er welchen in die Hände bekam. In diesem verwilderten Zustand äußerte er Merkmale eines guten Herzens und neigte sich tief, wenn man ihm etwas zu essen gab, welches besser schmeckte, als seine gewöhnliche Kost. Neckten ihn die Kinder, so schrie er, verfolgte sie, hob Steine auf, um nach ihnen zu werfen; tat es aber niemals, sondern vertauschte dieselben mit einem Erdschollen, den er seinem Verfolger nachschleuderte ... Als ich Anstalten zu Abreise traf, war er gegenwärtig, setzte sich in einen Winkel und fing an zu weinen. Ich beschloß ihn daher mitzunehmen und suchte ihm mein Vorhaben durch Mienen begreiflich zu machen. Ob er mich verstand, weiß ich nicht. Er ließ sich geduldig auf den Wagen packen; begann aber, als derselbe fortfuhr, jämmerlich zu heulen und zu schreien und konnte erst nach viel Mühe besänftigt werden. Seit dieser Zeit ist er immer in meinem Hause, wo er sich durch ein gutmütiges Betragen die Neigung aller Personen erworben hat. Es war mir interessant, den stufenweisen Gang seiner Ausbildung zu beobachten. Sein Zustand war nichts weniger als Narrheit oder Wahnsinn, sondern aus Vernachlässigung entstandene

Wildheit. Es scheint auch, dass er einstens unter Menschen gelebt habe. Das Vergnügen beim Empfang einer Gabe und die Gefühle von Dankbarkeit, welche man an, ihm bemerkte, verrieten dieses deutlich. Erst fing er an die Gebärden anderer, dann die Sprache zu verstehen. Endlich lernte er selbst Slowakisch sprechen, oder bildete sich vielmehr eine eigene Sprache, die er zum Teil noch jetzt beibehält. So nennt er das Brennen ein ›Sausen‹, jeden, der einen Zopf trägt, einen ›Soldaten‹ und den Schnee ›Simon und Judas‹, weil es um diese Zeit bei uns gewöhnlich zu schneien anfängt. Er konnte nie zählen lernen und hat auch keinen Begriff von irgendeiner Zahl, ob er gleich weiß, wenn ihm eines von den Kälbern, die er hütet, abgeht. Alles was Zahl ist, benennt er mit ›eins‹, ›fünf‹ oder ›acht‹. Des Religionsunterrichtes wurde er nie fähig gefunden, nicht einmal ein Gebet konnte er auswendig lernen. Doch besucht er fleißig die katholische Kirche, besprengt sich nach dem Beispiel anderer mit Weihwasser und weiß auch zum voraus, wenn der Sonntag kommen soll. Sucht man ihm etwas beizubringen, was er schwer begreift, so wird er ungeduldig, zerstreut und läuft davon. Eine Mütze oder eine Tasche, die er umhängen kann, machen ihm außerordentliche Freude. Aus jedem Stück Tuch, welches er bekommt, macht er sich Mützen und Taschen und hat deren zuweilen drei bis vier übereinander auf dem Kopfe und an der Seite. Sein Geschäft ist, Briefe und Zeitungen von der Post abzuholen, Holz zu tragen und das Vieh zu hüten. Er ist sehr eifrig und pünktlich in diesen kleinen Arbeiten, zeigt überhaupt eine große Treue und Anhänglichkeit gegen seine Wohltäter. Mich nennt er seinen ›Trost‹. Wenn er in Zorn gerät, verändert sich seine Physiognomie. Der Körper bekommt konvulsivische Bewegungen. Er fängt ein gräßliches Geschrei an und wiederholt immer eben dieselben Schimpfworte. Doch schadet er niemandem … Sein Gesicht verändert sich, nach dem jedesmaligen Gemütszustand, in welchem er sich befindet: und jede Leidenschaft, Zorn, Freude, Traurigkeit, Furcht, Besorgnis u.s.w. drücken sich kennlich darauf ab. Die Freiheit liebt er außerordentlich. Fesseln sind für ihn die fürchterlichste Strafe. Er gerät in Wut, sobald er solche erblickt: und hat man ihn gefesselt, so ist er der verzagteste Mensch. Er scheint keine Anfechtungen der Wollust zu haben, ob sich gleich die Mannbarkeit bei ihm äußert. Als er einst auf dem Felde die Schafe hütete, wollte ihn eine Magd verführen. Er erzählte es nachmals mit vielem Ekel und Widerwillen. Seine Sprache ist gebrochen, stotternd und selbst denjenigen, die beständig um ihn sind, nicht immer verständlich. Wein und Brandwein trinkt er nicht, seitdem er sich berauscht hatte und darauf krank geworden war. An Waschen und Reinlichkeit ist er durchaus nicht zu gewöhnen, doch leidet er kein Ungeziefer. Man lässt ihn allenthalben frei umher gehen. Zur Mittagszeit findet er sich gewöhnlich im Speisezimmer ein, wo er seinen Platz am Ofen nimmt. Er versteht alles, so gar was Deutsch gesprochen wird, mischt sich in das Gespräch und gibt oft die passendsten Antworten. Gegen viele Menschen bezeigt er Antipathie. Andere liebt er beim ersten Anblick. Die erste geht so weit, dass er gewissen Menschen auf der Straße ausweicht und zuweilen durch den ziemlich tiefen Fluss Poprad geht, nur um manchen Personen nicht zu begegnen. Übrigens scheint dieser Mensch vollkommen glücklich zu sein, in wie ferne nämlich das Glück von sinnlicher Behaglichkeit abhängt. Rousseau sollte ihn gesehen und beobachtet haben! Wie beneidungswert hätte uns seine feurige Phantasie das Schicksal dieses Zöglings der Natur geschildert!«

ANMERKUNG: Auch Monboddo hätte seine Freude an Tomko gehabt. Denn auch dieser »Halbwilde« hätte als Beispiel eines Menschen im »natürlichen Zustand« dienen können. Sein Zustand war aber freilich alles andere als natürlich. Das sehr sympathische Porträt seines Pflegers verrät das Bild eines Menschen, der einst viel zu leiden hatte. Hier haben wir es wohl mit einem Ausgesetzten zu tun. Ob er unter einem Schwachsinn *ex separatione* oder vielmehr wegen seines Schwachsinns gelitten hat, ist freilich schwer zu sagen. Sein Desinteresse an sexuellen Dingen weist auf Autismus hin, wenn auch nicht zwingend. Auch der Wilde Peter zeigte kein Interesse am anderen Geschlecht.

Zingg verglich Tomko mit dem ebenso wenig sexuell interessierten Kaspar Hauser, nicht nur, weil diese einst stummen Wesen beide das Sprechen gelernt hatten (Hauser freilich viel besser als Tomko), sondern auch, weil beide in Konvulsionen fielen, wenn die Reize zu viel wurden. Michael Wagner hielt weder Tomko noch den Wilden von Kronstadt für geisteskrank. In seinem Werk über die philosophische Anthropologie bringt er neben den obigen Fällen noch einige weitere Beispiele von Gemütskranken. Er wusste wohl zwischen angeborener und erworbener geistiger Beschränktheit zu unterscheiden.

♦

Kapitel 3
Victor

Der wilde Knabe von Aveyron (1799)

»Am 19. Thermidor des Jahres 5 der Republik [Hochsommer 1797, *Anm. d. Verf.] bemerkte man des Nachmittags 3½ Uhr in dem Gehölz von Caune, welche den Namen la Bassine führt, Département du Tarn, ein vollständig nacktes Kind, welches beim Herannahen der Menschen davonlief. Man passte ihm auf und sah, dass es Eicheln und Wurzeln suchte, um sie zu essen. Man ergriff es, aber es entsprang wieder. 15 Monate nach dieser Zeit fand man wieder seine Spur. Es erkletterte einen Baum, aber diese Zufluchtsstätte konnte es den Jägern nicht entziehen. Sie bemächtigten sich des Knaben und führten ihn nach Caune. Zu einer Witwe in Pension gegeben, entwischte er nach Verlauf von acht Tagen und irrte auf den Bergen und in den Weilern umher. So lebte er vagabundierend wieder sechs Monate, der Kälte eines der strengsten Winter ausgesetzt.*
Als die Jahreszeit milder wurde, trat er am 19. Nivôse des Jahres 8 [Januar 1800, *Anm. d. Verf.] um 7 Uhr früh, außerhalb der Stadt St.Sernin bei einem Färber ein, mit den letzten Resten eines Hemdes bekleidet, welches er sechs Monate zuvor in Caune erhalten hatte. Der dortige Regierungskommissär berichtet von ihm, dass er sich mit Vergnügen wärmte, ein unruhiges Verhalten zeigte, auf keine Frage antwortete, weder durch die Stimme noch durch Zeichen. Wiederholte Liebkosungen aber machten ihn zutraulicher. Man gab ihm Erdäpfel, die er ins Feuer warf, um sie zu braten. Gekochtes oder rohes Fleisch, Brot, Käse, Äpfel, Birnen, Trauben, Nüsse, Kastanien, Eicheln, Pastinaken und Orangen, die man ihm vorhielt, beroch er, nahm sie aber nicht an. Die halbgaren Kartoffeln dagegen aß er, während er Wein widerwillig zurückwies.*

Am 20. Nivôse brachte man ihn in das Hospiz St.-Affrique. Guiraud fand ihn hier stumm. Vierzehn Tage später schien seine Zunge etwas gelöst, insofern er zu schreien vermochte. Kleidung wollte er nicht dulden. Er entfernte sie oder zerriss sie. Er verschmähte anfänglich das Bett, gewöhnte sich aber allmählich daran. Er lebte damals allein von Erdäpfeln, Nüssen und Kastanien in rohem Zustand, gewöhnte sich aber nach und nach an Suppe mit Schwarzbrot. Wiederholt machte er Fluchtversuche.

Am 15. Pluviôse des Jahres 8 [Februar 1800, *Anm. d. Verf.] brachte man ihn nach Rodèz zu dem Naturforscher Bonnaterre ...«*

Es war das Jahr 9 der Französischen Republik, genauer gesagt 1800. Napoleon Bonaparte regierte das Land. In diesem Jahr wurde ein Wunder des neuen Jahrhunderts, das wilde Kind von Aveyron, bekannt. Der Naturwissenschaftler J. J. Virey hatte alle ihm zugeflossenen Berichte über den Knaben sorgfältig gesammelt und, mit eigenen Beobachtungen versehen, gegen Ende dieses Jahres als *Dissertation sur un jeune enfant, trouvé dans les forêts du département de l'Aveyron* (Abhandlung über ein Kind, das in den Wäldern des Departement Aveyron aufgefunden wurde) veröffentlicht. Obiges Zitat stammt aus diesem Werk. Virey war nur einer von vielen, die den Wilden ergründen wollten.

Auch der Abt Pierre-Joseph Bonnaterre, ehemals Verfolgter der Revolution, nunmehr Professor an der Zentralschule von Aveyron in der Stadt Rodèz, gehörte zu ihnen. Der gelernte Zoologe hatte die Schreckensherrschaft der Revolution in einem Versteck glimpflich überstanden. Jetzt widmete er sich der Wissenschaft. Als er Anfang des Jahres 1800 von einem wilden Kind aus dem nahe gelegenen Lacaune erfahren hatte, stellte er beim zuständigen Regierungsbeamten in Aveyron sogleich einen Antrag, damit er den Verwilderten in Saint-Affrique be- und untersuchen dürfte. Er erhielt die erwünschte Genehmigung und eilte dahin. Bald bat er, den Jungen nach Rodèz mitnehmen zu dürfen, um ihn im täglichen Leben zu beobachten. Auch dieser Wunsch wurde dem Abt gewährt. Am

4. Februar 1800 kam Bonnaterre mit seinem begehrten Studiengegenstand in Rodèz an. Eine schaulustige Menschentraube bedrängte den Geistlichen und seinen Schützling. Ganz Rodèz hatte bereits vom wilden Menschen gehört, und alle wollten ihn aus der Nähe sehen.

Inzwischen hatte der Ruhm des *sauvage* auch die Hauptstadt erreicht. Dort wollte der Abt Roche-Ambroise Sicard, der angesehene Leiter des Instituts für Taubstumme und Gründungsmitglied der Société des Observateurs de L'Homme, eine Forschungsgruppe auf dem Gebiet der Menschenkunde, selbst den jungen Wilden unter die Lupe nehmen. Er forderte Bonnaterre auf, den Wilden von Aveyron umgehend nach Paris zu bringen. Bonnaterre selbst hatte gerade noch Zeit, seine ersten Beobachtungen über den Wilden unter dem Titel *Notice historique sur le sauvage d'Aveyron* niederzuschreiben. Dieses Werk diente Virey, der am Institut für Taubstumme Val-de-Grâce arbeitete, als wichtige Vorlage für seine eigene Schrift.

Die Erforschung wilder Menschen war damals von brennendem Interesse. Die Wissenschaftler des republikanischen Frankreich forschten noch immer nach der Stellung des *homo sapiens* in der Natur. John Locke und sein Schüler Condillac hatten längst behauptet, dass der Mensch als unbeschriebenes Blatt, als *tabula rasa*, in die Welt geboren wird. Linné hatte in seinem *Systema Naturae* (1735) kühn den Menschen und die Affen als Verwandte bezeichnet. Monboddo und andere mutmaßten, dass manche Menschenaffen, etwa der Orang-Utan, durchaus als Menschentypus zu bezeichnen wären. Auch über den Unterschied zwischen den »zivilisierten Europäern« und den »unzivilisierten Rothäuten Amerikas und Negern Afrikas« rätselten die Fachleute. Umso mehr interessierten sich die Wissenschaftler für den *homo ferus* als möglichen Schlüssel zum ganzen Geheimnis, gesetzt den Fall, er wäre tatsächlich der Mensch in seinem natürlichsten Zustand.

Bonnaterre war bereits verärgert, dass er den wilden Knaben – damals hatte dieser noch keinen Namen – nicht frisch aus dem Wald erhalten hatte. Der Aufenthalt im Waisenhaus in Saint-Affrique habe ihn bereits zu sehr verändert. Hier seine Beschreibung des Knaben aus der Anfangszeit in Rodèz:

»Auswärts erscheint dieses Kind jedem anderen ähnlich. Es misst 136 cm, scheint zwölf oder dreizehn Jahre alt zu sein, hat einen hellen Teint [Bei seiner Festnahme war er wie Mlle. LeBlanc noch dunkelhäutig – Anm. d. Verf.], ein rundes Gesicht, dunkle, tiefliegende Augen, lange Wimpern, braunes Haar, eine lange, etwas spitze Nase, einen durchschnittlichen Mund, rundes Kinn, angenehmes Gesicht und ein freundliches Lächeln. Seine Zunge bewegt sich frei und weist auf keine Missbildung hin. Die unteren Zähne sind sichtbar und gelblich an der Ebene des Zahnfleisches. Auf seinem ganzen Körper hat es Narben, die meisten davon scheinen durch Brandwunden verursacht. Eine hat es an der rechten Augenbraue, eine andere mitten auf der rechten Backe, noch eine am Kinn und eine an der linken Backe. Wenn es den Kopf hebt, bemerkt man am oberen Ende des Kehlkopfes in der Mitte der Stimmritze eine waagerechte Narbe etwa 41 mm lang. Es scheint die Narbe einer Wunde zu sein, die mit einem scharfen Instrument zugefügt wurde … Auf der ganzen Länge seines linken Armes vom Homoplaten bis zur Mitte des Vorderarms findet man sechs breite Narben. Einige kleinere Narben findet man an den Schultern nahe dem rechten Homoplaten. Eine große Narbe ist an der Leiste auf der gleichen Seite zu sehen. Zwei oder drei sind oberhalb des Schambeins und noch einige an den Beinen und an der linken Gesäßhälfte. Eine von ihnen ist ziemlich rund und tief. Wenn diese Narben kein unwiderruflicher Beweis einer schlechten Behandlung und eines Versuchs, ihn zu zerstören sind, dann dienen sie als Beweis, dass er unbekleidet im Wald lebte und dass sein Körper um so verwundbarer war, da er keinen Schutz gegen den Angriff von Tieren hatte wie auch von den Spitzen von Dornen und den schneidenden Rändern von Steinen und dem üppigen Dickicht.«

Als Bonnaterre diesen Text schrieb, war der Wilde noch nicht in die Pubertät gekommen. Der Wissenschaftler stellte außerdem fest, dass die Gangart des Knaben keineswegs der eines Jungen seines Alters glich. Er ging nicht, er trabte vielmehr und bückte sich dabei stets nach vorne. Er war übrigens Nichtschwimmer und kletterte nur ungern auf Bäume.

Bonnaterre war sicher, dass dieser Wilde nicht auf allen vieren gelaufen war. Wäre er ein *tetrapus* gewesen, hätte er eine dicke Hornhautschicht an den Knien aufgewiesen, was nicht der Fall war. Seine Sinne schienen auch in Ordnung zu sein. Er hörte ganz normal, zumindest wenn er wollte; er sprach aber nicht. »Seine Gefühle sind so beschränkt wie sein Wissen. Er liebt niemanden, er ist an niemanden gebunden. Wenn er seinen Pfleger bevorzugt, ist dies ein Ausdruck seiner Bedürfnisse und hat mit einem Gefühl der Dankbarkeit gar nichts zu tun. Er folgt dem Mann, weil dieser für die Befriedigung seiner Bedürfnisse und Sättigung seiner Wünsche zuständig ist.«

Schon in Saint-Affrique hatte der Knabe begonnen, Roggenbrot, Suppe, Bohnen und Walnüsse zu essen. In Rodèz aß er bereits Fleisch, roh und gekocht. Er konnte auch bei der Zubereitung einer Bohnensuppe behilflich sein. Sorgfältig entfernte er die Bohnen aus den Hülsen, las die schimmligen heraus und stellte die guten in den Topf. Hinterher sammelte er die leeren Hülsen zusammen und warf sie ins Feuer. Er goss Wasser in den Topf und stellte diesen aufs Feuer und legte auch Kohle nach. Wenn er Lust auf Bratkartoffeln hatte, holte er eine Bratpfanne und ein Messer herunter und wartete, bis jemand in die Küche kam. Dann wies er sehnsüchtig auf die Pfanne, das Messer und die Kartoffeln.

»Als wir ihm das erste Mal einen Spiegel gaben, schaute er sofort dahinter. Er glaubte, er würde dort das Kind finden, dessen Bild er wahrgenommen hatte. Zugleich aber stand ein junger Mann neben ihm und wohl ein bisschen abseits und bot ihm eine Kartoffel an. Er versuchte mit Ungestüm die angebotene Speise zu ergreifen und bewegte seine Hand auf den Spiegel zu. Doch dann erkannte er, dass er noch weiter vom Ziel war. Ohne den Kopf zu drehen, langte er mit seiner Hand hinter sich und etwas abseits. Dort fand er die Hand, die ihm die Kartoffel angeboten hatte.«

Virey beschrieb in seiner *Dissertation* ebenfalls einige Eigenschaften des Jungen, nachdem er in Paris Gelegenheit gehabt hatte, den Wilden selbst zu beobachten (ich zitiere nach Tafel):

»Wenn er sich freut, so lacht er herzhaft und lässt bei guter Laune gerne eine Art Murmeln hören. Er bringt keine lärmenden oder erschreckenden Geräusche hervor. Fast alle seine Töne sind Kehllaute und haben nur wenig mit einer Zungenbewegung zu tun. Er drückt sich anhand nur weniger natürlicher Zeichen aus, hauptsächlich solche, die auf eine starke Leidenschaft deuten. Seit seiner Gefangenschaft hat er einige gewöhnliche Zeichen dazugelernt. Die Laute, die er äußern kann, lassen den Schluss zu, dass er nicht ganz stumm ist, obgleich auch stumme Menschen einige Schreie hervorbringen. Auch sein Gehör ist ausgezeichnet. Er hört es, wenn eine Nuss hinter ihm geknackt wird ... wenn eine Türe bei Finsternis geöffnet wird. Ob man aber spricht oder schreit, singt oder musiziert, an ihn das Wort richtet oder ihm ins Ohr flüstert oder brüllt, wie ich es probierte, achtet er nicht darauf. Er lässt sich nicht beeindrucken, vor allem dann nicht, wenn er mit dem Essen beschäftigt ist. ... Von Nahrungsmitteln nimmt er nur solche an, die seinem Geruchssinn behagen. Auch sein Geschmackssinn ist, wie es scheint, ein feiner zu nennen, da zwischen Geruchs- und Geschmackssinn Beziehungen vorhanden sind ... Er respektiert nicht die Portion seines Nachbars, hat keine Vorstellung von Besitz ... So ist er auch sehr geneigt zur Dieberei und sehr geschickt darin, denn er sieht bloß auf sich selbst. Den Wert von Edelsteinen, Geld und Gold kennt er jedoch nicht. Dankbarkeit gegen seine Ernährer ist ihm fremd und es scheint, als glaube er, dass die Person, die ihm etwas gibt, nichts damit anzufangen wisse, weniger aber, dass sie es ihm schuldig sei. Er gibt gerne zu, dass ihm jemand sein Essen zurichtet und schält, doch ist er dafür nicht erkenntlich. Es lässt ihn dies indifferent. Essen, Trinken, Schlafen, der Wunsch, im Freien zu sein, sind seine einzigen Triebfedern. Mit Dingen, die hierauf in Beziehung stehen, wird sein ganzes Tun ausgefüllt. Er ist der reine Egoist. Man hat nie ein Zeichen von Mitleid an ihm bemerkt.«

Im Übrigen ließ er sich gerne kitzeln, mit Vorliebe, nachdem er gut gegessen hatte oder im Bett lag. Sein Lachen war angenehm. Kinder seines Alters mochte er allerdings nicht. Virey vermutete die Ursache dafür in den schlechten Erfahrungen, die er nach seiner Festnahme gemacht hatte.

Am Morgen des 20. Juli 1800 bestieg der wilde Junge, in einen grauen, grobfaserigen Umhang gehüllt, einen Fiaker nach Paris. Er wurde begleitet von Père Bonnaterre und Clair Saussol, Gärtner an der Zentralschule in Rodèz, seinem Pfleger. Kaum hatten sie Rodèz verlassen, so erkrankte der *sauvage* an den Pocken. Die Krankheit verlief bei ihm zum Glück nicht virulent und hinterließ – von einigen neuen Narben abgesehen – keine sonstigen Spuren. Nach achtzehn Tagen erreichten die Reisenden die Hauptstadt und passierten das Tor des Instituts für Taubstumme in der Rue St. Jacques. Dort erwarteten sie Père Sicard und andere Mitglieder der Société des Observateurs de l'Homme, unter ihnen der Psychologe Philippe Pinel.

Der *sauvage* war ein Häufchen Elend und obendrein sehr erschöpft, als der Fiaker ankam, und er schlief sogleich auf dem Boden ein, ohne sich viel um das gelehrte Publikum zu kümmern. Man gönnte ihm folglich einige Tage Zeit, um sich von den Strapazen der Reise und seiner Krankheit zu erholen.

Die ersten Tage durchwanderte das Kind, sicherlich verwirrt und desorientiert, die langen Gänge des Instituts. »Die glänzendsten und unvernünftigsten Hoffnungen waren dem Wilden von Aveyron nach Paris vorausgeeilt«, schrieb Jean Itard, sein späterer Lehrer, über diese Anfangszeit:

> *»Viele Neugierige malten sich genüsslich aus, wie wohl sein Erstaunen beim Anblick all der schönen Dinge in der Hauptstadt wäre. Auch glaubten viele Leute … dass die Erziehung dieses Individuums eine Angelegenheit von wenigen Monaten sei und dass man schon bald über sein vergangenes Leben die pikantesten Auskünfte vernehmen werde. Was aber sah man stattdessen? Einen Knaben von ekelerregender Schmutzigkeit, von spastischen Krämpfen und Zuckungen geschüttelt, ein Kind, das sich unaufhörlich hin und her wiegte wie manche Zirkustiere, das diejenigen biss und kratzte, die es betreuten; das ansonsten allen Dingen gleichgültig gegenüberstand und keiner Sache Aufmerksamkeit schenkte.«*

Ein anderer Arzt aus dem Institut berichtete, so Roger Shattuk, wie der Junge die ersten drei Monate verstört durch das Institut irrte. Er merkte kritisch an, dass die Forscher Victor zu sehr als Forschungsgegenstand sahen und Neugierige ihn zu sehr bedrängten. Er wurde zunehmend aggressiver und begann seine Pfleger zu kratzen und zu beißen, was zu seinem bisherigen sanftmütigen, wenn auch egoistischen Verhalten in krassem Widerspruch stand. Er begann auch das eigene Bett mit Kot zu besudeln, obwohl er sein Schlaflager früher stets sauber gehalten hatte.

Kein Wunder, dass Pinel den wilden Jungen bald zu einem hoffnungslosen Fall erklärte. Der Psychologe war bekannt für seine bahnbrechenden Reformen auf dem Gebiet der Geisteskrankheit. Im berüchtigten Irrenhaus Bicêtre hatte er die Insassen von ihren Ketten befreit und manche sogar therapieren können. Doch nachdem er den Wilden von Aveyron untersucht hatte, erkannte er in diesem lediglich einen Schwachsinnigen. Pinel behauptete, viele ähnliche Fälle gesehen zu haben. Den Wilden von Aveyron etwa als *homo ferus* zu betrachten, hielt er deshalb für abwegig und erklärte, Bonnaterres Ansatz sei abzulehnen. Seinen ausführlichen Bericht schloss Pinel mit einigen Überlegungen zu einer möglichen Vorgeschichte des verwahrlosten Jungen.

»Was nun sind die Umstände, die das Kind von Aveyron in den Zustand der Idiotie hätte führen können? Leider fehlt es uns an echten Details … Seine Eltern bleiben unbekannt. Der Junge ist ohne Sprache und ohne den Vorteil, sich durch Gesten verständlich zu machen. Für ihn ist es, als hätte es die Vergangenheit nie gegeben. Wir haben keine zusätzliche zuverlässige Informationsquelle. Wir sind deshalb nur auf Analogien angewiesen, wie bei der Suche nach den üblichen Ursachen der Geisteskrankheit oder des Schwachsinns in der Kindheit. Da wir aus dieser Kategorie Komplikationen durch Epilepsie oder Rachitis ausschließen müssen, bleiben nur noch drei mögliche Ursachen: 1) ein gewaltiger Schreck der Mutter bei der Geburt, 2) ein Schreck oder Erschütterungen während der Säuglingszeit, verursacht durch eine Entzün-

dung vermittels Schädlingen, 3) ein schmerzhaftes oder stürmisches erstes beziehungsweise zweites Zahnen. Mitnichten sehen wir uns in der Lage festzustellen, welche dieser Ursachen so schädlich auf den Zustand des Kindes von Aveyron gewirkt haben, um seine geistigen Fähigkeiten derart zu unterminieren. Egal welche der dreien wir wählen, so kann man mutmaßen, dass unmenschliche oder verarmte Eltern das Kind weit von Zuhause aussetzten, nachdem sie feststellten, es wäre nicht zu erziehen. Es dürfte damals etwa neun oder zehn Jahre alt gewesen sein … Scheinbar wanderte der Junge die nächsten Jahre in den Wäldern und durch die Dörfer. Stets war er auf rein animalische Instinkte angewiesen und allein mit seinem eigenen Wohlergehen beschäftigt wie auch mit dem Bedürfnis, drohenden Gefahren aus dem Weg zu gehen.«

Pinels Bericht wurde Ende 1800 während einer Sitzung der Société des Observateurs de l'Homme vorgetragen. Der wilde Junge von Aveyron verlor ab diesem Augenblick jegliche Bedeutung für die Mitglieder der gelehrten Gesellschaft. Was nun? Die Zukunft versprach dem vormaligen Studienobjekt wenig, außer vielleicht einen lebenslangen Aufenthalt im Institut für Taubstumme oder eine Verlegung nach Bicêtre. Keiner hätte sich die Mühe gemacht, ihn nach Rodèz zurückzuschicken. Doch endlich hatte der Knabe ein wenig Glück. Der sechsundzwanzigjährige Mediziner Jean Itard meldete jetzt sein Interesse an dem Fall an. Vier Jahre hatte er schon im Institut gearbeitet und war bisher nicht aufgefallen, bis er 1800 während eines medizinischen Notfalls die Bekanntschaft von Père Sicard machte. Itard, ein Anhänger des Philosophen Condillac, behauptete wie sein Lehrmeister, dass die Erziehung eines Menschen nur durch die Anregung seiner Sinne möglich sei. Im wilden Jungen glaubte er jemanden gefunden zu haben, dessen Sinneswahrnehmung erst stimuliert werden müsse, bevor er wahrhaft auf die Welt reagieren könne. Itard wollte den Versuch machen, diesen Wilden nach der Lehre Condillacs ins Leben zu holen. Nachdem er seinen Vorgesetzten sein Vorhaben geschildert hatte, erhielt er die erwünschte Genehmigung. Der wilde Junge kam unter die Obhut Itards. Eine mütterliche

Haushälterin namens Mme. Guérin, die eine Wohnung im Erdgeschoss des Instituts mit ihrem Mann teilte, sorgte für sein tägliches Wohlergehen. Der Junge nahm seine Mahlzeiten mit der Familie Guérin ein und begann, eine gewisse Geborgenheit zu genießen. Gelegentlich schloss sich Itard dieser Runde an.

Schon nach sechs Monaten berichtete der überraschte Sicard, dass Itard bereits einige Fortschritte gemacht habe. Im Oktober 1801 erschien Jean Itards *Gutachten über die ersten Entwicklungen des Victor von Aveyron*. Er hatte sich fünf Ziele gesetzt:

»Erstens: Ihn für das Leben in Gemeinschaft zu gewinnen, indem man es ihm angenehmer gestalte als das, welches er bisher geführt hat, und gleichzeitig dem Leben ähnlicher macht, das er verlassen hat.

Zweitens: Die Sensibilität seiner Nerven durch kräftige Stimulantien und zuweilen durch heftige seelische Erschütterungen wecken.

Drittens: Seinen Gedankenkreis erweitern, indem man ihm neue Bedürfnisse gibt und seine Beziehungen zu der ihn umgebenden Welt vervielfältigt.

Viertens: Ihn zum Gebrauch der Sprache führen, wobei das Einüben der Nachahmung durch das zwingende Gebot der Notwendigkeit bestimmt wird.

Fünftens: Eine Zeit lang die einfachsten Geistestätigkeiten an den Gegenständen seiner körperlichen Bedürfnisse üben und sie dann auf den Bildungsstoff ausdehnen.«

Zuallererst galt es aber Vertrauen zu erwecken. Der Knabe durfte also so lange schlafen, wie er wollte. Er bekam stets seine Lieblingsspeisen, machte ausgedehnte Spaziergänge mit Itard oder mit Mme. Guérin. Man merkte, wie er in der Natur aufblühte. In seinem Zimmer dagegen schaukelte er nur hin und her.

Da er ziemlich unempfindlich auf Wärme und Kälte reagierte, beschloss Itard, ihn als Erstes auf Temperaturunterschiede aufmerksam zu machen. Dies bewerkstelligte er, indem er ihn sehr heißen Bädern aussetzte, unter schweren Decken schlafen ließ und ihm dicke Schlafanzüge anzog. Die erwünschte Wirkung ließ nicht lange auf sich warten. Bald reagierte der Knabe deutlich auf Kälte und Wärme und weigerte sich, die Badewanne zu besteigen, wenn das Wasser nur lauwarm war. Er begann Kleider zu tragen und zog sich bald selbst an.

Auch Massagen wurden vorgeschrieben, um ihm seinen Körper bewusst zu machen. Itard brach diese aber ab, da er – wie im ersten Teil bereits erwähnt – eine sexuelle Erregung bei Victor feststellen musste.

Nach drei Monaten war Victor in der Lage, auf heiß und kalt, glatt und rauh, weich und hart zu reagieren. Früher hätte er eine Kartoffel aus einem kochenden Topf mit der bloßen Hand gefischt. Nun bediente er sich behutsam eines Löffels. Er erkrankte sogar an seinen ersten Erkältungen, einer Zivilisationskrankheit, berichtete Itard stolz, »die ihm bisher nichts anhaben konnte«. Im nahe gelegenen Jardin de Luxembourg oder im Parc de l'Observatoire machte er – zumeist mit Mme. Guérin – ausgedehnte Spaziergänge. Er schien eine große Zuneigung für sie zu empfinden. »Nie trennte er sich ohne Schmerzen von ihr, und nie traf er sie wieder, ohne seiner Zufriedenheit Ausdruck zu verleihen«, beobachtete Itard. Eines Tages riss er aus, während er mit seiner Gouvernante unterwegs war. Als sie ihn wiederfand, weinte er vor Glück. »Noch Stunden später hatte er einen beschleunigten, keuchenden Atem und einen fieberhaften Puls. Als Mme. Guérin ihm später einige Vorwürfe machte, verstand er so gut deren Ton, dass er erneut zu weinen begann.«

Itard war zufrieden. Der Junge, den er mittlerweile Victor – Betonung auf der zweiten Silbe – nannte, weil er auf den Laut »O« (wie in *»non!«)* besonders zu reagieren schien, eroberte auch das Herz des Lehrers.

»Wenn ich zum Beispiel bei hereinbrechender Nacht in sein Zimmer komme, nachdem er gerade zu Bett gegangen ist, ist seine erste Regung, dass er sich aufrichtet, damit ich ihn umarme, mich sodann am Arm fasst und zu sich zieht, damit ich mich auf sein Bett setze. Meist nimmt er dann meine Hand, legt sie sich auf die Augen, die Stirn, den Hinterkopf und hält sie mit der seinen eine lange Weile dort fest. Andere Male steht er laut lachend auf und setzt sich mir gegenüber, um mir die Knie auf seine Weise zu liebkosen: er befühlt sie, massiert sie mehrere Minuten lang kräftig in alle Richtungen und presst dann mitunter zwei oder dreimal seine Lippen darauf. Man mag darüber sagen, was man will, aber ich gestehe, dass ich mir all diese Kindereien ohne weiteres gefallen lasse.«

Itard war zufrieden mit dem bisherigen Fortschritt seines Zöglings. Nun galt es dessen Geist zu erwecken. Der Lehrer war besonders daran interessiert, die seiner Meinung nach schlummernde Sprachfähigkeit Victors zu aktivieren. Der Durchbruch schien nahe zu sein, als er sein erstes Wort artikulierte, *»lait«,* französisch für »Milch«. Doch der vorsichtige Itard war sich nicht sicher, ob Victor die Vokabel sinnvoll eingesetzt hatte, um sozusagen Wort und Gegenstand gleichzusetzen oder ob der Laut für ihn ohne eigentliche Bedeutung geblieben war. Victor begann nun zu lallen, wie dies kleine Kinder tun. Er brachte ein *lai, la, li* und *gli* hervor. Letzteres pflegte er vor Mme. Guérins zwölfjähriger Tochter, Julie, die jeden Sonntag ihre Eltern besuchte, zu sagen. Wollte er ihren Namen aussprechen? Mit *»O Diie«* drückte er Freude aus, ein Ausruf, der dem häufigen *O Dieu* Mme. Guérins ähnelte. Itard stellte fest, dass er alle Vokale (mit Ausnahme von »U«) aber lediglich drei Konsonanten, »D«, »G« und »L«, artikulieren konnte. Am häufigsten aber bediente er sich der Zeichen- und Körpersprache, um seine Wünsche kundzutun. Hatte er Durst, so zeigte er auf eine Tasse. Itard war zufrieden. Immerhin hatte Condillac gelehrt, dass Zeichen- und Körpersprache als Vorstufen zu der eigentlichen Sprache dienen.

Als Nächstes wollte Itard seinem Schüler die Beziehung zwischen einem Gegenstand – in diesem Fall ein Hammer, eine

Schere, ein Heft und anderes mehr – und dessen auf Papier gezeichnetem Abbild beibringen. Konnte Victor diese Aufgabe meistern, so wäre erwiesen, dass er abstrakt zu denken vermochte. Am Anfang machte diese Herausforderung dem Knaben auch Spaß. Itard zeigte auf ein Bild, und Victor holte sogleich den Gegenstand. Allmählich wurden die Aufgaben aber schwieriger, und Victor reagierte zunehmend mit Widerwillen, Wutausbrüchen und sogar mit epileptisch anmutenden Anfällen. Manchmal schlug der Lehrer seinen Schüler. Itard musste fürchten, dass das ganze Experiment scheitern würde, wenn ihm nicht schnell etwas einfiel.

»Bald bot sich die Gelegenheit während eines der heftigsten Anfälle, den ich durch die Wiederaufnahme unserer Übungen hervorrufen musste. In dem Augenblick nun, da die Sinnesfunktionen noch nicht lahmgelegt waren, öffnete ich heftig das Fenster seines Zimmers, das im vierten Stock direkt über einem gepflasterten Hof liegt. Ich näherte mich ihm mit allen Anzeichen des Zorns, packte ihn fest bei den Hüften und hob ihn aus dem Fenster, den Kopf dem Abgrund zugekehrt. Nach einigen Sekunden zog ich ihn wieder zurück. Er war bleich, mit kaltem Schweiß bedeckt, hatte einige Tränen in den Augen und zitterte, was ich den Folgen der Angst zuschrieb. Ich führte ihn zu seinen Tafeln. Ich ließ ihn alle seine Pappkärtchen aufheben und verlangte, dass er sie alle an ihren Platz lege. All dies führte er aus, zwar sehr langsam und mehr schlecht als recht, aber immerhin ohne Ungeduld. Dann warf er sich auf sein Bett und weinte ausgiebig.«

Nach diesem traumatischen Ereignis gab es wieder Fortschritte. Victor lernte nun mit Hilfe ausgestanzter Alphabet-Versatzstücke richtige Wörter für ihm vertraute Gegenstände zu buchstabieren. So beeindruckend dies auch schien, fragte sich Itard, ob sein Schützling diese Buchstabenkombinationen als wirkliche Wörter verstand oder ob die gesamte Leistung lediglich eine erfolgreiche Dressur sei. Er hatte noch immer keinen sicheren Beweis, dass Victor eine wahre Vorstellung von Sprache hatte. Dennoch blieb der Doktor zuversichtlich. Nach nur neun Monaten hatte Victor schon große Fortschritte gemacht. Itard konnte also seinen Bericht verhalten optimistisch beenden und wies darauf hin, dass der Junge jetzt in die Pubertät komme. Der Lehrer war neugierig, welche Wirkung die heranrückenden Änderungen in Victors Körper auf seine geistige Entwicklung ausüben würden.

Itards zweite Schrift, *Bericht über die Weiterentwicklung von Victor von Aveyron*, erschien sechs Jahre später, nachdem der Arzt 1806 die Arbeit mit seinem berühmten Schüler niedergelegt hatte.

»Gemessen an einem Jüngling gleichen Alters ist er immer noch ein missgestaltetes, von der Natur wie von der Gesellschaft ausgestoßenes Wesen. Beschränkt man sich aber auf die beiden Vergleichspunkte, die der vergangene und der gegenwärtige Zustand des jungen Victor bieten, dann ist man erstaunt über den gewaltigen Abstand, der sie voneinander trennt; und man darf sich fragen, ob sich Victor von dem in Paris angekommenen Wilden von Aveyron nicht stärker unterscheidet als von jedem anderen Individuum seines Alters und seiner Art.«

Doch Victors Entwicklung stagnierte. Er verfügte anhand seiner Metallbuchstaben und seiner Abbildungen bekannter Gegenstände über einen bescheidenen Wortschatz, vermochte Sachen nach Größe, Beschaffenheit, Temperatur, Farbe und Gewicht adjektivisch zu unterscheiden. Einige Wörter konnte er in seinem Heft auf Befehl sogar nachschreiben. Auch gewisse moralische Werte schien er zu verstehen. Er stahl nicht mehr, er war rechtschaffen, er zeigte sogar Mitgefühl für Mme. Guérin, beispielsweise als ihr Mann starb. Auch seine ursprüngliche Wildheit trat immer seltener in Erscheinung:

Doch obwohl er sich anhänglich und zärtlich zeigte, blieb er weiterhin stumm und nur sehr begrenzt lernfähig. Itard fragte sich manchmal, ob Victor vielleicht doch Egoist geblieben sei und eigentlich nichts verstehe. Der ehrgeizige Lehrer war immer häufiger einem Wechselbad der Gefühle ausgesetzt:

»›Unglücklicher‹, sagte ich zu ihm, als ob er mich hätte verstehen können, und mit wirklich beklommenem Herzen, ›da alle meine Mühen vergeblich sind und deine Anstrengungen nichts fruchten, so nimm denn wieder den Weg in deine Wälder und mit ihm die Freude am primitiven Leben; oder wenn deine neuen Bedürfnisse dich in die Abhängigkeit von der Gesellschaft geführt haben, büße für das Unglück, ihr nicht nützlich zu sein, und gehe nach Bicêtre, um dort in Kummer und Elend zu sterben.‹ Wenn ich die Fassungskraft der Intelligenz meines Schülers weniger gut gekannt hätte, hätte ich glauben können, ich sei voll und ganz verstanden worden; denn kaum hatte ich diese Worte gesagt, sah ich, wie seine Brust sich unter lautem Stöhnen hob – was nur geschah, wenn er großen Kummer hatte –, seine Augen sich schlossen und ein Strom von Tränen unter seinen Lidern hervorquoll.«

Das kühne Experiment wurde dem Lehrer allmählich zu viel, der Fortschritt seines Schülers war ihm zu gering. Der Unterricht ging schließlich zu Ende, als der Jüngling – er war damals vielleicht achtzehn Jahre alt – vermehrt seine sexuelle Begierde zu spüren begann (darüber haben wir im ersten Teil dieses Buches bereits berichtet). Der Junggeselle Itard gestand seine wachsende Verunsicherung angesichts dieser körperlichen Bedürfnisse Victors. Er hatte Angst, ihm etwas beizubringen, das womöglich außer Kontrolle hätte geraten können. Nämlich: die entsprechenden Techniken, um seine Leidenschaft zu befriedigen. Mehr ratlos als enttäuscht, beendete Itard sein gewagtes Projekt.

Im Mai 1806 erhielt Mme. Guérin vom Innenministerium eine jährliche Rente von 150 Francs und wurde hiermit zur alleinerziehenden Bezugsperson des wilden Jungen. Victor und seine Pflegerin wohnten noch einige Jahre im Institut. Doch Sicard hielt Victor zunehmend für ein Problem wegen seines Umgangs mit den anderen Schülern im Institut. Er erklärte das Experiment mit Victor für ganz gescheitert und den Wilden von Aveyron wieder zu einem Idioten. 1810 wurde Victor zur *persona non grata* im Institut. In diesem Jahr zahlte die Regierung Mme. Guérin 500 Francs, damit sie ein neues Zuhause für sich und Victor fände. Die zwei bezogen ein Haus in der Impasse des Feuillantines unweit des Instituts. Dort verbrachte Victor den Rest seines Lebens. 1817 besuchte J. J. Virey den ehemaligen wilden Jungen und lieferte folgendes bedrückendes Kurzporträt:

»Heute versteht er viele Sachen, aber ohne sie in Wörter zu artikulieren … Dieses Individuum ist heute verwirrt und halbwild geblieben und konnte trotz aller Bemühungen nicht zu sprechen lernen.«

Itard scheint den Kontakt zu seinem Zögling ganz abgebrochen zu haben. Über das spätere Leben von Victor gibt es kaum Anhaltspunkte, er starb 1828 im Alter von etwa vierzig Jahren. Itard lebte bis 1838 und wurde zum angesehenen Pionier auf dem Gebiet der Erziehung von Taubstummen. Seine kreativen Ansätze dienten später als Grundlage für die Lehrmethoden der Erzieherin Maria Montessori. 1825 erinnerte Itard kurz an Victor:

»Es war die Gelegenheit, bei einem stummen Kind, einem Kind, das nicht taub, sondern weit entfernt von der Gesellschaft anderer Menschen groß geworden war, die verspätete Entwicklung des Nachahmungsinstinkts, den Einfluss des Sprechens auf die Gedankengestaltung wie auch die Gedankenverbindung zu beobachten. Ich widmete diesem ausführlichen Experiment im Laufe von sechs Jahren fast meine ganze Zeit. Das Kind, das man den wilden Jungen von Aveyron nannte, erhielt durch meine intensive Fürsorge nicht alle Vorteile, die ich mir erhofft hatte. Doch die vielen Beobachtungen, die ich machte, und die Unterrichtstechniken, welche die Unflexibilität seiner Organe inspirierte, waren nicht ganz umsonst. Später entdeckte ich eine passendere Anwendung für sie, und zwar bei manchen unserer Kinder, deren Stummheit das Resultat von Hindernissen war, die man noch viel einfacher überwinden konnte.«

Anmerkung: Bis heute gehen die Meinungen weit auseinander, was man von Victor, dem wilden Jungen von Aveyron, halten soll: War er ein Schwachsinniger, wie Pinel, Sicard und auch andere Zeitgenossen bezeugten, oder Autist? Bruno Bettelheim, der als Erster die wilden Kinder zu Autisten erklärt hatte, zählte auch Victor zu ihnen. Vor allem betrachtete er »seinen selektiven Mangel an Empfindlichkeit« als eindeutig autistisch. Auch Uta Frith hielt ihn für einen Autisten. Sie meinte, seine ausgeprägte »autistische Einsamkeit« habe ihn daran gehindert, als Mensch unter Menschen zu leben. Anders der Psychologe Harlan Lane, der die bisher ausführlichste Studie über Victor geschrieben hat. Er leugnete nicht, dass das Verhalten des wilden Jungen, »mit jenem eines angeborenen Schwachsinns oder eines Autismus übereinstimmen« könnte. Lane entschied sich aber weder für die eine noch die andere Lösung. Victors Verhalten werde »von beiden nicht erklärt. Vielmehr ist es das Resultat seiner Isolation in der Wildnis.« Das klingt doch sehr nach Raubers Theorie des Schwachsinns *ex separatione*.

♦

Der berühmte Physiologe Franz J. Gall besuchte Victor in der Zeit zwischen 1801 und 1806, als der *sauvage* noch in der Obhut Itards war. Gall äußerte sich schon damals skeptisch über die Erfolge Itards. Er erkannte in dem Jungen lediglich den »hochgradigen *imbécile*«. Da Victor in seiner Gegenwart weder auf Geräusche noch auf seinen Namen reagierte, war Gall obendrein überzeugt, dass er hörgeschädigt sei, was natürlich nicht stimmte. Itard hatte seinem Gast Victors Fähigkeit vorgeführt, Buchstaben und Gegenstände zu erkennen. Auch dies hat Gall kaum beeindruckt. Für Gall handelte es sich letztendlich um einen armen Wicht, der hin und her schaukelte und stets erleichtert war, wenn er seine Ruhe hatte. »Im Übrigen ist seine Lieblingsbeschäftigung, Gegenstände, die in Unordnung geraten waren, an ihren Platz wieder hinzustellen«, meinte Gall, der diesen Drang nach Ordnung – übrigens eine Eigenschaft, die häufig bei Autisten vorkommt – für den Beweis hielt, dass auch bei angeborenem Schwachsinn moralische Qualitäten und intellektuelle Fähigkeiten nicht gleichmäßig gelähmt sind.

Doch lassen wir beiseite, ob Victor schwachsinnig oder autistisch war, denn eins steht fest: Es handelt sich hier eindeutig um einen echten wilden Menschen. Auch Pinel musste dies in seiner ausführlichen Diagnose eingestehen. Denn es gilt als erwiesen, dass dieses Kind jahrelang im Gebiet um Lacaune im Wald gesichtet und gewissermaßen als Maskottchen gegolten hatte. Wie und in welchem Alter Victor in den Wald kam, bleibt ungeklärt, ebenso wie der Grund für sein Verstummen.

Wer war nun der eigentliche Egoist in dieser Geschichte: Victor, das Kind, das wie die meisten Kinder häufig nur an sich selbst dachte, oder Itard und seine Kollegen, die diesen Menschen zum Fall machten? Für Itard, den später berühmten Innovator auf dem Gebiet des Taubstummen-Unterrichts, war die Zeit mit Victor immerhin eine Art »Lehre«. Es wäre deshalb ungerecht, Itard mit Pinel, Sicard und Bonnaterre gleichzusetzen. Itard nahm auf sich die Verantwortung als Lehrer und nicht als Stiefvater, obwohl er auch diese Rolle notgedrungen einnehmen musste. Wie jeder Lehrer oder Therapeut hatte er sich auf eine Aufgabe eingelassen und nicht auf ein Lebenswerk. Als die Zusammenarbeit mit dem Schüler nicht mehr zu funktionieren schien, stellte er sie ein. Darf man ihm das verübeln?

Der amerikanische Gesellschaftskritiker Roger Shattuck, auch Autor eines Buches über das wilde Kind von Aveyron, fragte sich dennoch, ob der Lehrer Itard vielleicht einiges pädagogisch unklug angegangen war: »Itards Lehrmethode war genial, doch einigermaßen unflexibel. Er räumte Victor nur wenig Platz für die Selbstentfaltung durch freie Gestaltung ein. Durch ständige Bevormundung schuf Itard beinahe eine neue, noch engere Isolation ... Die zweite Schwäche von Itards Lehrplan lag darin, dass er zu viel Betonung auf Victors Sprachfähigkeit legte ... Itard verlangte die Lautsprache, koste, was es wolle, und war nicht bereit, etwas anderes anzunehmen.« Außerdem, so Shattuck, habe Itard die einmalige Gelegenheit versäumt, nach der Herkunft des Jungen zu suchen zu einer Zeit, als es noch möglich war. Dies hätte vielleicht deutliche Hinweise auf seinen ursprünglichen Zustand geben können. Letztlich aber habe Itard für alles eine Strategie gehabt, außer für Victors Probleme in der Pubertät.

War Itards Prüderie ein Hindernis für die Entwicklung des Jungen, oder hatte er Recht, mit Victors Sexualität behutsam umzugehen? Es ist angebracht zu fragen, ob der wilde Junge unbeherrschbar, ja vielleicht gewalttätig geworden wäre, wenn er es verstanden hätte, seine Bedürfnisse zu befriedigen.

Letztlich aber ist und bleibt der wahre Held – oder besser gesagt, die »Heldin« – dieser Geschichte eine Person, die nirgends in den umfangreichen Zeugnissen zu Wort kommt, obwohl sie siebenundzwanzig Jahre mit Victor verbrachte: Mme. Guérin. Dank ihrer Fürsorge und Liebe konnte Victor vor dem Schlimmsten gerettet werden. Nachdem er nicht mehr fähig war, im Wald zu leben und bereits bei seinem Lehrer und den Wissenschaftlern ausgedient hatte, kann man davon ausgehen, dass er ohne die gütige Mme. Guérin sein Dasein im Irrenhaus, dem letzten Aufenthaltsort der Ungeliebten, gefristet hätte.

Victor von Aveyron

Kapitel 4

Aus aller Welt

Madame de … aus den Pyrenäen (1808)

Der französische Schriftsteller Christian Bernadac griff diesen ungewöhnlichen Fall 1984 in seinem Buch *Madame de…qui vivait nue parmi les ours, au sommet, des monts perdus* … (Madame von … die nackt unter den Bären auf dem Gipfel der verlorenen Berge lebte) auf. Kurz gefasst: Eine splitternackte Frau, etwa vierzig Jahre alt, wurde 1808 in den Bergtälern von Vicdessos in Ariège nahe der spanisch-andorrischen Grenze in Gewahrsam genommen. Hirten hatten im Lauf von zwei oder drei Jahren, Sommer wie Winter, schon mehrmals beobachtet, wie sie durch Wald und Wiese lief und ins frische Berggewässer sprang, um Fische zu fangen. Als zwei Hirten ihr einmal Essen gaben, redete sie die Männer in französischer Sprache an. Sie verstanden sie aber nicht, da sie nur das dortige Patois beherrschten. In den Dörfern raunte man von *la Fado*, der Irren, deren blonde Haare bis zu den Knien herunterwallten. Erzählt wurde, wie sie zuweilen mit den Braunbären zöge. Im Winter sei sie ins Tal hinabgestiegen, um Hühner aus den Scheunen zu entwenden.

Man duldete sie lange. Doch als eines Tages in einem Dorf eine Quelle versiegte und die Ernte schlecht ausfiel, wisperten manche, sie sei eine Hexe. Man rief die Polizei. Nach einer energischen Verfolgungsjagd nahm man sie fest. Man kleidete sie an, gab ihr zu essen und brachte sie in die Stadt. Doch gleich am nächsten Tag ergriff sie die Flucht und wurde eine Zeit lang nicht mehr gesehen, das heißt, bis zu ihrer endgültigen Festnahme im Frühjahr 1808. Diesmal lieferte man sie in ein Hospiz in der Kreisstadt Foix ein. Wieder entkam sie, aber nur für sehr kurze Zeit. Man sperrte sie im städtischen Schloss ein und hielt sie in einem dunklen Verlies gefangen. Dort sei sie nach wenigen Tagen an ihrem Unglück gestorben.

Viel mehr war über Madame de … nicht zu erfahren. Bernadac setzte die Einzelheiten seiner Geschichte aus einer Reihe zeitgenössischer Zeugenaussagen und diversen mündlichen Überlieferungen zusammen. Insbesondere diente ihm eine siebenundneunzigjährige Frau, Angèle Rousse, geboren 1887, als Zeitzeugin. Sie gab wieder, was sie als Kind von ihrer Lehrerin, ihrer Familie und von den Nachbarn über den Fall gehört hatte. Es kursierten Ende des 19. Jahrhunderts immer noch einige Gerüchte in der Gegend über die armselige Madame de …, zum Beispiel, dass sie adligen Ursprungs gewesen sei. Manche erzählten, sie sei mit ihrem adligen Mann auf dem Weg nach Frankreich gewesen (als zurückkehrende Flüchtlinge der Revolution), als das Ehepaar von Straßenräubern in den Bergen überfallen worden sei. Der Mann sei auf der Stelle umgebracht worden, die völlig traumatisierte Frau sei in den Bergen zurückgeblieben. Im Winter, so munkelten manche, habe sie sich neben die schlafenden Bären (in den Pyrenäen scheinbar eine friedvolle Rasse – heute vollkommen ausgerottet) gelegt, um sich zu wärmen.

Anmerkung: Ganz ehrlich habe ich die Geschichte von Madame de … spontan für eine Fiktion gehalten, auch wenn Bernadac schriftliche Quellen für seine Darstellung angibt. Die wichtigsten: *La Folle des Pyrénées, histoire et légende* von Albert Cazes (1924), eine ausführliche Quellensammlung über den Fall, und *Vie et fin déplorable de Madame de Budoy, trouvée en janvier 1814, entièrement nue et vivante, sur les hautes montagnes du canton de Vicdessos, département de l'Arriège* (sic!) von Charles Doris (1817), ein historischer Roman, der auf den damals bekannten Fakten basierte. Beide Titel hielt ich zunächst für geistreiche Erfindungen des Autors. Eine Recherche im Katalog der Bibliothèque Nationale de France belehrte mich aber eines Besseren: Diese Bücher existierten tatsächlich. Bernadac bediente sich auch eines Aufsatzes eines gewissen Bascle de Lagrèze, eines Präfekten aus Foix, der 1814 im *Journal de l'Ariège* einen kurzen Aufsatz, *Histoire d'une*

Femme trouvée entièrement nue sur les hautes montagnes du Canton de Vicdessos, veröffentlicht hatte. Auch Bascle de Lagrèze war, so stellte sich heraus, keine Erfindung Bernadacs. Fakt, Fiktion oder Faktion? Wie dem auch sei – obwohl diese Ereignisse zeitlich beinahe mit dem viel berühmteren Fall Victor zusammenfielen, erweckten sie wohl kein Interesse unter den wissbegierigen Gelehrten in Paris. Vielleicht hat die Nachricht darüber die Hauptstadt nie erreicht.

♦

Das litauische Zwergskelett (1812)

In dem 1817 erschienenen *Mémoire de Chirurgie militaire et Campagnes*, so Tafel, erinnerte sich Jean-Dominique Larrey, Hauptchirurg im Hospital der königlichen Garde und vormaliger Lehrer des jungen Jean Itard, an eine Entdeckung, die er 1812 in Vilna machte, wo er sich damals im Dienst Napoleons befand.

»Man hat ebenfalls in diesem Kabinett [im Ortskrankenhaus, Anm. d. Verf.] das Skelett eines Zwerges, dessen Herkunft unbekannt geblieben ist. Man war ihm mehrfach in den Wäldern Litauens begegnet. Er trug ungegerbte Tierfelle. Sein Körper war sehr behaart. Er näherte sich nur selten den Häusern und ernährte sich von Tierfleisch und von wild wachsenden Früchten, die er sich während der warmen Jahreszeiten als Vorrat anlegte. Das wäre ziemlich alles, was wir über das Leben dieses Menschen in Erfahrung bringen konnten, dessen Schädel viel Gemeinsames zu haben scheint mit dem Kopf des Wilden von Aveyron, den ich bei Herrn Doktor Itard nach meiner Rückkehr aus Ägypten gesehen hatte. Das Skelett des Wilden aus Litauen weist viele Ähnlichkeiten mit dem eines Orang-Utans auf. Der Schädel ist sehr klein, vergleicht man ihn mit dem eines Menschen dieser Größe und dieses Alters. Die Stirn ist beinahe nicht vorhanden, der Hinterkopf ist sehr entwickelt und bildet einen starken Hinterhauptvorsprung. Die beiden Kieferknochen ragen insbesondere am Zahnbogen hervor. Die Schneidezähne und die Eckzähne sind von einer ausge-

prägten Weiße und sind fast kegelförmig, spitz und viel länger als üblich. Die oberen Glieder sind länger als bei einem normal proportionierten Menschen. Die unteren sind im Verhältnis sehr kurz, und die Fersenbeine ragen nach hinten hervor.«

ANMERKUNG: Wer dieser armselige Mensch war, werden wir nie wissen. Im Leben ein Ungeheuer, im Tod ein Ausstellungsgegenstand im Gruselkabinett neugieriger Wissenschaftler. Das litauische Zwergskelett ist der entseelte Mensch schlechthin.

♦

Der Knabe von Trabzon (1813)

Kapitän John MacDonald Kinneir, Mitarbeiter der Ostindiengesellschaft, erblickte diesen Menschen in der türkischen Hafenstadt Trabzon (damals Trapezunt) am Schwarzen Meer und hielt die Begegnung für wichtig genug, um sie in seinen Memoiren, *Reise durch Klein-Asien, Armenien und Kurdistan in den Jahren 1813 –1814* anzumerken.

»Wir liefen in den Hafen von Trabzon ein [den 4. Juni 1813]… Alles war im regen Treiben, und die Einwohner in steter Bewegung: hier trugen Kinder Sorbets, dort verkauften Bäcker Kuchen. Am meisten erregte aber ein Armer unsere Aufmerksamkeit, der in der Mitte des Marktes auf einem alten und schmutzigen Stück Filz saß. Da er viele Jahre jeder Witterung ausgesetzt gewesen, so war sein Körper mit langen Haaren bedeckt, seine Stimme ähnelte dem Bellen eines Hundes; und er verschlang, wie man mir erzählte, täglich so viel als acht andere Menschen nur zu verzehren im Stande waren. Seit vielen Jahren hatte er seinen Platz nicht verändert. Die Türken (welche die Narren als Günstlinge des Himmels betrachten) schonen ihn, und selten geht einer vorüber, ohne ihn zu beschenken. Wir erfuhren nachher, dass man ihn wild mitten im Walde gefunden habe. Ebenso hatte man in den Gehölzen bei Smyrna eine Frau getroffen, die weder gehen noch sprechen konnte, und wie ein Tier mit Haaren bedeckt war.«

ANMERKUNG: Ob dieser arme Wicht auf dem Markt – Gott sei Dank erhielt er Almosen – als Wilder im Wald wirklich aufgefunden wurde, bleibe dahingestellt. Ebenso die Behauptung, er habe so viel wie acht Menschen gegessen und sei ganz behaart gewesen. Über die Frau in Smyrna wissen wir noch weniger. Notgedrungen fragt man sich aber: Wenn sie nicht gehen konnte, wie kam sie im Wald zurecht?

♦

Clemens, das Schweinekind von Overdyke (1815)

Der Ethnologe Edward Burnett Tylor veröffentlichte 1863 im renommierten *Anthropological Review* einen wichtigen Aufsatz, *Wild Men and Beast-Children*, zum Thema wilde Menschen. Wir befinden uns in der Anfangszeit des Darwinismus. Auch Tylor wurde von der neuen Theorie beeinflusst. (Jahre später würde er eine eigene Evolutionstheorie über die Herkunft der Religion aus dem Animismus unterbreiten.) Im genannten Aufsatz untersuchte er die Frage, ob der *homo ferus* die menschliche Entwicklungsgeschichte (im Sinne des Darwinismus) zu beleuchten vermochte, was er letztendlich bezweifelte. Er ordnete die meisten damals bekannten Fallbeschreibungen von wilden Kindern in den Bereich der Märchen ein und meinte abschließend, es handele sich bei diesem Thema eigentlich um vergleichende Mythologie. Den Fällen, die man zuverlässig belegen konnte, stand er skeptisch gegenüber. Denn, so schrieb er, »es ist unmöglich zu sagen bei allen jenen Fällen, inwieweit ihr elendes Schicksal das Ergebnis eines Mangels an Zivilisation war und inwieweit dagegen der Schwachsinn eine Rolle spielt.« Ein Einwand, der das Thema bis heute begleitet.

Die Geschichte von Clemens entnahm er einem 1836 erschienenen Buch, *Dusselthal Abbey*, des Grafen von der Recke, der jahrzehntelang ein »Institut für notleidende Waisen und jüdische Proselyten« leitete. Clemens war, wie viele verwilderte Kinder, ein Kriegsopfer. Sein Schicksal ereilte ihn, als die Armeen Napoleons Europa durchzogen. Tylor erhielt nach eigener Aussage zusätzliche Einzelheiten über Clemens vom Grafen selbst:

»Eines Tages wurde ein Junge an das Institut geschickt. Er war in Lumpen gehüllt und blutete. Er vermochte nicht seinen Namen zu sagen. Da es der Tag des Heiligen Clemens war, nannte man ihn Clemens. Als man ihn fragte, woher er käme, sagte er ›von der anderen Seite des Wassers‹. Seine Antworten auf andre Fragen waren zumeist unverständlich. Nachdem er sich einigermaßen erholt hatte, erzählte er das Wenige, das er über seine eigene Geschichte wusste. Er musste Schweine hüten und wurde mit diesen nachts eingesperrt. Der Bauer, sein Herr, gab ihm kaum genug zu essen, um überleben zu können. Also saugte er an der Milchsau und fraß das Grünzeug mit den Schweinen. Nachdem er nach Overdyke gekommen war, musste man ihn am Anfang von den Salatbeeten fernhalten, als wäre er selbst ein Schwein. Er ging im Garten auf allen vieren und packte und aß das Gemüse mit seinen hervorstehenden Zähnen. Er verlor seine Zuneigung für Schweine nie. Sie waren derart zahm in seiner Gegenwart, dass er auf deren Rücken reiten konnte. Seine angenehmsten Erinnerungen und seine Lieblingsgeschichten bezogen sich auf sein Leben mit ihnen während seiner Kindheit.

Dieser Junge war eigentlich kein Schwachsinniger, wie seine Vorgeschichte zeigt. Doch er litt wahrscheinlich an einer angeborenen geistigen Unvollkommenheit. Sein Kopf war, der Beschreibung nach, schmal, seine Stirn tiefliegend. Die Augen waren schwer, und man konnte ihm nicht beibringen, schnell zu rennen oder ordentlich zu laufen. Er war allerdings nicht verwachsen. Er lachte gerne, verfügte über eine freudige Miene, war empfindlich und empfänglich in Bezug auf die Güte anderer. Andererseits neigte er zu heftigen Wutausbrüchen. Einmal, nachdem er ob seines Fluchens (eine Gewohnheit aus früheren Zeiten) gerügt wurde, versuchte er seinen Wohltäter mit einer Holzfälleraxt zu ermorden und lachte herzhaft, als man ihn wegführte, um ihn einzusperren.«

ANMERKUNG: Clemens würden wir aus heutiger Sicht als misshandeltes Kind bezeichnen, als einen verwahrlosten, nicht als einen verwilderten Menschen. Als er zu den Schweinen kam, war er ohnehin schon zu alt, um der Mowgli der Borstentiere zu werden. Ob er wirklich unter einer angeborenen Geistesschwäche litt, können wir nicht mehr feststellen. Wir sind auf den Bericht Tylors und die Aussagen des Augenzeugen Graf von der Recke angewiesen. Wie viele misshandelte Kinder ist auch Clemens zu einem unberechenbaren, zuweilen gewalttätigen Menschen herangewachsen.

♦

Der zweite Junge von Overdyke (1815)

Auch dieses Kind war ein Zögling des Grafen von der Recke und wohl auch ein Kriegsopfer. Tylor schreibt darüber:

> *»Ein anderer Knabe, der im selben Institut Aufnahme fand, hatte gelernt, fast wie ein Wilder im Wald zu überleben. Er kam in die Dörfer, um Essen zu rauben. Er kletterte wundersam behende auf Bäume, um nach Eiern und Vögeln zu jagen, die er roh verschlang – eine Gewohnheit, die man ihm vergebens herauszureden versuchte. Das Wissen des Jungen über Vögel und ihre Gewohnheiten war außerordentlich. Der veröffentlichte Bericht über ihn schildert, wie er ›jedem Vogel einen charakteristischen und zumeist passenden Namen‹ gegeben hatte, ›den sie zu erkennen schienen, als er nach ihnen pfiff‹. Dies bedeutet, nehme ich an, dass er jeden Vogel hinlockte, indem er seinen Gesang nachahmte.«*

ANMERKUNG: Diese völlig nachvollziehbare Geschichte steht als Beweis dafür, dass der Mensch verwildern und in der Wildheit überleben kann. Man hat keinen Grund, an den Fähigkeiten dieses Jungen zu zweifeln. Leider wissen wir gar nichts über das Alter des pfiffigen Vogeljägers, als er in den Wald geriet – ebenso wenig über sein Alter, als er in das Institut kam.

♦

Das Schweinemädchen von Salzburg (um 1825)

Wilhelm Horn, Doktor der Philosophie, Medizin und Chirurgie, veröffentlichte 1831 den ersten Band seiner *Reise durch Deutschland, Ungarn, Holland, Italien, Frankreich, Großbritannien und Irland in Rücksicht auf medizinische und naturwissenschaftliche Institute, Armenpflege u.s.w.*, ein ehrgeiziger Baedeker der Heilanstalten seiner Zeit. Oft nimmt er den Leser bei der Hand und führt ihn in Bereiche, die sonst nur selten zugänglich sind – das Obduktionszimmer oder das private Gruselkabinett eines seiner Kollegen, manchmal die geschlossene Abteilung einer Irrenanstalt. Dort schaut man in die Zimmer und lernt die Insassen dank Doktor Horn kennen. So schreibt er von einer Salzburger Irrenanstalt:

> *»Eine Person war bis in ihr 16tes Jahr im Schweinestall und im Schweinefutter mit Schweinen aufgezogen worden, und hatte da viele Jahre mit übereinander geschlagenen Beinen gesessen, so dass das eine ganz verbogen; dass sie nun keine Stimme hat, zu anständigem Essen gezwungen werden muss, was sie jetzt begriffen hat (sie war 22 Jahr und nicht hässlich), grunzte wie ein Schwein und betrug sich ungebährlich in ihrem menschlichen Anzuge!«*

ANMERKUNG: Ende der Durchsage. Leider. Im nächsten Satz steht Doktor Horn schon vor dem nächsten Bett. Der Jurist Anselm von Feuerbach, Beschützer von Kaspar Hauser, erwähnte diesen Fall als weiteres Beispiel eines »Verbrechens am Seelenleben des Menschen«. Das Schicksal des Schweinemädchens lässt aber glauben, dass Hauser im Vergleich ein wahrer Glückspilz war.

♦

Zwei Männer auf Tahiti (um 1820)

Der Missionar William Ellis verbrachte beinahe sechs Jahre auf den Südseeinseln im Pazifik mit der Absicht, die Urbevölkerung zum Christentum zu bekehren. Nach seiner Rückkehr nach England veröffentlichte er ein zweibändiges Werk, *Polynesian Researches*, über seine Erlebnisse in dieser damals wenig erforschten Ecke der Welt. Auch er entdeckte verwilderte Menschen. In diesem Fall waren es Erwachsene, die sich in den Bergen Tahitis verschanzten, um dem sicheren Tod in den Vernichtungskriegen der Insel zu entkommen:

> *»Ein eindeutiges Resultat ihrer schrecklichen Kriege ist die Existenz einer Zahl wilder Männer in den entfernten Bergfesten Tahitis. Ich kenne keine auf den anderen Inseln. Man trifft auf sie immer wieder in der Nähe von Atehuru. Als ich 1821 diese Station besuchte, sah ich einen dieser Männer, der dort einige Zeit gewohnt hatte, nachdem er in den Bergen aufgefunden wurde. Er war eigentlich zahm, doch ich werde kaum sein Aussehen vergessen. Er war größer als der durchschnittliche Mensch, hatte große Knochen, war aber nicht sehr fleischig. Seine Gesichtszüge und sein Aussehen waren sehr einprägsam. Sein Teint war nicht dunkler als hier üblich, er war aber unruhig und wild. Sein Bart war unrasiert, und seine Haare waren seit vielen Jahren nicht mehr geschnitten worden. Sie hatten eine Länge von etwa anderthalb Fuß [50 cm] zum Teil vielleicht sogar länger … Die Haarfarbe war einmalig: An den Wurzeln nahe dem Kopf war sie dunkelbraun bis schwarz. Sechs Zoll [15 cm] vom Kopf war sie dagegen hellbraun. An den Spitzen neigte sie sogar zum Gelblichen. Immer wieder redeten die Leute auf ihn ein, dass er sich die Haare schneiden lasse. Er weigerte sich stets.*
>
> *Er trug lediglich ein maro, einen Lendenschurz, manchmal warf er sich ein leichtes Tuch über die Schultern. Er hatte die Nägel nur aus praktischen Gründen geschnitten. Er sprach sehr wenig. Er kam ab und zu vorbei, um uns zu begutachten, mochte aber selbst nicht beobachtet sein und zog sich zurück, wenn ich versuchte, mit ihm ins Gespräch zu kommen. Er war während eines Krieges in die Berge geflüchtet und dort viele Jahre allein geblieben. Schließlich wurde er von Menschen, die in dieser Gegend unterwegs waren, aufgefunden, festgenommen und ins Tal gebracht, wo man ihn nur schwer überzeugen konnte zu bleiben. Mr. Darling meinte, er sei sehr ru-*

hig, zeige aber kein Interesse an dem, was um ihn herum geschehe. Man vermutet, dass er während seiner Abgeschiedenheit unter gewissen Wahnvorstellungen gelitten hatte, was womöglich das Ergebnis des Schreckens war, als er vom Schlachtfeld flüchtete.

Seit Mr. Darling in Bunaauia wohnt, hat man auch andere in den Bergen gesichtet. Einen haben die Leute vom Burder's Point festnehmen können. Sie waren in den Bergen auf der Suche nach Holz und Essen. Plötzlich nahmen sie einen Menschen wahr, der in ihre Richtung lief. Kaum hatte er sie wahrgenommen, flüchtete er. Sie folgten und konnten ihn festnehmen … Man sprach ihn an, aber er antwortete nicht und schien nichts zu verstehen. Sie führten ihn zum Strand. Er zeigte große Angst, als er Menschen sah. Sie brachten ihn aber zum Haus des Häuptlings und behandelten ihn mit Güte. Man vermied es tunlichst, ihn zu bedrängen. Man brachte ihm zu essen und zu trinken. Er nahm nichts an. Während der ersten Nacht hielt man bei ihm Wache. Am nächsten Tag gab man ihm wieder zu essen und zu trinken, doch er nahm nichts an und schwieg eisern. Im Laufe der zweiten Nacht konnte er aus dem Haus entfliehen. Er kehrte wieder in die Berge zurück. Seitdem hat man nichts mehr von ihm gehört. Er schien nicht besonders alt zu sein, war unbekleidet. Doch obwohl er ein gut gestalteter Mensch war, machte er einen äußerst elenden Eindruck.

Man geht davon aus, dass er in die Bergfesten im Inneren der Insel geflohen war, als er die gleiche Panik erlebte, die auch andere erschüttert hatte, nachdem sie in den Kämpfen, die auf Teilen der Insel während der letzten fünfzig Jahren wüteten, besiegt wurden. Vielleicht litt er unter einer geistigen Verwirrung, die den Verlust seines Gedächtnisses verursachte und ihn veranlasste, wie ein Dämon durch die einsamen Felsen und Täler zu irren. Die Eingeborenen bestätigen, dass auch andere wie er gesichtet werden. Manche Bewohner der tiefer liegenden Gegenden riskieren, durch eine unverhoffte Begegnung mit ihnen das Leben zu verlieren. Anhand des oben erwähnten Beweisstoffes zweifeln wir nicht an der Existenz solcher glücklosen Opfer. Doch weil sie so selten in Erscheinung treten, kann man davon ausgehen, dass sie nicht so zahlreich sind.«

ANMERKUNG: Tylor hielt diese Menschen für Geisteskranke, was durchaus glaubhaft ist. Wenn auch irre, sind sie aber wahrhaftig wild gewordene Menschen. Anders als Alexander Selkirk waren diese Tahitianer leider nicht im Besitz einer Bibel, um die Langeweile zu vertreiben.

♦

Kapitel 5
Der Fall Hauser

Kaspar Hauser (1828)

»So ereignete sich denn am zweiten Pfingsttage (26. Mai) 1828, abends zwischen 4 und 5 Uhr folgendes: Ein Bürger, wohnhaft auf dem sogenannten Unschlittplatze (in der Nähe des wenig besuchten Hallertörchens) weilte noch vor seinem Hause, um von da vor das sogenannte neue Tor zu gehen, als er, sich umsehend, nicht weit von sich einen als Bauernburschen gekleideten jungen Menschen gewahr wurde, welcher in höchst auffallender Haltung des Körpers dastand und, einem Betrunkenen ähnlich, sich vorwärts zu bewegen mühte, ohne gehörig aufrecht stehen und seine Füße regieren zu können. Der erwähnte Bürger nahte sich dem Fremdling, der einen Brief ihm entgegenhielt, mit der Aufschrift: »An Titl. Hrn. Wohlgebohrener Rittmeister bei 4ten Esgataron bei 6ten Schwoliche Regiment, Nürnberg«.

Da der bezeichnete Rittmeister in der Nähe des Neuen Tors wohnte, so nahm jener Bürger den fremden Burschen dahin mit sich an die Wache, von wo er zu der ganz nahe liegenden Wohnung des damals die 4. Eskadron des bezeichneten Regiments befehligten Rittmeisters von W. gelangte.

Dem die Haustür öffnenden Bedienten des von W. trat er, den Hut auf dem Kopf, seinen Brief in der Hand haltend, mit den Worten entgegen: »ä sechtene [solchener] möcht ih wähn, wie mei Vottä wähn is«, oder »woas nit!« Er war, wie der Bediente des Rittmeisters in seinem Verhör als Zeuge aussagt, so ermattet, dass er nicht sosehr ging als »herumschweifte«. Weinend, mit dem Ausdruck heftigen Schmerzes, deutete er auf seine unter ihm brechenden Füße, und schien an Hunger und Durst zu leiden. Man reichte ihm ein Stückchen Fleisch; doch kaum hatte der erste Bissen seinen Mund berührt, als er ihn sich schüttelnd, unter heftigen Zuckungen seiner Gesichtsmuskeln, mit sichtbarem Entsetzen wieder von sich spie. Dieselben Zeichen des Abscheus, als man ihm ein Glas Bier gebracht und er davon einige Tropfen gekostet hatte. Ein Stück schwarzen Brotes und ein Glas frischen Wassers verschlang er mit heißer Begier und äußerstem Wohlbehagen. Was man unterdessen mit ihm noch versuchte, um über seine Person und sein Hierherkommen etwas zu erfahren, war vergebliche Mühe. Er schien zu hören, ohne zu verstehen, zu sehen, ohne etwas zu bemerken, sich mit den Füßen zu bewegen, ohne sie zum Gehen gebrauchen zu können. Seine Sprache waren meistens Tränen, Schmerzenslaute, unverständliche Töne oder die häufig wiederkehrenden Worte: »Reutä [Reiter] wähn, wie mei Vattä wähn is«. Im Hause des Rittmeisters hielt man ihn bald nur für einen wilden Menschen und führte ihn, bis zur Heimkunft des Hausherrn, in den Pferdestall, wo er sogleich auf dem Stroh sich ausstreckte und in tiefen Schlaf versank.«

So beginnt die 1832 erschienene Schrift des bayrischen Staatsrats und Gerichtspräsidenten Paul Johann Anselm von Feuerbach, *Kaspar Hauser. Beispiel eines Verbrechens am Seelenleben des Menschen.* Grundlage dieser Arbeit waren die ersten Verhöre im Nürnberger Magistrat, die kurz nach Auftauchen des Fremden angefertigt wurden. Feuerbach selbst war am 11. Juli 1828 nach Nürnberg gekommen, um einen eigenen Eindruck von dem sonderbaren Jüngling zu gewinnen. Kaspar war wie aus heiterem Himmel in der fränkischen Stadt aufgetaucht. Er verfügte aktiv über etwa fünfzig Wörter. Mit Vorliebe aber wiederholte er Satzfetzen in bayrischer Mundart: »Reutä wähn, wie mei Vattä wähn is«, »woas nit«, »hoam weisa«. Menschen nannte er pauschal »Bua«, Tiere, »Ross«.

Als Friedrich von Wessenig, Rittmeister der 4. Eskadron bei den 6. Chevauxlegers, nach Hause zurückkehrte, so Feuerbach weiter, fand er im Stall den schlafenden Hauser vor.

»Nachdem ich ihn hatte erwecken lassen, taumelte er mir entgegen, sich über meine Uniform kindisch freuend, und unter der Äußerung ›a sechtener möcht ich werden‹. Sein Gang war äußerst ermattet und schwach, und was ich bezüglich Hausers geistiger Bildung wahrzunehmen imstande war, verriet den Zustand gänzlicher Verwahrlosung oder einer Kindheit, die mit seiner Größe kontrastierte.«

Der irritierte von Wessenig ließ den seltsamen Jüngling gleich zum Magistrat abführen. Der erneute Fußmarsch war schmerzlich für ihn. Er taumelte und wimmerte. Beim Magistrat angekommen, entdeckte man aber sogleich den unmittelbaren Grund seiner Beschwerden: Die Fußsohlen des Fremden waren zart wie die eines neugeborenen Kindes. Es war, als wäre er nie zuvor auf den Beinen gewesen.

»Sein ganzes Wesen und Benehmen zeigte an ihm ein kaum zwei- bis dreijähriges Kind in einem Jünglingskörper. Die meisten dieser Polizeimänner waren nur darüber geteilt, ob man ihn für einen Blöd- oder Wahnsinnigen oder für einen Halbwilden halten solle. Der eine und andere meinte jedoch: Es wäre wohl möglich, dass in diesem Buben ein feiner Betrüger stecke, eine Meinung, welche durch folgenden Umstand einen nicht geringen Schein für sich gewann. Man kam auf den Einfall, zu versuchen, ob er vielleicht schreiben könne, gab ihm eine Feder mit Tinte, legte einen Bogen Papier vor ihm hin und forderte ihn auf, zu schreiben. Er schien darüber Freude zu bezeigen, nahm die Feder nichts weniger als ungeschickt zwischen seine Finger und schrieb, zu aller Anwesenden Erstaunen, in festen, leserlichen Zügen den Namen: KASPAR HAUSER...«

Er konnte schreiben, war aber nicht in der Lage, Auskunft über seine Herkunft zu geben. Jede Frage beantwortete er mit den bekannten Sätzen und Satzfragmenten. Man steckte ihn schließlich in ein Arreststübchen. Dort legte er sich auf einen Strohsack und fiel sogleich in einen tiefen Schlaf. Währenddessen filzte man ihn und untersuchte seine Kleider, die aber wenig Aufschluss über seine Herkunft boten. Allerdings fand man zwei rätselhafte Briefe. Der erste stammte angeblich von einem »armen Tagelöhner«:

»Von der Bayerschen Gränz daß Orte ist unbekannt 1828.
Hochwohlgeborner Hr. Rittmeister!
Ich schücke ihner ein Knaben der möchte seinen König getreu dienen verlangte Er, dieser Knabe ist mir gelegt worden, 1812 den 7. Ocktober, und ich selber ein armer Taglöhner, ich habe auch selber 10 Kinder, ich habe selber genug zu thun daß ich mich fortbringe, und seine Mutter hat nur um die erziehung dass Kind gelegt, aber ich habe sein Mutter nicht erfragen können, jezt habe ich auch nichts gesagt, daß mir der Knabe gelegt ist worden, auf den Landgericht. Ich habe mir gedenkt ich müßte ihm für mein Sohn haben, ich habe ihm Christlichen Erzogen, und habe ihn Zeit 1812 Keinen Schrit weit aus den Haus gelassen daß Kein Mensch nicht weiß davon wo Er auf erzogen ist worden, und Er selber weiß nichts, wie mein Hauß Heißt und daß ort weiß er auch nicht, die derfen ihm schon fragen er kann es aber nicht sagen, daß lessen und schreiben habe ich ihm schon gelehrt er kann auch mein Schrift schreiben wie ich schreibe, und wan wir ihm fragen was er werde, so sagte er will auch ein Schwolische werden waß sein Vater gewesen ist, Will er auch werden, wen er Eltern häte wir er keine hate wer er ein gelehrter bursche worden. Sie derfen im nur was zeigen so kan er es schon …
Ich habe im nur bis Neumark gewißt da hat er selber zu ihnen hingehen müssen ich habe zu ihm gesagt wenn er einmal ein Soldat ist, kome ich gleich und suche ihm heim sonst häte ich mich von mein Hals gebracht
Bester Hr. Rittmeister sie derfen ihm gar nicht tragtieren er weiß mein Orte nicht wo ich bin, ich habe im mitten bei der nacht fort gefürth er weiß nicht mehr zu Hauß,
Ich empfehle mich gehorsamst Ich mach mein Namen nicht Kentbar den ich Konte gestraft werden,
Und er hat Kein Kreuzer Geld nicht bey ihm weil ich selber nichts habe wen Sin im nicht Kalten [behalten] so müssen Sie im abschlagen oder in Raufang [Rauchfang] auf henggen.«

Der zweite Brief – nach einer ausführlichen graphologischen Untersuchung als Produkt der gleichen Hand identifiziert – gab vor, die Botschaft eines »armen Mägdleins« zu sein:

> *»Das Kind ist schon getauft Sie heist Kasper in [einen] Schreibname misen Sie im Selber geben das Kind möechten Sie auf ziehen Sein Vater ist ein Schwolische gewesen wen er 17 Jahr alt ist so schicken Sie im nach Nirnberg zu 6ten Schwolische Regiment da ist auch sein Vater gewesen jch bitte um die erziehung bis 17 Jahre gebohren ist er im 30. Aperil 1812 im Jaher ich bin ein armes Mägdlein ich kan das Kind nicht ernehren sein Vater ist gestorben.«*

Feuerbach griff auch eine Beschreibung des Knaben auf, die zur Zeit von dessen Ankunft in Nürnberg angefertigt worden war. Darin werden das Ebenmaß des Körpers und die auffallend zarte Haut hervorgehoben, ebenso die Tatsache, dass beide Arme Impfnarben aufwiesen. Der etwa sechzehn bis siebzehn Jahre alte Junge wirkte anfangs apathisch, streckte die Hände mit gespreizten Fingern steif vor sich hin, schwankte beim Gehen, vermochte kaum Treppen zu steigen und war nicht fähig, sich auf einem Bein zu halten. Dem Gutachten des Nürnberger Arztes Dr. Osterhausen zufolge, wies das Knie »eine besondere regelwidrige Bildung« auf. Bei Streckung des Unterschenkels trete in der Regel die Kniescheibe hervor; bei Hauser aber lag sie »in einer beträchtlichen Vertiefung«. Erstaunlich war, dass »nicht die geringste Höhlung zu bemerken« war, wenn er die Beine auf dem Boden ausstreckte, sodass »kaum ein Kartenblatt unter die Kniekehle zu schieben« wäre. Dies deutete daraufhin, dass er die Gewohnheit hatte, mit ausgestreckten Beinen lange auf dem Boden auszuharren.

Die ersten sieben Wochen seines Aufenthalts in Nürnberg verbrachte Kaspar Hauser im Luginslandturm, zuerst in einem Arreststübchen, später in der Wohnung des Turmwächters Andreas Hiltel und seiner Familie. Eine Zeit lang diente Kaspar – wem soll man es verübeln? – der allgemeinen Belustigung. Die Nürnberger strömten zum Turm, um ihn zunächst in der Arrestzelle, nachher bei Familie Hiltel zu begaffen. Viele brachten aber auch Geschenke mit: Spielzeug, Papier, Bänder. Kaspar verbrachte die meiste Zeit mit ausgestreckten Beinen auf dem Boden sitzend und spielte wie ein Kleinkind mit einigen aus Holz geschnitzten Pferden. »Ross! Ross!« grunzte er stets dabei. Mit seinen Pferdchen teilte er Essen und Trinken und war sehr um ihr Wohlergehen bemüht. Er freute sich über die Geschenke und räumte seine Sachen immer ordentlich auf. Er war der Inbegriff der Unschuld. So ließ er sich von Frau Hiltel baden, ohne dass er das geringste Schamgefühl ob seiner Nacktheit verspürte. Mit dem elfjährigen Sohn der Familie, Julius, übte er das Sprechen und Schreiben. Die dreijährige Margareta lehrte ihn, Glasperlen auf eine Schnur zu reihen. Anfang Juli konnte Kaspar wieder so viel sprechen, dass er seine Vorgeschichte, soweit er sie überhaupt kannte, dem Nürnberger Bürgermeister Dr. Binder mitzuteilen vermochte. Hier einige Auszüge aus Binders Bekanntmachung vom 7. Juli 1828:

»[Er] war immer ganz allein eingesperrt und sah und hörte niemand anders als das Ungeheuer, das ihm seine einzige Nahrung, Brot und Wasser, reichte. Er befand sich stets in einem kleinen, engen, niedrigen Raum zu ebner Erde ... Zwei kleine längliche Fenster waren mit Holzstößen verschlichtet, und durch sie drang daher nur ein schwaches dämmerndes Licht; niemals sah er die Sonne. Er saß in einem Hemd und kurzen ... Hosen, ohne alle weitere Bekleidung, auf dem Boden und spielte mit zwei weißen hölzernen Pferden, die er sonst Rosse nannte, und einem weißen hölzernen Hund, hing ihnen verschiedene kleine Spielsachen um den Hals und sprach mit ihnen soviel, als ihm der Mangel an Wörtern und somit die Armut an Begriffen gestattete ... Im Boden seines Behältnisses stand, wie es scheint, mit ausgehöhlter Vertiefung, ein Hafen oder ein ähnliches Gefäß mit einem Deckel, in welchen er seine körperlichen Bedürfnisse verrichtete; nicht weit davon lag auf der Erde ein Strohsack, welchen er zuerst sein Bett nannte. Da er wegen Mangel an Übung fast gar nicht stehen und gehen konnte, sondern, wenn er sich aufrichtete, fiel, so rutschte er auf dem Boden bei seinen Pferden herum, von diesen zum Hafen, und von da zum Strohsack, auf welchem er schlief. Dies

geschah immer, sobald die Nacht einbrach. Der früheste Morgen traf ihn schon wach. Beim Erwachen fand er vor seinem Lager schwarzes Brot und frisches Wasser, und den oben gedachten Hafen geleert; er schließt daraus mit Recht, dass statt der Nahrungsmittel, welche er immer Tags vorher verzehrt hatte, während des Schlafs ihm neue gebracht worden sind, und auf gleiche Weise die Reinigung des Hafens erfolgt ist. Ein gleiches behauptet er auch hinsichtlich des Beschneidens der Nägel und Haare. Sein Hemd wechselte er sehr selten und da er nicht weiß, wie es geschah, so behauptete er, dass es ebenfalls, während des Schlafes, der gut und fest war, geschehen sein müsse. Das Brot das er genoss, war ihm zureichend, an Wasser dagegen hatte er nicht immer Vorrat nach Durst …

Lang, lang aber wie lang, das weiß er nicht, weil er keinen Begriff von der Einteilung der Zeit hatte, war er in diesem Kerker gewesen. Niemand hatte er darin gesehen, keinen Strahl der Sonne, keinen Schimmer des Mondes, kein Licht, keine menschliche Stimme, keinen Laut eines Vogels, kein Geschrei eines Tiers, keinen Fußtritt gehört. Da öffnete sich endlich die Türe des Kerkers, und der Unbekannte, welcher ihn bis Nürnberg geführt, trat ein, barfuß und fast ebenso, wie er, dürftig gekleidet … und gab sich ihm als denjenigen zu erkennen, der ihm immer Brot und Wasser gebracht und die Pferde geschenkt habe.

Derselbe gab ihm … Bücher, sagte ihm, dass er nun lesen und schreiben lernen müße, und dann zu seinem Vater komme, der ein Reiter gewesen sei und dass er auch ein solcher werden solle. Bei seinen außerordentlichen, durch die langwierige und furchtbare Einkerkerung dennoch nicht in Stumpfsinn übergegangenen geistigen Anlagen fand die Bemühung des Unbekannten leichter Eingang. Er lernte, wie er sagt, und ihm auch nach seinen jetzigen sichtbaren Fortschritten ebenfalls zu glauben ist, schnell und leicht, aber doch nicht viel, sondern nur notdürftig lesen und seinen Namen schreiben, weil der Unbekannte immer nur nach vier Tagen, am fünften Tage wieder zu ihm kam und ihn unterrichtete. Immer aber kam er in derselben Kleidung, barfuß, und Hauser hörte ihn nicht eher kommen, als bis er die Türe geöffnet hatte …

Bei Erteilung dieses Unterrichts schärfte ihm dieser ernstlich ein, ›niemals zur Türe hinaus zu wollen, weil über ihm der Himmel und darin ein Gott sei, der bös würde und ihn schlage, wenn er hinaus wolle.‹
So verging wieder eine geraume Zeit, doch war sie nach seiner Meinung nicht so lang, als er sich in Nürnberg befindet; da wurde er auf einmal nachts geweckt. Der Unbekannte stand wieder vor ihm und sagte ihm, dass er ihn jetzt fortführen wolle. Er weinte darüber, ließ sich aber durch die ihm inzwischen oft vorgesagte, wahrscheinlich auch erklärte, und lieb gewonnene Vorstellung, dass er zu seinem Vater komme, und dass er wie dieser, ein Reiter werde, bald beruhigen. Der Unbekannte … nahm Kaspar Hauser, wie er war, auf den Rücken und trug ihn … ins Freie, und unmittelbar darauf einen langen hohen Berg hinauf, immer weiter fort, bis es Tag wurde. Er war indes wieder eingeschlafen, und erwachte erst, als er auf den Boden niedergesetzt wurde; da lehrte ihn der Unbekannte gehen, was ihm sehr schwer fiel, denn er war barfuß und seine Fußsohlen sehr weich, er musste daher sich oft niedersetzen, endlich konnte er aber doch besser gehen, und abwechselnd, unter Gehen und Ausruhen, trat die zweite Nacht ein …«

Drei Tage waren die beiden unterwegs, sie ernährten sich von Brot und Wasser aus einer Bouteille, die der Unbekannte in der Tasche bei sich trug. Derselbe brachte ihm während der Reise das Vater Unser und noch ein anderes Gebet bei und versprach Kaspar immer wieder, dass er zu seinem Vater käme und ein Reiter würde. Als sie Nürnberg erreichten, zog der Unbekannte den bereits erwähnten Brief aus der Tasche. Er übergab ihn Kaspar Hauser und trug ihm auf, in die Stadt hineinzugehen und ihn jemandem zu geben, der ihn weiterführen würde. Er beschrieb ihm den Weg und versprach ihm, als Hauser sich ungern von ihm trennte, gleich nachzukommen.

Kaspars schnell wiedererlangte Sprachfähigkeit erleichterte zwar die gerichtliche Untersuchung, lüftete das Geheimnis seiner Herkunft aber keineswegs. Im Gegenteil. Seine Aussagen über sein grausames Vorleben gaben neue Rätsel auf.

Gerichtspräsident Feuerbach ließ sich zu seinem Vormund ernennen. Am 18. Juli 1828 kam der Findling auf Anordnung Feuerbachs in die Obhut des Gymnasialprofessors Georg Fr. Daumer, der ihn im Turm bei Familie Hiltel bereits unterrichtet hatte. Kaspar bekam ein eigenes Zimmer und schlief in einem eigenen Bett, was ihm sehr gefiel. Doktor Osterhausen plädierte höchstpersönlich für den Umzug, da der empfindliche Kaspar durch die tägliche Konfrontation mit Schaulustigen im Turm zunehmend nervenkrank geworden war.

Das ruhige Familienleben bei Daumer wirkte in der Tat wohltuend auf ihn, und er machte bald auf allen Fronten rasche Fortschritte. Sein Sprachvermögen besserte sich täglich, und er begann normale Kost zu sich zu nehmen. Bedingt durch seine schrecklichen Erfahrungen, nahm er die Welt jedoch offensichtlich anders wahr als seine Mitmenschen. So konnte er zum Beispiel am Anfang kaum zwischen belebten und unbelebten Gegenständen unterscheiden. Er war fest davon überzeugt, dass zweidimensionale Bilder und dreidimensionale Plastiken ein Eigenleben hatten. Sein Lehrer musste überzeugend argumentieren, um ihn eines Besseren zu belehren. »Der Anblick von Kruzifixen in der Kirche«, schrieb Daumer im Sommer 1828, »machte ihm ein ungeheures Entsetzen. Er sagte: Man solle diese gequälten Menschen von den Kreuzen herunternehmen, und wollte sich nicht dadurch beruhigen lassen, dass man ihm bemerklich machte, es seien nur Bilder.«

Zwischen Mensch und Tier unterschied er anfänglich ebenfalls nicht und meinte, beide hätten die gleichen Rechte und Pflichten. Im Sommer 1828, notierte Daumer, »beschwerte [er] sich darüber, dass die Tiere z. B. Ochsen, Pferde, den Weg verunreinigten und nicht auf den Abtritt gingen.« Seine Wissensgier war unersättlich. Er staunte über die Dinge der sichtbaren Welt unentwegt, ganz egal, ob es sich um Pflanzen, Regenbogen oder Sterne handelte. Er wollte alles wissen. »Im August [1828],« so Daumer,

»sah er zum erstenmal den gestirnten Himmel. Sein Erstaunen, seine Freude lässt sich nicht beschreiben … Er sagte, das sei das Schönste, was er jemals gesehen, und fragte, wer die

vielen schönen Lichter da hinauf setzte, anzünde und wieder auslösche ... Endlich versank er in tiefes Nachdenken, indem er, wie gewöhnlich, unbeweglich und mit gesenktem Kopfe dastand, nichts mehr sehend und hörend. Als er wieder zu sich kam, hatte sich seine Freude in die tiefste Schwermut verwandelt. Er ließ sich zitternd auf einem Stuhl nieder und fragte: warum ihn jener böse Mann immer eingesperrt und nichts von allen diesen Schönheiten gezeigt habe, er habe doch nichts Böses getan. Er brach in ein langes, schwer zu stillendes Weinen aus. Man solle den Mann, sagte er unter anderem, auch einmal zwei Tage lang einsperren, damit er wisse, wie hart das sei.«

Die außergewöhnliche Empfindlichkeit seiner Sinne fiel seinem Erzieher gleich am Anfang auf. Daumer, ein begeisterter Anhänger des damals populären Mesmerismus, und sein Freund, der homöopathische Arzt Dr. Preu, experimentierten gerne mit der Sinneswahrnehmung des Findlings. Daumer füllte ganze Tagebücher mit seinen Beobachtungen:

»Ehe man wusste, dass er im Dunkeln sah, war es auffallend, dass er bei Nacht überall mit der größten Sicherheit vorwärts schritt, und dass er es ausschlug, wenn man ihm, wie er an einen dunkeln Ort ging, ein Licht anbot. Mit Verwunderung und Lachen sah er öfters zu, wenn sich andere an dunkeln Orten z. B. beim Eintritt in ein Haus und beim Treppensteigen des Nachts durch Tappen und Anhalten zu helfen suchten.«

Sein Gehör machte ebenso einen großen Eindruck auf seinen Erzieher:

»Ein Schuss in der Ferne erschreckte ihn einst auf einem Spaziergange sehr, er fuhr zusammen und äußerte, es sei ihm gewesen, als habe ihm jemand einen Schlag auf den Rücken versetzt.«

Was seinen Geruchssinn betrifft, so schrieb Daumer im Herbst 1828,

»Äpfel-, Birn- und Zwetschenbäume unterschied er bloß am Geruch der Blätter. Taubnessel roch er auf 2 bis 3 Schritte, gemeinen Nachtschatten auf 11, Schafsgarbe auf 6. Einen auf dem Wege liegenden Knochen von einem Tier, den anderen auch an die Nase gehalten, nicht rochen, auf 10 bis 11. Taubnessel roch ihm ›süß‹. Hopfen ›bitter‹ wie er überhaupt für den Geruch ganz die Ausdrücke der verschiedenen Geschmacksaffektionen zu gebrauchen pflegte.«

Der Freizeitmesmerist Daumer stellte zu seiner großen Freude fest, dass Kaspar allein durch tierischen Magnetismus Metallgegenstände aufzuspüren vermochte:

»Ich legte in seiner Abwesenheit einen goldenen Ring, einen Zirkel von Stahl und Messing und eine silberne Reisfeder unter Papier, so dass man nicht sehen konnte, dass etwas darunter verborgen war. Ich ließ ihn über dieses Papier mit den Fingern herfahren, so dass er das Papier nicht berührte und er unterschied durch die Stärke des Zuges, den das Metall gegen seine Finger ausübte, alle jene Gegenstände.«

Diese besonderen Fähigkeiten blieben dem Schützling aber nicht erhalten. Daumer stellte zunehmend eine Desensibilisierung fest, deren Ursache nach seiner Meinung mit der veränderten Nahrung des Findlings zusammenhing. Ende 1828 notierte er:

»Mit Gewöhnung an Fleischbrühe nahm seine große Fernsichtigkeit ab, dagegen verschwand das baldige Undeutlichwerden der Gegenstände beim Lesen und Schreiben und bei naher Besichtigung überhaupt, und die Augen wurden ausdauernder und leistungsfähiger. Die außerordentliche Schärfe seines Gesichts für nahe Gegenstände und fürs Kleine blieb ihm auch, da die Fernsichtigkeit abnahm.«

Kaspar Hauser war ein Jahr nach seiner Ankunft in Nürnberg ein junger Mann geworden. Die staksige Gangart war nicht ganz verschwunden. Er neigte außerdem zu einer steifen Sprache, Witz blieb ihm fremd. Sexualität schien ihm unbekannt zu sein. Zunächst verstand er den Unterschied zwischen männlich und weiblich wohl gar nicht. Eine Zeit lang äußerte er den Wunsch, er wolle ein Mädchen werden, weil er Mädchenkleidung so schön fände. Weibliche Schönheit dagegen ließ ihn gleichgültig. Männliche Schönheit machte viel eher einen Eindruck auf ihn, was nicht unbedingt auf eine homosexuelle Veranlagung zurückzuführen ist, er hatte einfach keine Ahnung. Als ihm einmal Dr. Preu das homöopathische Mittel Lycopodium verabreichte, reagierte er mit Erektionen, die ihn offenbar überraschten. Er empfand sie zunächst als schmerzhaft, erkannte sie nach und nach aber als wohltuend. Es schien, meinte Dr. Preu, als würde der Geschlechtstrieb in ihm allmählich erwachen. So unschuldig war Kaspar, dass er dem Gelehrten seine Erektionen gerne zeigte, erklärte sie aber letztendlich für »Unnützes«. Schließlich, so Dr. Preu, schlummerte der Geschlechtstrieb wieder ein.

Zumindest war dies 1830 noch der Fall. Zu der Zeit verbrachte er einige Monate im Haus des Kaufmanns und Magistratsrates Johann Christian Biberbach in Nürnberg. Dessen Gattin Clara machte ihn auf einmal zum Objekt ihrer Begierde. Der verdutzte Kaspar verstand nicht, was sie von ihm wollte, und lehnte sie ab wie Joseph einst die Frau des Potiphar. Dadurch zog er sich Frau Biberbachs lebenslange Feindschaft zu.

Als Kaspar 1832 nach Ansbach übersiedelte, fanden auch viele Töchter der fränkischen Stadt Gefallen an ihm. Er selbst war anscheinend durchaus an diesen interessiert. Schwärmerische Liebesbekundungen aus seiner Feder sind bis heute erhalten.

Doch just als man hätte meinen können, sein Weg führe endlich in die Normalität, traf ihn wieder ein schwerer Schicksalsschlag. Am 17. Oktober 1829 befand sich Kaspar allein zu Hause, er hatte gerade den Abtritt aufgesucht. Dort erwartete ihn ein schwarz bekleideter, vermummter Mensch, der mit einem beilähnlichen Gegenstand auf ihn einschlug. Hauser sackte mit einer Stirnverletzung bewusstlos zusammen. Er kam nach einiger Zeit wieder zu sich und lief wie betäubt ziellos durch das Haus auf der Suche nach der Mutter des Professors. In seiner Verwirrung verirrte er sich, stieg in den Keller hinab und verlor das Bewusstsein erneut.

Daumers Schwester entdeckte ihn und brachte ihn mit Mühe ins Bett. Obwohl die Wunde nicht lebensbedrohlich war, musste der traumatisierte Findling zweiundzwanzig Tage das Bett hüten.

Der Attentäter wurde nicht gefasst. Ein Zeuge behauptete, er habe einen Unbekannten gesehen, der das Haus hastig verlassen und an einem nahe gelegenen Brunnen seine blutigen Hände sauber gewaschen hatte, bevor er verschwand. König Ludwig I. von Bayern – Kaspar Hauser war mittlerweile eine Berühmtheit geworden, man nannte ihn »das Kind Europas« – lobte für die Verhaftung des Attentäters 500 Gulden aus – damals eine fürstliche Summe.

Der Nürnberger Magistrat beriet erneut über den Fall Hauser und beschloss, den Findling aus dem abgelegenen Daumer-Haus auszuquartieren und in die Obhut des Kaufmanns und Magistratsrats Biberbach zu geben. Man hatte aber mit den Belästigungen Frau Biberbachs nicht gerechnet. Nachdem diese bekannt wurden, fand man eine Unterkunft für ihn im Haus des Gerichtsassessors Gottlieb Freiherr von Tucher, der mit Billigung Feuerbachs zu seinem neuen Vormund ernannte wurde.

Kaspar besuchte nun das städtische Gymnasium, sein Leben schien in geordnete Bahnen zu gelangen. Doch der Anschein der Normalität trog. Am 28. Mai 1831 kam Lord Philip Henry, 4. Earl of Stanhope, in Nürnberg an. Der schlanke, vornehme Dandy äußerte sogleich den innigen Wunsch, Kaspar Hauser kennen zu lernen. Er habe, so fügte er geheimnisvoll hinzu, Auskunft über dessen Mutter. Es dauerte nicht lange, und der Deutsch sprechende Stanhope wurde die dominierende Figur in Kaspars Leben. Er umwarb den Jüngling, schenkte ihm Kostbarkeiten, teure Kleider, eine goldene Uhr, eine Spieldose. Um in aller Öffentlichkeit die Seriosität seines Interesses an Kaspar Hauser zu bekunden, lobte auch er 500 Gulden aus, um Kaspars Attentäter dingfest zu machen. Und er erklärte, er wolle Kaspar Hauser adoptieren und nach England mitnehmen.

Viele waren begeistert vom Auftreten des Lords. Auch Feuerbach sah in ihm den »vielvermögenden Beschützer« Kaspars und widmete Stanhope seine 1832 erschienene Schrift über den Fall Hauser »mit inniger Verehrung und Liebe«. Ein paar Nürnberger blieben aber skeptisch. Zu ihnen zählte von Tucher, der eine unsittliche Zuneigung seitens Stanhopes zu erkennen glaubte. Denn Stanhope turtelte mit dem Jüngling in aller Öffentlichkeit, verdrehte ihm den Kopf und kleidete ihn wie einen Dandy ein. Von Tucher fand, der Lord habe einen schlechten Einfluss auf den Jungen. Doch letztendlich siegte Stanhope. Er drückte den Wunsch aus, den jungen Mann zu adoptieren, und übernahm die finanzielle Verantwortung für den Adoptivsohn, was wiederum für die öffentliche Kasse Nürnbergs große Ersparnisse bedeutete. Am 1. Dezember 1831 übersiedelte Stanhope mit seinem Schützling nach Ansbach.

Kaspar wurde sogleich dem Gymnasialprofessor Johann Georg Meyer anvertraut. Doch Lehrer Meyer mochte seinen Schüler auf Anhieb nicht und bemühte sich, ihm die Hölle heiß zu machen. Kaspar Hauser ertrug dessen Bosheiten mit Fassung. Immerhin rechnete er damit, bald mit dem neuen Adoptivvater nach England auszuwandern. Am 19. Januar 1832 reiste Lord Stanhope mit großem Brimborium aus Ansbach ab, nicht ohne Kaspar unter vielen Tränen ein baldiges Wiedersehen in Aussicht gestellt zu haben. Doch aus diesem Versprechen wurde nichts. Kaspar Hauser hat Lord Stanhope nie wieder gesehen. Ihre Beziehung blieb nur in Briefen aufrecht.

Der Findling hielt aber trotz aller Widrigkeiten wacker durch. Immerhin genoss er weiterhin die Unterstützung seines treuen Freundes, des Gerichtspräsidenten Feuerbach, der allzu spät die Zwielichtigkeit Stanhopes erkannt hatte. Feuerbach bemühte sich, Kaspar, dessen Deutsch in Wort und Schrift tadellos geworden war, eine Stelle als Gerichtsschreiberanwärter zu verschaffen. Er starb jedoch plötzlich im Mai 1833 – ein herber Verlust für Hauser. Alles war aber nicht verloren. Er hatte in Ansbach einige Freunde gewonnen, allen voran Pfarrer Fuhrmann, seinen Religionslehrer. Auch in Kreisen von jungen Menschen verkehrte er immer häufiger. Trotz der fehlenden Nestwärme ging es ihm also relativ gut.

Am 14. Dezember 1833 sprach ihn am Gerichtshof ein Fremder an. Er habe eine Botschaft von jemandem, der Kaspar eine Nachricht über seine leibliche Mutter vermitteln wolle. Er nannte einen Treffpunkt im Hofgarten. Kaspar Hauser begab sich in den menschenleeren Park und fand den Fremden im Dickicht neben dem Johannes-Peter-Uz-Denkmal gegen 15 Uhr vor. Dieser überreichte ihm einen kleinen seidenen Beutel, ließ diesen aber plötzlich zu Boden fallen. Kaspar bückte sich, um den Beutel aufzuheben. In dem Augenblick stieß ihm der Mann einen Dolch zwischen die Rippen und eilte davon. Kaspar Hauser ließ den Beutel wieder fallen und taumelte schwer verletzt nach Hause. Als Meyer erkannte, dass er verletzt war, machte er seinem Zögling Vorwürfe und bagatellisierte die Wunde. Kaspar bestand erregt darauf, dem Lehrer den Tatort zu zeigen. Vor allem aber hoffte er, den Beutel wiederzufinden.

Lehrer Meyer begleitete den Schüler mit der gewohnten Ungeduld. Nachdem sie den Beutel gefunden hatten, kehrten sie nach Hause zurück. Inzwischen ging es Kaspar merklich schlechter. Obwohl der Lehrer zunächst überzeugt war, dass der Schüler nur simulierte, bestellte er endlich den Arzt und die Polizei. Am nächsten Tag ging es ihm etwas besser, und er konnte der Polizei eine genaue Beschreibung des Tathergangs geben. Doch bald verschlechterte sich sein Zustand wieder. Am Abend des 17. Dezember 1833, 78 qualvolle Stunden nach dem Attentat, verschied er. Pfarrer Fuhrmann, Familie Meyer, Doktor Heidenreich, sein Leibarzt und andere waren zugegen. »Ach, das sind dunkle Wege, die Wege Gottes«, waren seine letzte Worte, wie sie von Pfarrer Fuhrmann überliefert wurden. Und was befand sich in dem seidenen Beutel, der ihm so wichtig war? Ein zusammengefaltetes Blatt Papier, auf dem in Spiegelschrift stand:

Hauser wird es euch ganz genau erzählen können, wie ich aussehe und woher ich bin. Denn [sic] Hauser die Mühe zu ersparen, will ich es euch selber sagen, woher ich komme_____Ich komme von______der bayerischen Grenze______am Fluss______Ich will euch sogar noch den Namen sagen: M. L. O.

Anmerkung: Im Rahmen des vorliegenden Buches ist Kaspar Hausers Schicksal als wildes Kind, die Entwicklung seiner Sinne und seiner Sprachfähigkeit, das zentrale Anliegen. Die Überlegungen zu seiner Herkunft können hier nur kurz angesprochen werden. Wer mehr darüber wissen will, kann die im Literaturverzeichnis angegebenen Werke einsehen.

Kaspar Hauser, Stich von Friedrich Wagner

Von Anfang an war es klar, dass Hauser kein gewöhnlicher Bauerntölpel sein könnte. Schon die Narbe seiner Pockenimpfung wies darauf hin, dass er einem gehobenen Stand entstammte. (Ein anonymer Brief ging gleich nach seiner Ankunft in Nürnberg ein, dass er ein vertauschter Erbprinz des Hauses Baden sei, aber man hielt das Schreiben für einen Witz.) Feuerbach forschte erfolglos in den Stammbäumen der Monarchien Europas nach Hinweisen über vermisste Kinder. Als Kaspar seinem Beschützer einmal ein Wappen zeichnete – der Findling hatte dieses in einem Traum gesehen –, erkannte Feuerbach das Wappen von Gräfin Hochberg, zweiter Frau des Markgrafen, dem späteren Großherzog von Baden, Karl Friedrich (1728–1811). Der Gerichtspräsident recherchierte weiter und entdeckte Folgendes:

1783 hatte der verwitwete Karl Friedrich die neunzehnjährige Luise Geyer Freiin von Geyersberg geheiratet. Die Ehe galt als morganatisch, das heißt ohne Erbfolgeberechtigung, weil die junge Frau aus dem niedrigen Adelsstand kam. Vier Söhne und ebenso viele Töchter wurden dem Paar geboren. Ein Gesetzesnovum 1796, durch den Einfluss der ehrgeizigen Luise Geyer von Geyersberg, nunmehr Gräfin Hochberg, eingebracht, machte ihre Kinder, falls die Zähringer-Familie ihres Mannes (männlicherseits) aussterben sollte, thronberechtigt. Nun begann das große Sterben:

- 1801 erlag Erbprinz Karl Ludwig, Sohn von Karl Friedrich, während eines Besuchs in Schweden Verletzungen, die er sich in Folge eines Kutschenunfalls zuzog.
- 1812 starb mit achtzehn Tagen der bis dahin kerngesunde Sohn von Großherzog Karl (ein Enkel Karl Friedrichs) und Stephanie de Beauharnais, einer Adoptivtochter Napoleons. Das Kind entschlief ohne Namen.
- 1817 verschied Friedrich, der zweite Sohn Karl Friedrichs. Er war verheiratet, aber kinderlos.
- 1817 starb einjährig Alexander, zweiter Sohn Großherzog Karls und Stephanie de Beauharnais', nach Angabe des Hofs an einem Zahnleiden. Man munkelte von einer Vergiftung.
- 1818 starb Großherzog Karl selbst nach langem, qualvollem Siechtum. Er war fest davon überzeugt, man habe ihn vergiftet.

Feuerbach mutmaßte, dass Kaspar Hauser in Wirklichkeit jener 1812 geborene Sohn von Großherzog Karl und Stephanie de Beauharnais war und somit der rechtmäßige Erbe des Großherzogtums Baden. Er sei als Säugling nicht gestorben, sondern vertauscht und aus dem Karlsruher Palast entfernt worden.

Um Mutmaßungen wie die Feuerbachs im Keim zu ersticken, begannen Antihausianer gleich nach Kaspars Ermordung den Toten als Hochstapler und Simulanten zu verunglimpfen. Lehrer Meyer und des Findlings einstiger Förderer Lord Stanhope, der übrigens ein Agent des badischen Hofes war, veröffentlichten die ersten Angriffe gegen ihn. Über die nächsten Jahrzehnte erschienen – meist aus adligen Kreisen – immer neue Verrisse. Gegensätzliches zu beweisen, wurde dadurch erschwert, dass wichtige Unterlagen zu dem Fall im Lauf des 19. Jahrhunderts massenhaft verschwanden. Luise von Preußen, Tochter von Wilhelm I. und Frau des badischen Großherzogs Friedrich I., hat eigenhändig viele Dokumente – inklusive die Tagebücher von Stephanie de Beauharnais – vernichten lassen.

Manche Schriftzeugnisse konnten dennoch in Sicherheit gebracht werden. Ihre sorgfältige Bewertung durch überzeugte Hausianer erbrachte folgendes Bild: Mit großer Wahrscheinlichkeit war der kleine Prinz gegen den schwerkranken Sohn einer gewissen Elisabeth Blochmann getauscht worden. Deren Ehemann stand im Dienste der Gräfin Hochberg. Als Elisabeth Blochmann 1815 starb, kam Kaspar, so nannte man ihn schon damals, ins abgelegene Schloss Beuggen am Rhein nahe der Schweizer Grenze und lebte dort, wohl in ziemlich normalen Verhältnissen, bis etwa 1816 oder 1817. Die Gerüchte um das Fürstenhaus wollten aber nicht verstummen. Kaspar wurde nach einer langen Odyssee, wie lang, weiß man heute nicht mehr, nach Bayern in das Schloss Pilsach, vierzig Kilometer von Nürnberg, gebracht. (In der Gegend um das Schloss hatte man lange hinter vorgehaltener Hand über den jungen Gefangenen getuschelt. Schon 1924 entdeckte die Dichterin Klara Hofer, die damalige Besitzerin des Schlosses, hinter einer Mauer ein Zwischengeschoss, das vermutlich Kaspars Gefängnis war. Bei Renovierungsarbeiten 1982 stieß ein neuer Besitzer in diesem Raum auf ein Spielzeugpferd aus dem frühen 19. Jahrhundert. Kaspar Hauser hatte selbst erzählt, er habe in seinem Kerker mit zwei solchen Pferden gespielt.)

Wahrscheinlich war der bayerische König Ludwig I. über den Aufenthalt des entführten badischen Thronfolgers in Pilsach informiert. Er intervenierte aber nicht. Damals herrschte nämlich Unmut zwischen Baden und Bayern, verursacht durch den beidseitigen Anspruch auf das Gebiet der Pfalz. Man vermutet, dass sich Ludwig I. in der Person Kaspar Hausers ein nützliches Erpressungsmittel gegen die Badenser erhoffte. Doch nachdem Russland 1827 Bayern mit Krieg drohte, sollte es Baden die Pfalz weiterhin strittig machen, war die Gefangenschaft Hausers auf einmal hinfällig geworden. Sie hätte das Königreich im Falle eines Bekanntwerdens sogar in große Verlegenheit bringen können. Kaspar kam also nach einer gewissen Vorbereitungszeit wieder frei. Wer sollte diesen Bauerntölpel schon für einen vertauschten Prinz halten? Nur: Kaspar Hauser wurde nach kurzer Zeit gegen alle Erwartungen zu einer Berühmtheit, und man suchte ernsthaft nach seinen Wurzeln.

Gräfin Hochberg war übrigens bereits 1820 gestorben. Ihr Wunsch, die eigene Blutlinie auf den badischen Thron zu befördern, ging erst 1830 in Erfüllung, als ihr Sohn Leopold Großherzog von Baden wurde. Dessen Frau Sophie, so wird vermutet, gab den Befehl, Kaspar endgültig zu beseitigen. Sie hatte nämlich Angst: Wäre Kaspars wahre Identität jemals bekannt geworden, hätte das Haus Baden mit einem Existenz bedrohenden Skandal rechnen müssen.

Die Diskussion um Kaspar Hausers wahre Identität hält bis heute an. Hausianer halten Kaspar für den rechtmäßigen Erben des badischen Throns, Antihausianer für einen gewöhnlichen Schwindler. 1996 beauftragte *Der Spiegel* mit Unterstützung eines bis heute unbenannten Geldgebers das Institut für Rechtsmedizin der Universität München und die University of Birmingham in England, eine genetische Untersuchung vorzunehmen, um die Verwandtschaft Kaspar Hausers mit dem Haus Baden ein für allemal zu klären. DNS von einer Hauser zugeordneten Blutprobe sollte mit dem Blut zweier direkter Nachfahren von Stephanie Beauharnais verglichen werden. Das Hauser-Blut entnahmen die Forscher einer blutbefleckten Unterhose des Findlings aus dem Stadtmuseum Ansbach. Genau genommen sollte die so genannte mtDNA, die nur mütterlicherseits weitergegeben wird, untersucht werden. Es wurde zu einem dunklen Tag für die Hausianer. Denn die Proben wichen voneinander in mindestens sechs Punkten ab, zu viel, so die Genetiker, um eine Verwandtschaft feststellen zu können. Stefan Aust, Chefredakteur des *Spiegel,* erklärte Kaspar Hauser zu einem »entzauberten Prinzen«.

2002 kam die nächste Überraschung: Im Auftrag des ZDF wurde erneut eine genetische Untersuchung in Auftrag gegeben. Diesmal sollten zuerst sechs verschiedene Proben verglichen werden, um zu sehen, ob sie vom selben Menschen stammten. Zwei Haarlocken Kaspars, etwas Schweiß und einige Haare vom Innenrand seiner Hutkrempe und ein Blutfleck auf Hausers Hose dienten als Vorlagen. Professor Bernd Brinkmann vom Institut für Gerichtsmedizin der Universität Münster stellte eindeutig fest, dass alle Proben vom selben Menschen stammten. Nun wurde dieses Ergebnis mit einer Blutprobe eines direkten Nachfahren Stephanies verglichen. Mit nur einer Abweichung, die man als Mutation erklären könnte, glichen sich die Erbstoffproben. Mit anderen Worten: Kaspar Hauser war doch wieder der vertauschte badische Prinz.

Wer auch immer er war: Kaspar Hauser erlitt als Kind große Entbehrungen. Wie lange er isoliert war, ist nicht mehr nachzuvollziehen. Zwölf Jahre sind möglich. Das wäre aber die äußerste Grenze, wenn er sich nur von Brot und Wasser ernähren konnte. Manche gehen davon aus, dass sein Aufenthalt im Verlies in Pilsach viel kürzer war. Wie dem auch sei. Die Entbehrungen prägten ihn offensichtlich sehr, sowohl geistig als auch körperlich. Die Obduktion ergab noch triftigere Gründe, um an ein Leben in der Isolation zu glauben. Dr. Heidenreich, der die Obduktion durchgeführt hatte, machte sich insbesondere über das Hirn Gedanken:

> *»... über die Kleinheit des Hirns im allgemeinen, die relativ geringe Masse des großen und bedeutende Größe des kleinen Hirns, über die der Zahl nach wenigeren, aber dem Ansehen nach größeren und gröberen Windungen an der Oberfläche, das besondere Hervortreten einzelner Massen im inneren, namentlich im großen Gehirne ...*
> *Als dasselbe herausgenommen war, wurde die Kleinheit der hinteren Lappen des großen Hirnes, die auseinander fielen und das kleine nicht decken wollten, noch auffallender, und diese Erscheinung hatte einige, wenngleich nur entfernte Ähnlichkeit mit dem Aussehen, wie Carus ... das Hirn des menschlichen Fötus abgebildet (hat) ...*

Übrigens konnte ich während der Untersuchung des Gehirnes das Gefühl, und während ich dieses schreibe, das Wort ›tierähnliche Bildung‹ nicht unterdrücken.
In diesem Falle war nicht nur geistige Entwicklung durch mangelhafte Bildung des Gehirnorgans gehemmt, sondern das Organ blieb in seiner Entwicklung zurück durch Mangel aller geistigen Tätigkeit und Erregung.«

Feuerbach brachte es letztendlich auf den Punkt. Der Titel seines 1832 veröffentlichten Buches beschreibt am treffendsten das Schicksal Kaspar Hausers: Was er erlitt, war sicherlich ein »Beispiel eines Verbrechens am Seelenleben des Menschen«.

Kapitel 6

Passage nach Indien

Bereits 1851 kursierten in England die ersten Gerüchte über die Existenz von indischen Wolfskindern. Der Naturforscher Sir Roderick I. Murchison hatte in der Zeitschrift *Annals and Magazine of Natural History* einen Bericht darüber veröffentlicht. Murchison war allerdings kein Augenzeuge. Er bezog seine Information von einem britischen Marineoffizier, Post Captain Francis Edgerton, der wiederum über diese wundersamen Fälle von Major General Sir William Henry Sleeman erfahren hatte. Als Sleemans Bericht 1852 in London als anonyme Broschüre mit dem Titel *An Account of Wolves nurturing Children in their Dens* (Ein Bericht über Wölfe, die Kinder in ihren Höhlen großziehen) erschien, wurden die Wissenschaftler in Großbritannien zunehmend neugieriger. Der deutschstämmige Professor Max Müller forderte nähere Untersuchungen. Auch der junge Anthropologe E. Burnett Tylor wurde hellhörig. Sleemans Text war eigentlich nur ein Auszug aus seinen zweibändigen Memoiren *A Journey through the Kingdom of Oude in 1849–1850*, die erst 1858 zur Veröffentlichung freigegeben wurden. Sie enthielten nämlich geheimdienstliche Informationen über die terroristische Thug-Bewegung. Sleeman starb 1856 auf See auf dem Weg in die Heimat. Lassen wir ihn jetzt selbst von seinen sechs indischen Wolfskindern erzählen:

> *»Wölfe sind in der Umgebung von Sultanpur zahlreich, vor allem am Ufer des Gumpiflusses und in den Schluchten, die dort münden. Viele Kinder werden in den Städten, Dörfern und Zeltlagern von ihnen entführt. Diese Wölfe zu fangen ist äußerst schwierig. Kaum einer unter der Hindu-Bevölkerung … macht den Versuch, sie zu jagen oder gar zu töten. Alle Hindus leiden unter einer abergläubischen Furcht davor, sie*

zu zerstören oder auch nur zu verletzen. Eine Dorfgemeinde, bei der lediglich ein Tröpfchen Wolfsblut vergossen wird, glaubt sich der Vernichtung geweiht …«

Das erste Wolfskind von Sultanpur (1847)

»Heute lebt ein Knabe in Sultanpur, der vor etwa zweieinhalb Jahren in einem Wolfsbau nahe Tschandur, circa zehn Meilen von Sultanpur, entdeckt wurde. Ein Kavallerist … ritt um Mittag, am Flussufer nahe Tschandur vorüber, als er eine große Wölfin erspähte, die soeben ihren Bau verlassen hatte. Sie wurde von drei Welpen und einem kleinen Knaben begleitet. Der Knabe ging auf allen vieren und schien auf gutem Fuße mit der alten Tiermutter und den drei Welpen zu stehen. Die Mutter beschützte alle vier mit gleicher Sorgfalt. Sie stiegen zum Fluss herab und tranken, ohne dass sie den Kavalleristen wahrnahmen … Der Kavallerist rief einige Leute aus Tschandur zusammen. Mit Pickeln gruben sie ein Loch in den Bau. Nachdem sie etwa sechs bis acht Fuß ausgegraben hatten, stürzte die alte Wölfin mit ihren drei Welpen und dem Knaben heraus … Der Kavallerist bestieg sein Pferd und verfolgte sie. Die schnellsten Männer rannten hinterher … Die Männer nahmen das Kind fest und ließen die alte Wölfin und die drei Welpen davonlaufen.

Sie nahmen den Jungen in das Dorf mit, mussten ihn aber fesseln, da er … mit aller Kraft versuchte, in jedes Loch und in jeden Bau zu entschlüpfen. Sie wollten ihn dazu bringen, dass er rede, doch er antwortete lediglich mit einem zornigen Grollen und Knurren. Er blieb einige Tage im Dorf. Jeden Tag sammelte sich eine große Menschenmenge, um ihn aus der Nähe anzusehen. Näherte sich ein Erwachsener, so bekam der Knabe Angst und versuchte zu fliehen. Kam ein Kind an ihn heran, so wollte er sich darauf stürzen, er knurrte dann wie ein Hund und versuchte es zu beißen. Gekochtes Fleisch lehnte er mit Anzeichen von Ekel ab. Rohes Fleisch packte er gierig, legte es auf den Boden, hielt es mit beiden Händen fest und fraß wie ein Hund mit sichtbarem Vergnügen daran. Er ließ nie-

manden an sich heran während er aß, doch er machte nie Anstände, wenn ein Hund nahte und sein Essen mit ihm teilte. Der Kavallerist blieb vier oder fünf Tage bei ihm … Er übergab den Jungen der Aufsicht des Radschas von Hasunpur und schilderte ihm all das, was er gesehen hatte. Schließlich wurde das Kind auf Befehl des Radschas an Captain Nicholetts, Kommandant des Ersten Regiments der örtlichen Oudh-Infanterie, weitergereicht. Der Radscha hatte sich in Tschandur aufgehalten, als der Kavallerist den Jungen ins Dorf gebracht hatte. Diese Schilderung entstammt dem Bericht des Radschas selbst: ›Captain Nicholetts gab ihn wiederum in die Obhut seiner Diener. Diese kümmerten sich rührend um ihn, er weigerte sich aber, ein Wort zu sprechen. Er sei an sich harmlos, außer wenn einer ihn reizt, so Captain Nicholetts, dann knurrt er diesen mürrisch an. Inzwischen isst er alles, was ihm zugeteilt wird, doch er bevorzugt allemal rohes Fleisch, welches er gierig verschlingt. Er trinkt einen ganzen Krug Buttermilch in einem Zug aus, wenn man einen vor ihn hinstellt. Man kann ihn nicht dazu bewegen, Kleider anzuziehen, auch bei kältester Witterung. Er bekam eine mit Baumwolle gefüllte Steppdecke zu Beginn der kalten Jahreszeit. Er zerriss sie aber in kleine Stücke und aß einen Teil davon täglich – einschließlich der Baumwolle – mit seinem Brot. Er mag besonders gerne Knochen, vor allem ungekochte, welche er offenbar mit einer Leichtigkeit zerkaut, als wären sie Fleisch. Er hat die Hälfte eines Lamms in einer Sitzung aufgegessen, ohne dass dies ihm irgendwelche Mühe kostete. Er nimmt gerne Erdklumpen und kleine Steinchen auf und frisst sie. Seine Züge sind verroht, sein Angesicht abstoßend. Er ist in seinen Gewohnheiten sehr unsauber … Captain Nicholetts teilte mir in Briefen vom 14. und 19. September 1850 mit, dass der Knabe Ende August gestorben ist, ohne dass er jemals lachte oder lächelte. Er verstand nur wenig dessen, was man ihm sagte, und schien seine Umwelt kaum wahrgenommen zu haben. Er ging mit niemandem eine Bindung ein, noch schien er sich für überhaupt jemanden zu interessieren. Er spielte nie mit den Kindern in der Umgebung, auch zeigte er kein Interesse daran. Wenn er keinen Hunger hatte, so pflegte er dazusitzen, wobei er einen pa-

rijar, also einen streunenden Hund, streichelte, der aus dem selben Napf mitfressen durfte. Kurz bevor der Knabe starb, erschoss Captain Nicholetts diesen Hund, da er dem Knaben den größeren Teil des Futters weggefressen hatte, und dieser immer schmäler geworden war. Den Knaben schien der Tod des Hundes nicht zu interessieren.
Die Eltern des Jungen erkannten ihn, nachdem er aufgefunden wurde, so glaubte Captain Nicholetts. Doch nachdem sie feststellten, wie beschränkt er war, überließen sie ihn der Fürsorge anderer … Er teilte seine wenigen Wünsche durch Zeichen mit. Wenn er Hunger hatte, zeigte er auf seinen Mund. Stellte man sein Essen etwas weiter von ihm weg, so lief er auf allen vieren hin wie jedes Tier. Gelegentlich aber ging er aufrecht. Er vermied alle Menschen und blieb nie freiwillig in der Nähe eines anderen. Er schien ganz gleichgültig gegenüber Kälte, Wärme und Regen zu sein. Sein einziges Interesse war das Essen. Er war insgesamt sehr ruhig. Nachdem er zu Captain Nicholetts gekommen war, musste er nicht mehr festgebunden werden. Er lebte mit den Dienern des Captain Nicholetts etwa zwei Jahre. Er redete nie, bis er einige Minuten bevor er starb seine Hände auf den Kopf legte und sagte, ›Es tut weh‹, dann verlangte er Wasser. Er trank davon und starb.«

ANMERKUNG: Hat dieses Kind wirklich bei Wölfen gelebt? Immerhin erfahren wir von der Festnahme aus vierter Hand: Sleeman, Captain Nicholetts, der Radscha, der Kavallerist. Hat man das Kind den Wölfen zugeordnet, nur weil es sich wie ein Tier verhielt, oder haben wir es hier mit einem echten Wolfskind zu tun? Tylor war im Besitz eines weiteren Berichtes über diesen Knaben, in dem der Junge als »*crétin*, unliebsam und ekelhaft anzusehen, unfähig, Wörter zu artikulieren« beschrieben wurde. Er könne lediglich grunzen. Er laufe rasend schnell auf allen vieren, gehe aber normalerweise aufrecht. Tylor zweifelte, ob es sich hier tatsächlich um ein Kind handelte, das unter den Wölfen gelebt hatte. Er stellte bei diesem Kind lediglich einen »außerordentlichen Zustand der Brutalisierung« fest. Dass dieses am Ende seines kurzen, elenden Lebens plötzlich reden konnte, klingt mehr als wundersam.

Das Wolfskind von Chupra (1843)

»Zu Chupra, zwanzig Meilen östlich von Sultanpur, lebte ein Bauer mit seiner Frau und seinem Sohn, der damals drei Jahre alt war. Im März 1843 ging der Mann hinaus, um seinen Weizen und Hülsenfrüchte zu schneiden. Seine Frau nahm einen Korb mit, um ihrem Mann beim Auslesen zu helfen. Sie führte ihren Sohn an der Hand. Der Knabe genas gerade von einer Brandwunde, die er sich während der kalten Jahreszeit zugezogen hatte … Sein Vater war am Ernten, seine Mutter am Auslesen, und der Knabe hockte im Gras. Plötzlich stürzte ein Wolf herbei … Er packte ihn an den Schenkeln und machte sich mit ihm davon in Richtung Felsen. Der Vater befand sich in dem Augenblick etwas weiter weg, doch die Mutter lief hinterher. Sie schrie so laut wie möglich um Hilfe. Die Leute aus dem Dorf eilten dahin, doch sie verloren bald die Fährte des Tieres und dessen Beute.

Sechs Jahre vergingen. Die Frau hatte über das Schicksal ihres Sohnes nie mehr etwas erfahren. Inzwischen war auch ihr Mann gestorben. Im Februar 1849 erschienen zwei Spahis aus der Stadt Singhramo, etwa zehn Meilen von Chupra, am Ufer des kleinen Flusses Khobae. Sie saßen am Rande des Dschungels, der bis zum Fluss reicht, und lauerten auf Wildschweine … So erspähten sie drei Wolfswelpen und einen Jungen, die aus dem Dschungel herausgekommen waren, um am Flussufer zu trinken. Die Spahis warteten, bis diese fertig getrunken hatten und in den Dschungel zurückkehren wollten. In diesem Augenblick stürzten sich die Männer auf die Gruppe … die drei Welpen konnten den Spahis entkommen, der Knabe war bereits halb in dem Schlupfloch, als ein Spahi ihn am Bein packte und herauszog. Er gebärdete sich zornig und wild, schnappte nach ihnen und verbiss sich mit den Zähnen in den Lauf eines der Gewehre, die sie auf ihn gerichtet hatten, um ihn auf Distanz zu halten. Er schüttelte den Lauf heftig. Doch es gelang ihnen, ihn schließlich dingfest zu machen, sie nahmen ihn mit nach Hause und behielten ihn bei sich etwa zwanzig Tage. Während dieser Zeit aß er nichts außer rohem Fleisch. Sie fütterten ihn mit Hasen und Vögeln. Schließlich wurde es

ihnen zu mühselig, ihm genügend Nahrung zu verschaffen. Sie nahmen ihn mit zum Basar im Dorf Koelaepur. Dort entließen sie ihn in der Hoffnung, dass die Menschen dieses Orts ihn versorgen würden, bis er vielleicht von seinen Eltern wiedererkannt würde. An einem Markttag sah ihn ein Mann aus dem Dorf Chupra. Als er wieder zu Hause war, erzählte er seinen Nachbarn vom Wolfskind. Die arme Bauernwitwe erfuhr davon und bat ihn, den Knaben genauer zu beschreiben. Als sie hörte, dass dieser eine Brandnarbe am linken Knie habe und drei Vertiefungen an den beiden Seiten der Schenkel (Narben, die wohl von den Zähnen seiner Entführerin stammten) ... war sie sicher, dass der Knabe ihr verlorenes Kind war.
Sie machte sich sogleich auf den Weg zum Koelaebasar und konnte die zwei Merkmale bestätigen. Darüber hinaus entdeckte sie ein Muttermal am Schenkel, das ihr Kind schon bei der Geburt gehabt hatte. Sie kehrte mit ihm in ihr Dorf zurück. Dort erkannten ihn alle Nachbarn. Er lebte zwei Monate bei ihr. Die Jäger unter den dortigen Landbesitzern schickten der Witwe frisches Wildbret, damit sie ihren Sohn ernähren könnte. Er tunkte sein Gesicht ins Wasser – wie gewohnt – um zu trinken. Doch nun saugte er das Wasser und schlürfte nicht mehr wie ein Hund oder ein Wolf. Sein Körper roch stets abscheulich. Wenn die Mutter arbeitete, lief der Junge in den Dschungel. Sie versuchte vergebens, ihm das Sprechen beizubringen. Er folgte seiner Mutter lediglich, um Essen zu erhalten, doch er zeigte ihr keine besondere Zuneigung. Sie empfand ihm gegenüber ebenso wenig. Nach zwei Monaten zweifelte sie, dass aus ihm jemals etwas werden würde. Er war für sie ohne Nutzen, also überließ sie ihn der Fürsorge des Dorfes. Bald lernte er, Brot zu essen und auch alles sonst, was man ihm tagsüber anbot. Nachts verschwand er im Dschungel. Er murmelte undeutliche Laute, sagte nie etwas Verständliches. Die Haut seiner Knie und Ellenbogen war durch das Laufen mit den Wölfen auf allen vieren verhärtet. Zieht man ihm Kleider an, so zieht er sie aus und zerreißt sie auch. Er isst noch immer lieber rohes Fleisch als gekochtes, und frisst gerne Aas, wenn er es bekommt. Die Knaben im Dorf unterhalten sich, indem sie Frösche fangen und diese

ihm zuwerfen. Er schnappt sie und frisst sie. Wenn ein Stier verendet, und man ihn häutet, nagt er an der Haut wie die Hunde. Der Knabe ist noch immer im Dorf, und dies ist eine Beschreibung seiner Mutter, die noch immer in Chupra wohnt. Ihre Liebe zu ihm ist nicht zurückgekehrt. Er zeigt ebenso wenig Gefühle für sie. Diese Geschichte wurde von ihren Nachbarn und von den wichtigsten Landbesitzern, Bauern und Ladenbesitzern des Dorfes bestätigt. Im November 1850 sollte auf Geheiß Captain Nicholetts ... das Kind mit seiner Mutter zu mir geschickt werden. Der Junge bekam aber Angst und entschlüpfte in den Dschungel. Sicherlich wird er den Weg nach Hause bald wieder finden.«

ANMERKUNG Eine rührende, ja traurige Geschichte. Glaubhaft ist sie aber nur, wenn alle Details stimmen. Dieser Vorbehalt ist nichts Neues. Nach sechs Jahren unter den Wölfen war dieser Junge immer noch Säugling, Welpe unter Welpen, während wohl neue Generationen von Tiergeschwistern herangewachsen waren und den Bau verlassen hatten. Die Entdeckung am Flussufer in der Gesellschaft dreier Welpen erinnert sehr an die erste Geschichte Sleemans. Ob das Zufall ist? Immerhin ist der Ort des Geschehens derselbe. Märchenstunde oder Zufall?

♦

Das Wolfskind von Hasunpur (1843)

»Der Radscha von Hasunpur Bundua bestätigt neben den obigen Geschichten, für deren Wahrheitsgehalt er höchstpersönlich bürgt, ebenfalls als gesichert folgende von ihm erlebte: Im Jahr 1843 erschien in der Stadt Hasunpur ein Knabe, der offensichtlich bei Wölfen großgezogen wurde. Dem Anschein nach war der Knabe zwölf Jahre alt, als der Radscha ihn sah, war sehr dunkelhäutig und aß Fleisch, gleichgültig ob gekocht oder roh. Bei seiner Ankunft war sein Körper überall behaart. Doch nachdem er eine Zeit lang, so der Radscha, sein Essen gesalzen bekommen hatte, wie es andere Menschen tun, wurde diese Behaarung immer weniger. Er ging aufrecht wie andere Menschen, doch er lernte nie sprechen. Er murmelte Laute

wie die wilden Tiere und vermochte sich durch Zeichen zu verständigen. Er pflegte vor dem Geschäft eines bunnia im Basar zu sitzen, wurde schließlich von seinen Eltern wiedererkannt und ging mit ihnen mit. Was aus ihm wurde, ist unbekannt. Die Aussage des Radschas in Bezug auf diesen Knaben wurde von allen Menschen in der Stadt bestätigt. Keiner wusste aber, was aus ihm wurde.«

ANMERKUNG: Eine zweifelhafte Geschichte, zumindest, was sein Leben unter den Wölfen betrifft. Der Radscha taucht wieder in der Rolle des Vermittlers auf. Manche Details sind aber durchaus nachvollziehbar – etwa die Körperbehaarung, die ihre Ursache in der Unterernährung hätte haben können.

♦

Das Wolfskind von Ghutkori (1843)

»Um das Jahr 1843 erspähte ein Hirte aus dem Dorf Ghutkori … eines Morgens, als er mit seinen Tieren unterwegs war, einen Knaben, der neben einem Wolf auf allen vieren trabte. Nach erheblicher Mühe gelang es ihm, den Knaben, der sehr schnell rannte, zu fangen und mit nach Hause zu nehmen. Er versorgte ihn eine Zeit lang und versuchte, ihm das Sprechen beizubringen. Er nahm ihn auch in die Gesellschaft von Männern und Knaben mit. Alles vergebens. Der Knabe wurde stets rastlos in der Gegenwart von Menschen. Der Hirte brachte ihn zu Oberst Gray, Kommandant der ersten Lokalinfanterie zu Sultanpur. Er und Frau Gray wie alle Offiziere in den Quartieren sahen ihn oft und behielten ihn einige Tage bei sich. Doch bald lief er davon und suchte im Dschungel Unterschlupf, während der Hirte schlief. Danach siedelte der Hirte in ein anderes Dorf um. Ich konnte nicht herausfinden, ob er den Knaben wiedergefunden hat oder nicht.«

ANMERKUNG: Eine Geschichte, an deren Wahrheit man glaubt oder nicht. Nur der Hirte war Zeuge.

♦

Das Wolfskind von Bankipur (1840)

»Zulfikar Khan, ein ehrwürdiger Landbesitzer im Bezirk Hasunpur, zehn Meilen östlich der Sultanpur-Quartiere, erzählte, dass ein Kavallerist vor acht oder neun Jahren mit einem neun- oder zehnjährigen Knaben in die Stadt kam. Er habe diesen bei den Felsen von den Wölfen errettet. Er wusste aber nicht, was er mit dem Jungen anfangen sollte, und gab ihn deshalb in die Obhut der Dorfgemeinschaft. Er aß alles, was man ihm zuteilte, auch Brot. Er nahm es zunächst vorsichtig in die Hände, roch daran, doch er zog stets rohes Fleisch allem sonstigen vor. Er ging aufrecht wie auch andere Menschen, dies bezeugte Zulfikar Khan, doch es gab klare Hinweise an seinen Ellbogen und Knien, dass er längere Zeit auf allen vieren gegangen war. Verlangte man von ihm, dass er auf alle vieren ginge, so tat er dies und lief so schnell, dass kein Mensch ihn überholen konnte. Wie lange der Knabe bei dem Kavalleristen war und wie lange es dauerte, bis er gelernt hatte, aufrecht zu gehen, wusste Zulfikar Khan nicht. Der Junge redete nicht, noch vermochte er irgendwelche verständliche Laute zu artikulieren. Er verstand Zeichen und hörte ausgezeichnet. Er half den Bauern, wenn sie ihn durch Zeichen dazu aufforderten, indem er streunende Rinder aus ihren Feldern fortjagte. Budhu, ein brahminischer Bauer im Dorf, kümmerte sich um ihn. Er blieb bei ihm drei Monate. Um diese Zeit erschien sein Vater, ein Hirte, und nahm ihn mit. Er berichtete, dass der Junge sechs Jahre alt war, als der Wolf ihn vor vier Jahren entführte. Der Knabe wollte Budhu nicht verlassen. Der Vater hat ihn mit Gewalt mitzerren müssen. Was aus ihm geworden ist, ist nicht bekannt. Der Knabe war ohne Körperbehaarung, er war ebenfalls nicht abgeneigt, Kleider zu tragen. Diese Aussage wurde von den Menschen im Dorf bestätigt.«

ANMERKUNG: Dies ist eine dunkle Geschichte, in der ein Vater als Bösewicht auftritt. Der Bezug zu den Wölfen ist ohnehin recht vage: wir haben nur die Aussage des Kavalleristen (wieder ein Kavallerist!) und die rätselhafte Behauptung des Vaters, dass sein Sohn vier Jahre zuvor von den Wölfen entführt wurde. Warum sollte eine Wölfin Mutter eines sechsjährigen Menschenkindes werden wollen?

♦

Das erste Wolfskind von Lucknow (1842)

»Vor ungefähr sieben Jahren geschah Folgendes: Ein Kavallerist des Königs im Dienst des Radscha Hurdut Singh von Bondi, alias Bumnoti, ritt am linken Ufer des Ghagrafluss im Bezirk Bahraetsch an einem Bach vorbei, der in diesen Fluss mündet, als er zwei Wolfswelpen und einen Knaben erspähte, die Wasser aus dem Bach tranken. Den Kavalleristen begleitete ein Diener zu Fuß. Es gelang ihnen, den Knaben, der etwa zehn Jahre alt zu sein schien, zu fangen. Der Kavallerist nahm ihn zu sich auf das Pferd. Er war aber dergestalt wild und ungehalten, dass er die Kleidung des Kavalleristen zerriss und ihm mehrere ernste Bisswunden zufügte … Der Kavallerist brachte ihn nach Bondi, wo der Radscha ihn im Waffenschuppen festbinden ließ und ihm rohes Fleisch zu essen gab. Der Knabe schnitt den Strick aber immer wieder durch und lief davon. Nach drei Monaten hatte der Radscha genug von ihm und ließ ihn laufen. Ein Schauspieler oder Komiker (bhand) aus Kaschmir nahm ihn zu sich und versorgte ihn etwa sechs Monate lang. Nach dieser Zeit verlor auch er die Geduld und entließ ihn im Bondi-Basar … Er brachte Unordnung in ein Geschäft und wurde mit einem Pfeil beschossen …
Um diese Zeit befand sich der Kaschmiri Sanaolla, ein Kaufmann aus Lucknow, in Bondi. Er hatte Umhängetücher an den Radscha anlässlich der Hochzeit von dessen Bruder geliefert. Sanaolla wurde von vielen Dienern begleitet, unter ihnen Dschanu, ein junger khidmutgar [Butler] und ein alter Spahi mit Namen Ramzan Khan. Dschanu hatte Mitleid mit dem elenden Kind, entfernte den Pfeil aus seinem Schenkel, pflegte die Wunde und machte ihm ein Bett unter einem Mangobaum, wo auch er selbst schlief. Allerdings ließ er das Kind an einem Zeltpflock anbinden. Damals aß der Knabe nur rohes Fleisch. Um ihn davon zu entwöhnen, gab ihm Dschanu mit der Erlaubnis seines Herrn Reis und Hülsenfrüchte zu essen. Meh-

rere Tage lehnte der Knabe diese ab und aß gar nichts. Doch Dschanu setzte sich durch und zwang ihn, nach und nach die Bällchen, die er zubereitete, zu essen. Es dauerte etwa vierzehn oder fünfzehn Tage, bis er so weit war. Sein Körpergeruch war unausstehlich. Dschanu ließ ihn in Wasser mit Senfsamen … ausgiebig baden, in der Hoffnung dadurch den Geruch loszuwerden. Diese Bäder setzte er Monate lang [sic] fort und fütterte ihn weiterhin mit Reis, Hülsenfrüchten und Reismehl. Doch der Geruch wollte nicht verschwinden. Er hatte an den Ellbogen und den Knien Verhärtungen, da er früher auf allen vieren gegangen war. Etwa sechs Wochen nachdem er unter dem Baum festgebunden wurde und nach wiederholtem Prügeln und Einreiben seiner Gelenke mit Öl, zwang man ihn, aufrecht zu stehen und wie andere Menschen zu gehen. Niemals hörte man ihn einen deutlichen Laut artikulieren außer Abudia, den Namen der kleinen Tochter des Kaschmiri-Komikers, der zu ihm so gütig gewesen war und zu dem er Zuneigung gezeigt hatte. Nach etwa vier Monaten begann er Zeichen zu verstehen. Er musste die Wasserpfeife vorbereiten. Er setzte glühende Kohlen auf den Tabak und brachte sie Dschanu oder jenen, die Dschanu ihm zeigte.

Eines Nachts, als die beiden unter dem Baum lagen, erblickte Dschanu zwei Wölfe, die sich heranschlichen und an dem Knaben schnupperten. Sie berührten ihn, und er stand auf. Er zeigte keine Angst, legte seine Hände auf ihre Köpfe und begann mit ihnen zu spielen. Sie liefen fröhlich umher, und er bewarf sie mit Stroh und Blättern. Dschanu versuchte sie zu vertreiben, dies war aber nicht möglich, und er wurde unruhig. Er rief dem Wächter Mir Akhbur Ali zu, dass die Wölfe im Begriff seien, das Kind zu fressen. Dieser antwortete: »Lauf weg, sonst fressen sie auch dich.« Nachdem er sah, wie sie miteinander spielten, beruhigte er sich wieder. Nach und nach fasste er Mut und verscheuchte sie. Sie entfernten sich nur kurz, dann kehrten sie zurück und spielten wieder mit dem Knaben. Schließlich gelang es Dschanu, alle zu vertreiben. In der nächsten Nacht erschienen drei Wölfe. Der Knabe spielte mit ihnen. Nach einigen Nächten kamen vier Wölfe heran, doch niemals waren es mehr als vier. Sie kamen vier- oder fünfmal, und

Dschanu verlor seine Angst vor ihnen. Er vermutete, dass die ersten zwei jene Welpen waren, die bei dem Jungen waren, als er vom Kavalleristen aufgefunden wurde. Sie hielten ihn nicht für Beute, weil sie seinen Geruch wieder erkannten. Sie leckten ihm das Gesicht ab, und er legte seine Hände auf ihre Köpfe.
Kurz nach diesen Ereignissen kehrte Dschanus Herr, Sanaolla, aus Lucknow zurück und drohte, Dschanu aus dem Dienst zu entlassen, wenn er den Knaben nicht aussetze. Doch Dschanu bestand darauf, den Knaben zu behalten, und der Herr ließ sich schließlich erweichen. Dschanu fesselte den Knaben mit einer Schnur und führte ihn … Er setzte ein Bündel Kleidung auf dessen Kopf. Wenn sie an einem Dschungel vorbeigingen, warf der Knabe das Bündel nieder und versuchte, in den Dschungel zu entfliehen. Dann bekam er eine Tracht Prügel, hob seine Hände als Zeichen des Gehorsams, setzte sein Bündel wieder auf den Kopf und ging weiter. Es dauerte aber nie lange, bevor er die Prügel wieder zu vergessen schien, und er machte immer wieder die gleichen Anstalten, wenn er einen Dschungel erblickte. Allmählich wurde er aber ganz fügsam. Eines Tages, etwa drei Monate, nachdem sie nach Lucknow zurückgekehrt waren, schickte der Herr Dschanu einen oder zwei Tage in einer geschäftlichen Angelegenheit fort. Bevor Dschanu zurückkehrte, war der Knabe wieder ausgerissen. Dschanu fand ihn nie wieder.
Zwei Monate nach dem Verschwinden des Knaben kam eine Frau aus der Weberkaste mit einem Bittbrief … an Sanaolla. Den Brief hatte ein Verwandter des Radschas Hurdut Singh verfasst. Darin hieß es, sie bewohne das Dorf Tschurerakutra auf seinen Ländereien und hätte einen Sohn gehabt, damals etwa vier Jahre alt, der vor etwa fünf oder sechs Jahren von den Wölfen entführt worden sei. Nach der Beschreibung … hielt es Sanaolla für möglich, dass dieser Knabe derselbe war, der seinen Diener Dschanu begleitet hatte … die Merkmale entsprachen genau denjenigen, die man an dem Knaben gefunden hatte … Doch der Knabe blieb unauffindbar, und sie kehrte nach Hause zurück. Sanaolla, Dschanu und Ramzan Khan sind noch in Lucknow. Die drei erklärten vor mir, dass alle hier eingetragenen Umstände wahr sind. Insgesamt war der

Knabe etwa fünf Monate bei Sanaolla und seinen Dienern. Er wurde ungefähr viereinhalb Monate zuvor festgenommen. Die Wölfin hatte gewiss einige Würfe während der sechs oder sieben Jahre des Aufenthalts des Knaben bei ihr …«

Radscha Hurdut Sewae, der sich geschäftlich in Lucknow aufhielt, erzählte Sleemann (28. Januar 1851), dass der Kavallerist den Knaben nach Bondi gebracht und ihn dort behalten hatte, solange er, der Radscha, selbst dort war. Als der Kavallerist abreiste, kam der Knabe zum Radscha. Der Knabe blieb bei ihm insgesamt drei Monate. Dem Radscha schien er etwa zwölf Jahre alt zu sein. Er fraß mit deutlichem Vergnügen rohes Fleisch, solange er bei ihm wohnte, wenn es ihm angeboten wurde. Er lehnte Brot und zubereitetes Essen stets ab. Er ging auf allen vieren, stand und ging holprig auf zwei Beinen, wenn er sich bedroht fühlte oder wenn man ihn dazu zwang. Er schien Zeichen zu begreifen, vermochte aber kein Wort zu verstehen oder zu artikulieren. Nur selten versuchte er jemanden zu beißen. Er riss sich die Kleider, die man ihm anzog, nicht vom Leib. Der Radscha erinnerte sich, dass der Kaschmiri Sanaolla oft zum ihm kam, um ihm Umhängetücher anzubieten. Sanaolla habe das Kind mitgenommen. Er, der Radscha, konnte sich nicht erinnern, es Sanaolla anvertraut zu haben. Er selbst habe nie einen Brief an Sanaolla für die Mutter des Kindes geschrieben.

ANMERKUNG: Diese Geschichte liest sich wie ein orientalisches Märchen. Doch kehren wir zunächst in die Realität zurück. Sleeman war überzeugt, eine glaubwürdige Geschichte von glaubwürdigen Informanten gehört zu haben. Mehrere seiner Berichte über Wolfsknaben handeln von einem Kavalleristen, der ein Menschenkind in der Gesellschaft von Welpen am Fluss erblickt, fängt und zum Radscha oder ins Dorf bringt. Sleeman sammelte gerne, wenn freilich unkritisch, diese Geschichten. Sicherlich war das Phänomen in der Gegend nichts Neues. Sleeman erzählte von einem alten Mann in Lucknow, der angeblich seine Kindheit bei einem Einsiedler im Wald verbrachte, nachdem der Einsiedler ihn bei den Wölfen gefunden hatte. Nachdem der Einsiedler gestorben war, hatte ihn ein Kavallerist (wie immer) zum Radscha gebracht, unter dessen Obhut er seitdem lebte. Sein Aufenthalt bei den Wölfen lag, so Sleeman, vierzig Jahre zurück:

»Eines Tages schickte man ihn zu mir auf mein Geheiß, und ich unterhielt mich mit ihm. Vom Aussehen her scheint er vom Stamm der Tharu zu sein. Diese wohnen ausschließlich im Wald. Er ist ziemlich harmlos, redet wenig und etwas ungenau. Er ist etwas ungeduldig, wenn er unter Menschen ist, umso mehr, wenn man ihn mit Fragen belästigt. Ich fragte ihn, ob er eine Erinnerung an sein Leben bei den Wölfen hätte. Er antwortete, ›Die Wölfin starb lange vor dem Einsiedler‹. Er erinnerte sich an nichts mehr. Er hatte keine Merkmale, die darauf hinweisen würden, dass er jemals auf allen vieren ging. Dass er als wildes Kind im Wald gefunden wurde, ist nicht zu bezweifeln. Ich bin mir aber nicht sicher, ob er jemals bei den Wölfen gelebt hat. Nach dem, was ich gehört habe, bezweifle ich, dass ein Kind, das viele Jahre bei Wölfen – bis zu acht oder zehn Jahre – verbracht hat, jemals eine durchschnittliche Intelligenz erlangen könnte. Niemals hörte ich von erwachsenen Menschen, die bei den Wölfen Gnade gefunden hätten und von ihnen ernährt wurden. So viel die Fälle von Knaben sind, die bei den Wölfen gefunden wurden … sollten wir davon ausgehen, dass sie sonst vor ihrer Geschlechtsreife an der Wirkung der ausschließlich tierischen Nahrung zugrunde gehen würden, oder sie würden von den Wölfen selbst oder von anderen Raubtieren im Dschungel erlegt werden, unfähig, wie sie sind – wie die Wölfe selbst –, wegen mangelnder Geschwindigkeit zu fliehen.«

Man spürt es deutlich. Sleeman möchte gerne glauben. Tylor dagegen glaubte keinen Augenblick, dass Sleeman über wahrhaftige Wolfskinder berichtet hatte. »Die Existenz dieser Jungen im Zustand der außerordentlichen Brutalität kann man für bare Münze nehmen. Dass sie unter Wölfen gefunden wurden, dafür haben wir keinen Beweis, außer den Aussagen der Eingeborenen. Es ist allgemein bekannt, welchen Wert in solchen

Sachen ein orientalischer Beweis hat.« Dass hier die Arroganz des Kolonialherrn spricht, ist nicht von der Hand zu weisen, was allerdings nichts daran ändert, dass manche Inder nach den Regeln der Höflichkeit sicherlich bemüht waren, dem Major General als Gast und möglichem Herrn zu gefallen. Immerhin war Sleeman als Stellvertreter ihrer Majestät Königin Viktoria ein wichtiger Mann im noch nicht erschlossenen Oudh. Dass seine private Beschäftigung mit Wolfskindern so sehr fruchtete, soll also nicht überraschen.

Tylor hingegen bekrittelte, dass die Fälle aus der Akte Sleeman stets ähnliche Züge aufwiesen, sodass man praktisch ein Profil eines Musterwolfskind aus seinen Berichten hätte erstellen können: männlich, etwa zehn Jahre alt, mehr oder weniger brutal im Aussehen, schwachsinnig, mit einer Vorliebe für rohes Fleisch und Aas, einer Abneigung gegen Kleidung, unfähig beziehungsweise beinahe unfähig zu sprechen, dennoch in der Lage, sich durch Zeichen zu verständigen.

1898 machte sich der Engländer George Archie Stockwell in *Lippincott's Monthly Magazine* Gedanken über das Phänomen der indischen Wolfskinder, deren Zahl bis dahin stets am Zunehmen war. Er war von Haus aus skeptisch und zitierte die Untersuchung eines Mr. Wigram, der 1872 in Indien Forschungen über Kinder nachgegangen war, die den damaligen Berichten zufolge bei den Wölfen gelebt hatten. Drei von diesen wilden Kindern entpuppten sich als gewöhnliche Schwachsinnige, die von der Polizei aufgegriffen und lediglich wegen ihrer »tierischen Gewohnheiten und des allgemeinen Glaubens an Wolfskinder« für Tiermenschen gehalten wurden. Stockwell, wie Tylor vor ihm, mahnte seine englischen Leser, dass »der durchschnittliche Eingeborene in Indien stets bemüht ist, dem *Sahib* Wundervolles zu erzählen, ohne sich um die Details zu kümmern, solange eine Belohnung zu erwarten ist.« Man muss diesen Einwand in der Tat immer wieder berücksichtigen, auch, dass dies nicht nur mit Geld zu tun hat. Dem Fremden eine Freude zu machen, gilt in vielen Regionen als unabdingbares Gebot der Höflichkeit.

♦

Kapitel 7

Briefe an die Times

Das Wolfskind von Schahdschahampur (1858)

Ab den Neunzigerjahren des 19. Jahrhunderts meldeten sich immer häufiger Engländer zu Wort, um von ihren wundersamen Abenteuern im Dienste der Königin in der Kronkolonie Indien zu erzählen. George Archie Stockwell nahm in seinem Artikel »Wolf-Children« (in *Lippincott's Monthly Magazine* 1898) einige dieser Erinnerungen aus einer lang vergangenen Zeit unter die Lupe:

»Mr. Greig, ehemals bei den 93. (Sutherland) Highlanders, berichtet: [The Field, 12. Oktober 1895, Nr. 2233 S. 619] Als sein Regiment 1858 in Richtung Bareilly marschierte, nachdem sie Lucknow eingenommen hatten, habe er einen Menschen gesehen, von dem es hieß, er sei als Kind von Wölfen aus seinem Dorf entführt und von ihnen großgezogen worden … Er schien etwa zwanzig Jahre alt zu sein. Sein Körper war mit kurzen braunen Haaren bedeckt. Er konnte nicht sprechen, sondern nur tiefe Grunzer hervorstoßen. Er weigerte sich, etwas anzuziehen … Wenn er rohes Fleisch sah, stürzte er sich darauf und verschlang es gierig. Man erzählte, dass er von eingeborenen Kavalleristen nach einer langen Verfolgungsjagd eingefangen wurde. Er lief nicht aufrecht wie ein normaler Mensch, sondern auf allen vieren.«

Mr. H. D. Willock, ehemaliger Beamter des Bengal Civil Service, behauptete in einer anderen Ausgabe von *The Field* [11. Januar 1895, Nr. 2246 S. 36 f.], selbst diesen Menschen gesehen zu haben. Hier sein Augenzeugenbericht:

»Sie fragen mich, ob ich jemals vom ›Wolfsknaben‹ Kenntnis erhalten habe, den ein Offizier der 93. Highlanders schilderte, nachdem er ihn 1858 bei … Schahdschahanpur gesehen haben will. Ich habe einen solchen Knaben, besser gesagt ausgewachsenen Mann, erlebt und hatte mehrere Gelegenheiten, mich über seine Geschichte zu informieren und seinen Zustand und seine Gewohnheiten zu beobachten. Ich bin fest davon überzeugt, dass der Mensch, von dem der Offizier berichtet hat, derselbe war, den ich kennen gelernt habe. Ich war im September 1858 nach Schahdschahanpur versetzt worden … Um diese Zeit erfuhr ich von der Existenz eines ›Wolfsknaben‹ in der Stadt. Ich fand ihn in einer Hütte in einem serai vor, das ihm der Eigentümer überlassen hatte. Dem Anschein nach war er etwa zwanzig Jahre alt. Nach seinem Verhalten und seinen Gewohnheiten zu urteilen, war er ein bloßes Tier. Er war stumm, doch in der Lage, Gefallen oder Zorn mittels Lauten zu zeigen, die man am besten als Grunzen beschreiben würde. Er ging unbekleidet mit Ausnahme eines Lumpens, den er um die Taille trug. Er konnte stehen, doch meistens kroch er. Die Haut an seinen Knien war hart wie Leder … Tagsüber streunte er durch die Stadt. Die Leute warfen ihm Essensreste zu. Man betrachtete ihn als einen, der von den Göttern heimgesucht wurde und insofern als geeigneten Empfänger von milden Gaben. Nachts lag er in seiner Hütte auf einem Strohlager. Mehr brauchte er nicht. Die Decke, die ich ihm zur Verfügung stellte, lag unbeachtet und unbenutzt da. Er ging keine Bindungen ein und schien ganz ohne Leidenschaft und Intellekt zu sein.

Ich blieb in Schadschahanpur bis 1865 und besuchte ihn häufig. Er lebte noch, so glaube ich, als ich wegging. 1857 wurden alle öffentlichen Büros verwüstet. Ich vermochte also keine Akte oder Unterlagen zu finden, die mir irgend eine Auskunft über seine frühen Jahre hätten geben können … Ich erfuhr jedoch, dass sich ein Kavallerist vor etwa vierzehn Jahren auf dem Heimweg vom Waldlager befand, als ein Wolf seinen Weg kreuzte. Hinter diesem lief eine Gestalt, die er als ein Menschenkind wiedererkannte, das langsam auf Händen und Knien hinterher trabte. Der Kavallerist stieg ab und ver-

mochte dieses Geschöpf nach kurzer Verfolgung zu fangen. Es biss und kratzte mit großer Energie. Dem Kavalleristen gelang es, es mit nach Schahdschahanpur zu bringen. Selbstverständlich spendete man diesem Wesen große Aufmerksamkeit, doch alle Versuche, es von seinen erworbenen Gewohnheiten abzubringen, scheiterten. Letztendlich musste man es seinem Schicksal überlassen. Als ich es erlebte, verhielt es sich in diesem Sinne …«

ANMERKUNG: Erzählt man eine Geschichte oft genug, dann klingt sie bald wie die Wahrheit. Der Zeuge ist wohlmeinend, und sicherlich erzählt er gewissenhaft, was er erlebte. Doch das »Wolfskind« war lediglich ein ausgewachsener Schwachsinniger mit einer dicken Hornhaut an den Knien. Erstaunlicherweise weisen viele der indischen Berichte über Wolfskinder große Ähnlichkeiten auf. Das liegt zum Teil wohl daran, dass die meisten auf Berichten von zuverlässigen Menschen beruhen. Sie könnten aber auch alle aus der gleichen folkloristischen Quelle stammen. Immer wieder dieser Kavallerist. Doch wo bleibt der echte Wolf?

♦

Das zweite Wolfskind von Sultanpur (1860)

Auch folgenden Bericht fand Mr. Stockwell in der Zeitschrift *The Field* [12. Oktober 1895, Nr. 2237, S. 786]. Der Autor, ehemaliger Assistant Commissioner in Sultanpur, Mr. Hercules Grey Ross, hatte ihn als Leserbrief an die Zeitschrift geschickt, nachdem er die Erinnerungen anderer Zeitgenossen über indische Wolfskinder gelesen hatte.

»Als ich in Sultanpur als Assistant Commissioner tätig war … brachte mir die Polizei einen Knaben – das war im Jahr 1860 oder 1861 – und erklärte mir, sie habe ihn in einem Wolfsbau aufgefunden. Ich kann diese Behauptung nicht absolut bestätigen, doch man stellte Ermittlungen in der Sache an, und ich sehe keinen Grund, die Angabe zu bezweifeln.
Was das Kind betrifft: Ich sah den Knaben, als er das erste

Mal zu uns kam und dann beinahe täglich, bis ich die Station verließ. Er schien etwa vier Jahre alt und hockte auf dem Boden wie ein Hund, beide Arme vor sich hingestreckt, die Hände flach auf dem Boden. Er zog die Beine ein wie ein Hund. Er bewegte sich, indem er hüpfte wie ein Affe, wobei er nie aufrecht stand und die Hände stets den Boden berührten. Er knurrte oder machte andere Geräusche, etwas zwischen einem Bellen und einem Grunzen. Gekochtes Essen rührte er nie an, rohes Fleisch aß er dagegen gierig. Ein Polizist kümmerte sich um ihn. Allmählich brachte dieser ihm bei, Milch zu trinken, dann auch Milch und Brot zu sich zu nehmen und so weiter. Der Knabe war gewiss kein Schwachsinniger. Nachdem man ihn gezähmt hatte, kam er in die Schule. Am Schluss wurde er Polizist. Alle waren damals davon überzeugt, dass es sich eindeutig um ein Wolfskind handelte. Ob es so etwas überhaupt gibt, bleibt dahingestellt. Ich persönlich sehe keinen Grund daran zu zweifeln. Die Eingeborenen sind von dieser Vorstellung überzeugt. Zugegeben, sie glauben an viele Legenden, die völlig widersinnig sind …«

ANMERKUNG: Es fehlt wieder der Wolf, doch Ross plädiert überzeugend und äußerst sympathisch. Man möchte ihm gerne glauben, er hat wohl das wiedergegeben, was er selbst erlebt hatte. Es ist durchaus möglich, dass dieser Knabe, der im zarten Alter von vier Jahren auf den Hund gekommen war, sich doch noch an die Menschenwelt anpassen und später sogar Polizist werden konnte.

Augenzeugen und Berichterstatter beobachteten immer wieder, dass viele der verwilderten Kinder sich ausschließlich von rohem Fleisch ernährten. Wenn das stimmt, möchte man natürlich wissen, wie ein Mensch auf diesen ungewöhnlichen Geschmack kommt.

Mr. Ross war äußerst gewissenhaft und machte sich auch Gedanken (siehe Kapitel »Die Stunde der Wölfe« im ersten Teil), wie die Entführung eines Kindes von einem Wolf vonstatten gehen könnte. Auch da erwies er sich als vorsichtiger und mitdenkender Beobachter.

♦

Dina Sanichar, das Wolfskind von Sekandra (1867)

Der britische Geologe Valentine Ball besuchte Dina Sanichar 1874 im Waisenhaus in Sekandra, einem Ort nahe Agra in Westbengalen. Der neugierige Engländer, der das indische Hinterland zwischen 1864 bis 1878 auf der Suche nach Neuigkeiten erforschte, wurde hellhörig, nachdem er Ende 1872 in einer indischen Tageszeitung von einem Wolfskind erfahren hatte, das um diese Zeit ins Waisenhaus in Sekandra gebracht wurde. Er schrieb einen Brief an den Leiter des Waisenhauses, den Reverend Erhardt, um Näheres davon zu hören. Der schrieb zurück und berichtete ganz überraschend nicht von einem, sondern von zwei Wolfskindern. Der Zeitungsbericht habe sich, so der Direktor, nur auf das zweite bezogen. Es gebe aber ein anderes Wolfskind im Waisenhaus, es heiße Dina Sanichar. Hier eine Schilderung des ersten Falls aus Erhardts Brief an Ball:

> *»Der andere Knabe, den man unter den Wölfen gefunden hat, ist etwa dreizehn oder vierzehn Jahre alt und lebt bei uns seit ungefähr sechs Jahren. Er kann jetzt Geräusche hervorbringen, nicht aber reden. Wut und Freude kann er ohne Schwierigkeiten ausdrücken. Zu Zeiten arbeitet er auch ein wenig, am liebsten aber isst er. Er hat Fortschritte gemacht … er isst rohes Fleisch jetzt seltener. Immerhin mag er an Knochen knabbern und wetzt seine Zähne an ihnen …*
> *Beide Fälle sind aber nichts Ungewöhnliches …*
> *Die Leichtigkeit, mit der sie sich auf allen vieren (Händen und Füßen) in Bewegung setzen, ist überraschend. Bevor sie essen oder Speisen anrühren, beschnuppern sie sie. Gefällt ihnen der Geruch nicht, so stoßen sie die Speise von sich.«*

Lange Jahre war Dina Sanichar der Star des Waisenhauses. Die Verwaltung der Christian Missionary Society, die das Waisenhaus betrieb, veröffentlichte eigens eine Broschüre über das Leben des berühmten Bewohners und verkaufte diese an Touristen, die gerne von Agra aus anreisten, um diesen seltsamen Menschen mit eigenen Augen zu sehen. Stockwell zitierte aus

The Field [November 1895, Nr. 2237, S. 745] den Bericht eines gewissen Mr. A. F. Mackenzie, der im Oktober 1893 zu Dina Sanichar gefahren war:

»Das Kind wurde an einem Samstag gefangen und nach dessen indischer Bezeichnung Sanichar genannt … Als ich den Jungen besichtigte, war er taubstumm. Sein Blick wirkte noch sehr wild, dennoch war sein Aussehen nicht mit seiner Vorgeschichte in Einklang zu bringen. Wenn auch schwachsinnig, verstand er den Wert einer Rupiah und genoss Tabak insbesondere.«

»Dies war offensichtlich nicht der Knabe, den Mr. Erhardt in seinem bereits zitierten Brief geschildert hatte. Er wurde sicherlich später gefangen«, schrieb Stockwell, offenbar ohne zu bedenken, dass zwanzig Jahre auch an einem Wolfskind nicht spurlos vorbeigehen.

1938 erkundigte sich Robert Zingg zu diesem Fall bei der Verwaltung des Waisenhauses und erhielt eine freundliche Antwort von Mr. F. H. E. Martin und Canon F. W. Hinton, den Leitern des Instituts. Sie schickten ihm einige Unterlagen zu Dina Sanichar: einen kurzen Lebenslauf, einen Nachruf aus einer Missionszeitschrift (er starb im Oktober 1895) und ein Foto. Aus dem Lebenslauf, der den Titel trägt, *Eine kurze Lebensgeschichte von Dina Sanichar, dem Schwachsinnigen*, erfährt man einige zusätzliche Details:

»… sein Gehabe war wie das eines wilden Tieres. Obwohl er angekettet war, griff er jeden an, der sich in seiner Nähe befand. Als er hierher kam, waren seine Haare und seine Nägel sehr lang. Er ernährte sich von rohem Fleisch. Später lernte er, auch gekochtes Fleisch zu essen und allmählich, wenn auch langsam, gewöhnte er sich daran, mit den anderen Knaben in die Kirche zu gehen. Wenn man eine Hymne anstimmte, stand auch er mit den anderen Jungen auf und rief ›wa wa‹. Zur Zeit des Betens stand er da und grunzte ›dham dham‹…
Die Jungen, die neben ihm standen, versuchten ihn ruhig zu stellen. Er lernte ihnen zu gehorchen … er sorgte dafür, dass

sein Teller und sein Glas, die er zu Mahlzeiten verwendete, stets sauber waren. Er wollte keine zerrissene oder geflickte Kleidung tragen. Er schaute in die Sonne, starrte sie an und schnatterte darauf los, als wäre er im Gespräch mit ihr … Er verbrachte etwa dreißig Jahre in Sekandra und starb an Tbc. Er lernte weder lesen noch richtig sprechen. Er rauchte sehr gerne Tabak und Haschisch.«

Dina Sanichar

In einem Brief vom 16. April 1927 an die Londoner *Times* erzählte ein weiterer Augenzeuge, ein gewisser W. Mclean aus Sussex, von seiner Begegnung mit Dina Sanichar und einigen Details zu dessen Festnahme. Im April 1927 hagelte es übrigens Leserzuschriften und kurze Artikel über Wolfskinder. Anlass dafür war eine Meldung am Anfang des Monats über die Entdeckung eines Wolfskindes bei Miawana gewesen. Da erwachte bei den alten Offizieren und Beamten wieder die Erinnerung an Dina Sanichar.

Der Zeitzeuge Mclean veröffentlichte im gleichen Jahr einen zweiten Text mit dem Titel *India's Wolf Children Found in Caves*. Darin erfährt der Leser ein wichtiges Detail, das in der *Times* nicht aufschien. Die Jäger, die Dina Sanichar festnahmen, erlegten seine »Tiermutter« und zwei Welpen. Das Töten von Wölfen wurde nämlich mit einer Prämie belohnt, welche bei Vorlage der Tierkadaver ausbezahlt wurde. In diesem Fall habe man sie dem Amtsgericht in Bulandschar vorgelegt. Mit anderen Worten: Die Engländer hatten die einst heiligen Wölfe zum Abschuss freigegeben.

Es bleibt uns nur noch der Augenzeugenbericht Valentine Balls, wohl die erste Erwähnung Dina Sanichars. Er erschien 1880 in Balls Memoir, *Jungle Life in India: or the Journeys and Journals of an Indian Geologist* und beschreibt Aussehen und Verhalten des Wolfsjungen:

»Sein Aussehen war das eines gewöhnlichen Schwachsinnigen. Seine Stirn war niedrig, seine Zähne mehr oder weniger vorstehend. Sein Benehmen war unruhig und zappelig. Von Zeit zu Zeit grinste er auf eine Art und Weise, die mehr affenartig als menschlich war. Die Wirkung spürte ich umso stärker, weil er am Unterkiefer nervös zuckte … dann hockte er sich auf den Boden, stützte sich auf seine Hände und schaukelte sich nach vorne in verschiedene Richtungen. Derweil hob er Papierschnipsel, Krümel usw. auf und beschnüffelte sie wie ein Affe. Ich erfuhr, dass er sich auf seinen Geruchssinn mehr denn auf seinen Geschmack verlässt, um Gegenstände zu erfassen. Sein Benehmen, als ich ihn beobachtete, schien diese Behauptung völlig zu bestätigen … Er ist ein ziemlich schmaler Knabe, etwa fünf Fuß drei Zoll [157 cm] groß und laut Mr. Erhardt etwa fünfzehn Jahre alt. Das körperliche Merkmal, das mir am meisten auffiel, war die Kürze seiner Arme, die eine Länge von 19½ Zoll [49 cm] haben. Das arretierte Wachstum liegt wohl an der Wirkung seines frühen Lebens auf allen vieren, der gewöhnlichen Gangart vieler Wolfskinder. Er ist (1874) beinahe neun Jahre im Waisenhaus. Sein Gemüt gilt allgemein als fröhlich. Er hat sich einigermaßen orientiert und findet sich auf dem Gelände zurecht. Als Mr. Ehrhardt die Verwaltung des Waisenhauses übernahm, war dies noch nicht der Fall. Ohne Aufsicht kann er unmöglich seiner Arbeit nachgehen. So zum Beispiel trägt er einen Korb, solange man hinschaut, lässt ihn aber wieder fallen, wenn er allein ist.

Mr. Erhardt … konnte mir keine Details über seine Gefangennahme geben, außer dem, was in seinen oben zitierten Briefen stand. Ein eingeborener Waldführer in Agra, den ich darüber ausfragte, erzählte mir, dass er am Gerichtshof des Magistrats war, als der Knabe mit einer toten Wölfin und zwei toten Welpen hingebracht wurde …«

ANMERKUNG: Ein Wolfskind oder ein Schwachsinniger? Diese Frage in Bezug auf Dina Sanichar ist nicht mehr zuverlässig zu beantworten. Die Jäger, die ihn festnahmen, wurden scheinbar nie ermittelt. Widersprüche erschweren die Beurteilung der Geschichte: Nach der Aussage Mcleans wurden die Wolfskadaver dem Amtsgericht in Bulandschar vorgelegt, nach Ball dagegen in Agra. Ein kleines Detail, aber immerhin. Ball berichtet 1874, dass Dina Sanichar 1865 oder 1866 aufgefunden wurde. Nach anderen Quellen war es 1867. Auch nicht unbedingt so wichtig. Fest steht nur: Dank der vielen Besucher, die Dina Sanichar, das Samstagskind, aus der Nähe bestaunen wollten, verschaffte das tabaksüchtige Wolfskind dem Waisenhaus ein kleines Nebeneinkommen – das die Christian Missionary Society sicherlich gut gebrauchen konnte.

♦

Das zweite Wolfskind von Sekandra (1872)

»Wir haben zwei solche Jungen bei uns«, schrieb Reverend Erhardt seinerzeit an Valentine Ball, »doch ich gehe davon aus, dass Sie sich auf denjenigen beziehen, der am 6. März 1872 kam …« Dieser Junge ist seither als das zweite Wolfskind von Sekandra bekannt.

»Hindus fanden ihn auf der Wolfsjagd in der Nähe von Mynepuri … Sie räucherten ihn aus einer Höhle heraus und brachten ihn zu uns. Er war mit Wunden und Narben übersät. Sein Gehabe war das eines wilden Tieres. Er trank wie ein Hund und fraß am liebsten Knochen und rohes Fleisch. Er verkehrte nie mit den anderen Knaben, er verkroch sich in jedem dunklen Winkel. Kleider riss er sich vom Leib. Nach einigen Mona-

ten erkrankte er an einem Fieber und hörte auf zu essen. Wir versuchten eine Zeit lang, ihn am Leben zu halten, doch schließlich starb er.«

Als Ball Dina Sanichar in Sekandra besuchte, erfuhr der Geologe vom Reverend auch neue Einzelheiten zu dem zweiten Kind:

»Was den Knaben betrifft, der am 5. [sic] März 1872 ins Waisenhaus geliefert wurde, beteuerte mir Mr. Erhardt, dass er bei seiner Ankunft keine normale Menschenkost anrührte. Er war aber zugleich viel zu klein und schwach, um sich eigenes Essen zu besorgen. Rohes Fleisch verschlang er aber gierig. Mr. Erhardt notierte diese Tatsachen wie auch die verschiedenen Verletzungen und Brandwunden an seinem Körper. Er bestellte die Menschen, die das Kind ins Waisenhaus geliefert hatten, und erfuhr zum ersten Mal, dass es aus einem Wolfsbau ausgeräuchert worden war. Solange der Knabe im Waisenhaus lebte, es dürften bloß vier Monate gewesen sein, schlich er manchmal nachts durch das Gelände auf der Suche nach Knochen … Eine seltsame Zuneigung verband diese zwei Knaben. [Diesen und Dina Sanichar, Anm. d. Verf.] Der Ältere zeigte dem Jüngeren, wie man aus einer Tasse trinkt. Solange der jüngere Knabe lebte, kamen Hindus ins Waisenhaus und baten darum, ihre Salaamgebete vor ihm verrichten zu dürfen. Sie glaubten, sie könnten durch seinen Einfluss bei den Wölfen ihre Familien und ihre Herden vor Schaden bewahren …«

ANMERKUNG: Ein Fall, der durchaus glaubwürdig klingt. Aber warum? Ganz einfach, weil uns der Augenzeugenbericht das Benehmen des wilden Knaben recht nüchtern schildert. Ob die Jäger, die das arme Kind ins Waisenhaus gebracht hatten, es wirklich aus einem Wolfsbau herausgeräuchert hatten, steht selbstverständlich auf einem anderen Blatt.

♦

Der Wolfsjunge von Etuah

(Datum unbekannt)

George Archie Stockwell erwähnt in seinem bereits zitierten Artikel »Wolf Children« auch diesen Fall:

> *»Mr. H. B. Neilson, der großes Interesse an diesem Thema hat, veröffentlichte in jüngster Zeit einen Text darüber im Badminton Magazine [Vol. 2, Nr. 7, S. 249–257, 1896]. Darin berichtet er von einem Wolfskind, das vor vielen Jahren im Chamber's Journal beschrieben wurde, nachdem es im Bezirk Etuah nahe dem Ufer des Dschumnaflusses gefangen wurde. Nach einiger Zeit konnte man den Knaben seinen Eltern zurückgeben, doch sie fanden ihn kaum mehr zu handhaben, denn er war übermäßig schwierig – im Grunde nur ein wildes Biest in einem Käfig. Oft stieß er nachts stundenlang unheimliches Geschrei und Gestöhn aus, womit er die Nachtruhe seiner Nachbarn störte und ihre Gemüter anheizte. Die Nacht wurde für jeden zu einem Greuel. Seine Leute legten ihm einmal eine Kette um die Taille und befestigten diese an einem Baum, der sich außerhalb des Dorfes befand. Eines Nachts geschah etwas sehr Kurioses: Der Mond schien hell, und zwei Wolfswelpen (sicherlich diejenigen mit denen er einst zusammen gewesen war, als man ihn festnahm) kamen zu ihm. Sie haben sein Geheul wohl gehört, als sie selbst bei Nacht auf Raub ausgegangen waren. Man konnte deutlich sehen, wie sie um ihn herumtänzelten, als würden sie ihn gut kennen, und ihn als einen der ihren betrachteten. Sie verließen ihn erst, als der Tag wieder anbrach und sich die Menschen im Dorf zu rühren begannen. Der Knabe lebte nicht lange, sprach nie. Kein einziger Strahl der Vernunft erhellte sein verwahrlostes Wesen.«*

Anmerkung: Mr. Neilson, den Stockwell als Quelle für diese Geschichte angibt, wäre selbst gerne Experte. Doch sein Wissen scheint vorwiegend aus mindestens zweiter Hand zu kommen. Neilson selbst gab an, einmal bei Agra ein Kind, das bei den Wölfen gewesen war, aus der Nähe betrachtet zu haben. Es dürfte sich um Dina Sanichar handeln. Den obigen Fall aus

Etuah entnahm er allerdings, wie Stockwell berichtete, dem *Chamber's Journal.* Es handelt sich also nicht um einen Erfahrungsbericht. Neilsons Artikel im *Badminton Magazine* ist lediglich eine Wiedergabe der damals bekanntesten Fälle. Ein kleines Detail aus dem *Badminton Magazine*-Text ist dennoch interessant: Mr. Neilson schien zu wissen, dass der indische Wolf, im Unterschied zu anderen Tieren dieser Gattung, in einem Rudel von höchsten drei Tieren, oft sogar allein jagt.

♦

Das Bärenmädchen von Dschalpaiguri (1892)

Robert Zingg entdeckte die Geschichte dieses Mädchens in einer fünfbändigen Ausgabe der *Fasti Ovids* des englischen Anthropologen Sir James Frazer. Frazer hatte darüber in dem *Journal of the Anthropological Society of Bombay* (Band III, 1892) gelesen. Der Anwalt Sarat Chandra Mitra veröffentlichte in diesem Journal einen Aufsatz, *On a Wild Boy and a Wild Girl*, um dem gelehrten Publikum Indiens zwei neue Fälle der Verwilderung zu präsentieren:

> *»Als ich im vorigen September in Kalkutta war, erfuhr ich, dass ein wildes Mädchen nach Kalkutta gebracht worden sei und dass Scharen von Menschen dahin strömten, um es zu sehen. Weil ich zu sehr in eigener Arbeit eingespannt war, vermochte ich selbst es nicht aufzusuchen, um es aus der Nähe zu erleben. Folgender kurzer Bericht über dieses erstaunliche Mädchen erschien am 14. Dezember 1892 in der Zeitung Amrita Bazar Patrika:*
> *›Ein Missionar der New Dispensation Church … stieß während einer Reise durch Dschalpaiguri auf ein etwa acht Jahre altes schwachsinniges Mädchen. Das Mädchen irrte durch die Straßen, sättigte seinen Hunger mit allem, was man ihm zukommen ließ. Nachts schlief es unter einem Baum oder unter freiem Himmel … Wir lesen gelegentlich in Märchenbüchern über Menschen, die von Löwen, Wölfen und Bären erzogen wurden. Dieses Mädchen ist ein lebendes Beispiel einer solchen Erziehung. Vom Aussehen her passt es zu den Bergstäm-*

men. Kulis, die in einem Teegarten arbeiteten, entdeckten es in der Höhle eines Bären. Man geht davon aus, dass es … von einer Bärin gestillt wurde. Als man es aus der Höhle holte, war es etwa drei Jahre alt … Wie ein Bär war es wild und versuchte die Männer zu beißen und zu kratzen, als es sie wahrnahm. Das Mädchen ging aufrecht oder auf allen vieren und bewegte sich wie ein Bär. Es knurrte wie ein Bär und aß und trank wie einer. Kurzum: Es verhielt sich insgesamt wie ein Bär. Doch es sah aus wie ein Mensch. Die Polizei nahm es in Gewahrsam und brachte es ins Krankenhaus von Dschalpaiguri. Dort verlernte es bald viele ihrer seltsamen Gebärden. Es lernte laufen, essen und trinken wie ein Mensch und zeigte einige Gefühle, die nur dem Menschen eigen sind. Im Krankenhaus blieb es etwa drei Jahre. Doch weil man es als unheilbar betrachtete, entließ man es schließlich. Der oben erwähnte Missionar, der ein Waisenhaus verwaltet, erbarmte sich des Mädchens und brachte es zum Büro der Zeitung Unity and the Minister (Postille der New Dispensation Church des seligen Babu Chunder Sen) in Kalkutta. Als wir es zum ersten Mal sahen, waren wir von seinem freundlichen und unschuldigen Aussehen zutiefst beeindruckt. Es ist ziemlich untersetzt und hat lange Haare. Auch heute hat es das bärenartige Geknurre nicht ganz abgelegt, und die menschliche Gangart bereitet ihm noch immer Schwierigkeiten. Die einzige menschliche Regung, die es zeigt, ist das Lächeln. Manchmal wird es zu einem lauten Lachen. Mehr als alles sonst ist das ein lachendes Mädchen. Es scheint die Menschensprache gar nicht zu verstehen. Dennoch sind Hör- und Sehvermögen, so stellte man fest, völlig in Ordnung. Bringt man ihm Essen, so langt es mit einer Hand danach. Ist es im Besitz des Essens oder ist es dabei, es zu verzehren, so lacht es laut. Sein Lächeln und das Lachen machen es manchmal liebenswert, ja anziehend. Wenn überhaupt etwas an ihm Sympathie erweckt, dann ist dies das Lächeln. Da das Waisenhaus als unpassend für das Mädchen empfunden wurde, kam es in Das Asram, eine philanthropische Anstalt in Kalkutta, die von einem Brahmanen nach Vorbild der Heilsarmee gegründet wurde, um obdachlosen Waisen und Verwahrlosten Zuflucht zu bieten. Dort wird es gegenwärtig versorgt. Hun-

derte von Männern und Frauen besuchen es täglich. Es lässt sich aber ungerne von den Neugierigen begaffen. Durch Kontakt mit anderen Menschen lernt es zunehmend, sich als Mensch zu verhalten. Die Ärzte glauben, dass es seine Menschlichkeit allmählich zurückgewinnen wird.‹«

Sarat Chandra Mitra schrieb an den Redakteur der *Unity and the Minister*-Zeitung und bat um zusätzliche Details über das außergewöhnliche Mädchen sowie um ein Lichtbild für die Anthropologische Gesellschaft Bombays. Doch er bekam keine Antwort.

ANMERKUNG: Dass Zingg und Frazer sich etwas Konkretes von diesem Bericht erhofften, wundert mich sehr, denn es ist wieder eine Fallschilderung aus dritter oder vierter Hand voller Widersprüche. Der Zeitungsbericht in der *Amrita Bazar Patrika* behauptete einerseits, dass das Mädchen im Lauf eines Aufenthalts von drei Jahren im Krankenhaus seine wilde Art verlernt hätte. Dennoch wird es als unheilbar entlassen. Und weiter: Wenn es stimmt, dass es nur drei Jahre alt war, als es aus den Fesseln der Bären befreit wurde, wieso war ihm nicht zu helfen? Im zarten Alter von drei Jahren ist das Wesen eines Menschen immer noch formbar – es sei denn, dass das Mädchen sehr vernachlässigt beziehungsweise misshandelt wurde. Gebärdete es sich nun wie eine kleine Bärin oder nicht? War es in der Lage, sich auf zwei Beinen fortzubewegen oder nicht? Zingg schienen diese Widersprüche nicht zu stören. Er hoffte, Näheres über diesen Fall durch gezielte Recherchen zu erfahren, weil die Zeugen möglicherweise noch am Leben wären.

♦

Das Kind von Basitpur (1893)

Auch der zweite Fall des anthropologisch interessierten Anwalts Sarat Chandra Mitra aus dem *Journal of the Anthropological Society of Bombay* wurde von Robert Zingg vor dem Vergessen bewahrt. Er fand ihn in der Sonntagsausgabe des *Indian Mirror* (aus Kalkutta) vom 19. Februar 1893:

»Babu Bhagelu Singh, ein Würdenträger aus dem Bezirk Bhagalpur, ging unlängst in der Nähe des Dorfes Basitpur, das wenige Meilen von der Dalsingsarai Station der Tirhut und Bengalen Nordwest-Eisenbahnlinie liegt, auf die Jagd. Er richtete sein Gewehr auf ein wildes Tier und entdeckte aus der Entfernung etwas, das wie ein Menschenwesen aussah und offenbar aus Angst in den Dschungel verschwand. Er wurde neugierig und befahl seinen Begleitern, das Wesen zu verfolgen. Sie fanden einen Knaben, etwa vierzehn Jahre alt. Er war splitternackt. Man brachte ihn nach Basitpur.
Er redet nicht, kann aber lachen und schnattern. Er isst keine gekochten Speisen, sondern nur rohe, wie Fisch, Frösche und so weiter. Wenn er auf Froschjagd geht oder nach anderen lebendigen Wesen jagt, dann schleicht er auf allen vieren und stürzt sich auf seine Beute wie eine Katze. Wenn er die Beute sicher gefangen hat, steckt er sie gleich in den Mund und verschlingt sie. Täglich pilgern Massen von Menschen dahin, um einen Blick auf ihn zu werfen. Gibt man ihm Geld oder Dinge aus Metall, so wirft er diese fort. Er lernt gerade, gekochte Speisen zu genießen und kann bereits gebratenen Reis essen. Er trägt dennoch keine Kleider und betritt nie eine Unterkunft, höchstens steht er unter einem Baum. Neulich erkrankte er an der Cholera. Der Babu versuchte ihn mit Medikamenten behandeln zu lassen, doch er flüchtete zum Flussufer und trank Wasser, so viel er wollte. Somit überwand er die grausame Krankheit. Insgesamt gleicht er einem Menschen, nur reden kann er nicht. Man weiß nicht, wie er in den Dschungel kam. Manche meinen, dass er sich als Säugling verirrt hat, oder dass seine Eltern ihn aus großer Armut aussetzten; andere, er sei von einem wilden Tier aus der Wiege entführt worden und unter tierischer Fürsorge herangewachsen. Die meisten Menschen halten ihn für einen Jogi. Falls Ihre Leser selbst ihre Neugierde befriedigen wollen, so findet man den Knaben im Dorf Basitpur nahe der Dalsinghsarai Eisenbahnstation der Tirhut und Bengalen Nordwest Eisenbahnlinie.«

ANMERKUNG: Der Bericht ist so lebendig, dass man beinahe gleich hinfahren oder zumindest telefonieren möchte. Doch wen hätten wir dort vorgefunden? Ein Wolfskind? – wohl nicht. Ein wildes Kind? – ganz sicher.

♦

Die zwei Wolfskinder von Etuah (1895)

Diese Notiz erschien am 12. April 1927 als Leserbrief in der *Times* und wurde von J. A. Broun, ehemals Beamter ihrer Majestät in Indien, geschrieben:

»Ich habe mit großem Interesse die Briefe und Artikel gelesen, die Sie über Wolfskinder veröffentlicht haben. Als ich den Bezirk Etuah der Vereinigten Provinzen von Agra und Oudh um das Jahr 1895 verwaltete, wurden zwei Kinder zu mir gebracht. Man habe sie in einem Wolfsbau gefunden, so hieß es. Diese Knaben waren etwa zehn Jahre alt, außerordentlich ausgemergelt und machten den Eindruck, als wären sie schwachsinnig. Sie redeten nicht, machten aber ungeschlachte Geräusche. Die Haut an den Knien, Ellenbogen und Handoberflächen war hart. Seit Jahren hatte es keine Hungersnot gegeben. Auf dem Land herrschte Wohlstand. Meine Frau gab ihnen zu essen, und sie rissen sich um das Essen wie wilde Tiere. Ich habe Recherchen angestellt und keinen Grund zu bezweifeln, dass die Geschichte ihrer Entdeckung im Wolfsbau möglich wäre. Ich zweifelte selbst keinesfalls daran. Ich bedaure, dass ich keine Notizen über das Ereignis gemacht habe, und ich weiß nicht mehr, was aus den Jungen geworden ist.«

ANMERKUNG: Nüchterne Berichte wie dieser machen einem Suchenden am meisten zu schaffen. Man kann sie nicht so leicht von der Hand weisen, wie die plumpen Fälschungen oder die märchenhaften Romanzen anderer Berichterstatter. Mr. Broun vermeidet in seiner kurzen Darstellung alle Zierde, schwärmt nicht und hinterlässt insgesamt ein vernünftiges Bild. Dennoch wissen wir allzu wenig über diesen Fall, um ihn zuverlässig einzuordnen. Man möchte zum Beispiel wissen, warum diese zwei ausgemergelten und offensichtlich verwilderten

Jungen Hornhaut an den Knien, Handoberflächen und Ellenbogen hatten. Kommt verstärkte Hornhautbildung bei schwachsinnigen Menschen öfter vor? Bettelheim würde diese zwei Jungen bestimmt als Autisten einstufen. Uns bleiben sie letztendlich zwei weitere Rätsel.

♦

Seeall, der Wolfsjunge (um 1890)

»In einem Buch mit dem Titel Sport and Adventure in the Indian Jungle von A. Mervyn Smith, erschienen 1904 bei Hurst and Blackett, London, findet man einen detaillierten Bericht über die Festnahme eines Wolfskindes in den Zentralen Provinzen. Ein Lichtbild des Jungen, aufgenommen zehn Jahre nach seiner Festnahme, ist auch darin zu sehen«, erzählte Mr. Broun in seinem bereits erwähnten Brief an die Times.

Mervyn Smith beschrieb diesen sonst nur wenig bekannten Fall wie ein spannendes Dschungelabenteuer. Er erzählte als Vorgeschichte von seinem Aufenthalt »vor einigen Jahren« nahe dem Dorf Sat-Bauri (Sieben Brunnen) an der Straße zwischen Nagopur und Dschubbulpur, einer Gegend, welche der halbwilde Stamm der Bhil bewohnte. Dort lernte er Lieutenant Cumberledge kennen, der bald um seine Hilfe bat, um eine Reihe von Vermisstenmeldungen an diesem Ort zu klären. Einige Menschen aus den Ortschaften waren unter mysteriösen Umständen spurlos verschwunden: unter ihnen ein Jugendlicher, ein Säugling und zuletzt ein erwachsener Mann. Zunächst spekulierte man, dass all diese Menschen – mit Ausnahme vielleicht des Säuglings – Opfer der Thug, einer mörderischen Räuberbande, seien (dieselben Thug, gegen die Sleeman fünfzig Jahre früher gekämpft hatte). Auch ein menschenfressender Tiger kam als Täter in Frage. Manche der Bewohner im Ort glaubten, die Verschollenen seien Opfer von Dämonen. Nur eine rätselhafte Spur entdeckte ein Fährtenleser, der mit Cumberledge zusammenarbeitete: In der Nähe der Häuser der Vermissten fand man runde, parallele Vertiefungen am Boden, zwei vorne zwei hinten. Man konnte diese aber mit keinem Tier in Zusammenhang bringen, bis Smith auf die Idee kam, einen Eingeborenen zu bitten, sich auf den Boden auf Ellenbogen und Knien zu hocken. Die Spuren, die der Eingeborene hinterließ, ähnelten sehr den anderen. Smith und Cumberledge vermuteten, es könnte sich möglicherweise um ein Wolfskind handeln. Geschichten von Wolfskindern waren in der Gegend nicht unbekannt, auch wenn kaum jemand behauptete, er sei einem solchen Wesen persönlich begegnet.

Einige Tage vergingen, bis die Fährtenleser in den Ruinen eines alten Schiwa-Tempels im Dschungel einen Wolfsbau entdeckten. Haare und Blutspuren lagen unweit der Öffnung. Bald fand man die zum Teil angefressene Leiche des vermissten Mannes. Plötzlich erschien eine Wölfin und bedrohte die Männer. Cumberledge zögerte nicht. Er zielte auf das Tier und erschoss es. Spuren des vermuteten Wolfskindes fanden sie wohl, vom wilden Kind selbst war aber nichts zu sehen.

»Zwei Tage, nachdem die menschenfressende Wölfin erlegt wurde, kehrten der Bhil-Fährtenleser und sein Gefolge in unser Lager zurück. Es war spät abends. Zwei Männer trugen einen Gegenstand, den sie auf eine Holzstange geladen hatten. Es war unser Wolfskind. Hand- und Fußgelenke waren festgebunden, und zwischen diese hatte man die Stange geschoben – so wie die Eingeborenen hier auf dem Land es tun, wenn sie ein Schwein transportieren. Die Zeichen eines Kampfes waren überall auf seinem Körper sichtbar … Wir gaben den Befehl, den Jungen loszubinden, doch die Männer erklärten, er würde sich auf der Stelle davonmachen. Wir sahen zu, dass er mit einer Hundekette um die Taille festgemacht wurde. Mehr erlaubten wir nicht. Bald konnte er Hände und Füße frei bewegen. Doch anstatt zu fliehen, rollte er sich zusammen und schlief ein. Seine Haare waren lang und reichten bis zu den Schultern herab. Sie waren vielfach verknotet … Seine Arme und Beine waren dünn und sehnig und mit vielen Narben und blauen Flecken übersät. Der Bauch war groß und stand hervor. Die Schultern waren rund. Seine Zähne waren vorne ziemlich abgestumpft, Eckzähne und Backenzähne dagegen gut entwickelt. Man gab ihm ein Stück Lammbraten. Er be-

schnüffelte es, dann ergriff er es gierig und riss Stücke davon ab mit der Seite des Mundes. Er verschlang diese ohne zu kauen. Stundenlang knirschte er und nagte am Knochen. Kein Wunder, dass seine vorderen Zähne stumpf waren. Er roch fuchsähnlich. Zuerst gingen ihm auch die Hunde aus dem Weg. Doch er selbst mochte meinen großen Brindschari-Hund, der einem Wolf sehr ähnelte. Im Zelt zeigte er große Angst vor der Lampe. Egal wie man ihn bedrohte oder sanft auf ihn zuredete, er wollte sich ihr nicht nähern. Er flüchtete vielmehr in die nächste Ecke oder kauerte unter der Pritsche. Er durfte aber nicht im Zelt bleiben, denn man entdeckte riesige Zecken in seinen Haaren. Zudem war sein Körpergeruch ziemlich überwältigend. Man hat ihm einen Haufen Stroh zugewiesen und hielt ihn angekettet in der Nähe der Hunde. Ein Wächter schaute nach dem Rechten.
Am nächsten Morgen konnten wir unseren Gefangenen näher untersuchen. Er schien etwa zehn Jahre alt zu sein. Mit Mühe brachten wir ihn dazu, aufzustehen. Er war vier Fuß ein Zoll [123 cm] groß. Die Knie, Zehen, Ellbogen, der untere Teil der Handoberfläche waren hart und mit einer Hornhaut versehen. Es war klar, dass er sich auf Knien und Ellbogen fortbewegt hatte. Gelegentlich stand er auf und rannte einige Schritte, dann fiel er auf die Handoberflächen und trippelte wie ein Affe weiter. Meistens bewegte er sich auf Ellbogen und Knien. Diese Gangart stammte wohl daher, dass er sich an der Öffnung der Wolfsgrube bücken musste. Er duldete keine Kleider und mochte auch das Stroh nicht. Am liebsten grub er sich ein Loch im Sand und kuschelte sich hinein. Wir ließen ihm die Haare kurz scheren, dann brachten wir ihn zum Fluss, um ihn zu baden. Dies erlaubte er zunächst gar nicht. Wir brauchten die Hilfe zweier Stallburschen und des Sweepers, um ihn ins Wasser zu zwingen. Er beruhigte sich erst dann, als wir Nandair, den Brindschari, neben ihm wuschen. Er war vom Brindschari sehr angetan, zeigte dagegen eine starke Aversion gegen den Terrier des Cumberledge.

Als man ihm das Fell einer Wölfin zeigte, wurde er sehr aufgeregt. Er schnüffelte mehrmals daran, drehte es um, gab von

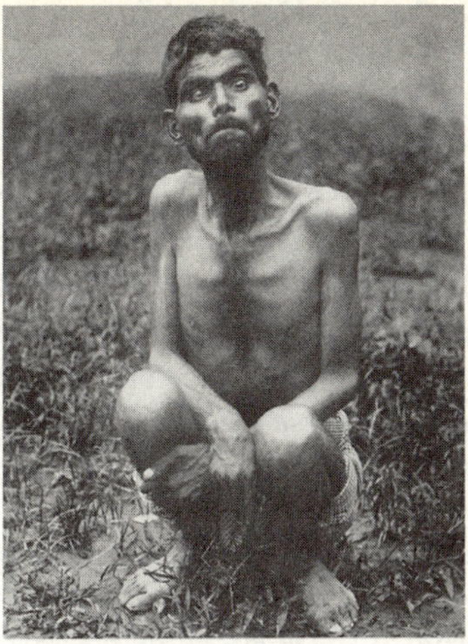

Seeall, zehn Jahre nach seiner Festnahme

sich den wehmütigsten Jammerton, den ich je gehört hatte. Irgendwie klang er wie ein Schakal. Die Diener nannten ihn deshalb Seeall (Schakal). Nach diesem Ereignis blieb er dem Fell fern und reagierte sichtbar verschreckt, wenn man ihn in dessen Nähe zerrte. Er schlief tagsüber, nachts wurde er unruhig und versuchte, in den Wald zu entkommen. Er rührte keinen Hundekuchen (sic!) an, ebenso wenig mochte er Eintöpfe mit Reis und Fleisch. Rohes Fleisch dagegen schnappte er gierig auf. Insbesondere mochte er das Eingeweide von Geflügel. Einmal warf der Koch in seiner Gegenwart die Innereien eines Huhnes fort. Er packte diese sofort und verschlang sie, bevor jemand ihn zurückhalten konnte. Besonders gerne mochte er Aas. Sein Geruchssinn war so präzise, dass er den Geruch einer toten Kuh oder eines Büffels aus der Weite aufgreifen konnte. Er zog sogleich an der Kette, um dorthin zu kommen. Er war nicht wie die anderen Wolfskinder, von denen wir Nachricht haben. Denn er zeigte nach kurzer Zeit große Intelligenz. Als ich ihn kannte, redete er noch nicht. Später, so erfuhr ich, lernte er von seinem Pfleger die Gondsprache und vermochte sich ganz passabel zu unterhalten. Nach einer Woche war er viel intelligenter als ein Hund. Viele seiner Streiche

bewiesen, dass er mitdachte und Pläne schmiedete. Er saß mit den Hunden, als man sie fütterte. Er stibitzte Fleischstücke von ihren Näpfen und gab diese seinem Freund, dem großen Brindschari. Nach einigen Tagen ließen wir ihm den Kopf rasieren. Man rieb Kurkuma und Öl in seine Haut und spülte diese mit heißem Wasser ab. Bald war er seinen fuchsartigen Geruch los. Man gab ihm täglich ein rohes Kotelett, wenn er sein Lendentuch anließ. Bald fing er an Kleider zu tragen. Er erweckte bei den Eingeborenen große Neugierde. Sie kamen von überall, um ihn zu sehen. Der Sweeper verkaufte seine Haare und seine Nagelabschnitte an die Eingeborenen. Sie glaubten, sich mit diesen vor Tollwut schützen zu können. Der Sweeper kümmerte sich – wie überall in Indien – um die Hunde. Es war auch seine Aufgabe, auf Seeall aufzupassen. Die Frauen erbaten die Genehmigung, ihn anzubeten, und brachten Milch und Geflügel als Geschenke mit. Wenn der ›Herr der Wölfe‹, wie sie ihn nannten, freundlich gestimmt war, so würde er sie vor den wilden Tieren schützen.
Seeall mochte die Opfergaben der Frauen aber nicht. Er schaute beim Anblick der Kinder dermaßen finster drein, dass stets mehrere Diener präsent sein mussten, damit er nichts Unpassendes versuchte …
Die Eingeborenen sagen: Wenn eine Wölfin ihre Welpen durch einen Unfall oder sonst wie verliert, schmerzen ihr die Zitzen durch das Ansammeln der Milch dermaßen, dass sie ein Kind stiehlt. Das Saugen des Kindes lindert die Schmerzen der Wölfin. Das Kind gilt fortan als Familienmitglied und teilt den Bau und das Futter der Wölfe. Sieht man Welpen mit Wolfskindern zusammen, stammen Erstere aus einem späteren Wurf.
Als Lieutenant Cumberledge nach Bhopal zurückkehrte, nahm er Seeall mit. Ich erfuhr später, dass er dann zu einem Missionar im Nordwesten kam. Ich glaube zu wissen, dass er das Vorbild für Rudyard Kiplings Mowgli war.«

ANMERKUNG: J. H. Hutton ist meines Wissens der einzige Autor außer Mr. Broun, der die Geschichte von Seeall erwähnte. Hutton möchte gerne glauben, dass dieser Bericht auf Tatsachen beruht, kann seine Zweifel dennoch kaum verhehlen, vor allem nicht, weil die Zeitangaben des Erzählers unpräzise sind. Im Vorwort zu seinem Buch behauptete Smith, dass die Mehrzahl seiner Geschichten ursprünglich im *Statesman* erschienen sei, was auf eine schriftstellerische Überarbeitung deuten könnte. Smith versicherte jedoch: »Die meisten der angegebenen Ereignisse basieren auf persönlichen Erfahrungen des Autors.«

Aber gesetzt den Fall, dass Smith die Fakten über Seeall wahrheitsgemäß geschildert hat, dann haben wir es hier endlich mit einem echten Wolfskind zu tun. Vorsicht ist dennoch geboten. Teile seiner Geschichte kennt Smith leider nur vom Hörensagen. Er selbst wohnte der Gefangennahme des Wolfskindes zum Beispiel nicht bei. Angaben zu Sealls späterem Leben – inklusive seiner wiedergefundenen Redseligkeit – hat Mr. A. Mervyn Smith von anderen Informanten. Ein Foto im Buch zeigt Seeall zehn Jahre nach seiner wundersamen Gefangennahme: Man sieht einen dürren, etwas verhärmten jungen Menschen, der im Gras hockt. Der Gesichtsausdruck ist verkrampft, wirkt beinahe verblödet. Wer war dieser Mensch wirklich?

♦

Kapitel 8
Der Wahrheit auf der Spur

Der wilde Junge von Trikkala (1891)

B. Ornstein, ein Auslandsdeutscher aus Athen, schickte diesen Bericht 1891 an den berühmten Pathologen Rudolf Virchow. Der Arzt war Mitbegründer der Gesellschaft für Anthropologie, Ethnologie und Urgeschichte und Herausgeber der *Zeitschrift für Ethnologie.* Darin erschien Ornsteins Beitrag (23. Jahrgang, S. 817–818). Ort des Geschehens ist der Pindos, ein gebirgiges Gebiet nahe Trikkala im Westen von Griechenland.

Ornstein beschrieb diese unzugängliche Gegend, vormals ein Schlupfwinkel für allerlei Räubergesindel, als wild romantisch, mit hochstämmigen Rottannen und Wild aller Art.

»Angesichts der unzulänglichen wissenschaftlichen Hilfsquellen, welche mir hierorts zu Gebote stehen, entzieht es sich meiner Kenntnis, ob viele Fälle von sogenannten wilden Menschen in der anthropologischen Literatur verzeichnet sind. Da mir jedoch während meines 56-jährigen Aufenthalts in Griechenland zum ersten Male ein derartiger Fall zu Ohren kommt, halte ich die Mitteilung desselben um so mehr für geboten als desfalls angestellte Erkundigungen die Richtigkeit der Tatsache außer Zweifel stellen. Die erste Nachricht über diese sonderbare Entdeckung brachte die Ephemeris vom 14/26. Oktober d. J., welche dieselbe dem Lokalblatt von Volo, Hai Pagassai, entnommen hat. Aus der Ephemeris, welche diese Zeilen begleitet, ging dieselbe als Sensationsobjekt nahezu in die ganz hauptstädtische Presse über. Der einschlägige Artikel der genannten Zeitung trägt die Überschrift »Ein wilder Mensch auf dem Pindos« und der Inhalt desselben ist in freier Übersetzung der folgende:

›Die Entdeckung dieses halb menschlichen, halb tierischen Wesens verdanken wir dem pensionierten Oberleutnant Herrn Demetriades, dem Inspektor des dem Könige gehörigen Waldbezirks auf dem Pindos. Von einer Jagd auf Rehe ermüdet, richtete der genannte Beamte seine Schritte nach einer Schafherde, um seinen Durst mit einem Glase Milch zu löschen. Auf dem Wege dahin hörte er seitwärts im Gebüsche ein Geräusch, das seine Aufmerksamkeit erregte. Als er sich der Stelle näherte, bemerkte er zwischen den Sträuchern ein ihm unbekanntes Tier, welches sich eilig in gleicher Richtung mit ihm fortbewegte. Hr. Demetriades war darauf und daran, einen Schuss auf dasselbe abzugeben, als er durch warnende Zurufe der in der Nähe befindlichen Hirten davon abgehalten wurde. Er folgte darauf der Spur des merkwürdigen, bald aufrecht, bald vierfüßig sich fortbewegenden Geschöpfes und erreichte dasselbe in der Herde, wie es sogleich über ein mit Molken angefülltes hölzernes Gefäß herfiel und gierig trank. Auf seine Nachfrage berichtete ihm der Oberschäfer (archepoimen) Nachstehendes:
›Es ist der Sohn eines aus Rumänien stammenden Wallachen (Wlachos), der sich seinerzeit in Kastania niedergelassen hatte. Dieser begab sich in seine Heimat, um dort Arbeit zu finden, und verheiratete sich daselbst. Er blieb dort nur einige Jahre und kehrte vor 6–7 Jahren mit 4–5 Kindern nach Kastania zurück. Bald darauf starb er und ließ seine Frau mit den Kindern im Elend zurück. Da die Arme sich und die Kinder nicht zu ernähren vermochte, so brachte sie die letzteren bei mildtätigen Leuten unter und kehrte in ihr Vaterland zurück. Der eine Knabe entlief seinem Pflegevater und treibt sich seit 4 Jahren im Walde umher. Er ist, wie Du siehst, nackt. Im Sommer nährt er sich von Molken, während er sich den Winter hindurch in Höhlen aufhält und von Wurzeln und Eicheln lebt. Er spricht nicht und hat keinen Namen.‹
›Da der alte Hirtenpatriarch‹, führt die Ephemeris fort, ›mit der Lage des unglücklichen Wesens Mitleid hatte und dasselbe nicht zu Grunde gehen lassen wollte, so nahm er dasselbe an einer Leine mit sich ins Dorf und gab ihm Kleidung und menschliche Nahrung. Seitdem hat er den Waldmenschen

nicht mehr von sich gelassen und man sieht ihn jetzt in den Straßen von Trikkala allerlei Arbeiten für seinen Wohltäter und Ernährer verrichten, doch immer von einem andern beaufsichtigt, da er es noch nicht zur Wortbildung oder sprachlichen Artikulation gebracht hat. Die Laute der dortigen Tierwelt sind ihm geläufig und er ahmt dieselben ausgezeichnet nach. Auch ist er ein tüchtiger Reiter. Sein Taufname ist unbekannt. Sein Beschützer nennt ihn Skiron.‹
In Hinblick auf die knappe und lückenhafte Schilderung der Persönlichkeit dieses Waldmenschen bin ich geneigt, diese Hemmung der Sprachentwicklung in Ermangelung eines andern ursächlichen Moments auf die einschlägigen Hypothesen Casparis, Noirés und Jägers über diesen Gegenstand zurückzuführen.«

Der penible Virchow beließ es nicht beim Bericht Ornsteins. Er recherchierte selbst, damit er den Lesern der *Zeitschrift für Ethnologie* den Fall guten Gewissens darlegen konnte. Sein Nachtrag:

»In einem gleichzeitig übermittelten Blatt der Ephemeris, Athen, 14. Oktober 1891, wird die Geschichte des Agrianthropos epi tes Pindou [wilder Mensch in dem Pindos] ausführlich geschildert. Sie enthält aber nichts, was Hr. Ornstein nicht schon mitgeteilt hätte. Es kann also nur der Wunsch ausgesprochen werden, dass auch über die weitere Entwicklung des Knaben Nachrichten gesammelt werden möchten.«

Anmerkung: Hier handelt es sich wie so oft im Lauf dieser Suche nach dem wilden Menschen um einen Bericht aus mindestens dritter Hand. Da aber der Ton wie immer die Musik macht, hat man keinen Grund, diese Geschichte anzuzweifeln. Die Wissenschaftler in Berlin, Paris und London wären wohl hellhöriger geworden, wenn der Tatort in Kitzbühel oder im Var und nicht im weit entfernten Pindos gelegen hätte. Das Schicksal von Skiron unterscheidet sich kaum von dem anderer Jugendlicher, von denen hier die Rede ist. Über Skirons Sprachlosigkeit lässt sich eigentlich nichts Neues sagen. Da kein Bericht über seinen späteren Werdegang bekannt ist, weiß man nicht, ob er seine Stimme doch wieder gefunden hat.

♦

Das himalayische Wolfskind (1899)

Über den amerikanischen Soziologen William F. Ogburn haben wir im nächsten Kapitel noch einiges zu sagen. Er reiste 1952 nach Indien mit einer Portion gesunder Skepsis im Gepäck, um vor Ort das Wolfskindphänomen zu erforschen. Konkret interessierte ihn der damals noch einigermaßen aktuelle Fall von Amala und Kamala. Ogburn und sein Kollege Nirmal K. Bose, ein Anthropologe an der Universität von Kalkutta, befragten alle Menschen, die auch nur annähernd mit dieser Angelegenheit zu tun hatten. Die ausführlichen Ergebnisse dieser Forschungen erschienen 1959 in einem langen Aufsatz, *On the Trail of the Wolf-Children*, (in *Genetic Psychology Monographs* 60, S. 117–193). In dieser Studie wird auch die folgende Geschichte kurz erwähnt. Ogburn und Bose erfuhren sie von einem Lehrbeauftragten an der Pädagogischen Fakultät der Universität Kalkutta, Mr. Sarat Dutt.

> *»Mr. Dutt, 1894 geboren, kann sich noch erinnern, ein Kind gesehen zu haben, von dem es hieß, es wäre bei Wölfen gefunden worden. Das dürfte etwa 1899 gewesen sein. Dutt war selbst damals ungefähr fünf Jahre alt. Seine Schwester, die das Kind ebenfalls gesehen hatte, war ungefähr fünfzehn Jahre alt. Diese Begegnung ereignete sich circa sechs oder acht Monate, nachdem das Kind gefunden wurde. Das Kind wurde nahe Nepal im Schatten des Himalaja von Waldarbeitern der Vereinigten Provinzen gefangen … Die Waldarbeiter brachten das gefangene Kind, es war etwa acht Jahre alt, zu Herrn Seth, ihrem Arbeitgeber, bei dem auch der Vater von Mr. Dutt angestellt war. Am Körper des Kindes fand man Male, die es eindeutig als Kind von Mr. Seth auswiesen. Offensichtlich hatten Mr. und Mrs. Seth ein Kind gehabt, das sechs Jahre zuvor im Alter von zwei Jahren entführt worden war.*
>
> *Das Kind aß nur Fleisch, die Seths selbst waren dagegen Ve-*

getarier. Erst nach sechs Monaten lernte es Milch zu trinken. Das Kind war äußerst wild. Mrs. Seth war die einzige Person, die sich ihm nähern konnte, ohne dass es aggressiv wurde. Es ging auf allen vieren, aber nicht auf den Knien.

Mr. Dutt konnte sich an nichts weiter erinnern. Er kam kurz danach nach Kalkutta und wusste nicht, was aus dem Kind geworden war. Als wir ihn zum Klima befragten, antwortete er, dass die Winter in dieser Gegend mild seien, so dass ein Kind ohne Kleider hätte überleben können …

Dieser Bericht über das Seth-Kind, das angeblich von Wölfen aufgezogen wurde, zitieren wir an dieser Stelle, um zur Diskussion zu stellen, ob wir ihn als folkloristische Erzählung oder als wahre Geschichte zu beurteilen haben. Mr. Dutt beteuerte, seine Schwester könne weitere Einzelheiten beitragen. Ich habe nie wieder von ihm gehört. Ebenfalls schrieb ich an Professor D. N. Mazumdar, Anthropologe an der Universität Lucknow, mit der Bitte, Näheres über diese Geschichte in Erfahrung zu bringen. Ich erhielt keine Antwort auf meinen Brief.«

ANMERKUNG: Die Wahrnehmung eines Fünfjährigen ist meist wenig zuverlässig. Es gibt aber doch Ausnahmen. Ob diese Erinnerung eine Ausnahme ist, steht dahin. Der skeptische Professor Ogburn würde es gerne glauben. Immerhin war sein Informant Lehrbeauftragter an der Universität. Die Geschichte ist schlicht erzählt, ähnelt anderen Geschichten dieses Typus aus Indien – etwa die Gangart auf allen vieren, den Appetit auf Fleisch, die Wildheit – ein Wolfskind? Ein Kind, das von Menschen entführt und dann ausgesetzt wurde? Ein wahrhaftig wildes Kind? Oder alles die Halbphantasie eines Fünfjährigen?

♦

Man Singh (um 1900)

1968 starb der Wolfsjunge Ramu in Lucknow. Die Schweizer *Weltwoche* nahm dies zum Anlass, dem Phänomen der Wolfskinder eine volle Seite zu widmen. Der Autor des Artikels, Ram Panjabi, fasste in seinem Text einige der ihm bekannten

Fälle aus Indien zusammen, unter anderen auch diesen über Man Singh:

»Der einzige ›Wolfsjunge‹, der nicht schon im frühen Alter starb, war Man Singh. Ein englischer Beamter entdeckte ihn bei einer Jagd im Dschungel unweit der Stadt Mathura in Nordindien. Er bewegte sich auf Händen und Füssen fort, Finger und Zehen waren nach innen gekrümmt wie Klauen. Die Hornhaut an seinen Händen, Füßen und Knien gaben Zeugnis von dem Leben, das er geführt hatte. Anfänglich wurde er an einer Leine gehalten und mit rohem Fleisch gefüttert, langsam aber lernte er, auf menschliche Art zu leben. Man Singhs Fortschritte ermutigten seinen britischen Gastgeber so sehr, dass er ihn sogar in einer lokalen Missionsschule unterbrachte. Gleich in der ersten Woche biss jedoch Man Singh drei Klassenkameraden, worauf der Rektor sich weigerte, ihn länger zu behalten. Als der britische Beamte Indien verließ, übergab er den Jungen dem Priester Rev. Noble David. Mit ihm lebte er bis 1960, als er etwa fünfundsechzigjährig, starb. Man Singh liebte grellbunte Kleider, Süßigkeiten und Ballone und war noch als alter Mann völlig kindisch. Er lernte nur einige wenige Worte, war aber mit Herz und Seele dabei, wenn der Kirchenchor sang.«

ANMERKUNG: Die vielen Geschichten aus Indien klingen allmählich monoton. Warum, fragt man sich, war ausgerechnet Indien reicher an Wolfskindern als jedes andere Land dieser Welt? Lag es an den einzigartigen Eigenschaften des indischen Wolfs im Norden des Landes? Fanden die Inder unter den Briten wohl ein dankbares Publikum, um heimische Debile als Wolfskinder vorzuführen? Vielleicht handelt es sich lediglich um einen Märchentypus, der so verbreitet ist, dass ihn alle Kinder des Landes schon mit der Muttermilch aufnehmen? Man Singh ist einer von vielen ähnlichen Fällen. Sollten wir an seiner Geschichte nur deswegen zweifeln, weil wir keinen direkten Zugang zu den Quellen haben? Im Alter wurde aus Man Singh ein gewöhnlicher Schwachsinniger ähnlich dem Wilden Peter, Dina Sanichar oder Victor. Interessant ist, wie gerne wilde Menschen im Chor singen, wenn sie die Gelegenheit dazu bekommen. Die Musik ist über alles erhaben. Doch letztendlich gelten auch hier die Fragen, an denen sich seit drei Jahrhunderten die Geister scheiden: Haben wir es mit einem von Geburt an Schwachsinnigen zu tun oder mit einem Menschen, der zu wenig unter Menschen gelebt hatte, um selbst einer zu werden?

Ram Panjabi hat als Inder erwartungsgemäß keine Probleme mit dieser Geschichte. Er meint abschließend:

> *»Bekannt geworden sind lediglich jene Fälle von ›Wolfskindern‹, die von Missionen und Engländern entdeckt oder adoptiert worden sind. Zweifellos wurden viele ›Wolfskinder‹ in anderen Teilen Indiens gefunden. Diese Fälle blieben jedoch unbekannt, weil sie entweder in abgelegenen, unzugänglichen Gegenden geschahen oder weil Dorfbewohner die Kinder fanden und nichts Ungewöhnliches daran entdeckten, wenn sie von Wölfen oder anderen Tieren aufgezogen wurden.«*

♦

»Liplop« (1903)

Der dänische Sprachwissenschaftler Otto Jespersen verfolgte 1903 und 1904 die Entwicklung von zwei Zwillingsjungen, die etwa anderthalb Jahre zuvor in der Nähe von Kopenhagen bei einer alten taubstummen Frau aufgefunden wurden, wo sie in ziemlichem Elend lebten. Ihre leibliche Mutter hatte sie, als sie noch sehr klein waren, kaum beachtet. Sie wurde schließlich ernsthaft krank und verschwand in ein Krankenhaus. Nach vier Jahren entdeckte die Behörde die Kinder und ließ sie in ein Kinderheim in Seeland bringen, wo sie versorgt wurden. Sie glichen sich, so Jespersen, wie ein Ei dem anderen.

Anfänglich reagierten die Knaben sehr schüchtern auf ihre Umwelt und vermieden jeglichen Kontakt mit den anderen Kindern. Als Jespersen sie kennen lernte, konnten sie bereits Dänisch verstehen und einfache Befehle ausführen. Etwa:

»Nimm den Schemel und stelle ihn in mein Zimmer neben den Ofen.« Sie konnten aber noch immer kein Wort der Landessprache artikulieren. Vielmehr verwendeten sie in der Gegenwart anderer eine ganz eigene Sprache, die sie untereinander benutzten. Kein anderer Mensch verstand dieses Kauderwelsch, bis sich der Linguist Jespersen mit ihnen anfreundete und zu dolmetschen lernte. Sie nannten ihn zum Beispiel »py-ma«, also »Rauchmann«, weil er eine Pfeife und Zigarren rauchte. »Py« in ihrer Sprache bedeutete »rauchen«.

Viele Wörter ihrer Sprache erinnerten freilich ans Dänische. Doch die Sprache wies ebenfalls ganz eigentümliche Laute und Phoneme auf, die es im Dänischen überhaupt nicht gibt: etwa einen stimmlosen »L«-Laut (»lh«) und eine Vielzahl von Wörtern, die mit einem »P« auslauteten. Ihr Wort für »schwarz« – auf Dänisch »sort« – lautete »lhop«. Ihr Freund Svend hieß »lhep«, Vilhelm »lhip«, Elisabeth, »lip«, Charlotte, »lop«, Mandse, »bap«. Den Doktor nannten sie »dop«, Milch »bap«, eine Blume (auf Dänisch »blomst«) »bop«, Licht (Dänisch »lys«) »lhylh«, Zucker (Dänisch »sukker«) »lholh«, kalt (Dänisch »kulde«) »lhulh« oder »ulh«, Bett (Dänisch »seng«) »soejs«, Fisch (Dänisch »fisk«) »se-is«.

Hier ein paar Sätze aus dieser neu erstandenen Sprache: »Nina enaj una enaj hoena mad enaj«. Übersetzung: »Wir werden kein Essen für das junge Kaninchen holen«, wobei »nina« »Kaninchen« (dänisch »kanin«) und »enaj« (Dänisch »nej«) das Verneinungswort ist. »Bap ep dop« heißt »Mandse machte das Pferd kaputt«, wörtlich »Mandse Pferd Doktor«. »Hos ia bov lhalh« – also »Bruders Hose ist nass, Maria.« Wörtlich: »Hose, Maria, Bruder, Wasser«.

Jespersen betonte, dass manche Wörter des Wortschatzes der erfinderischen Zwillinge wohl aus dem Dänischen stammten, die Satzstellung der neuen Sprache dennoch ganz eigenständig sei.

Mit der Zeit allerdings passten sich die Buben immer besser an, bis sie auf ihre »Liplop«-Sprache ganz verzichteten und sich nur noch auf Dänisch verständigten.

ANMERKUNG: Sprachwissenschaftler, horcht auf! So einfach ist es, als Mensch eine Sprache aus dem Boden zu stampfen (s. Monboddos Sumpfjungen, S. 119). Es erfordert nur zwei Personen, die bereit sind, auf gewisse Regeln zu achten. Zugegeben, diese Kinder lebten nie längere Zeit in der Isolation. Sie hatten von ihrer leiblichen Mutter genügend Sprachunterricht erhalten, um sich im Reich der Sprechenden auch weiterentwickeln zu können. Und da sie stets zu zweit waren, vermochten sie ihre Fähigkeiten auszubauen. Die Kinder hatten also bessere Voraussetzungen als jene, die der Pharao Psammetichos unter die Ziegen geschickt hatte, um die Ursprache zu entdecken.

♦

Das Hundekind von Long Island (um 1903)

Im März 1928 erhielt Aleš Hrdlička eine Zuschrift von Lotta W. Rees aus New Haven. Er hatte für sein Buch *Children who Run on All Fours* um Berichte über Kinder gebeten, die auf allen vieren laufen.

Mrs. Rees war Lehrerin in Woodbury, Long Island, gewesen. Sie berichtete von einem Jungen, der mit seinen Eltern, Hausangestellte bei zwei wohlhabenden alten Jungfern, in der Nachbarschaft lebte.

> *»Das Kind, Harold, war etwa fünf Jahre alt, als ich dort wohnte. Der Junge hatte keine Spielkameraden. Häufig aber beobachtete er die Kinder im Schulhof gegenüber. Ich kann mich aber nicht erinnern, dass die seine Annäherungsversuche erwiderten. Zum Haushalt gehörten auch zwei Hunde… Die Hunde waren beide alt und überhaupt nicht verspielt. Dennoch schien es, als hätte das Kind eine Verbrüderung mit ihnen verspürt, und er gestaltete seinen Alltag um sie. Er ging aus dem Haus auf allen vieren, manchmal ahmte er die Hunde nach und hob sein Bein gekonnt in Richtung Bäume und Sträucher, als würde er urinieren. Er streunte auf allen vieren mit einem großen Knochen im Mund umher. Er tat dies allerdings besonders gerne, wenn einer zuschaute … Er schien sehr schüchtern zu sein und sagte nie etwas. Ich kann mich*

nicht erinnern, dass ich ihn jemals sprechen hörte, obwohl ich fünf oder sechs Monate dort wohnte. Eine der Frauen erzählte mir, sie hätte versucht, ihm einige einfache Dinge beizubringen – Farben, Zahlen usw., doch er reagierte scheinbar gar nicht, obwohl er aufmerksam zuhörte ... Ich wollte etwas über seine weitere Entwicklung in Erfahrung bringen und erfuhr, dass er die Schule zumindest einige Jahre besucht hatte. Er war schon erwachsen, als ich zuletzt von ihm hörte. Er arbeitete offenbar auf einem Bauernhof in der Gegend ...«

ANMERKUNG: Wie unterschiedlich sind Hunde und Wölfe? Harold ist nur einer von vielen Hundejungen, und die Geschichte von Harold ist nicht der einzige solche Fall in diesem Buch. Der Hund, alter Weggefährte des Menschen, ist nachweisbar in der Lage, den Menschen als Herrn und als Gleichgestellten zu akzeptieren. Gilt dies vielleicht auch für den Wolf? Forscher, die viel Zeit unter Wölfen verbracht haben, würden diese Frage wohl bejahen. Entscheidend ist der vertraute Geruch. So unmöglich ist es ja vielleicht doch nicht, dass Kinder in Indien unter die Wölfe gerieten und überlebten.

♦

Lucas, das Paviankind aus Südafrika (1903)

Gerüchte aus Südafrika über ein eingeborenes Kind, das von Pavianen großgezogen wurde, machten in den Zwanziger- und Dreißigerjahren des vorigen Jahrhunderts in der europäischen und amerikanischen Presse die Runde. 1940 sammelte Dr. John P. Foley Jr. die wichtigsten Spuren dieses Falls und präsentierte sie im angesehenen *American Journal of Psychology* seinen Kollegen. Ein Bericht der *New York Times* vom 21. August 1927 hatte ihn zu seinen Recherchen angeregt.

Der Artikel erzählte von zwei berittenen Polizisten der ehemaligen Kappolizei, die am Südostkap auf eine Pavianherde trafen und auf sie schossen. Die Herde floh, nur ein Affe blieb zurück. Als sich die Polizisten näherten, stellten sie fest, dass es sich nicht um einen Affen, sondern um einen voll entwickelten Knaben handelte, der aber nicht sprechen konnte. Die Polizisten waren ratlos, was nun mit dem Kind geschehen sollte. Sie versuchten, in den umliegenden Dörfern Verwandte ausfindig zu machen. Da aber niemand sich des Jungen annehmen wollte, brachten sie ihn in eine Irrenanstalt:

»Er verbrachte ein Jahr in dieser Klinik und benahm sich nie wild, wohl aber manchmal schelmisch. Man könnte wahrhaftig behaupten, dass er Meister des Affentheaters war. Er vermochte aber nicht zu reden. Er hätte zudem das köstliche Essen der Klinik erhalten können, zog es aber vor, dreimal täglich rohe Körner und Kaktus zu essen. Auch heute behält er seinen alten Geschmack für diese Sachen bei. In einer einzigen Sitzung hat er manchmal bis zu 89 Kaktusfeigen verschlungen.
Obwohl Lucas mit Vorliebe auf allen vieren statt aufrecht geht, kam die Führung der Klinik zu dem Schluss, dass er für einen Aufenthalt im Irrenhaus ungeeignet sei und lediglich einer Umerziehung bedürfe.«

Ein Mr. White, dessen Bruder als Verwalter in der Klinik tätig war, nahm das Kind zu sich. Über längere Zeit machte das »Affentheater« des Lucas Mr. White zu schaffen. Es machte dem Jungen Spaß, die Katzen im Hof zu triezen. Er war aber von Anfang an anderen Menschen gegenüber höflich und gehorsam. Kinder mochte er sehr gerne und er entpuppte sich später als erstklassiger Kinderpfleger.

Er galt schließlich als der beste unter Mr. Whites Dienern, obwohl er stets nur wenig auf die Zeit achtete. Man musste darauf bestehen, dass er seine Aufgaben erledigte, aber er war fleißig und zuverlässig. Er sprach ein ziemlich gutes Englisch, beherrschte jedoch keine der Eingeborenensprachen, obwohl er arbeitsbedingt ständig mit Eingeborenen in Kontakt war.

Ein Reporter der Johannesburger Zeitung *The Star*, Mr. Makepeace, schrieb 1931 an Dr. Raymond A. Dart, Anatomieprofessor an der Universität von Witwatersrand in Johannesburg. Auch Dr. Dart, der übrigens Foleys Hauptinformant war, interessierte sich damals für den Fall und suchte nach Beweisen.

Mr. Makepeace, der bemüht war, Dichtung und Wahrheit in dieser Angelegenheit für den Professor zu trennen, erklärte zum Beispiel, dass der »Mr. White« aus der *New York Times*-Geschichte in Wirklichkeit George Harvey Smith hieß und Lucas im Jahr 1931 bereits seit achtundzwanzig Jahren bei ihm wäre. 1931 dürfte Lucas also etwa vierzig Jahre alt gewesen sein. Mr. Smith, so Makepeace, habe die Intelligenz des Lucas gepriesen und erläuterte, dass sein Diener schon zwölf Jahre alt war, als er begann, sich geistig zu entwickeln. Dennoch mache sich, so Smith, auch heute noch das Affenhafte bei Lucas bemerkbar. Er habe noch immer die Gewohnheit, sich mit dem Zeigefinger am Körper zu kratzen und verlegen zu grinsen. Smith erzählte, Lucas sei als kleines Kind von Pavianen entführt worden, als seine Mutter auf dem Feld arbeitete. Erst Jahre später sei er von der berittenen Polizei gefangen genommen worden. Smith hatte Lucas versorgt, nachdem er aus dem Irrenhaus entlassen worden war.

Bilder von Lucas zeigten einen unauffälligen Mann. Eine eidesstattliche Erklärung des Wachmeisters W. J. Coetzer aus dem Jahr 1939 bestätigt, dass er von seinem Kollegen Charles Holsen, ehemals berittener Polizist, gestorben 1924, erfahren hätte, dass Holsen und ein Kollege 1903 das Kind bei den Pavianen auffanden. Lucas selbst unterzeichnete mit einem »X« am 8. Mai 1939 eine eigene eidesstattliche Erklärung, in der er angab, unter den Pavianen gelebt und »Grillen, Straußeneier, Kaktusfeigen, grünen Mais und wilden Honig« gegessen zu haben.

So weit, so gut. Bis auf eins: Die Geschichte ist höchstwahrscheinlich restlos erlogen. Das jedenfalls behauptete Robert M. Zingg in einem Aufsatz im *American Journal of Psychology*. Foley, so schrieb der galante Zingg, sei nichts vorzuwerfen. Denn er habe sich lediglich am damaligen Stand der Dinge orientiert. Erst nachdem Foley seine Arbeit über das Paviankind Lucas verfasst habe, seien neue Beweise aufgetaucht, die die Geschichte völlig unglaubwürdig erscheinen ließen.

Der erste Bericht über Lucas als Paviankind erschien, so

Zingg, am 16. Juli 1927 in der Johannesburger Zeitung *The Star*. Das heißt: Von 1904 bis 1927 war die Geschichte noch keine. Nach dem Bericht in *The Star* wurde alles plötzlich ganz anders. Eine Broschüre mit Fotos und Text über den sagenhaften Affenjungen wurde nunmehr feilgeboten. Auch Postkarten mit der Inschrift »Luke, the Baboon Boy« waren im Grand Hotel in Port Alfred zu haben und fanden regen Absatz bei den Touristen.

Problematisch war die Aussage des verstorbenen Polizisten, Charles Holsen. Er hatte seinem Kollegen, Wachmeister W. J. Coetzer, offenbar nur ein einziges Mal, und zwar im Jahr 1921, von Lucas erzählt. Er habe das Kind als »unfähig, eine Sprache zu sprechen« beschrieben und gemeint, es würde nachäffen »wie ein Pavian«. Holsen habe ebenfalls behauptet, so Coetzer, dass er Lucas direkt nach dessen Festnahme in die Irrenanstalt Grahamstown eingeliefert habe.

Aufzeichnungen aus dem Jahr 1904 widersprechen diesen Aussagen jedoch. Nachweislich kam Lucas, damals ein verwahrloster Hirtenjunge, ins Gefängnis in Burghersdorp, wo er unter anderem wegen eines Beinbruchs behandelt wurde. In den damaligen Unterlagen wurde ebenfalls auf seine Kopfwunde hingewiesen. Am 30. März 1904 wechselte er in die Irrenanstalt Grahamstown. Nirgends wurde damals ein Aufenthalt bei Affen angemerkt. Darüber hinaus konnte das »Affenkind« bereits sehr wohl sprechen, wenn auch nicht ganz perfekt.

In den Archiven des Irrenhauses Grahamstown ist unter der Register-Nummer 2679 nachzulesen, dass am 30. 3. 1904 ein dreizehnjähriger Kafir-Junge aufgenommen wurde. Der Befund der Drs. Caiger und Bolger im Februar 1904 lautete: »Narrenhaftes und nervöses Gehabe. Lacht ohne Grund und versucht, auf dem Kopf zu stehen. Er vernachlässigt seine Kleidung und wirkt sehr ungepflegt. Behauptete, er sei eine Ziege wie auch ein Schaf ...«

Die Ärzte konnten keine Verwandten ausfindig machen. Sie stellten fest, dass der Junge bei der Aufnahme eine große, halbmondartige Kerbe an der linken Seite des Schädels aufwies. Er behauptete, dies sei das Ergebnis eines Trittes von einem Vogel Strauß. Die rechte Tibia zeigte einen schlecht geheilten Bruch.

Lucas schien recht ausgeglichen, nachdem er sich etwas erholt hatte, und wurde einem Wärter namens Bruce probehalber anvertraut. Da er sich weiterhin gut führte, blieb er schließlich in dessen Obhut.

Hatte Polizist Holsen bewusst ein Märchen erzählt? Wenn ja, warum? Oder hatte Wachmeister Coetzer die damalige Aussage seines Kollegen missverstanden? Zingg und seine Informanten aus Südafrika vermuteten, dass George Harvey Smith, Betreuer des Lucas, in dieser Angelegenheit eine entscheidende Rolle hätte spielen können. Smith, der 1940 nicht mehr lebte, betreute seinerzeit die Polizeipferde und kannte sowohl Holsen wie auch Coetzer. Möglich ist, dass Smith mit Hilfe seines »Tiermenschen« auf das große Geld spekulierte. Bekannt ist, dass Smith einmal versuchte, Lucas als »berühmtes Paviankind« in London auszustellen. Die Londoner Polizei machte der Vorführung allerdings ein jähes Ende. Ebenfalls verhandelte Smith Ende 1930 mit einer Filmgesellschaft in New York, um eine Dschungelserie über Lucas zu verfilmen. Daraus wurde aber auch nichts. Smiths Frau, bei der Lucas 1940 noch immer arbeitete, wollte zur Aufklärung des Falls nichts beitragen.

Anmerkung: Das Wichtigste wurde bereits gesagt, und viel spricht dafür, dass der Fall Lucas nicht zu den wilden Menschen zu zählen ist. Hinzuzufügen ist lediglich der traurige Gedanke, dass manche Menschen bewusst (wie auch wohl manchmal unbewusst) das Bedürfnis haben, die Unwahrheit erzählen zu müssen.

♦

Der indische Wolfsjunge (1916)

Zurück nach Indien. Professor J. H. Huttons Rede vor der Folk Lore Society am 21. Februar 1940 in London erschien im Nachhinein als Aufsatz mit dem Titel *Wolf-Children* in der Vereinszeitschrift *Folk-lore* (Nr. 51, S. 9–31, 1940). Hutton wollte das Thema »wilde Menschen« knapp zusammenfassen. Vor allem erläuterte er aber die indischen Fälle, auch wenig bekannte wie diesen. Seine Quelle war ein Leserbrief in der renommierten Zeitung *The Statesman* aus Kalkutta:

> *»Von 1895 bis 1916 kenne ich kein einziges Wolfskind, doch ein gewisser Herr C. H. Burnett von Denmark Road, Leicester, schrieb einen Brief an den Statesman. Dieser wurde am 17. November 1926 veröffentlicht. Darin bestätigt Burnett, dass er 1916 einen Jüngling in Satna im Staat Rewa (Zentralindien) gesehen hatte. Der Stationsvorsteher habe ihm erzählt, dass er als Säugling von den Wölfen entführt und Jahre später gerettet worden sei. Er habe viele merkwürdige Gewohnheiten gehabt und kaum verständlich gesprochen.*
> *Mr. Burnett arbeitete damals als Aufseher der East India Eisenbahn...«*

Anmerkung: Leider war mir der Brief aus dem *Statesman* nicht zugänglich. Er hätte aber wohl kaum Neues über diese Eisenbahngeschichte gebracht. Aus dem Fenster eines fahrenden Zuges kann man letztendlich nur kurze Blicke werfen.

♦

Das indische Leopardenkind (um 1920)

In einem Artikel über den Geruchssinn wilder Tiere (»The Power of Scent in Wild Animals«) im *Journal of the Bombay Natural History Society* erzählte Mr. E. C. Stuart Baker folgende Geschichte. Diesmal handelt es sich nicht um ein Wolfs-, sondern um ein Leopardenkind:

»In der Hügellandschaft des Nordcachar, wo man das Kind entdeckte, kassierte die Regierung früher das fällige Steuergeld zum Teil in Form von Pflichtarbeit. Jedes Dorf stellte Arbeitskräfte zur Verfügung, um Straßen, Wegunterkünfte und so weiter in Stand zu halten. Hin und wieder baten Männer um eine Befreiung von diesem Dienst. Eines Tages befragte ich einen Mann, warum er sich befreien lassen wollte. Er erzählte mir, er habe einen kleinen ›wilden‹ Sohn zu betreuen. Seine Frau sei kürzlich gestorben, und er wage nicht das Dorf zu verlassen, um zu arbeiten, weil der Junge sonst in den Dschungel entfliehen würde.
Daraufhin verließ ich den Gerichtshof, um selbst das ›wilde Kind‹ zu sehen. Ich war schnell überzeugt, dass der Mann die Wahrheit erzählt hatte. Draußen hockte ein etwa sieben Jahre alter Knabe auf dem Boden wie ein kleines Tier. Als ich mich näherte, streckte er den Kopf vor und schnüffelte. Anschließend raste er auf allen vieren zu seinem Vater und verbarg sich hinter dessen Beinen wie ein kleines wildes Biest, dass in seinen Bau zu schlüpfen sucht. Bei näherem Hinsehen stellte ich fest, dass das Kind beinahe oder ganz blind war. Es litt unter einem grauen Star. Sein kleiner Körper war voll weißer Narben, die von unzähligen winzigen Schnittwunden und Kratzern herrührten. Neugierig bat ich den Vater, mir Näheres über den Jungen zu erzählen. Er schilderte folgende, wundersame Geschichte. Ich bin von ihrer Wahrheit überzeugt. Meine Leser mögen sie glauben oder nicht, wie sie es für richtig halten.
Fünf Jahre, bevor Vater und Sohn vor mir erschienen, hatten die Cachari zwei Leopardenwelpen in der Nähe ihres Dorfes Dihungi gefunden und getötet. Die Leopardenmutter hatte die Mörder ihrer Kinder mit diesem Dorf in Zusammenhang bringen können und belauerte den Bezirk zwei Tage lang. Am dritten Tag arbeitete eine Frau im nahe gelegenen Reisfeld. Sie legte ihren Säugling, einen Knaben, auf eine Decke, während sie arbeitete. Nun hörte sie ein Geschrei, drehte sich um und sah, wie die Leopardin mit dem Säugling wegsprang. Das ganze Dorf erschien und suchte nach der Leopardin und dem Kind, doch vergebens. Letztendlich mussten sie bei Anbruch

der Dunkelheit ihre Suche einstellen und das Kind seinem grausamen Schicksal als Mahlzeit der Leopardin überlassen. Nach drei Jahren wurde eine Leopardin von einem Sportjäger in der Nähe des Dorfes erlegt. Dieser verkündete seinen Erfolg im Dorf und wies darauf hin, dass die Leopardin Junge hatte, die entkommen waren. Das ganze Dorf machte sich auf die Suche und fing zwei Welpen und ein Menschenkind, das Kind aus der Geschichte. Seine Eltern erkannten es wieder und nahmen es zu sich. Alle im Dorf erkannten ihren Anspruch an.

Ich selbst besuchte Dihungi und interviewte den Häuptling wie auch den Mann, der das Kind gefangen hatte. Beide bekräftigten die Geschichte … Als es gefangen wurde, lief das Kind offenbar auf allen vieren beinahe so schnell, wie ein erwachsener Mensch laufen kann … Damals litt es nur geringfügig am grauen Star … Nach seiner Festnahme verschlimmerte sich der Zustand seiner Augen aber zusehends …

Seine Knie waren mit einer dicken Hornhaut versehen, auch als ich den Jungen sah und er bereits gelernt hatte, aufrecht zu gehen. Seine Zehen ragten nach oben, fast bildeten sie einen rechten Winkel zum Rist. Auch seine Handoberflächen waren mit einer dicken Hornhaut versehen. Als er gefangen wurde, biss er und legte sich mit allen an, die innerhalb seiner Reichweite gelangten. Obwohl er an einer Augenkrankheit litt, vermochte er jedes elende Dorfhuhn zu reißen, das zu nahe an ihn herankam. Er verschlang sie mit erstaunlicher Schnelligkeit.

Als ich ihn erlebte, war er bereits mehr oder weniger zahm. Er ging aufrecht, außer wenn er erschrak und schnell davoneilen wollte. Er war den Dorfbewohnern gegenüber recht freundlich, er erkannte sie scheinbar anhand ihres Geruchs. Er aß Reis, Gemüse usw. und verbrachte die Nächte im Zelt seines Vaters. Da er noch ziemlich jung war, musste er keine Kleider tragen.

Seine Blindheit stand übrigens in keiner Beziehung zu seiner Behandlung bei den Leoparden – wenn diese Geschichte überhaupt stimmt. Ich traf noch ein anderes Kind, das ein paar Jahre älter war als das erste. Auch dieses Kind und des-

sen Mutter litten unter grauem Star. Dank des eingeschränkten Sehvermögens wurde der Geruchssinn möglicherweise verstärkt, da der Verlust des einen eine Verschärfung des anderen mit sich brachte. Als das Leopardenkind gefangen wurde, war es in einer guten Verfassung, mager, aber mit guter Haut und einer sehr ausgeprägten Muskulatur.«

ANMERKUNG: Man hat keinen Grund, Mr. Baker nicht zu glauben, dass er dieses niedliche, sehbehinderte Leopardenkind erlebt hatte. Was die Leopardenmutter betrifft, so stehen wir vor der üblichen Frage: Hat es sie wirklich gegeben, oder haben wir es wieder einmal mit einer Mär aus einem rätselhaften Dschungelbuch zu tun?

♦

Kapitel 9
Augenzeuge Singh

Amala und Kamala von Midnapur (1920)

»Im Herbst 1926 stieß der Autor dieser Notiz auf einen kurzen Bericht in einer unserer Tageszeitungen über zwei Kinder in Bengalen, Indien, die in einem Bau bei einer Wolfsfamilie entdeckt wurden. Dem Bericht zufolge holte sie der Rev. J. A. L. Singh, Leiter eines Waisenhauses in Midnapur, Bengalen, Indien, aus dem Wolfsbau. Inzwischen lebten die Kinder im besagten Waisenhaus. Angeregt durch diesen Bericht, wandte sich der Autor dieser Notiz an den Rev. Singh und erhielt von ihm einen Brief, datiert 6. Dezember 1926. Darin fand sich ein Abschnitt aus einem Tagebuch, das er über diese ungewöhnlichen Kinder führt. Im Übrigen legte er eine kurze Geschichte seines Waisenhauses wie auch verschiedene persönliche Empfehlungsschreiben bei, falls man diese bei einer näheren Untersuchung brauchen würde, um seinen persönlichen und beruflichen Stand zu klären.

Der Rev. Singh begann bei den eingeborenen Stämmen, etwa den Santals, Lodhas und Kurmis, als Schulleiter der örtlichen Missionsschule in Midnapur zu arbeiten. Die Schule wird von der Universität Kalkutta unterstützt. Da er sich zum Geistlichen berufen fühlte, verließ er das Lehramt und erhielt 1912 die Weihen. Ab diesem Augenblick kam er zunehmend in Kontakt mit den eingeborenen Völkern. In jedem Dorf, das er besuchte, stieß er auf Waisen, die auf der Suche nach Essen und nach einer Unterkunft umherirrten. Allmählich hatte er eine größere Zahl Waisenkinder angesammelt. Er eröffnete ein Waisenhaus in Midnapur. Das Waisenhaus war seine Idee. Er übernahm die gesamte Verantwortung und unterhielt es mit seinem privaten Einkommen. Unter den Bürgern, die sich

aktiv an dem Waisenhaus in Midnapur beteiligen, befindet sich Mr. W. N. Delivigne, Bezirksrichter in Midnapur.
Der Rev. Singh hat dem Autor mitgeteilt, dass er vorhat, einen detaillierten Bericht über die ›Wolfskinder‹ zu veröffentlichen. Das vorgesehene Buch soll Fotos der Kinder enthalten, die er zu verschiedenen Zeiten aufnahm, nachdem die Kinder aus dem Wolfsbau geholt wurden und in das Waisenhaus kamen …«

Man spürt förmlich die geballte Aufregung in diesem kurzen, nüchternen Bericht von Professor Paul C. Squires im *American Journal of Psychology.* Eine neue Nachricht aus Indien über Wolfskinder! Diesmal erreichte sie auch Amerika. Wissenschaftler wie Squires wurden hellhörig. Auch Arnold Gesell, der berühmte amerikanische Kinderpsychologe und der Psychologe W. N. Kellogg (der später seinen Sohn Donald mit dem Schimpansen Gua großziehen sollte) wandten sich an Singh mit der Bitte um nähere Auskünfte. Sie erhielten alle in etwa den gleichen Brief wie Squires: eine kurze Selbstdarstellung Singhs und einen bescheidenen Auszug aus seinem Tagebuch. Viel mehr über den Fall – mit Ausnahme eines Berichts einer Londoner Illustrierten – war nicht zu erfahren. Immerhin: Es handelte sich hier um Wolfsmädchen und nicht wie üblich um Wolfsjungen. Schon 1863 hatte sich Tylor die Frage gestellt, warum nur Knaben zu den Wölfen gingen. 1928 lud die renommierte Psychological Society of New York Reverend Singh mit seinem Wolfsmädchen (nur Kamala lebte damals noch) nach Amerika ein. Singh lehnte wegen der angeschlagenen Gesundheit seines Schützlings ab.

Eigentlich hatte sich Reverend Singh jahrelang bemüht, seine Wolfsmädchen vor der Außenwelt abzuschotten. Mit Ausnahme einer Veröffentlichung 1921 in der Lokalpresse in Midnapur, die kurzfristig für etwas Trubel sorgte, war ihm dies im Großen und Ganzen gelungen. Erst im August 1926, als Singh Besuch von Bischof Herbert Pakenham-Walsh, Rektor des Bishop's College in Kalkutta, erhielt, gelangte die Geschichte an eine größere Öffentlichkeit.

Der Bischof leitete damals ein christliches Sommerlager in der Nähe von Midnapur. Im Laufe einer Plauderstunde erzählte Singh beiläufig vom Wolfsmädchen Kamala. Der Bischof wurde sogleich neugierig und wollte das Mädchen unbedingt sehen. Für Singh war das Wolfsmädchen eigentlich kein wichtiges Thema. Er hatte andere Sorgen. Das Geld war knapp geworden, und er trug die Verantwortung für über dreißig Kinder (und für die eigene Familie). Er bat Pakenham-Walsh um finanzielle Hilfe, was ihm sein Kollege auch versprach. Diese Hilfe kam aber ganz anders als erwartet. Am 22. Oktober 1926 erschien in der Londoner Boulevardzeitung *Westminster Gazette* auf der ersten Seite ein sensationslüsterner Artikel über Singhs Wolfskinder: »Zwei Kinder – lebendig aus dem Wolfsbau! – Unglaubliche Geschichte eines Bischofs! – Das Mädchen bellte, aß mit dem Mund aus einem Napf!« Der Autor dieser Geschichte war Bischof Pakenham-Walsh selbst.

Damit war es mit der Geheimhaltung vorbei. Post aus Amerika und England war nun an der Tagesordnung. Alle interessierten sich für eins: Einblick in ein Tagebuch zu bekommen, das Reverend Singh offenbar über seine Wolfsmädchen geführt hatte. Singh war allerdings nicht bereit, sich auf Kosten des Mädchens Kamala zu bereichern. Er behielt sein Tagebuch lieber für sich. Erst nachdem Kamala am 14. November 1929 an den Folgen einer Nierenerkrankung gestorben war, erkannte er allmählich die Bedeutung des Tagebuchs als mögliche Geldquelle für das Waisenhaus.

Allerdings war das sagenumwobene Tagebuch, wie man erst Jahre später erfuhr, eigentlich kein solches. Was Singh als »Tagebuch« bezeichnete, war vielmehr ein Sammelsurium verschiedener Eindrücke – mal mit, mal ohne Datum – über den Fortschritt, die Eigenschaften und den Werdegang seiner Schützlinge, Momentaufnahmen im Grunde, die er unregelmäßig zu Papier gebracht hatte. 1933 war Singh mit der Redaktion seiner Notizen noch immer nicht ganz fertig. Auf Drängen Professor Squires' schickte er ihm dennoch einen Teil des Manuskripts, der nun – zum Entsetzen Singhs – die Wissenschaftlichkeit seiner Arbeit bestritt. Es schien auch, als stelle Squires die Glaubwürdigkeit Singhs als Zeuge grundsätzlich in Frage.

(Der schottische Schriftsteller Charles Maclean entdeckte Mitte der Siebzigerjahre an der Universität Yale Hunderte von Briefen des Reverend Singh, die Einblick in die turbulenten Ereignisse jener Zeit gewähren.)

Squires hatte nämlich einen Brief an H. G. Waight, Bezirksrichter in Midnapur, gerichtet, um die Dinge aus seiner Sicht zu erfahren – im Grunde ein ganz normales Verfahren, da ein Forscher seine Quellen überprüft. Der empfindliche Singh fühlte sich aber brüskiert und verstand diese Nachfrage als Angriff auf seine Glaubwürdigkeit. Obwohl Richter Waight eine eidesstattliche Erklärung verfasste, in der er sich uneingeschränkt für den Charakter Singhs einsetzte, war der Schaden schon angerichtet. Singh schrieb einen knappen Brief an Squires und forderte sein Manuskript zurück. Eine Antwort Squires blieb aus. Der gekränkte Singh erklärte nun das Tagebuchprojekt für beendet. Erst zwei Jahre später, 1935, konnte ihn sein Kollege Pakenham-Walsh langsam überzeugen, die Arbeit wieder aufzunehmen. Singh hatte sich mittlerweile wieder beruhigt und schrieb sein Buch – wahrscheinlich mit Hilfe von Pakenham-Walsh – zu Ende. Nun ging Pakenham-Walsh selbst mit dem Manuskript hausieren. Er schickte es mit einigen Fotos an seinen Bruder in England, der es der Oxford University Press vorlegte. Der Verlag lehnte es ab mit der Begründung, dic Arbeit sei als wissenschaftliches Werk zu unwissenschaftlich und als Unterhaltung nicht spannend genug. Singh erhielt sein Manuskript zurück. So entmutigt war er jetzt, dass er sich entschied, die Geschichte von Amala und Kamala ein für allemal ad acta zu legen. Doch Pakenham-Walsh blieb hartnäckig. Ende 1937 veröffentlichte er Auszüge aus dem Buch – allerdings in vereinfachter Form – als dreiteilige Serie mit Bildern in der *Illustrated Times of India*. Diesmal war die Resonanz insgesamt positiv, und der Bischof hoffte, er habe damit den Text für einen Verlag wie OUP schmackhaft gemacht. Er täuschte sich.

Das war der Stand der Dinge, als der junge Anthropologe Robert M. Zingg von der Universität Denver am 20. Januar 1937 einen höflichen und taktvollen Brief an den empfindlichen Singh losschickte. »Es war Ihr Privileg, Wächter und Beschützer eines der seltensten und kostbarsten Wesen zu sein – eines Menschen von äußerster Wichtigkeit für das Verstehen, inwiefern Menschen aufgrund der Erfahrungen, der Erziehung und der Beziehungen der ersten Jahre des Lebens zu Menschen werden... Ich würde es als Ehre und als einen Beitrag zur Wissenschaft betrachten, wenn ich Sie zu einer Antwort bewegen könnte.«

Amala und Kamala. 1920

Auf Schmeicheleien reagierte Singh ebenso schnell wie auf Beleidigungen. Mittels Bischof Pakenham-Walsh ließ Singh das nunmehr fertige Manuskript an Zingg in Colorado verschicken – allerdings mit der Auflage, dass der Professor einen geeigneten Verlag dafür fände und etwaige Gewinne an das Waisenhaus in Midnapur entrichte. Der gewissenhafte und höchst idealistische Zingg stimmte diesen Bedingungen gerne zu.

Zingg las den Text durch und war von ihm zu seiner großen Erleichterung angetan, obwohl auch er erkannte, dass das Buch den Anforderungen der westlichen Wissenschaft nicht entsprach. Er äußerte sich Singh gegenüber dennoch zuversichtlich, dass er einen geeigneten Verlag finden würde, und überschüttete den lobeshungrigen Reverend mit Komplimenten. Singh war erleichtert. Nun zog Zingg verschiedene Kapazitäten zu Rate – unter ihnen Arnold Gesell, Professor Ruggles Gates, Genetiker aus London, auch Dr. Raymond Dart, Professor der Anatomie an der Universität Witwatersrand in Südafrika, der den Fall des Paviankindes Lucas entlarvt hatte – und bat um ihre Hilfe bei der Beurteilung von Singhs Text. Einige der Kollegen hielten ihn für ehrlich, wenn auch wissenschaftlich mangelhaft. Andere hielten ihn für Betrug. 1938 tagte in Chicago ein Wolfskind-Symposium unter dem Vorsitz des Anthropologen Dr. Wilton Krogman, Leiter des Instituts für Menschenkunde an der Universität von Chicago und ehemaliger Mentor Zinggs. Die Teilnehmer stellten eine Liste wichtiger Fragen zum Tagebuch zusammen und schickten diese an Reverend Singh, der versuchte, sie gewissenhaft zu beantworten. Seine Antworten erschienen als Fußnoten im später veröffentlichten Werk.

1942 erschien endlich Robert Zinggs *Wolfchildren and Feral Man* bei Harper & Row in zwei Bänden. Der erste enthält das kommentierte Tagebuch Singhs, der zweite eine ausführliche Abhandlung über den *homo ferus* mit vielen Fallbeschreibungen, verfasst von Robert Zingg selbst. Es ist dem Einfluss Arnold Gesells zu verdanken, dass das Buch erscheinen konnte. Er hatte ziemlich viel Überzeugungsarbeit beim Verlag geleistet. Allerdings hatte Gesell schon 1941 *Wolf Child and Human Child* im selben Verlag herausgebracht, was sicherlich auch hilfreich gewesen war.

Leider erlebte der mürrische Reverend Singh das Erscheinen des Buches nicht. Er erlag am 27. September 1941 einem Herzinfarkt.

Machen wir uns nichts vor: Die Kontroverse um den Fall Amala und Kamala war verständlich und vielleicht auch berechtigt. Singh behauptete nämlich, selbst dabei gewesen zu sein, als die Wolfsmädchen bei den Wölfen gefunden wurden. Damit hätten Wissenschaftler zum ersten Mal den unverfälschten Beweis gehabt, dass ein Mensch – beziehungsweise ein Menschenkind – tatsächlich unter Raubtieren als Tier hätte leben können. Doch die Beweisführung hing in diesem Fall von der Aussage des einzigen Zeugen, Reverend Singh, ab. Auch wenn sein guter Leumund mehrmals bezeugt wurde, musste diese Behauptung überprüft werden. Singh empfand diese Notwendigkeit – vielleicht mit Recht – als Angriff gegen seine Person. Nach seinem Tod wurde die Aufgabe der Wissenschaftler aber nur noch schwieriger.

Doch jetzt soll der Reverend Singh selbst zu Wort kommen. Hier aus seinem Tagebuch seine Beschreibung der Gefangennahme der Wolfsmädchen:

»Einmal kamen wir auf der Reise in ein Dorf Godamuri an der Grenze zwischen Midnapur und Morbhandsch. Wir fanden Unterkunft im Kuhstall eines Dorfbewohners. Der Mann hieß Tschunarem, und er war vom Stamm der Kora (einem der Ureinwohnerstämme Indiens). Der Mann kam zu uns in der Nacht und berichtete mit großem Bangen von einem Manngeist im nahen Dschungel. Der manusch-bagha (Manngeist) war dem Körper nach wie ein Mensch, doch er hatte einen grausamen Kopf wie ein Geist. Ich bat um nähere Auskunft, und Tschunarem beteuerte, man könne den Geist bei Sonnenuntergang sehen. Der Ort, den er angab, befand sich etwa sieben Meilen vom Dorf. Er und seine Frau flehten mich an, das Wesen zu vertreiben. Sie müssten sonst Todesängste leiden.

24. September 1920
Ich wurde neugierig und wollte den Geist sehen. Am Freitag, den 24. September 1920, brachen wir kurz vor Sonnenuntergang auf, doch es gelang uns nicht, ihm auf die Spur zu kommen. Ich war überzeugt, dass der Bericht falsch war, und ich kümmerte mich wenig darum. Sie wiederum fürchteten sich so sehr, dass sie bereit waren, den Ort zu verlassen, falls nichts geschah, um den Geist aus der Gegend zu vertreiben.
Ich heckte einen Plan aus und beriet mich mit ihnen. Ich zeigte auf einen großen Baum, circa dreihundert Fuß von der Stelle, wo der Geist angeblich wohnte. Ich bat sie darum, ein machan (einen Hochsitz, von dem aus man auf wilde Tiere schießen

kann) im Baum zu errichten, damit wir auf dem machan dem Geist auflauern könnten, bis er sein Versteck verließ. Nach meiner Rückkehr borgte ich am 3. Oktober 1920 einen Feldstecher von Mr. Rose von Khargpur (einer Eisenbahnkolonie) und kehrte am 5. Oktober in Richtung Morbhandsch-Grenze mit Herrn P. Rose, Henry Richards, Dschanu Tudu und Karan Kansda zurück. Dschanu Tudu war unser Dschungelführer.

8. und 9. Oktober 1920
Wir kamen am 8. Oktober in Godamuri an und wohnten bei Tschunarem. Am Morgen des 9. gingen wir hinaus, um unser machan zu besichtigen und um die Umgebung des Geistes zu untersuchen. Es war ein Termitenhügel, so groß wie ein zweistöckiges Haus, der Form nach wie ein Hindutempel. Ringsherum zählte man sieben Öffnungen. Später stellten wir fest, dass sie zu sieben Tunneln gehörten, die wiederum zur Hauptaushöhlung unterhalb des Hügels führten … Die Dorfbewohner mussten an dem Hügel vorbeigehen, um nach der Arbeit im Feld und nach der Ernte im Dschungel nach Brennstoff, Holzkohle und Blättern zu suchen, die sie am hat (Markt) verkauften. Es passierte manchmal frühmorgens und zuweilen auch am frühen Abend, dass sie dort auf dieses schreckliche Wesen trafen … Sie litten unter einer derart furchtbaren Angst, dass sie nahe daran waren, die Gegend zu verlassen, um sich anderswo niederzulassen. Als sie uns fanden, glaubten sie, dass wir mit unseren Waffen den Geist töten und sie so von ihren Ängsten befreien könnten.

9. Oktober 1920
An diesem Samstag, den 9. Oktober, erkletterten wir lange vor dem Sonnenuntergang klammheimlich das machan und warteten etwa eine Stunde. Plötzlich tauchte ein ausgewachsener Wolf aus einem der Löcher hervor … Dem ersten Tier folgte ein zweites, ebenso großes. Dem zweiten folgte ein drittes, und dicht an dessen Fersen folgten zwei Welpen, einer nach dem anderen. Die Löcher waren nicht groß genug, dass zwei gleichzeitig hätten passieren können.

Dicht auf die Welpen folgte der Geist – ein furchterregendes Wesen – Hand, Fuß und Körper wie ein Mensch. Doch der Kopf machte den Eindruck einer großen Kugel, welche die Schultern und den Rumpf bedeckten. Man sah lediglich die klaren Züge des Gesichts, das eindeutig menschlich war. Dicht an dessen Fersen erschien ein zweites schreckliches Wesen, genau wie das erste, nur kleiner. Die Augen waren hell und stechend, ganz anders als Menschenaugen. Ich war sogleich davon überzeugt, dass es sich um Menschen handelte.
Der erste Geist war bis zur Brust aus dem Loch geschlüpft, die Ellenbogen auf den Rand des Loches gestützt. Er schaute von Seite zu Seite und sprang heraus. Er hatte genau geprüft, ob die Luft rein war, bevor er aus dem Loch heraussprang, um den Welpen zu folgen. Hinter ihm kam der andere kleine Geist der gleichen Art und verhielt sich ähnlich. Alle beide gingen auf allen vieren.
Meine Freunde richteten ihre Waffen auf sie, um die Geister zu erschießen. Sie hätten sie getötet, wenn ich sie nicht abgehalten hätte. Ich ergriff die Läufe und gab Herrn Rose und Herrn Richards den Feldstecher. Ich versicherte ihnen, es handele sich nicht um Geister, sondern um Menschenkinder. Nachdem sie durch das Feldglas geschaut hatten, waren alle, die auf dem machan zugegen waren, einverstanden – mit Ausnahme allerdings von Tschunarem. Er war weiterhin überzeugt, dass das keine Menschen waren, sondern manuschbaghas. Wir waren alle anderer Meinung als Tschunarem, und wir kletterten vom machan herunter. Es war etwa 8 Uhr, als wir unsere Unterkunft im Kuhstall Tschunarems erreichten.

10. Oktober 1920
Am nächsten Tag, den 10. Oktober 1920, erspähten wir die Geister und die Wölfe erneut. Nach dem Essen in derselben Nacht riefen wir Tschunarem zu uns und informierten ihn, dass wir am nächsten Tag vorhatten, den Termitenhügel auszugraben, um an diese Kinder heranzukommen und wenn möglich zu fangen. Wir baten ihn darum, uns Männer zur Verfügung zu stellen, die die Stelle ausgraben sollten. Wir ver-

sprachen, dass wir großzügig bezahlen würden. Er lehnte stur ab und sagte: ›Nein, meine Herren, so etwas können wir nicht. Sie sind lediglich einen Tag da, wir müssen hier leben. Nachdem Sie weggehen, werden diese manusch-baghas uns bestrafen und uns alle gar töten.‹ Es gelang uns nicht, ihn umzustimmen. Wir drängten aber nicht weiter, denn ich wusste genau, was es zu tun galt. Ich ließ das Thema ganz fallen. Wir verließen Godamuri am 11. Oktober 1920.

11. Oktober 1920
Ich schlug meinen Freunden vor, den Ort an dem Abend zu verlassen, um ein entferntes Dorf aufzusuchen. Dort wollte ich Männer anheuern, die gar nichts von unserem Unterfangen wussten. Meine Freunde waren einverstanden, und wir begannen unsere Reise. Wir kamen in ein weit entferntes Dorf nahe Tpuban (sic). Die Menschen dort wussten gar nichts von den Geistern. Ich sprach die Dorfbewohner an, ob sie für uns eine Arbeit im Dschungel machen würden … Ich versprach ihnen einen Tagelohn und dazu ein großzügiges Trinkgeld für die Arbeit. Sie waren einverstanden … Keiner von uns erzählte ihnen von den Geistern, die darin wohnten.
Der Termitenhügel befand sich sieben Meilen vom Dorf Godamuri entfernt. Wir brachten die Männer direkt dahin. Die Hälfte von uns kletterten in das machan. Ich blieb unten und bat sie, am Sonntag, den 17. Oktober, gegen neun Uhr den Termitenhügel anzugraben. Ich nahm die ganze Verantwortung auf mich, indem ich mit den Männern auf dem Boden blieb. Ich bat meine Freunde, auf keinen Fall zu schießen.

17. Oktober 1920
Nach nur wenigen Schlägen mit Spaten und Schaufel tauchte ein Wolf auf und flüchtete in den Dschungel. Ein zweiter erschien geschwind danach, auch er war zu Tode erschrocken und folgte den Spuren des ersten. Nun erschien ein dritter. Er stürzte wie der Blitz heraus und bedrohte die Arbeiter, bevor er wieder eintauchte. Wieder erschien er, um die Männer zu verjagen. Er heulte, raste umher, kratzte am Boden wie besessen, knirschte mit den Zähnen. Er war nicht zu verscheuchen.

Ich wollte ihn fangen, denn ich begriff, dass es sich um das Muttertier handelte. Wild von Natur, doch himmlisch in ihrer Liebe. Ich war sehr beeindruckt. Ich war erstaunt, dass ein Tier solch edle Gefühle zeigte, die auch diejenigen von Menschen – dem Gipfel der Schöpfung – überboten. Es war in der Lage, seine ganze Liebe und Zuneigung wie eine liebende Mutter auf diese merkwürdigen Geschöpfe zu richten. Sicherlich hatte sie sie einst (oder vielleicht waren es die anderen zwei Wölfe) als Beute für die Welpen geholt … Dass sie leben durften und von denen (den Wölfen) ernährt wurden, ist beinahe göttlich. Ich erkannte in diesem Augenblick die Bedeutung dieser Sache nicht, und ich stand da, dumm und tatenlos. Daraufhin erschoss sie ein Mann mit Pfeil und Bogen …
Nachdem die Wölfin tot war, wurde die Arbeit einfach. Wir gruben einen Zugang, und der ganze Tempel stürzte ein. Glücklicherweise blieb die kesselförmige Aushöhlung unbeschädigt und zugänglich. Das Innere war glatt wie Beton, auch sehr sauber. Kein Knochen war zu sehen, und nirgends sah man einen Hinweis auf Ausscheidungen oder sonstigen Unrat. Die Höhle roch lediglich nach Wölfen … Hier hatten sie als Wolfsfamilie gelebt. Die zwei Welpen und die zwei schrecklichen Geschöpfe kauerten in einer Ecke und drückten sich gegen einander wie die Affen. Es war gar nicht einfach, sie auseinander zu bekommen. Die Geister verhielten sich auch wilder als die Welpen. Ihr Gehabe war kämpferisch, sie fletschten mit den Zähnen und griffen uns an, wenn wir zu nahe herantraten. Dann klammerten sie sich wieder aneinander wie die Affen. Wir waren ratlos.
Alsdann kam ich auf eine Lösung. Ich sammelte vier Tücher von den Arbeitern – man nennt diese in der Gegend gilap (Winterbekleidung in den Dörfern). Ich warf eins auf diese Kugel aus Kindern und Welpen und trennte sie. So konnten wir sie eins von dem anderen absondern und vereinzelt in ein Tuch einwickeln. Nur der Kopf blieb frei. Wir schenkten den Arbeitern die Welpen und gaben ihnen ihren Lohn. Sie gingen zufrieden fort und verkauften die Welpen auf dem Markt für einen guten Preis.
Ich kümmerte mich um die Menschenkinder und brachte sie

zum Haus Tschunarems in Godamuri. Ich bat ihn, auf die Kinder aufzupassen. Ich sperrte sie in seinem Hof in einen Käfig aus Salholz. Die Größe des Käfigs betrug acht Fuß [3,20 m] bei acht Fuß. An dessen Seite stellten wir zwei Tontöpfe mit Reis und Wasser, damit die Wächter sie von außerhalb füttern könnten. Tschunarem war einverstanden, sie bis zu meiner Rückkehr zu verpflegen.«

Singh setzte seinen Bericht mit seiner Rückkehr am 23. Oktober nach Godamuri fort, wo er die Kinder, zwei Mädchen, in einem verheerenden Zustand vorfand. Tschunarem und seine Familie so wie fast alle anderen Bewohner des Dorfes hatten Godamuri fluchtartig verlassen. So sehr fürchteten sie sich vor den manusch-baghas in ihrer Mitte. Mit großer Mühe päppelte Singh sie wieder hoch und kehrte mit ihnen nach Midnapur zurück, wo sie am 4. November ankamen.

Das ältere Mädchen dürfte etwa acht, das jüngere anderthalb Jahre alt gewesen sein. Die verknoteten Haarbüschel wurden ihnen schnell abgeschoren, und sie bekamen rohes Fleisch und Milch zu essen. Das ältere Mädchen erhielt den Namen Kamala, auf Bengali »Lotus«, das jüngere Amala, »gelbe Blüte«. Bei beiden war bei ihrer Festnahme, so Singh, eine dicke Hornhaut an den Knien und den Handoberflächen zu sehen, »welche durch das Laufen auf allen vieren verursacht wurde«. Durch die Entbehrungen, die sie in Godamuri während seiner Abwesenheit erlitten hatten, waren sie am ganzen Körper mit Wunden übersät. Diese Hautentzündungen hatten wiederum, meinte Singh, die Hornhaut an Knien und Händen regelrecht »aufgefressen«. Eine Zeit lang erinnerten die zwei wilden Kinder an Leprakranke.

Erst im Dezember hatten sie sich gesundheitlich einigermaßen erholt. Sie sollten jetzt die Gelegenheit bekommen, unter Menschen leben zu lernen. Der Reverend und seine Frau versuchten sie dazu zu bringen, aufrecht zu gehen, doch die Mädchen wollten sich lieber auf Händen und Füßen fortbewegen. Um sie an Menschen zu gewöhnen, gesellte er sie zu einem Säugling namens Benjamin. Da auch er noch auf allen vieren kroch, hofften Singh und seine Frau, dass das Baby einen positiven Einfluss auf sie haben könnte. Die Freundschaft war aber nur von kurzer Dauer und ging jäh zu Ende, als die Mädchen eines Tages den Spielkameraden mit Zähnen und Krallen angriffen. Die Spielstunde mit Benjamin wurde umgehend eingestellt.

Am liebsten hockten die Mädchen in ihrem Zimmer, wo sie in der dunkelsten Ecke ausharrten. Singh sah dennoch zu, dass sie stets die Gegenwart anderer Kinder wahrnahmen. Dieser Kontakt, so hoffte er, würde ihre Chancen erhöhen, ihren Platz unter Menschen wieder zu finden. Zudem hatten die anderen Kinder die Aufgabe, jeden Fluchtversuch zu melden, was nicht selten vorkam.

Amala und Kamala waren aber beide äußerst schüchtern und vermieden nachdrücklich die Annäherungsversuche der anderen Hausbewohner. Kam ein Kind zu nahe an sie heran, so fletschten sie mit den Zähnen. Auch Monate nach ihrer Ankunft in Midnapur suchten sie mit Vorliebe den Schutz ihrer dunklen Ecke auf. Singhs »Tagebuch« ist voller Beobachtungen über die Gewohnheiten wie die körperlichen Merkmale seiner wilden Mädchen. Manches versah er mit Zeitangaben, manches ist einfach eine Feststellung:

- Die Farbe des Zahnfleisches war blutrot wie die eines Tiers.
- Die Mädchen waren unwillig oder unfähig, aufrecht zu stehen.
- Nachts leuchteten ihre Augen bläulich im Schein eines Lichtes wie die Augen eines Tieres in einem Scheinwerfer. (Singhs wissenschaftliche Leser stritten viel über diese Aussage. Manche betrachteten sie als reine Phantasie des Reverend. Zingg recherchierte das Phänomen aber gründlich und entdeckte, dass dieses Leuchten zwar sehr selten bei Menschen vorkomme, aber durchaus belegt sei. Er lieferte in seinem Kommentar zu Singhs Bericht mehrere Briefe von Experten und auch anekdotische Beispiele des Phänomens.)
- Die Mädchen verfügten über ein hervorragendes Nachtsehvermögen. Wie die Tiere fanden sie sich in tiefster Dunkelheit zurecht.
- Sie waren zwar stumm, heulten aber dreimal nachts, um

22 Uhr, um 1 Uhr und um 3 Uhr, wie die Wölfe. Kamala hatte allerdings die kräftigere Stimme.

- Auch der Geruchssinn war ausgeprägt. »Am 15. September 1922 roch Kamala Fleisch aus einer Entfernung von siebzig Yard [etwa 63 Meter] und rannte schnell zur Küchenveranda, wo man gerade Fleisch zubereitete. Mit einem wilden Blick versuchte sie es zu ergreifen. Die Augen rollten, der Kiefer bewegte sich von Seite zu Seite, die Zähne klapperten, während sie ein furchterregendes Knurren von sich gab, das weder menschlich noch tierisch klang.«
- Sie verfügten über ein besonders empfindliches Gehör, was ihnen erlaubte, auch die leisesten Schritte zu vernehmen.
- Die Finger und die Zehen hatten sich durch den Gang auf allen vieren geringfügig verformt.
- Sie aßen und tranken von einem Teller am Boden wie die Hunde. Flüssigkeit leckten sie wie die Tiere.
- Wie so viele wilde Kinder verspürten auch Amala und Kamala kaum Temperaturunterschiede. Kleider rissen sie sich stets vom Leib, Decken warfen sie von sich. Bei großer Hitze schwitzten sie nicht. Bei Kälte froren sie nicht. Frau Singh nähte ihnen dennoch anstandshalber Lendentücher, die sie nicht so leicht ausziehen konnten.
- Stubenreinheit musste ihnen sorgfältig beigebracht werden. Sich selbst überlassen, verunreinigten sie den eigenen Wohnraum.
- Im Schlaf kuschelten sie sich zusammen wie Welpen.

Mrs. Singh wurde zunehmend für ihr Wohlergehen zuständig, und bald übernahm sie die Rolle einer mütterlichen Bezugsperson. Sie ließ sich einiges einfallen, um ihnen zu neuen Fähigkeiten zu verhelfen. Damit sie lernten, aufrecht zu stehen, stellte sie ihr Essen auf einen Tisch. Sie mussten sich also aufrichten, um es zu erreichen. Amala, das jüngere Mädchen, machte wie zu erwarten schnellere Fortschritte als Kamala. Sie begann nach einigen Monaten mit ihrer Stimme Dinge mitzuteilen. Um ihren Durst zu verkünden, sagte sie »Bhoo Bhoo«.

Im Grunde blieben die Mädchen dennoch Tiere, sinnierte Reverend Singh im ersten Jahr ihres Aufenthalts im Waisenhaus. Auch ihre Zuneigung zu Mrs. Singh schien ihm eigennützig zu sein. Sie benahmen sich vielmehr wie Haustiere, die von Menschen abhängig sind. (Ähnliche Zweifel hatte Itard einst über Victor geäußert.) Doch nach einem Jahr gestand der Reverend ein, dass die Kinder allmählich wahre Gefühle für Mrs. Singh zeigten. Wahrscheinlich stimmte dies auch. Durch regelmäßige Massagen hatte Mrs. Singh den körperlichen Kontakt mit ihnen etabliert und erhöhte damit – wie Itard bei Victor – deren Empfindlichkeit. Die ruhige Mrs. Singh weckte ihre großäugigen Wolfsmädchen täglich um 4 Uhr, um sie zu massieren, wobei sie mit ihnen stets sanft redete und mit ihnen wie mit Babys spielte.

September 1921 trat eine folgenschwere Wende ein: Die Mädchen erkrankten ernsthaft. Singh, der bisher nach eigener Aussage die Existenz seiner Wolfsmädchen geheim gehalten hatte – er fürchtete, eine Preisgabe ihres Ursprungs würde in späteren Jahren ihre Chancen auf eine Ehe erheblich beeinträchtigen –, rief den Hausarzt, Dr. S. P. Sarbadhicari, ohnehin ein häufiger Besucher im Waisenhaus, zu Hilfe. Der Doktor stellte nun Fragen zu ihrer Vergangenheit, um den Fall näher zu beleuchten. Singh fühlte sich verpflichtet, wahrheitsgemäß zu antworten, doch seine Aufrichtigkeit half nicht. Die Mädchen litten an Fadenwürmern und vielleicht auch an einer Dysenterie. Ihr Zustand verschlimmerte sich zusehends. Am 21. September 1921 starb Amala. Kurz zuvor taufte man sie noch.

Kamala, älter und stärker, überlebte die schwere Krankheit und schien durch sie wie verwandelt. Nun wurde sie zum Liebling Frau Singhs. Über die nächsten Jahre galt das Interesse des Reverend ihr allein.

Dr. Sarbadhicaris Besuch zeitigte unerwartete Folgen. Der Freund der Singhs missachtete seine Schweigepflicht und erzählte in der Stadt, dass er gerade zwei Wolfskinder in Behandlung hätte. Bald pilgerten täglich Besucher aus der Umgebung zum Waisenhaus, um das Wolfskind Kamala zu bestaunen. Auch die Lokalzeitung *Medinipur Hitaishi* veröffentlichte einen Artikel über den Fall – bezeichnete die Mädchen allerdings merkwürdigerweise als »Tigerkinder«. Da die Geschichte von den überregionalen Zeitungen übersehen wurde, erstarb das Interesse glücklicherweise nach kurzer Zeit.

Während der nächsten Jahre lernte Kamala recht viel, zunächst aber das aufrechte Stehen. Mit der Zeit wurde sie immer geschickter auf den Beinen. Auch hier wandten die Singhs gut durchdachte Übungen an, um ihre Kräfte zu konzentrieren. Die Singhs ernährten sie zunehmend auch fleischlos, was ihnen offenbar zunächst nur mäßig glückte. Kamala suchte nämlich für ihr Leben gerne nach Aas. Lebendige Beutetiere tötete sie allerdings nie.

Um 1925 war die Anpassung beinahe vollständig gelungen. Während Kamala früher mit Vorliebe nachts auf dem Gelände herumstreunte, fürchtete sie sich nun vor der Dunkelheit. Anfangs liebte sie Hunde und suchte ihre Gesellschaft. Inzwischen hatte sie vor ihnen Angst. Sie zog sich nun gerne an, liebte die Farbe Rot und ging freiwillig auf die Toilette. Auch Baden machte ihr Spaß. Der aufrechte Gang wurde ihr zur Gewohnheit, lediglich das Laufen auf zwei Beinen fiel ihr schwer. Nur ab und zu verfiel sie in ihre früheren Gewohnheiten – vor allem, was das Fleisch betraf – und beschaffte sich klammheimlich ein Stückchen Fleisch aus der Küche. Auch ihre Stimme fand sie wieder. Als Bischof Pakenham-Walsh sie 1926 kennen lernte und ihre Geschichte an die Öffentlichkeit brachte, vermochte sie etwa vierzig Begriffe in der Bengalisprache annähernd zu artikulieren. Mrs. Singh nannte sie »Ma«. Sie konnte sogar einige kurze Sätze sprechen. 1927 verlangte sie bereits eigenes Spielzeug und bekam ihre ersten Puppen.

Es war um diese Zeit, dass sie – dank Bischof Pakenham-Walsh – die Aufmerksamkeit gewisser Wissenschaftler auf sich zog. Wie schon erwähnt, starb sie am 14. November 1929 an einer Nierenvergiftung und entkam damit den neugierigen Augen und Händen der Forscher. Das Mädchen lebte nicht mehr, doch das Interesse der Wissenschaftler lebte nun erst richtig auf.

Aber jetzt zurück zu der Kernfrage: Hatte Reverend Singh seine zwei Wolfsmädchen wirklich selbst aus dem Wolfsbau geborgen? Oder haben wir es auch hier wieder, wie bei so vielen

Geschichten über Wolfskinder in Indien – und anderswo – mit einer Quelle zu tun, die letztendlich nicht ganz zuverlässig ist? In diesem Fall könnte man sogar von mehreren namentlich genannten Zeugen reden: Singh, Mr. Rose, Mr. Henry Richards, Dschanu Tudu und Karan Hansda sowie mehrere Eingeborene aus einem nahe gelegenen Dorf.

Dass die Wissenschaftler an der Glaubwürdigkeit Singhs zweifelten, lag zum Teil an ihm. Es stellte sich nämlich heraus, dass er Widersprüchliches über den Fall mitgeteilt hatte. Die Wissenschaftler hatten herausgefunden, dass 1921 nicht einer, sondern zwei Artikel über die Entdeckung der Wolfsmädchen erschienen waren: der eine ohne seine Mithilfe in der *Medinipur Hitaishi*, der andere von ihm persönlich geschrieben. Dieser erschien im Dezember 1921 im *Calcutta Diocesan Record*, einem anglikanischen Kirchenblatt. Darin teilte er mit: »Es freut mich, in diesem Bericht eine ungewöhnliche Angelegenheit zwei Insassen unseres Instituts betreffend notieren zu dürfen. Wir erwähnen es an dieser Stelle und sind zuversichtlich, dass es Interesse bei unseren Freunden erwecken wird. Wir retteten zwei Wolfsmädchen … die von den Dschungelbewohnern sichergestellt wurden.« Wichtig hier ist die Tatsache, dass man in diesem Artikel nirgends einen Hinweis auf die eigene Rolle bei der Sicherstellung der Mädchen findet – im Gegensatz zu seinem später veröffentlichten Tagebuch, in dem er seine Teilnahme ausführlich schilderte. Auch in dem phantasievollen Bericht in der *Medinipur Hitaishi* trat Singh nicht als aktiver Retter hervor. Diese Aufgabe überließ er den Eingeborenen.

Singh selbst erzählte (vermutlich Ende 1926) dem in Kalkutta erscheinenden *Statesman* eine Version der Geschichte, die die eigene Rolle bei der Rettung der Kinder erheblich reduzierte, was die Suche nach der Wahrheit noch schwieriger machte. Diese Erklärung zitierte 1940 Professor J. H. Hutton in seinem Aufsatz über Wolfskinder:

»Im November 1920 reiste Mr. Singh mit einem Ochsenkarren durch den Staat Majurbhandsch, als ihn in der Nähe des Dorfes Godamuri ein Eingeborener bat, zwei Mädchen mitzuneh-

men. Dieser wusste, dass Mr. Singh ein Waisenhaus leitete. Mr. Singh erklärte sich hierzu bereit. Man führte ihn durch den Dschungel zum Haus des Mannes. Dort zeigte man ihm in einer Einfriedung zwei Mädchen, die aufeinander lagen wie Tiere. Er schätzte ihr Alter auf acht und zwei Jahre. Sie waren mit Wunden übersät und sehr schwach. Er erwähnte die Augen, ›welche sich wie die von Tieren bewegten‹, und die Fingernägel, ›welche hohlgeschliffen waren‹... Erst nach sechs Wochen erfuhr Mr. Singh die Geschichte von der Gefangennahme der zwei Mädchen. Er war zu Besuch in der Gegend, wo sie aufgefunden wurden, und traf sich mit dem Mann, der sie ihm anvertraut hatte. Singh fragte, woher er sie hatte. Zuerst blieb er eine Antwort schuldig. Doch nachdem er das Versprechen erhalten hatte, dass Singh sie nicht zurückgeben würde, erstattete er folgenden Bericht: Während er und die anderen Dorfbewohner im Wald nach Holz suchten, sahen sie gelegentlich an einem Termitenhügel zwei Geschöpfe, die aus einem Loch hinausschauten. Man hielt sie für Geister und ließ sie in Ruhe. Eines Tages aber kamen sechzehn Männer und begannen das Loch auszugraben. Zwei Wölfe stürzten heraus. Das männliche Tier verschwand im Dschungel, die Wölfin stemmte sich vor den Eingang und hielt die Menschen fern. Die Männer liefen zunächst weg, sie kehrten aber zurück und töteten die Wölfin mit Pfeil und Bogen. Sie gruben weiter und fanden schließlich zwei Welpen und die zwei Mädchen, die sie für Geister gehalten hatten. Ein Mann nahm die Welpen, und Singhs Informant nahm die Mädchen, die er in einer offenen Einfriedung hielt, wo Singh sie gefunden hatte. Der Mann wollte sie bändigen und sie als Diener anlernen. Sie weigerten sich aber zu essen. Da er glaubte, sie würden sterben, hatte er Singh gebeten, sie mitzunehmen.
Man führte Singh zu dem Ort, an dem sie herausgeholt wurden. Er war mit der Wahrheit der Geschichte zufrieden. Er schwieg über die Angelegenheit so lange wie möglich, denn er fürchtete, keiner aus der Gegend würde die Mädchen heiraten, wenn man die Wahrheit wüsste. Nach achtzehn Monaten musste er, als sie erkrankten, einem Arzt in Gegenwart anderer ihre Geschichte erzählen. Damit wurde die Angelegenheit

bekannt. Das jüngere Mädchen war offensichtlich gestorben, das ältere lebte Ende 1926 und war gesund.«

Wohlgemerkt: Hier redet Singh Ende 1926. Kein Wunder, dass die deutlichen Widersprüche so sehr auffielen, umso mehr, nachdem die Wissenschaftler alle Fakten vor Augen hatten. In einem Brief an den englischen Genetiker Ruggles Gates versuchte Singh die Widersprüche zu erklären:

»Eine Zeitung behauptete, ich sei auf der Jagd gewesen und hätte sie im Dschungel festgenommen, andere, dass die Bauern sie fanden und mir weitergaben, und andere, dass ich sie mit der Hilfe anderer aus dem Wolfsbau herausgrub, und so weiter. Als die Sache zum ersten Mal publik wurde, ärgerte ich mich maßlos, vor allem, weil die Geschichte der Rettung durch die Presse mit Fälschungen verändert wurde. Ich entschied mich, nicht einzuschreiten, und erwartete, dass sich der Trubel so von alleine legen würde ...«

Aus diesem Grund habe er auf eine Richtigstellung verzichtet. Er habe die Geschichte der Rettung und seine Studie über die Kinder im Waisenhaus nicht veröffentlichen wollen. Erst Bischof Walsh habe ihn 1926 überzeugt, dass seine Aufzeichnungen für die Wissenschaft von Interesse sein könnten.

Bischof Pakenham-Walsh und andere angesehene Persönlichkeiten in Midnapur bürgten immer wieder für die Integrität Singhs. Auch Zingg war zufrieden. Charles Maclean, der die Korrespondenz Singhs gelesen und dessen Tochter kennen gelernt hatte, vermutete einen ganz anderen Grund für Singhs ursprüngliches Schweigen über seine Rolle bei der Festnahme der Mädchen. Singh war nämlich leidenschaftlicher Jäger, betrachtete dieses Hobby aber als unvereinbar mit seinem Amt als Geistlicher. Er hatte seine Rolle also verschwiegen, um sein privates Vergnügen nicht preisgeben zu müssen. Wenn Maclean mit seiner Vermutung Recht hat, dann haben wir wohl keinen Grund, an der Glaubwürdigkeit Singhs zu zweifeln.

Manche Kritiker haben gemutmaßt, dass auch Geldgier bei Singh eine Rolle hätte spielen können, dass er also die Geschichte von Amala und Kamala in eine Mowgli-Legende verwandelte, um sich zu bereichern. Doch Geld als Beweggrund ist im Fall von Singh schwer nachzuvollziehen. Er hätte mehrere Gelegenheiten gehabt, die Geschichte zu vermarkten. Er versäumte aber fast alle. Auch die Einladung, 1928 mit Kamala nach New York zu reisen, ließ er auf Rat seines Arztes Sarbadhicari verstreichen. Nach dem Tod Kamalas ließ er sich sehr viel Zeit. Dabei steckte Singh tatsächlich in Geldnöten und hoffte auf einen Geldsegen anhand seines Buches. Die Zeiten waren schlecht in Indien, und seine Waisen wie auch seine Familie hungerten.

Dies hat der feinfühlige Robert Zingg übrigens gut verstanden. Während die Wissenschaftler noch über das Phänomen der blau leuchtenden Augen stritten, ließ er 1940 das Tagebuch für 250 Dollar als Serie in der Hearst-Publikation *American Weekly* veröffentlichen und schickte das Geld postwendend nach Midnapur. Singh hielt den Amerikaner für einen Gottgesandten.

Das Erscheinen des Zingg/Singh-Buches (1942) brachte leider nicht den erhofften Reichtum für das Waisenhaus in Midnapur. Zingg selbst bekam ohnehin kein Geld für seine Studie, die nur durch einen Zuschuss seiner Tante und der Intervention Professor Gesells zustande gekommen war. Außerdem herrschte Krieg. Der Tod Singhs war für Zingg ein herber Verlust. Er hatte gehofft, den Geistlichen nach dem Krieg persönlich kennen zu lernen, um die näheren Umstände des Falls klären zu können.

1944 kam Zingg als Vertreter des Roten Kreuzes nach Midnapur und traf sich mit Frau Singh. Es ging ihr damals sehr schlecht. Zingg teilte seine eigene Tagesverpflegung mit der hungernden Familie Singh und hinterließ ihr so viel Geld, wie ihm möglich war. Neue Erkenntnisse über den Fall gewann er jedoch nicht. Zingg schickte Frau Singh bis zu ihrem Tod 1950 Geld. Er selbst hatte kurz nach der Veröffentlichung seines Buches seine Stelle an der Universität von Denver verloren. Er galt damals als zu exzentrisch. *Homo ferus* als Thema eines Buches klang zudem ausgesprochen pseudowissenschaftlich. Während der Fünfzigerjahre arbeitete er unter anderem als Eisenbahnschaffner und Vertreter für Dosenfutter in Texas. Er starb 1960, ohne dass die Kontroverse über Amala und Kamala beigelegt wurde.

Der Anthropologe M. F. A. Montagu sprach Singh – wie viele andere Kritiker – »einen beeindruckenden Ton der Echtheit« zu, war aber von der Geschichte nicht restlos überzeugt, weil die Beweisführung an der Aussage eines einzigen Menschen hing. Montagu forderte eine zusätzliche unabhängige Bestätigung des Tatbestands. Nahe liegend wären für ihn zum Beispiel die Zeugenaussagen der zwei Eisenbahnangestellten, Mr. P. Rose und Mr. Henry Richards, gewesen. Doch Ersterer war verschollen und Letzterer inzwischen tot. So fragte er:

> *»Kamala war angeblich siebeneinhalb Jahre bei den Wölfen. Doch unter normalen Bedingungen halten Wölfe ihre Welpen nie so lange bei sich. Ist es möglich, dass sie auf diese universelle Gepflogenheit Kamala zuliebe verzichtet hätten?*
> *Ist es möglich, dass eine Wölfin ein sechs Monate altes Menschenkind säugen würde? Es ist schwer vorstellbar, dass eine Wölfin so etwas Mühsames auf sich nehmen würde.*
> *Auch wenn die Behauptung bestätigt wäre, dass die Kinder im Wolfsbau aufgefunden wurden, wäre dies an sich noch kein Beweis, dass sie von den Wölfen dorthin gebracht beziehungsweise von ihnen gesäugt und erzogen wurden.«*

1951 kam der amerikanische Soziologe William F. Ogburn anlässlich eines Fulbright-Stipendiums nach Kalkutta und beschloss, den Fall Amala und Kamala wieder aufzurollen. Als er nach sechs Monaten in seine Heimat zurückkehren musste, fand er am Anthropologischen Institut der Universität von Kalkutta einen Mitarbeiter, Professor Nirmal K. Bose, der die Suche weiterführen wollte. Sie hatten vor, Zeugen zu vernehmen, die der Festnahme beigewohnt hatten, und solche, die in Midnapur und Godamuri gewesen waren. Die gemeinsamen Ergebnisse veröffentlichten sie 1959 unter dem Titel »On the Trail of the Wolf-Children« in den *Genetic Psychology Mono-*

graphs. Der betagte Ogburn war leider nicht in der Lage, der Feldarbeit stets selbst beizuwohnen. Er war ohnehin zu sehr mit anderen Aufgaben beschäftigt. Er stellte deshalb jüngere Helfer ein, die Interviews führten.

Das Resultat dieser Suche nach den Quellen war für Professor Ogburn enttäuschend. Die Interviews ergaben nur Widersprüchliches, obwohl er sogar Dschanu Tudu, den Dschungelführer, der Singh nach Godamuri begleitet hatte, ausfindig gemacht hatte. Manche Ansprechpartner erinnerten sich noch gut an die Mädchen, bei manchen hatten sich die Erinnerungen im Lauf der Zeit ziemlich verdunkelt, manche Zeugen verleumdeten den verstorbenen Reverend Singh und bezeichneten ihn als Hochstapler. Besonders enttäuschend für Ogburn und Bose war die Tatsache, dass ihre Mitarbeiter nicht in der Lage waren, das Dorf Godamuri zu finden. Die Zeugen, die sich an Kamala erinnerten, beschrieben einen Menschen, der aufrecht ging und nur stockend ein paar Worte sprechen konnte. Allein das machte das Musterbild eines Wolfskindes zunichte. Dem Soziologen und seinem Kollegen Bose blieb letztendlich nichts anderes übrig, als die Geschichte der Festnahme im Dschungel als Märchen zu betrachten, eine Erfindung Singhs, die er inszenierte, um seine eigene Person als Missionar zu schmücken und an Geld zu heranzukommen.

Damit, sollte man meinen, sei der Fall Amala und Kamala endgültig widerlegt. Mitnichten. 1975 machte sich der junge schottische Schriftsteller und Abenteurer Charles Maclean auf die Suche nach den Wolfsmädchen. Er hatte bereits, wie schon oben berichtet, den verschollenen Briefverkehr zwischen Singh und Zingg an der Universität Yale wiederentdeckt. Nun begab er sich nach Indien und betrieb eigene Recherchen. In den Bibliotheken Kalkuttas blätterte er durch alte Archive. In Midnapur suchte er nach den noch lebenden Augenzeugen. Die Termiten hatten, so erfuhr er von der Tochter Singhs, das ursprüngliche Manuskript ihres Vaters, den Urtext sozusagen, längst vernichtet. Ebenfalls entdeckte Maclean, dass die Erkundigungen Ogburns und Boses äußerst oberflächlich und ohne wissenschaftliche Kontrollen durchgeführt wurden. Die

Interviewer erhielten, so Maclean, wie so oft der Fall in dieser gastfreundlichen Kultur, die Antworten, die sie gerne hören wollten.

Aber Maclean entdeckte tatsächlich das Santal-Dorf Godamuri, das Ogburn zu einer Phantasie Singhs erklärt hatte. An diesem abgelegenen Ort wurde Maclean einiges bestätigt, vor allem aber, dass es Tschunarem tatsächlich gegeben hatte, er sei allerdings vor etlichen Jahren, geistig umnachtet, gestorben. Noch aufregender war eine Begegnung mit einem gewissen Lasa Marandi aus dem nahe gelegenen Dorf Denganalia. Dieser Greis behauptete, er selbst habe als Sechzehnjähriger an jener Treibjagd teilgenommen, bei der die Mädchen gefangen wurden. Er bestätigte, dass auch zwei Europäer (Rose und Richards?) diesem Ereignis beigewohnt hatten. Andere Santals im Dorf konnten sich ebenfalls daran erinnern. Maclean wollte gerne glauben, dass seine Informanten ihm die Wahrheit erzählt hatten, und betonte, dass die Ehrlichkeit der Santal sprichwörtlich sei. Dennoch war der skeptische Schotte nicht bereit, seine Zweifel ganz aufzugeben. Er fragte sich bis zum letzten Satz, warum Reverend Singh seine Geschichte über die Festnahme im Dschungel in zwei Versionen geliefert hatte.

ANMERKUNG: Das Wichtigste ist hiermit erzählt. Die Widersprüche bei diesem so gründlich recherchierten und kommentierten Fall wollen einfach nicht ganz verschwinden. Maclean selbst liefert durch seinen Zugang zu den Quellen neue Ungereimtheiten, obwohl er bemüht war, diese komplizierte Angelegenheit zu durchleuchten. Zum Beispiel:

Singh behauptete in seinem Bericht, er habe die Welpen, die am Tag der Festnahme gefangen wurden, an die Santal verschenkt, damit sie sie am Markt verkaufen könnten. Nach Macleans Quellen nahm Singh die Welpen mit nach Midnapur, wo sie im Waisenhaus verendeten.

Über die Essgewohnheiten der Mädchen herrscht ebenfalls Konfusion. Singh gab an, beide Mädchen von rohem Fleisch entwöhnt zu haben. Dr. Sarbadhicari behauptete dagegen laut Maclean, dass der frühe Tod Amalas und Kamalas auf die einseitige Ernährung mit rohem Fleisch zurückzuführen sei.

Nach Singhs Bericht lebten die Mädchen, nachdem sie im Waisenhaus ankamen, in einem dunklen Zimmer in einem Haus auf dem Gelände. Maclean erzählte dagegen, dass Singh sie in einen Käfig in seinem Büro eingesperrt habe.

Es handelt sich hier nicht unbedingt um die unlösbarsten Fragen. Ich selbst habe an Maclean geschrieben und um eine Stellungnahme gebeten. Leider blieb eine Antwort aus. Die Geschichte von Amala und Kamala behält also bis zum Schluss ihre reizende Ungewissheit.

Kapitel 10
Bunte Wilde

Das Schakalmädchen von Kutsch Behar (1923)

Die *Illustrated Weekly of India* veröffentlichte am 5. Februar 1933 einen großen Bericht über Wolfskinder. Seit Amala und Kamala stieß das Thema auch in der indischen Presse auf breites Interesse. Mit Sensationsgeschichten über wilde Kinder hoffte man die Auflage zu erhöhen. Unter den verschiedenen Fällen, die in diesem Bericht vorgestellt wurden, kam auch folgender zutage. Ich zitiere aus dem Aufsatz *Wolf-Children* des Sozialanthropologen J. H. Hutton:

> *»In der Ausgabe der Illustrated Weekly of India, auf die ich zuletzt hingewiesen habe, steht zudem ein Bericht über ein europäisches Mädchen, das bei einem Rudel Schakale gelebt hatte. Dieses Kind wurde gerettet und blieb circa 1923 eine Zeit lang bei der Maharani von Kutsch Behar, zeigte sich aber noch weniger aufnahmebereit als die Kinder, die bei den Wölfen gelebt hatten. Es sehnte sich ständig nach dem Dschungel. Wenn seine ehemaligen Kameraden nachts heulten, antwortete es mit japsendem Gewinsel und kratzte hektisch an Fenstern und Türen, verzweifelt bemüht zu entkommen. Letztendlich ›siechte es dahin‹ und ›starb einige Monate nach seiner Gefangennahme‹. Leider findet man keine genaue Quelle für diese Auskunft. Immerhin wird die Maharani selbst zitiert.«*

Anmerkung: Auch der gewissenhafte Hutton muss letztendlich seine Skepsis über das Dschungelfieber dieses Mädchens eingestehen. Ein Bericht aus dem Jahr 1933 über einen Fall, der sich circa 1923 ereignete, ist an sich nichts Außergewöhnliches. Lediglich die Fakten lassen, wie so oft, zu wünschen übrig.

Die Hausbootkinder von North Bergen, New Jersey (1925)

Tatort USA: In der *New York Times* vom 29. April 1925 erschien ein Bericht über einen Kahnführer, der jahrelang seine Familie in einem Hausboot festgehalten hatte. Dem Großvater, Arthur W. Banks, war es nach langer Suche gelungen, William Warn, genannt »Nigger Bill«, vor Gericht zu bringen. Es stellte sich heraus, dass Warn seine Frau Ruth (Banks' Tochter) und seine fünf Kinder im Alter von fünf bis zehn Jahren wie Gefangene in der Kabine des Bootes gehalten hatte. Ein Vertreter der Schulbehörde, ein gewisser George Scheuermann, wurde entsandt, um die Kinder zu begutachten. Er stellte fest, dass die völlig verwahrlosten Kinder kaum sprechen konnten.

Am 30. Oktober brachte die *New York Times* die Fortsetzung dieser traurigen Geschichte: Das Gericht habe für die Familie einen Schuppen mit zwei Zimmern am Ufer des Hudson zur Verfügung gestellt, in einer Gegend, welche den unerfreulichen Namen »Shadyside« (Schattenseite) trägt. Die drei ältesten Kinder sollten auf Drängen Scheuermanns die nächste Grundschule besuchen. Das bedeutete, dass sie nun täglich das Steilufer erklettern und von dort noch 3,5 Kilometer zu Fuß zum Schulhaus laufen mussten. Als der *New York Times*-Reporter die Familie in der neuen armseligen Unterkunft besuchte, fand er Frau Warn mit zwei blauen Augen vor. Ihr Mann hatte sie offenbar übel zugerichtet.

Am nächsten Tag, so berichtete die *New York Times* weiter, wurden die Kinder im örtlichen Gesundheitsamt gründlich geschrubbt und ihre Haare geschoren. Auch Mrs. Warn, deren Körper mit blauen Flecken übersät war, wurde vom Arzt untersucht. Das Letzte, was die *New York Times* über den Fall berichtete, war Folgendes: »Nigger Bill« – er war übrigens ein Weißer – habe sich schlussendlich geweigert, seine Kinder in die Schule zu schicken. Seine Begründung: »Meine Kinder gehen niemanden etwas an, sie schaffen es genau so gut auch ohne die Schule.«

ANMERKUNG: Hier der klare Nachweis: Das Verwildern eines Menschen ist keine Erfindung der alten Chronisten, der Wichtigtuer oder der eifrigen Berichterstatter aus Indien. Es geht schlicht und einfach um das Ausscheiden aus einem verhältnismäßig konventionellen Leben innerhalb der Gesellschaft. Verwahrlosen kann auch eine Gruppe, wie Turnbull bei den Ik feststellte. »Nigger Bill« hat innerhalb weniger Jahre fünf beinahe sprachlose Wilde erzeugt. Westbrook Pegler, Korrespondent für die *United News*, drückte es im *Columbus Citizen* vom 1. Mai 1925 viel poetischer aus: »Die Kinder des Kapitäns wurden auf einem verdreckten Hausboot auf dem Hudsonfluss am Jerseyufer nahe North Bergen gefunden, in Sichtweite der hohen Hotels und der Lichter des Broadway.« Ein Wunder, dass wilde Menschen so selten vorkommen, wo sie doch so leicht zu »produzieren« sind!

♦

Der ungarische Affenmensch (1927)

Am 10. Mai 1927 berichtete die *New York Times* von der Entdeckung eines »modernen Affenmenschen«, wie sie es formulierte:

> *»Ungarische Ärzte glauben, sie hätten einen Affenmenschen des 20. Jahrhunderts entdeckt, den Sohn eines Bauern, Johann Acsay, aus dem Dorf Aboni [sic] unweit Budapest. Der Affenmensch soll vierundzwanzig Jahre alt sein. Er hat das Aussehen eines Affen und verhält sich dementsprechend, obwohl er Nachkomme normaler Eltern ist. Der Körper des Affenmenschen ist ganz behaart. Er ist sehr klein, hat eine fliehende Stirn und geht auf allen vieren. Er hat noch nie geredet, stößt aber schrille Schreie aus.«*

Die Polizei hatte den Affenmenschen in einer dunklen Scheune entdeckt, wo seine Eltern ihn seit vielen Jahren versteckt hatten. Er wurde nach Budapest gebracht, um dort von Wissenschaftlern untersucht zu werden. Der *Columbus Dispatch* vom 22. Juni 1927 brachte zusätzliche Details zu dem

Fall: Der Affenmensch sei in Wirklichkeit zweiunddreißig Jahre alt, habe nie Kleider getragen, gehe gebückt, könne flink klettern und sei nur deshalb entdeckt worden, weil er sich von seiner Kette losgerissen habe.

ANMERKUNG: Schwer zu sagen, was an dieser Geschichte dran sein könnte. Dass normale Eltern eine Missgeburt zur Welt bringen, ist durchaus nachvollziehbar. Ob dieser ungarische Affenmensch wirklich so affenartig war, wie die Zeitungen ihn darstellten, steht aber auf einem ganz anderen Blatt.

♦

Das Wolfskind von Maiwana (1927)

Die *London Times* brachte am 5. April 1927 den Bericht über einen Jungen, der im indischen Maiwana aufgefunden worden war:

> *»Hirten in der Nähe von Miawana … haben ein kleines indisches Kind in einem Wolfsbau entdeckt. Der Junge soll circa zehn Jahre alt sein. Spuren in der Höhle weisen darauf hin, dass er offensichtlich dort gewohnt hatte. Er war unfähig zu reden und konnte nicht richtig laufen. Er ging auf allen vieren, leckte Wasser und aß Gras.*
> *Der Junge … wurde in Gewahrsam genommen. Er bekam zu essen und wurde medizinisch versorgt. Nachts bellte er, biss sich selbst wie auch andere Menschen und musste mit Riemen festgebunden werden. Er ist sehr mager und ausgemergelt. Sonst sind seine Glieder gut gestaltet. Er hat eine schreckliche Narbe an einer Gesichtsseite, als ob er von einem Tier übel zugerichtet worden sei. Er wird nach Bareilly gebracht, um in der Irrenanstalt behandelt zu werden.«*

ANMERKUNG: Diese Nachricht löste im April 1927 eine Flut von Leserbriefen und Artikeln über Wolfskinder in der *London Times* aus. Die wenigen Fakten, die im obigen Bericht enthalten sind, wurden in den darauf folgenden Monaten mit nur geringfügigen Abweichungen in den verschiedensten Blättern, seriösen und weniger seriösen, in Indien, England und den USA weiter nachgedruckt. Was aus diesem Kind letztendlich wurde, ist unbekannt. Man ahnt natürlich Schlimmes, vor allem, weil es in der Irrenanstalt behandelt wurde. Und es stellt sich die Frage: Wieso wurde ein Wolfskind als Grasfresser geschildert? Das oft erwähnte rohe Fleisch kommt in obigem Artikel nirgends vor. Glaubwürdig ist allerdings die Tatsache, dass der Junge ausgemergelt wirkte. Ein Leben im Dschungel auch unter den besten Umständen ist sicherlich kein Zuckerlecken für ein Kind. Charles Maclean tippte bei dieser Geschichte auf eine Zeitungsente. Immerhin: Wir schreiben das Jahr 1927. Die Ereignisse in Midnapur hatten fünf Monate zuvor für Furore gesorgt. Die Stunde des Wolfes hatte in den Redaktionen der indischen Presse endlich geschlagen.

♦

Das Kind von Casamance (um 1930)

Die einzige Quelle für diese knapp erzählte Geschichte ist der französische Romancier André Demaison, der viele Jahre in Westafrika – vor allem im Senegal, in Dakar und Guinea – verbracht hatte. 1953 veröffentlichte er ein Werk über wilde Kinder, *Le Livre des Enfants Sauvages*, welches den Anspruch erhebt, Roman und Studie zugleich zu sein. Im Vorwort ist die Rede von diesem Kind.

Damals lebte Demaison nach eigener Angabe am Ufer des Casamance, eines Flusses an der Grenze zwischen dem Senegal und Guinea. Eines Tages, so behauptete er, hätten Männer aus der Gegend einen Jungen, etwa sechzehn Jahre alt, zu ihm gebracht, der bei ihm als Diener arbeiten sollte. Zunächst erzählten die Männer dem Franzosen, der Junge habe keine Familie, und keiner wüsste, woher er komme. Obendrein sei er stumm. Daran hatte Demaison nichts auszusetzen. Doch dann fühlte sich ein gewisser Bakari-Si verpflichtet, Demaison über den Buben aufzuklären:

> *»Dieser Junge, der jetzt bei dir wohnt, wurde nicht von Menschen erzogen.«*

»Bei wem dann?«

»Bei den großen Affen ohne Schwanz, die wie die Menschen leben, die nur die Frucht des Waldes essen und die in den Baumästen schlafen, wo sie ihre Häuser bauen.«

So erfuhr Demaison also, dass sein neuer Diener möglicherweise bei den Schimpansen groß geworden war. Man habe ihn Demaison nur deshalb geschenkt, weil er zu viel esse. Keiner konnte es sich leisten, ihn satt zu bekommen.

Demaison stellte den stummen Jungen dennoch ein, und der erwies sich, so der Autor, sehr schnell als mutig, fleißig und von einer sagenhaften Kraft. Wie ein Affe kletterte er in die Bäume. Er sprang in den Fluss, um angeschossene Nilpferde oder Krokodile ans Ufer zu zerren, ob sie noch lebten oder nicht. Geld bedeutete ihm nichts. Nur Essen und Kleider verlangte er. Der Junge blieb, bis Demaison die Gegend verließ. Wer mehr über den Jungen wissen wolle, so Demaison, könne dies in seinem Buch *La Nouvelle Arche de Noé* nachlesen.

ANMERKUNG: In den Fünfzigerjahren, als Demaison dieses Werk verfasste, konnte sich ein Romancier eine derartige Fiktion noch erlauben, denn das Wissen um die Affen war auch im Westen damals noch ziemlich bescheiden. Wir berichten aus einer Zeit, in der sich Jane Goodall noch nicht eingehend mit dem Intimleben der Schimpansen befasst hatte. Sie stellte nämlich fest, dass Schimpansenfamilien Artfremde gar nicht verpflegen, wohl eher fressen oder, wenn sie Glück haben, einfach ignorieren.

♦

Assica aus Liberien (um 1930)

Die Geschichte Assicas ist der Hauptgegenstand der *Enfants Sauvages* von Demaison und wird auf rund 250 Seiten rührselig erzählt. Gleich am Anfang gesteht der Autor ein, dass er eigentlich nicht vor hat, einen Tatsachenbericht zu liefern.

Mit diesem *nihil obstat* ausgerüstet, schilderte Demaison das spannende Leben des wilden Mädchens Assica, das mit seinem

Pfleger Kekoto aus dem Dschungel Liberias nach Sologne, einem Ort an der Loire, gebracht wird. Ein reicher Zeitungsverleger hatte Assicas Umsiedlung veranlasst. Demaison, eine Figur in seinem eigenen Roman, soll als Afrikakenner bei der Menschenwerdung des Mädchens behilflich sein.

Assica ist, so der Autor, vom Stamm der Vai und sei als Einjährige im Dschungel verschollen. Im Wald wird sie von Jägern entdeckt, als diese zwei Schimpansen erlegen, die häufig Bananen von einer Plantage stibitzt hatten. Beinahe erschießen die Jäger auch Assica, stellen aber im letzten Augenblick fest, dass es sich um ein Menschenkind handelt. Da ist sie fünf oder sechs Jahre alt. Ein ganzes Jahr halten die Menschen das Mädchen im Dschungel gefangen und füttern es mit Wurzeln und Früchten. Demaisons lange, etwas sentimentale Geschichte läuft letztendlich darauf hinaus zu beschreiben, wie Assica (nach ihrer Taufe heißt sie dann Sylvana) wieder ganz zu einem Menschen wird, zu einer hübschen jungen Dame sogar. Wir erfahren, dass sie anonym und »geheilt« nach Liberia zurückkehrt, wo sie als Mensch unter Menschen ein ganz normales Leben führt.

ANMERKUNG: Ich habe Ihnen die rührseligen Details dieses »Falls« größtenteils erspart. Es genügt zu sagen, dass Demaison in einigen Kapiteln seines Buches auf die affenartigen Eigenschaften seiner Hauptfigur ausgiebig eingeht. Er will Assica zu einem Schimpansenmenschen machen, um die Rückverwandlung umso überzeugender darstellen zu können. Wie die Geschichte von Tarzan ist auch die von Assica manchmal recht unterhaltsam. Sie bleibt aber letztendlich ein Produkt der schriftstellerischen Phantasie. Sie ist nicht die einzige Phantasiegestalt im vorliegenden Buch, auf diesem Gebiet hat man es oft mit Fälschungen oder Spekulationen zu tun. Auch Lucien Malson warnt vor Phantasien. Zu Demaison meinte er: »Er hat Sleeman und Valentine Ball gelesen, welche er reichlich zitiert in einem Buch, das er hastig geschrieben hat und dessen Fehler der Autor mit poetischen Ansprüchen rechtfertigt.«

♦

Der Wolfsmensch von Pasighat (Assam, um 1932)

Auch dieser Fall wurde in J. H. Huttons *Wolf-Children* erwähnt:

»Ein angebliches Wolfskind, offenbar ein Abor oder ein Miri aus Pasighat im nordöstlichen Grenzgebiet Assams, lebte noch 1932. Damals dürfte der Mann dreißig oder vierzig Jahre alt gewesen sein. Er hatte sehr lange Arme und war außerordentlich behaart. Er lief o-beinig und gebückt und ließ die Arme vor sich her schwingen wie King Kong im Film. Er konnte sich kaum artikulieren. Er starb nach 1932. Mein Informant ist Mr. E. T. D. Lambert von der indischen Polizei. Er hatte jedoch keinen Beweis, dass dieser Mensch tatsächlich von Tieren erzogen wurde. Man fand ihn im dichten Dschungel zwischen Kobo und Pasighat.«

ANMERKUNG: Viel kann man hierzu nicht sagen, außer dass es sich bei diesem Wolfsmenschen sicherlich um einen gewöhnlichen Debilen handelte, der sich im Dschungel verirrt hatte. In Indien kam das öfter vor. Damals aber, als man eifrig auf der Suche nach dem wilden Menschen war, wurde eine derartige Festnahme zum erwähnenswerten Ereignis.

♦

Das Kind von Dschansi (1933)

Robert Zingg las über den folgenden Fall in dem oben erwähnten großen Bericht über Wolfskinder aus der *Illustrated Weekly of India* vom 5. Februar 1933. Zingg zitierte direkt aus dem Artikel:

»Würde ein Romancier eine Geschichte über einen Menschen schreiben, der von Wölfen erzogen wurde, so hätten die Kritiker dafür lediglich ein müdes Lächeln übrig. Man würde an Tarzan und andere Fantasien denken. Dennoch hat ein britischer Offizier bei Dschansi ein Kind aus einem Wolfsrudel, das es erzogen hatte, gerettet. Dieses seltsame Geschöpf wurde

anlässlich der Gwalior Baby Week ausgestellt, wohl um Besucher anzulocken ... derzeit bemüht sich Dr. Antia, Chef des medizinischen Zentrums von Gwalior, um das Kind, um es von seinen wilden Gewohnheiten abzubringen ... Schon jetzt hat es den Gang auf allen vieren dem aufrechten zuliebe aufgegeben. Den indischen berija, also Wolf, findet man insbesondere in Radschputana wie auch in vielen anderen Teilen Indiens, mit Ausnahme des unteren Bengalen. Wenn man überlegt, dass er häufig Kinder – wie auch Schafe und Ziegen – entführt, ist es erstaunlich, dass dieses Kind noch lebt. Das Verhalten der Wölfin, deren Mutterinstinkt das Kind verschont haben soll ... ist sicherlich romantisch verklärt zu sehen.«

ANMERKUNG: Der hoffnungsvolle Zingg, stets bemüht, das Gute im Menschen zu finden, notierte über diesen Fall, er sei möglicherweise von »sehr großer Bedeutung«. Zingg versuchte direkt über den erwähnten Dr. Antia Näheres darüber in Erfahrung zu bringen, unter anderem die Identität des ungenannten britischen Offiziers. (Britische Staatsbürger als Hauptfiguren in derartigen Geschichten wirkten stets glaubwürdiger als jeder Inder. Doktortitel waren ebenfalls hilfreich.) Doch leider antwortete Dr. Antia nicht. Wen wundert es? Dieses Kind, wenn es überhaupt existiert hatte, entstammte der Phantasie eines Reporters oder eines Schaustellers oder vielleicht beider. Hutton hatte allerdings ein Foto dieses Kindes gesehen. Er hielt es jedoch für gestellt.

♦

Kapitel 11

Schlechte Eltern

Dass manche Kinder schlechten oder gar grausamen Eltern ausgeliefert sind, ist keine Erfindung des 20. Jahrhunderts. Mythen und Märchen haben seit jeher die uralten Erinnerungen, Phantasien und Ängste familiärer Gemeinheiten für die Nachwelt festgehalten und gespeichert. Man darf sich ruhig fragen, ob Hänsel und Gretel die verklärte Darstellung von Kindern sind, die wie der Forstteufel von Salzburg, Victor von Aveyron, Mlle. LeBlanc und der Wilde Peter, im Wald ausgesetzt und ihrem Schicksal überlassen wurden. Im Zeitalter der Tageszeitung und des Fernsehens sollte man meinen, dass die Berichte, mit denen wir heute täglich konfrontiert werden, fundierter sind als die Märchen und Gerüchte einer früheren, weniger vernetzten Zeit. Doch Opfer und Täter werden im Informationszeitalter schnell zu einer Mischung aus Unterhaltung und Moritat verarbeitet. Da die Menschen, um die es sich handelt, uns nur selten persönlich bekannt sind, geraten sie, wie die in den drei folgenden Berichten aus dem Amerika der Dreißigerjahre, bald wieder in Vergessenheit. Druckerschwärze ist letztlich nie so langlebig wie ein Mythos.

Edith von Washington (1931)

Von einem verwilderten Kind berichtete die *New York Times* vom 17. November 1931. Ein Ehepaar hatte seine Tochter, Edith Riley, jahrelang in einem fensterlosen Einbauschrank festgehalten. Die Eltern rechtfertigten sich damit, dass das Mädchen geistesgestört sei und zeitweilig eingesperrt werden müsse. Man habe es eben zu Hause versorgen und nicht in ein Heim geben wollen. Der fünfzehnjährige Bruder Ediths sagte aber aus, dass es oft misshandelt worden sei. Das Kind wurde ins Krankenhaus gebracht. Man wollte feststellen, ob es durch die Misshandlungen und die Isolation geistig verkümmert wäre oder ob es an einer angeborenen Geistesschwäche litt.

In einem Folgebericht vom 24. Dezember 1931 erfuhr der Leser der *New York Times* weiter, dass die Rileys für schuldig befunden und zu jeweils zwei Jahren Gefängnis verurteilt wurden. Mrs. Riley wurde als Haupttäterin, Mr. Riley als Komplize überführt. Mr. Riley gestand ein, dass ihm die Kinder »lästig« geworden waren. Nach Aussage des Gallinger Hospital, wo Edith Riley zur Behandlung eingeliefert wurde, »machte sie gute Fortschritte«.

Anmerkung: Mrs. Riley ist die böse Stiefmutter aus dem Märchen, auch wenn die Leiden der kleinen Edith beileibe nichts Märchenhaftes an sich hatten. Die Frage, ob Edith immer minderbemittelt war, kann man heute mit Nein beantworten. Nach zwei Jahren, so der Soziologe Kingsley Davis (siehe den nächsten Fall), war Edith ein völlig ausgeglichenes, normales Kind geworden.

♦

Anna von Pennsylvania (1938)

Ein ähnlich gelagerter Fall findet sich in der *New York Times* vom Sonntag, den 6. Februar 1938.

Ein verkrüppeltes und unterernährtes Kind war etwa siebzehn Meilen von Uniontown (Pennsylvania) im Haus eines Farmers namens David Harris gefunden worden. Dort war es in einer Rumpelkammer im zweiten Stock an einen Stuhl gefesselt gewesen. Harris, offenbar selbst gestört oder zumindest von religiösem Wahn befallen, sagte bei seiner ersten Vernehmung, das Kind – seine Enkelin – sei unehelich und habe im Zimmer bleiben müssen als »eine Art Strafe« für die Sündhaftigkeit seiner Tochter. Sie habe ja bereits einen unehelichen Sohn, einen zweiten Sündenfall könne er nicht dulden.

Das Kind wurde entdeckt, nachdem ein Hinweis des Frauenclubs in der Nachbargemeinde Star Junction bei den Behörden eingegangen war. Deren Bericht zufolge war das Kind in einem nach hinten gekippten Stuhl eingeklemmt, der gegen einen Kohleneimer lehnte. Die dürren Arme waren über dem Kopf gefesselt. Das Kind war stumm und konnte sich nicht bewegen. »Das Kind trug ein schmutziges Hemd und eine Windel«, sagte ein Beamter. »Die Hände, die Arme, die Beine waren nur Haut und Knochen. Das Mädchen war so zerbrechlich, dass es sich nicht mehr bewegen konnte. Es bekam nie genügend zu essen und konnte nicht normal wachsen. Der Stuhl, auf dem das Mädchen, halb angelehnt, halb sitzend, lag, war so klein, dass das Kind die Beine zum Teil unter sich knickte.« Die Mutter des Mädchens bestätigte, dass ihr Vater ihr niemals gestattete, das Kind aus der Rumpelkammer zu holen: »Er meinte, er wolle es nicht sehen. Ich musste rauf und runter, rauf und runter, um es zu füttern und versorgen. Das war verdammt schwierig.«

Man darf nicht alles glauben, was in der Zeitung steht, auch nicht obige schreckliche Meldung. Nein, die Hände des Mädchens waren nicht festgebunden. Nein, man hatte das Kind nicht auf dem Dachboden gefangen gehalten. Vielmehr hatte Anna die ersten zwei Jahre ihres Lebens in einem Kinderbettchen verbracht, allerdings immer im selben Zimmer. Diesen Raum im zweiten Stock erreichte man über eine steile Holztreppe. Die Tür war stets unter Verschluss, um zu vermeiden, dass das Kind die Treppe herunterstürze oder dass der Großvater auf seine Enkelin treffe.

Anna (nicht ihr richtiger Name) war in der Tat ein extrem misshandeltes Kind. Der Soziologe Kingsley Davis besuchte sie mehrmals und schilderte diesen grausamen Fall in zwei zeitversetzten Aufsätzen im *American Journal of Sociology.*

»Als wir sie am 7. Februar zum ersten Mal besuchten, war Anna erst seit drei Tagen in ihrem neuen Zuhause, einem staatlichen Heim. Schon damals waren die ersten Veränderungen sichtbar. Als man sie ins Heim brachte, war sie völlig apathisch. Sie lag schlaff auf dem Rücken, bewegungslos, ausdruckslos, gleichgültig allem gegenüber. Ihre schwachen Füße

streckten sich nach vorne und bildeten eine gerade Linie mit ihren bis auf die Knochen abgemagerten Beinen. Das Kind muss lange auf dem Rücken gelegen haben, so dass die Fußmuskulatur erschöpft und praktisch abgestorben war. Man hielt es zunächst für taub und womöglich blind. Der Urin war nach Aussage der Krankenschwester stark konzentriert und der Bauch aufgebläht. Man vermutete, sie hätte einst an Rachitis gelitten. Eine zusätzliche Diagnose ergab schlicht und einfach eine Unterernährung. Ein Blutspiegel bestätigte einen Eisenmangel. Zeichen irgendeiner Krankheit fand man jedoch nicht vor…
Anna wurde am 6. März 1932 im Haus einer Privatkrankenschwester geboren. Kurz nach der Geburt kam sie in ein Heim. Eine Zeit lang wohnte sie bei einer Krankenschwester. Alle, die sie kannten und pflegten, hielten sie für ein völlig normales Baby – ein besonders hübsches Baby sogar, wie mehrere Zeugen behaupteten. Mit sechs bis zehn Monaten kam sie zu ihrer Mutter zurück. Keine Dienststelle wollte die finanzielle Verantwortung für sie übernehmen. Bei ihrer Mutter lebte sie stets in einem Zimmer, wo sie bald begann, an Unterernährung zu leiden. Sie bekam nur Milch und kam nie ins Freie. Sie litt obendrein an einer Eiterflechte. Der Arzt verschrieb ein Medikament, so die Mutter, welches das Kind ›zu einem Neger‹ machte. Aus diesem Grund stellte die Mutter die Behandlung ein … Sie wollte nach eigener Aussage, dass das Wohlfahrtsamt das Kind zu sich nehme. Aus finanziellen Gründen lehnte dies die Behörde aber ab. Die Mutter machte das Kind für die eigenen Probleme verantwortlich. Da die Mutter das Kind ohnehin loszuwerden hoffte, schenkte sie ihm keine Aufmerksamkeit. Sie hat es scheinbar nur gefüttert, kümmerte sich nicht ums Baden, brachte ihm nicht bei, auf die Toilette zu gehen, kümmerte sich nicht weiter darum und streichelte es nie. Sie leugnete aber, jemals das Kind gefesselt zu haben. Auch wenn dies stimmen sollte: das Kind wurde irgendwie bewegungslos gehalten (durch Fesseln oder Unterbringung im Kinderbettchen). Allmählich verschlechterte sich der Gesundheitszustand des Kindes angesichts der Beschränkungen und des schlechten Essens dermaßen, dass es apa-

thisch wurde. Nun konnte die Mutter es unbefestigt im Stuhl lassen, ohne befürchten zu müssen, dass es sich vom Stuhl erheben würde … Die Mutter brachte Anna große Mengen Milch und fütterte sie damit. Als Anna fast fünf Jahre alt war, begann die Mutter dem Mädchen eine dünne Haferschleimsuppe einzulöffeln; offensichtlich hatte ihr jemand dazu geraten. Anna lernte nie, feste Speisen zu essen.«

Im Heim machte Anna erste Fortschritte. Nach einem halben Jahr hatte sie bereits an Gewicht zugenommen, balgte gerne, lachte und hatte sogar begonnen zu plappern. Wenn sie jemand körperlich unterstützte, konnte sie zögernd ein paar Schritte laufen. Zunehmend zeigte sie auch Interesse an anderen Menschen. Dennoch war sie nicht in der Lage, richtig zu kauen oder aus einem Glas zu trinken. Auch mit dem Laufen hatte sie es noch nicht weit gebracht. (Kein Wunder – eine einzige Schwester musste, so der Bericht des Soziologen, 324 Heiminsassen betreuen.) Am 11. November kam sie endlich in eine fürsorgliche Pflegefamilie. Nach nur einem Monat konnte Anna bereits normal essen, aus einem Glas trinken, einen Löffel benützen und einigermaßen laufen. Nur das Sprechen klappte immer noch nicht. Inzwischen war das Mädchen sechs Jahre alt. Sein Entwicklungsstand entsprach aber noch dem eines Einjährigen, meinte Kingsley Davis.

Am 30. August 1939 stand Anna wieder ein Umzug bevor, diesmal in ein Heim für behinderte Kinder. Dort machte das pummelige Mädchen – es hatte mittlerweile zwanzig Pfund Übergewicht – auch weiter Fortschritte. Es lief gut, rannte sogar. Anna konnte nun auch selbstständig auf die Toilette gehen. Aber sprechen konnte sie noch immer nicht.

Die Diagnose lautete nunmehr ganz offiziell, Anna sei geistig zurückgeblieben. Davis zögerte zunächst in seinem Bericht, dieses Urteil kritiklos anzunehmen. Nach seiner Meinung konnte Annas geistiger Zustand auf einer erworbenen Schwäche beruhen. Der Soziologe verglich die Entwicklungsgeschichte des amerikanischen Mädchens mit der von Amala und Kamala und jener von Victor, dem wilden Jungen von Aveyron. Um diese Zeit war dank Robert Zingg der *homo ferus* zum neuen Gesprächsthema an den Universitäten geworden. Zingg selbst kommentierte den Fall Anna knapp mit der Möglichkeit einer *dementia ex separatione*, eines Schwachsinns durch Absonderung.

Vielleicht hatte er auch Recht. Einer Untersuchung am 25. April 1940 zufolge konnte Anna mittlerweile ganz normal sehen und hören. Zudem hatte sie begonnen, vermehrt zu plappern, hatte also praktisch die Vorstufe des Sprechens erreicht. Mit acht Jahren wurde ihr geistiger Entwicklungsstand auf den eines 23 Monate alten Kindes geschätzt. Im Juli 1941 war sie 115 Zentimeter groß und 27 Kilogramm schwer, kleinwüchsig, aber normal proportioniert. Sie konnte gut mit einem Ball umgehen und spielte auch gerne mit anderen Kindern. Noch wichtiger: Sie hatte endlich zu sprechen begonnen. Was aus ihr geworden wäre, bleibt aber leider Spekulation. Am 6. August 1942, gerade zehnjährig, starb sie an den Folgen einer Gelbsucht.

ANMERKUNG: Die Schlüsselfrage im Fall Anna ist die gleiche wie zur Zeit des Wilden Peter: Handelte es sich um erworbenen oder angeborenen Schwachsinn? Im Fall Peter weiß man wenig oder wohl gar nichts über seine Herkunft, was eine Klärung der Frage noch schwieriger macht. Über Annas Vorgeschichte wusste man dagegen einiges. Dennoch bleibt eine eindeutige Antwort leider aus. Einem Gerücht zufolge, so erzählte Kingsley Davis, war der leibliche Vater des Kindes ein vierundsiebzigjähriger Verwandter. Das allein hätte nach dem damaligen Urteil über Kinderzeugung im Alter zu einer angeborenen Geistesschwäche ausgezeichnet gepasst. Die Mitarbeiter des Heims, in dem Anna zuletzt gelebt hatte, bezeichneten sie ebenfalls, wie schon oben erwähnt, als von Geburt an zurückgeblieben. Da ihre Mutter wie auch ihr Großvater als geistesschwach galten, war die Möglichkeit einer Erblast nicht ganz von der Hand zu weisen. Auch Davis neigte in seinem zweiten Bericht zu der Ansicht, dass die geistige Zurückgebliebenheit Annas doch angeboren war. Manches spricht aber auch dagegen. Denn die arme Anna war ein wahrer Pechvogel. Von ihrer leiblichen Mutter abgelehnt, kam sie zu einer liebevollen

Krankenschwester, die sich um sie bemühte, aber nur kurz bei sich behielt. Dann wollte eine Pastorenfamilie sie adoptieren. Als die Ärzte bei dem Kind aber eine Scheidenentzündung feststellten, war der Traum wieder aus. Der Pfarrer hatte offenbar Angst vor einer ansteckenden Krankheit. Nachdem weitere Interessenten ausblieben, gab das Sozialamt die Hoffnung auf eine Adoption Annas auf. Da es für den Unterhalt des Kindes nicht auf Dauer aufkommen wollte, kam Anna gegen den Willen des Großvaters wieder nach Hause, das heißt, in die Folterkammer.

Als sie zu ihrer leiblichen Familie zurückkehrte, litt sie an einer Eiterflechte, der Vaginitis, einem Nabelbruch und einem Hautausschlag. Und das war nur der Anfang ihres Leidenswegs. Was wäre wohl aus ihr geworden, wenn sie auch nur ein kleines Quäntchen Glück gehabt hätte? Vielleicht war sie ja doch ein heller Kopf, denn nach ihrer Befreiung machte sie ja ständig Fortschritte. Doch letztendlich werden wir nie erfahren, wozu sie fähig gewesen wäre.

♦

Isabelle von Ohio (1938)

Wie sich die Bilder gleichen: Anna erblickte das Licht der Welt am 6. März 1932. Ihr schreckliches Schicksal wurde erst Anfang Februar 1938 aufgedeckt. Isabelle (Name geändert) wurde im April 1932 im Bundesstaat Ohio geboren und im November 1938 aus ihrer misslichen Lage gerettet.

Die Logopädin Marie K. Mason, Professorin an der Ohio State University, therapierte Isabelle und fasste 1942 im *Journal of Speech Disorders* deren Werdegang zusammen.

»Die Mutter des Kindes erlitt im Alter von zwei Jahren eine Verletzung, die das Sehvermögen des rechten Auges zerstörte. Dass sie nie zu sprechen lernte, war das Resultat, wie der zuständige Arzt feststellte, einer Läsion des Assoziationszentrums der Großhirnrinde (Brocaszentrum). Sie war völlig ungebildet, war nicht in der Lage zu sprechen, zu lesen oder zu schreiben. Sie verständigte sich mit ihrer Familie mittels gro-

ber Gesten, die sie selbst erdacht hatte. Sie beschäftigte sich zu Hause mit einfachen Aufgaben. Sie durfte das Haus ohne Begleitung nicht verlassen. Dass diese ledige Frau mit zweiundzwanzig dennoch ein Kind bekam, überraschte die ganze Familie. Man hat den Vater noch nicht ermittelt.
Während der Schwangerschaft und während der nächsten sechseinhalb Jahre lebten Mutter und Kind hinter verschlossenen Gardinen in einem verriegelten Zimmer. Ein Mangel an Sonnenlicht, frischer Luft und anständigem Essen verursachte beim Kind eine Rachitis. Beide Beine waren stark verbogen, sodass das Kind kaum gehen konnte.
Die Mutter konnte endlich fliehen, wobei sie das damals sechseinhalbjährige Kind trug. Die zuständige Behörde wurde verständigt. Isabelle wurde am 16. November 1938 im Children's Hospital aufgenommen, um an den Beinen operiert zu werden, und erhielt anschließend eine entsprechende Physiotherapie.«

Man hielt das Kind für ebenso taubstumm wie die Mutter. Doch bald stellte sich heraus, dass Isabelle sehr wohl zu hören vermochte. Die Experten vertraten die üblichen Meinungen über die Ursache ihrer Sprachlosigkeit. Vielleicht war sie schwachsinnig. Ebenso plausibel schien aber, dass sie normal war und lediglich aufgrund der erlittenen Entbehrungen gewisse Fähigkeiten nicht hatte entwickeln können.

In diesem Fall stellte sich Letzteres als richtig heraus. Nach zwei Jahren hatte Isabelle kräftig nachgeholt. Ihr Wachstum normalisierte sich, sie lernte sprechen, besuchte die Schule und erholte sich vollkommen von den Strapazen ihrer frühen Kindheit. 1947 besuchte sie mit vierzehn Jahren die sechste Klasse. Obwohl sie drei Jahre älter war als die anderen Kinder, fiel der Altersunterschied nicht weiter auf, denn sie war noch nicht in die Pubertät gekommen.

ANMERKUNG: Natürlich wurden die Fälle Anna und Isabelle oft miteinander in Verbindung gebracht. Warum, fragten sich die Experten, konnte die eine ihrem tragischen Schicksal entkommen, während die andere zugrunde ging?

Kingsley Davis lehnte einen Vergleich zwischen den zwei Mädchen entschieden ab. Mit Recht. »Der Fall Anna ist ungeeignet, die Wirkung einer extremen Isolation darzustellen, teils, weil das Mädchen möglicherweise von Haus aus beschränkt war, teils, weil es nicht die beste Erziehung genossen hatte, und letztlich, weil es nicht lang genug lebte.« Doch auch aus einem anderen Grund sind die zwei Schicksale grundverschieden: So schrecklich Isabelles Dasein im verdunkelten Zimmer war, so teilte sie diesen Ort des Grauens mit einem Menschen, der sie liebte, mit ihrer Mutter. Für Anna hingegen waren Mutter (und Bruder) lediglich zwei Folterknechte. Die gute Nachricht ist jedenfalls, dass ein Kind mit sechs Jahren auch nach Jahren der Misshandlung offensichtlich in der Lage ist, in die Welt der Menschen vollständig zurückzukehren.

♦

Kapitel 12

Wahrheit und Dichtung

Tarzancito von El Salvador (1933)

Die Ereignisse waren noch relativ aktuell, als Robert Zingg im März 1940 einen Mehrteiler in der Tagespresse über Tarzancito gelesen hatte. Der Autor des Berichts, Ernie Pyle, einer der beliebtesten Zeitungsreporter Amerikas, war eigens nach El Salvador gereist, um die Geschichte von Tarzancito zu erhellen. Zingg erkannte die Relevanz des Falls für seine Studie über den *homo ferus* und setzte sich sogleich mit Pyle in Verbindung. Pyle zeigte sich sehr zuvorkommend und stellte Zingg Namen und Adressen seiner wichtigsten Informanten vor Ort zur Verfügung. Ende Oktober 1940 erhielt Zingg Post von Oberst Alfonso Marroquín:

> *»Als Kommandant im Hafen von Acajutla hatte ich 1931 Gerüchte über ein Kind in einem wilden Zustand gehört. Diese erfuhr ich von zwei Bauern, Abraham Zepeda und Pantaleón Gonzalez. Sie arbeiteten als Holzfäller im Wald der Hacienda ›El Coyal‹, dem Eigentum eines gewissen Francisco Orozco. Zu verschiedenen Zeiten hatten sie versucht, das wilde Kind zu fangen, doch es gelang ihnen nicht. Der Junge war sehr behende, er konnte jedes Mal entkommen und sich in den Bäumen verstecken.*
> *Im Oktober 1933 wurde ich nach Sonsonate versetzt und wurde dort Abteilungskommandant der Stadt. Ich erhielt eine Nachricht vom Holzfäller Pantaleón Gonzalez, dass das wilde Kind gefangen worden sei und sich in besagter Stadt Sonsonate befände, und zwar im Polizeipräsidium unter der Aufsicht des Polizisten Salvador Parada, der heute Polizeichef im Hafen von La Libertad ist.*

Neugierig auf das Kind, von dem so viel erzählt wurde, ging ich ins Polizeipräsidium … Parada hatte ihm bereits Kleider gekauft und ihm die Haare schneiden lassen. Der Junge war gebräunt von der Sonne und schaute argwöhnisch drein. Er aß Süßigkeiten und Obst und lehnte gekochte Speisen ab. Zunächst hielt man ihn in einem Zimmer im Polizeipräsidium fest. Allmählich freundete er sich mit den Polizisten an, und bald begleitete er den einen oder anderen auf Spaziergängen durch die Stadt.

Nach einiger Zeit schickte man ihn zu mir in die Kaserne. Er befreundete sich nur mit mir und lehnte die anderen ab. Er verbrachte die Tage vor meinem Schreibtisch. Nachts schlief er auf dem Boden, er mied das Bett, das man ihm zubereitet hatte.

Um diese Zeit vertrauten wir das Kind … Professor Jorge Ramirez Chulo an, Rektor der Landwirtschaftsschule von Rafael Campo … Am Anfang schonte man den Jungen, bis er sich an die anderen Kindern gewöhnt und genügend Sprachkenntnisse erworben hatte, um am Unterricht teilzunehmen. Nach gegebener Zeit lernte er ein bisschen lesen. Er ging immer gerne in die Stadt ins Kino. Das Kino faszinierte ihn. Obwohl er erst fünf Jahre alt war, zeigte er große Fähigkeiten in der Landwirtschaft und war der beste Arbeiter von allen.

Pantaleón Gonzalez … erzählte mir Folgendes: Er selbst und seine Gefährten hätten mehrmals Jagd auf den Jungen gemacht. Sie hatten Hunde bei sich. Zweimal hätten sie ihn beinahe fangen können. Doch der Junge ergriff die Flucht und versteckte sich im umliegenden Dickicht. Manchmal stießen sie am Flussufer auf seine kleinen Fußstapfen im Sand …

Eines Nachts hörte man, wie die Hunde neben der Küche des Haupthauses der Hacienda fortdauernd bellten. Sr. Orozco und einige seiner Diener begaben sich an den Ort der Störung. Zu ihrer Überraschung erblickten sie dort den Jungen, die Hunde hatten ihn in die Enge getrieben. Er verteidigte sich mit einem Stock. So hat man ihn endlich fangen können. Man fesselte ihn mit festen Riemen, um eine Flucht zu verhindern, und brachte ihn nach Sonsonate.

Die Hacienda, auf der man Tarzancito festnahm, ist etwa 60

Kilometer von Sonsonate entfernt. Die Gegend ist kaum bewohnt und liegt in einem großen Wald, es gibt viele wasserreiche Flüsse dort. Tarzancito ernährte sich von Früchten und kleinen Fischen. Dies erzählte er uns selbst. Aus Angst vor wilden Tieren schlief er in den Wipfeln der tassenförmigen Bäume, die man in dieser Gegend überall findet.
Gegenwärtig wohnt er in der Kaserne in San Salvador bei mir im Zimmer. Er besucht die dritte Klasse der öffentlichen Grundschule. Seine Noten sind gut. Er ist ein offenherziger Mensch geworden, nützlich, ein guter Kumpel, der gerne Musik hört und ein gutes Ohr hat.«

Auf Empfehlung von Ernie Pyle wandte sich Zingg zugleich an Professor Jorge Ramirez Chulo, Rektor der Landwirtschaftsschule und, nach eigener Aussage, Professor der experimentellen Psychologie. Der etwas gestelzte Aufsatz über das Kind, den Chulo an Zingg schickte, enthielt einige zusätzliche Details.

So erinnerte sich Professor Chulo, dass Tarzancito bei seiner Ankunft in der Schule noch sehr aggressiv war. Er biss um sich, warf mit Steinen, schlug mit Stöcken und zog sich manchmal aus Protest aus. Seine Wildheit ließ aber nach, nachdem er sich an seine neue Umgebung gewöhnt hatte. Anfänglich sprach er kein Wort. Nach drei Monaten verfügte er erst über drei Worte. Dies änderte sich aber schlagartig. Bald begann der wissensgierige Junge alles nachzuplappern, was er hörte, und er beherrschte die Sprache nach kurzer Zeit, wenn auch manche Fehler (hauptsächlich in der Aussprache) noch geblieben waren. Chulo behauptete, dass Tarzancito, beziehungsweise Ruben Marroquín, wie er später hieß, ein einziges Wort zu artikulieren vermochte, als man ihn eingefangen hatte: das Wort *tamascha*, was in der Sprache der Pipil-Indianer *pueblo* bedeutete. Ernie Pyle vermutete, dass der Junge im Lauf eines großen kommunistischen Aufstands Anfang der Dreißigerjahre verwaiste und sich als Dreijähriger in den Wald flüchtete.

Im Zuge seiner Recherchen hatte Pyle schließlich den Oberst gefragt, ob das Kind jemals einen Tarzanfilm gesehen habe: »Der Oberst lachte und meinte, dass es sie nicht nur gesehen habe, sondern auch sehr liebe. Nach so einem Film erinnere es sich immer wieder an seine eigenen Jahren im Dschungel.«

ANMERKUNG: Es gibt keinen triftigen Grund, an der Wahrheit dieser Geschichte zu zweifeln, auch wenn niemand daran dachte, die Glaubwürdigkeit der Augenzeugenberichte aus der Dschungelzeit kritisch unter die Lupe zu nehmen. Rubens Jahre als kleiner Tarzan sind durchaus nachvollziehbar. Sein Gefühlshaushalt, eine Mischung aus Furcht und Kühnheit, ist typisch für ein Leben in Bedrängnis, wie er es führte und das wohl den meisten Tieren eigen ist. Da Tarzancito noch sehr jung war, als er aus seiner misslichen Lage gerettet wurde, standen die Chancen ohnehin gut, dass ihm die Rückkehr in die menschliche Gesellschaft ohne bleibende Schäden gelingen würde, was ja auch der Fall war.

♦

Die Beinahelöwenkinder (1934)

Auch Löwen zählen zu den Tieren, die als Zieheltern eines Menschenkinds immer wieder im Gespräch sind. J. H. Hutton zitiert zwei entsprechende Berichte. Der erste erschien am 12. Juli 1934 in der *Morning Post* in Johannesburg:

> *»Während Mr. und Mrs. Dechampel im nördlichen Rhodesien am Kafuefluss kampierten, betrat nachts eine Löwin ihr Zelt. Der Vater erwachte und sah, wie die Löwin das Zelt verließ. In ihrem Maul trug sie sein Töchterchen. Er alarmierte die Männer im Lager. Die Eingeborenen, mit Fackeln, Stöcken und Speeren bewaffnet, jagten im Dickicht nach dem Tier. Auf einer Lichtung trafen sie endlich auf die Löwin. Man sah, wie sie den schreienden Säugling mit Neugier betrachtete. Der Vater erschoss das Tier. Das Baby kehrte ohne einen Kratzer in das Lager zurück.«*

Den zweiten Bericht entnahm Hutton aus der in Kalkutta erscheinenden Zeitung *The Englishman* vom 18. November 1921.

Ein gewisser Mr. McCabe erzählte, dass seine Frau als kleines Kind von einer Löwin gesäugt worden sei. Dies habe sich zugetragen, als sie mit ihren Eltern in einem besonders abgeschiedenen Teil Südafrikas unterwegs gewesen war:

»Eines Morgens in der Nähe des Krokodilflusses ... schickte man Magdalene, damals drei, zu ihrer Mutter, die sich am Ufer wusch. Das Mädchen verschwand.
Acht Tage suchten die verzweifelten Eltern nach ihr. Zwei dürre Buschmänner kamen nun in das Lager und sprachen Mr. Swart an: ›Weißer Mann, bring Waffen, wir haben dein Kind gefunden.‹ Mr. Swart lief mit den Buschmännern drei Meilen das Flussufer entlang. Dann zeigten diese auf eine winzige Figur, die zusammen mit zwei Löwenjungen gerade an einer Löwin saugte. Der Jäger (Mr. Swart) schoss in die Luft. Die Löwen flüchteten und ließen das kleine Mädchen zurück. Sein Kleider waren zerrissen. An seinem Körper hatte es viele Kratzwunden. Sonst war es unverletzt geblieben.
Als Magdalene zehn Jahre alt war, sah ihr Vater, wie sie am Limpopo zwei Löwen auf dem anderen Ufer mit Steinchen bewarf. Sie sagte zu ihrem Vater: ›Das sind die großen Hunde, die mich über den Fluss getragen hatten.‹«

ANMERKUNG: Gesetzt den Fall, dass diese beiden Geschichten keine Erfindungen eines phantasievollen Zeitungsredakteurs waren, dann scheint die erste etwas glaubwürdiger zu sein als die zweite. Möglich ist allerdings, dass besagte rhodesische Löwin nur kurz pausierte und keinerlei mütterliche Gefühle für den schreienden Säugling verspürte. Die zweite Geschichte verlangt dem Leser noch etwas mehr Gutgläubigkeit ab. Tatsache ist, dass Löwen im Rudel leben. Das heißt, mehrere weibliche Tiere gruppieren sich mit ihren Jungen um einen einzigen Patriarchen. Dieser Umstand hätte die Überlebenschancen der kleinen Magdalene sicherlich erheblich erschwert. Ebenso erschwert er unsere Bereitschaft, diese Geschichte auch nur ansatzweise für glaubhaft zu halten.

Die einzige mir bekannte Quelle für die folgende Geschichte ist ein Artikel von George I. Maranz, einem amerikanischen Journalisten, der behauptete, den Fall vor Ort recherchiert zu haben. Sein Text erschien in der Zeitschrift *American Weekly* vom 5. September 1937 und wurde in Zinggs Buch nachgedruckt. Zingg hielt den Bericht für die ausführlichste Version der Ereignisse, die 1937 durch die Presse gingen.

Maranz habe nach eigenen Aussagen ein Mädchen im Irrenhaus im türkischen Bakirkey besucht, wo die Neunjährige als »Unbekannte Patientin Nummer 326« lebte. Der Chefarzt, Professor Mazhar Osman, habe sich höchstpersönlich um das Bärenmädchen gekümmert. Es habe sich damals erst seit einigen Monaten im Hospital befunden …

> *»Plötzlich erblickte ich das Bärenmädchen. Es schien den Kontakt zu den anderen Kindern zu vermeiden. Sein Kopf baumelte nach vorne, und es saß in einer schattigen Nische. Es trug lediglich einen alten, braunen Badeanzug. Die Beine waren entblößt, sie waren außerordentlich gut entwickelt, wie ich sah. Mir schienen die Arme besonders lang zu sein. Die Haare waren dunkel und dicht, und sie bedeckten die Stirn.*
> *Seine Augen werde ich nie vergessen. Es waren die Augen eines gefangenen wilden Tieres, und sie drückten das Verlangen nach der Freiheit des Waldes aus. Das Mädchen starrte eine Schwester trotzig und argwöhnisch an, als wir näher traten.«*

Das Bärenmädchen schien ein hoffnungsloser Fall zu sein. Nur allmählich duldete es die Nähe anderer Kinder, suchte aber keinen direkten Kontakt zu ihnen. Die Ärzte waren überzeugt, dass es sich um ein echtes Bärenkind handelte. Maranz fuhr auf ihre Empfehlung hin nach Brussa, wo das Mädchen gefunden wurde, um selbst mit den Augenzeugen zu reden:

> *»Der erste Mann, den ich in Brussa besuchte, war Sedad Ataman, Chefredakteur der örtlichen Zeitung … Er versprach mir, einen der Jäger herzuholen, der das Mädchen gefangen*

hatte. Nach nur wenigen Minuten kehrte sein Laufjunge mit dem Jäger, Ali Osman, zurück.

›Ich war zusammen mit einem anderen Jäger, er heißt Bahri‹, erzählte mir Ali Osman. Wir gingen auf den Uludag (Olympusberg) hinauf, um nach Bären zu jagen … Plötzlich stand eine riesige Bärin nur wenige Meter von mir entfernt. Ich peilte sie an und zog ab. Die Bärin bäumte sich auf, dann fiel sie zu Boden. Ich näherte mich dem Kadaver. Als ich vor ihm stand, stieß mein Freund Bahri einen furchterregenden Schrei aus. Ich drehte mich um und sah, dass er seine Waffe fallen gelassen hatte und floh. Ich wandte mich nun in die andere Richtung und schaute: Ich schwöre, meine Haare standen zu Berge, das Blut stockte mir in den Adern, mein Herz hörte auf zu schlagen.

Knurrend und speiend sprang aus dem Dickicht ein nackter Waldgeist und lief auf mich zu. Er ging aufrecht, wenn auch nach vorne gebückt. Die Haare waren lang und schön und flatterten im Wind. Die Augen, Effendi, die Augen! Es war, als würden sie glühen, sie leuchteten wie zwei Scheinwerfer … Plötzlich hatte er mich erreicht und stürzte sich auf mich und brüllte vor Wut. Er griff mich mit Zähnen und Nägeln an und versuchte, mir die Kehle zu durchbeißen. Es gelang mir endlich das Wesen zu Boden zu ringen. Erst dann merkte ich, dass es sich beim Waldgeist lediglich um ein kleines Mädchen handelte, das unglaublich stark war.«

Ali Osman und sein Freund Bahri fanden die Höhle der Bärin und darin Spuren, dass offenbar Mensch und Tier darin gemeinsam gelebt hatten. Sie brachten das Mädchen nach Istanbul zum Krankenhaus in Bakirkey, wo Maranz es besuchte. Maranz wollte von Ali Osman etwas über die Herkunft des Mädchens erfahren. Osman bot ihm an, ihn in das Dorf Mussalilar zu begleiten. Die dort ansässigen Bauern, so Osman, konnten ihm vielleicht die eine oder andere Auskunft geben:

»Nachdem die Bauern den Zweck unserer Reise erfuhren, riefen sie den achtzigjährigen hodscha, den Lehrer des Dorfes, der alle kannte und alles wusste.

›Uludag ist groß und seine Geheimnisse sind zahlreich‹, beteuerte der hodscha, als wir ihn darum baten, uns alles zu erzählen, was er über das Bärenkind wusste.
›Unser Dorf‹, fuhr er fort, ›kämpft seit ewig mit Bären. Nacht für Nacht kommen sie, stehlen sie, was sie nur können, zerstören Gärten und Felder.
Doch nur einmal ist es geschehen, dass ein Bär ein Kind entführt hatte. Vor acht Jahren kam eine Frau in unser Dorf und hatte ein drei Monate altes Kind bei sich. Sie bat uns um Brot und um Arbeit. Da wir immer auf der Suche nach Arbeitskräften sind, konnten Fatma und ihre Tochter Esma bei uns bleiben. Eines Tages ging Fatma in den Wald, um Reisig zu sammeln. Sie nahm die Tochter mit und legte sie auf den Boden unweit vom Ort, wo sie arbeitete.
Nach einer halben Stunde hörte sie plötzlich einen Schrei. Sie drehte sich um und sah zu ihrem Entsetzen eine riesige Bärin, die mit den Zähnen die langen Kleider des Kindes gepackt hatte und in Richtung Wald weglief. Fatma versuchte vergebens, die Bärin einzuholen. Als das Tier merkte, dass die Frau es verfolgte, verschwand es mit verdoppelter Geschwindigkeit im Dickicht. Ein Jäger hörte die Schreie Fatmas und eilte dahin. Sie suchten stundenlang vergebens.
Fatma meinte, dass die Ansicht des Uludag sie stets an das grausame Ereignis erinnerte. Eines Tages verabschiedete sie sich und verließ unser Dorf. Keiner weiß, woher sie kam, und keiner weiß, wohin sie ging.
Sie möchten wissen, ob das Kind, das die Jäger neulich fanden, die kleine Esma ist, die vor acht Jahren verloren ging? Ich halte es für möglich. Doch keiner wird es jemals sicher wissen. Zahlreich sind die Geheimnisse des Uludag, er gibt sie aber niemals preis.‹«

ANMERKUNG: Diese Geschichte ist leider zu gut, um wahr zu sein. Was nach viel aussieht, ist in Wirklichkeit nur wenig. Auch Zingg gibt sich mit dem Bericht nicht ganz zufrieden. Wir haben es hier faktisch mit einer »klassischen« Tierkindgeschichte zu tun: Entführtes Kind, Jäger als Retter und so weiter. In diesem Fall aber hat man sogar durch den Autor direkten Kontakt mit den wichtigsten Augenzeugen. Und trotzdem hat uns Herr Maranz keinen Bärendienst geleistet. Wer die »Unbekannte Patientin Nummer 326« wirklich war, wissen wir noch lange nicht, wenn es sie überhaupt gegeben hat.

♦

Hurbinek von Auschwitz (1945)

Die Geschichte von Hurbinek steht für Tausende andere ähnliche Schicksale. Sie stammt aus Primo Levis autobiographischem Werk *La Tregua* (dt. *Atempause*). Schauplatz ist Auschwitz nach der Befreiung:

> *»Hurbinek war ein Nichts, ein Kind des Todes, ein Kind von Auschwitz. Ungefähr drei Jahre alt, niemand wusste etwas von ihm, es konnte nicht sprechen und hatte keinen Namen: Den merkwürdigen Namen Hurbinek hatten wir ihm gegeben; eine der Frauen hatte mit diesen Silben vielleicht die unartikulierten Laute, die der Kleine manchmal von sich gab, gedeutet. Er war von den Hüften abwärts gelähmt, und seine Beine, dünn wie Stöckchen, waren verkümmert; aber seine Augen, eingesunken in dem dreieckigen ausgezehrten Gesicht, funkelten erschreckend lebendig, fordernd und voller Lebensanspruch, erfüllt von dem Willen, sich zu befreien, das Gefängnis der Stummheit aufzubrechen. Die Sehnsucht nach dem Wort, das ihm fehlte, das ihn zu lehren niemand sich die Mühe gemacht hatte, das Bedürfnis nach dem Wort sprach mit explosiver Dringlichkeit aus seinem Blick, einem wilden und zugleich menschlichen Blick, mehr noch, einem reifen und urteilenden Blick, den niemand von uns ertragen konnte, so sehr war er geladen mit Kraft und Leid.*
>
> *Niemand, außer Henek, mein Bettnachbar, ein kräftiger und blühender ungarischer Junge von fünfzehn Jahren. Er brachte den halben Tag an Hurbineks Bett zu. Er war mehr mütterlich als väterlich; wahrscheinlich hätte Hurbinek, würde sich unser schwieriges Zusammenleben länger als einen Monat hingezogen haben, von Henek sprechen gelernt; sicher besser als von den polnischen Mädchen, die, zu zärtlich und zu eitel, ihn mit*

Liebkosungen und Küssen verwirrten, aber nicht bereit waren, sich wirklich mit ihm zu beschäftigen.
Henek dagegen, ruhig und hartnäckig, saß neben der kleinen Sphinx, immun gegen die traurige Macht, die von ihr ausging; er brachte Hurbinek zu essen, er machte ihm das Bett, er legte ihn mit geschickten Händen ohne Ekel trocken und sprach zu ihm, Ungarisch natürlich, mit langsamer und geduldiger Stimme. Nach einer Woche verkündete Henek ernst, aber ohne eine Spur Einbildung, dass Hurbinek ›ein Wort sage‹. Was für ein Wort? Er wusste es nicht, ein schwieriges Wort, kein ungarisches, irgend etwas wie ›mass-klo‹, ›matisklo‹. In der Nacht lauschten wir angestrengt: Tatsächlich, aus der Ecke, wo Hurbinek lag, kam von Zeit zu Zeit ein Geräusch, ein Wort. Nicht immer das gleiche, um genau zu sein, aber bestimmt ein artikuliertes Wort, oder besser: artikulierte Worte, die sich leicht voneinander unterschieden, experimentierende Variationen über ein Thema, eine Wurzel, vielleicht über einen Namen.
Hurbinek setzte seine beharrlichen Experimente fort, solange er lebte. In den folgenden Tagen hörten wir alle schweigend zu, ängstlich bemüht zu verstehen, denn alle Sprachen Europas waren unter uns vertreten – aber Hurbineks Wort blieb dunkel. Nein, es war sicher keine Botschaft, keine Offenbarung, vielleicht sein Name, wenn er je einen besessen hatte; vielleicht wollte er (nach einer unserer Hypothesen) ›essen‹ sagen oder ›Brot‹ oder auch ›Fleisch‹ auf Böhmisch, wie mit gutem Grund einer von uns behauptete, der diese Sprache verstand.
Hurbinek, drei Jahre alt und vielleicht in Auschwitz geboren, Hurbinek, der nie einen Baum gesehen hatte, und der bis zum letzten Atemzug gekämpft hatte, um Zutritt in die Welt der Menschen, aus der ihn eine bestialische Macht verbannt hatte, zu erhalten; Hurbinek, der Namenlose, dessen winziges Ärmchen doch mit der Tätowierung von Auschwitz gezeichnet war – Hurbinek starb in den ersten Tagen des März 1945, frei, aber unerlöst. Nichts bleibt von ihm: Er legt Zeugnis ab durch diese meine Worte.«

Anmerkung: Eine wild gewordene Politik ist geradezu vorprogrammiert, verwilderte Kinder zu produzieren. Hurbinek bekam seinen Namen womöglich von einem wohlgesonnenen Lagerinsassen, der das traurige Kind aufzuheitern gedachte. Der Prager Graphiker Roman Erben hat mich darauf hingewiesen, dass Hurvínek im Vorkriegsböhmen eine bekannte Figur aus einem beliebten Marionettenschauspiel war. Der skurrile Hurvínek und sein spießiger Vater Spejbl, Erfindungen des Professors Josef Skupa, spielten die Hauptrollen in einem witzigen und satirischen Slapstick. In Auschwitz genügte diese lustige Komödie leider nicht, die Tragik dieses jungen Lebens auszuheben.

♦

Das Gazellenkind von Syrien (1946)

André Demaison beschreibt dieses Wesen in seinem phantasievollen Werk über die *enfants sauvages*. Er scheint die Geschichte für echt zu halten.

> *»In jüngster Vergangenheit wurde 1946 ein wildes Kind in der Wüste von Syrien unter einer Herde Gazellen entdeckt. Es handelte sich um einen Jungen, etwa zehn Jahre alt, der so schnell zu laufen vermochte wie seine vierbeinigen Kameraden mit den spitzen Hufen. Man konnte seinen Weg mit einem Feldstecher verfolgen, es war aber niemandem gelungen, ihn einzufangen und zu ergreifen, bis man ihn mit Hilfe eines militärischen Geländewagens endlich einholte.*
> *Zierlich, ziemlich schmächtig, schlank, Muskel wie eine Stahlfeder, er erinnerte an die jungen Jäger des Stammes der Koniagui in Obergambia, die nackt herumlaufen, bis auf ein Penisfutteral aus Palmenfasern.«*

Mehr darüber erfährt man von Demaison leider nicht. Für etwaige Ergänzungen sind wir auf den französischen Maler und Dichter, Jean-Claude Armen (s. a. S. 337–343) angewiesen, der selbst 1960 in Mauretanien einen Gazellenjungen gesehen haben will. Diese Begegnung beschrieb er in seinem 1972 erschienenen Buch, *L'Enfant Sauvage du Grand Désert.* Darin erwähnte er auch den syrischen Gazellenjungen. Armen zufolge war dieser Junge zwölf oder dreizehn Jahre alt und flitzte durch die Wüste mit Tempo fünfzig, als er von einem Geländewagen der irakischen Armee eingeholt wurde. Man fesselte den groß gewachsenen, schlanken Jungen an Händen und Füßen. Die Fersen seien besonders kräftig gewesen, betonte Armen. Man habe ihn zunächst bei Bauern untergebracht, doch er sei ständig davongelaufen. 1955 lebte der ehemalige Gazellenjunge in Damaskus von der öffentlichen Hand und galt als unerziehbar. Nachdem er wieder einmal aus seinem Heim geflohen war, so Armen, habe man ihm kurzerhand die Achillessehnen durchschnitten, um einen weiteren Fluchtversuch unmöglich zu machen. Leider nannte Armen keine Quellen außer dem poetischen Demaison.

ANMERKUNG: Diese Geschichte aus der Feder zweier literarisch begabten Autoren fasziniert. Doch weder Demaison noch Armen hielten es für nötig, ihre Quellen preiszugeben. Man sucht nach Fakten und findet leider allzu wenige feste Anhaltspunkte. Nebenbei: Armen will durch einen glücklichen Zufall Fotos dieses Gazellenjungen aus der Zeit seiner Festnahme gefunden haben. Eines dieser Bilder zeigt, wie das Kind am Boden sitzt, die Beine seitwärts eingezogen, in den Händen Zweige, die es offenbar essen wird. Ein zweites Bild zeigt das Gazellenkind an Händen und Füssen gefesselt, grimmig in die Kamera schauend. Armen musste selbst eingestehen, dass dieses grausame Bild gestellt war. Es stehe nicht fest, fügte er hinzu, dass das Foto überhaupt das syrische Gazellenkind darstelle.

♦

Das Gazellenkind von Aftut es-Sahali (ohne Datum)

Armen zitierte in seinem oben erwähnten Buch diese Geschichte, die er der Zeitschrift *Notes Africaines* entnommen hatte. Es handelt sich um die mündliche Überlieferung eines gewissen Sidi Dah Ould Haiba aus Dakar. Der Text wurde von einem Zuhörer, Sidi Beyboune, zu Papier gebracht. Ort des Geschehens ist Mauretanien:

»Wenn bei den Mauren ein Kind geboren wird und die Mutter zu wenig Milch hat und keine Frau im Zeltlager vorhanden ist, um das Kind zu stillen, dann wählt man ein Schaf, eine Ziege oder auch eine Kuh aus, um das Kind zu gegebener Zeit zu säugen.
Hört nun dieses merkwürdige Ereignis, das nur Allah allein sich ausdenken könnte:
In einem der vielen Zeltlager der Nomaden im Aftut, gebar eine Frau ein Kind. Sie konnte es mit der eigenen Milch nicht nähren und wählte ein Tier zu diesem Zweck aus, wie es der Brauch ist. Anstatt einer Ziege oder eines Schafs wählte sie eine prächtige Gazelle, die seit Jahren in ihrem Besitz war und die sie sehr liebte. Die Gazelle gab dem Kleinen ihrer Herrin stets Milch in Überfluss. Sie war sanft, sehr sanft. Instinktiv spürte sie, wann das Kind saugen wollte. Sie kam immer rechtzeitig an, stand vor dem Zelt und blökte. Sie entfernte sich nie weit vom Zeltlager.«

Das Kind gedieh. Als es laufen konnte, begleitete es die Gazelle überall hin. Eines Tages aber graste eine Gazellenherde nahe am Lager. Der Herdentrieb erwachte in der jungen Gazelle, sie wollte sich der Herde anschließen. Doch diese witterte das Menschenkind an ihrer Seite und verschwand im Dickicht.

Die Gazelle folgte ihnen, legte aber stets eine Pause ein, wenn das Kind saugen wollte. Sie suchte tagelang nach der Herde und geriet immer tiefer in die Wüste, bis sie sich ihr endlich anschließen konnte.

Von nun an lebte der Junge bei den Gazellen. Er war mittlerweile entwöhnt, seine Amme hatte keine Milch mehr. Er aß Blätter und Gras, er lebte wie die Tiere. Er war behände und biegsam, zugleich aber scheu. Beim geringsten Geräusch flüchtete er. Er begleitete die Herde auf der Suche nach Weideland. Er schlief stets neben seiner Amme, die ihn mit Liebkosungen weckte und ihm Gesicht und Hände leckte. Sie schützte ihn und warnte ihn vor Gefahren. Er lief ebenso schnell wie die Gazellen und stellte sich beim Fliehen stets in ihre Mitte. Wenn ihn eines der Tiere bedrängte, so verteidigte ihn seine Amme. Sie stürzte sich auf den Feind und vertrieb diesen mit den Hörnern oder einem festen Huftritt.

So vergingen mehrere Jahre. Inzwischen war der Junge erwachsen. Jäger hatten ihn mehrmals beobachtet, doch dank seiner Schnelligkeit war er ihnen stets entkommen. Eines Tages wurde er aber doch eingefangen. Seine Amme flüchtete mit den anderen Tieren.

Er kam in ein Zeltlager. Es dauerte aber sehr lange, bevor er reden konnte und sich an andere Speisen gewöhnte. Schließlich passte er sich an und lebte wieder als Mensch unter Menschen. Nur manchmal stürzte er sich mitten im Gespräch plötzlich auf eine Pflanze, die er als besonders wohlschmeckend kannte, und verschlang diese gierig. Dann nahm er das Wort seelenruhig wieder auf.

Seine Amme hatte er nach der Trennung nie wieder gesehen. Eines Tages sichtete er auf der Jagd mehrere Gazellen. Er überlegte, wie er am besten schießen könnte, befand sich aber noch ziemlich weit von ihnen weg. Er hatte gerade angelegt, als sich ein schönes Weibchen von der Herde absonderte und sich einige Schritte in seine Richtung bewegte. Er feuerte. Die Gazelle stürzte zu Boden. Erfreut nahm er seinen Dolch zur Hand, um die Kehle zu durchschneiden. Er bückte sich über das Tier und erkannte seine Amme: »Auf der Stelle fiel er voll Gram und Reue tot um und hielt sie dabei fest in den Armen«, heißt es abschließend.

Anmerkung: Eine rührselige Phantasie, gewürzt mit Lagerfeuerromantik. Hier muss man nicht lange nach Fakten fragen. Es gibt keine. Es lohnt sich aber dennoch, im Lauf dieser Suche nach dem wilden Menschen auch diese phantasievolle Geschichte zu erzählen. Manche Berichte erhoben nie den Anspruch, ernst genommen zu werden. Problematisch wird es, wenn eine Fiktion so überzeugend dargestellt wird, dass sie als wahr durchgehen könnte.

♦

Das Vogel-Strauß-Kind (ohne Datum)

Folgende Geschichte stammt ebenfalls aus Armens Buch und gibt vor, der Erlebnisbericht eines gewissen Sidi Mohamed Ould Sidia Ould Mohamed zu sein. Aufgeschrieben wurde sie von dem oben erwähnten Sidi Beyboune. Der ehemalige General-Gouverneur des französischen Mauretanien, M. Cournarie, betreute die Veröffentlichung dieser wie auch der vorigen Geschichte in den *Notes Africaines:*

»Eines schönen Tages lief ich ganz ruhig durch die Gegend, ohne an etwas zu denken – ich war sehr jung und kümmerte mich um nichts. Plötzlich bemerkte ich etwas, das im Sonnenlicht glänzte: Straußeneier. Einige Küken waren schon ausgeschlüpft. Ich war etwas überrascht, blieb dort aber eine Weile stehen. Nun erschienen zwei Strauße, ein Männchen und ein Weibchen. Sie waren selbstverständlich überrascht, mich bei ihren Eiern zu finden. Nach und nach gewöhnten sie sich an mich. Nach drei Tagen zählte ich zu der Familie, das Pärchen wurde sozusagen zu meinen Pflegeeltern.«

Sidi Mohamed schildert detailreich sein Leben bei der Straußenfamilie. Er schlief mit ihr im Nest, ging mit ihr auf Nahrungssuche, und wenn er mit deren Geschwindigkeit nicht mithalten konnte, so wartete sie auf ihn. Er sei sehr glücklich bei den Tieren gewesen, beteuert er immer wieder.

Doch eines Tages wurde er von Straußenjägern entdeckt und eingefangen. Sie nahmen ihn in das Zeltlager mit und fesselten ihn mit einer Eisenkette an einen Baum. Nach einer Woche band man ihn los. Er blieb etwa zwei oder drei Monate bei ihnen, dann kamen seine Eltern und holten ihn ab.

Sidi Mohamed räumt ein, dass es einige Zeit gedauert habe, bis er sich wieder an die Gebräuche des Landes gewöhnte. Er mochte anfangs die Speisen nicht und aß sehr wenig. Manchmal ging er in den Busch und aß etwas Gras.

»Man belästigte mich mit Fragen über Strauße. Ich war beinahe wie ein Taubstummer und antwortete nie auf die endlo-

sen Fragen, die man mir stellte. Dennoch gewöhnte ich mich doch allmählich wieder an das Leben als Mensch, und ich nahm Abschied von meinem wilden Zustand.
So verbrachte ich etwa zehn Jahre mit diesen wunderschönen Tieren. Ich werde die Erinnerung an sie stets hochhalten. Ich hasse die Menschen, die sie jagen.«

ANMERKUNG: Diese liebenswürdige Erzählung eines mauretanischen Münchhausen hinterlässt einen so sympathischen Eindruck, dass man dem Schelm beinahe glauben möchte. Es geht nicht darum, den Erzähler als Lügner zu entlarven, man will die Umstände, unter denen er seine ebenso wundersame wie auch unterhaltsame Geschichte darbrachte, lediglich genauer kennen lernen. Die aber schildert der schwärmerische Armen uns leider nicht.

♦

CauCau von Los Riscos (1948)

Professor Douglas K. Candland von der Bucknell University in Pennsylvania hat mir freundlicherweise die Erlaubnis gegeben, seinen unveröffentlichten Aufsatz über CauCau zusammenzufassen. Sein Text ist im Internet unter www.feralchildren.com nachzulesen.

Ein Hinweis aus der Bevölkerung veranlasste die Polizei von Los Riscos 1948, nach einem Jungen zu suchen, der vermutlich drei Jahre, wenn nicht mehr, im Urwald nahe dieser chilenischen Stadt verbracht hatte. Polizist José Elias Fuentealba berichtete damals an die Krankenhausleitung:

»Er schien sich mittels irgendeiner Zeichensprache zu verständigen. Als wir ihn auffanden, war sein Körper ganz mit Haaren bedeckt. Wir brachten ihn ins Gefängnis, um ihn sicher aufzubewahren. Dann setzten wir uns mit dem Gouverneur in Verbindung, der veranlasste, dass er in Ihr Krankenhaus eingeliefert wurde.«

Er war etwa zwölfjährig, als er im Hospital San Vincente im chilenischen Santiago aufgenommen wurde, und bekam den Rufnamen Vincente. Alle nannten ihn aber CauCau – die ersten Worte, die er in Gegenwart der Polizisten artikuliert hatte.

Seine Eltern, Eingeborene des Mapuche-Volkes, waren Alkoholiker und hatten das Kind offenbar misshandelt. Ein Bruder und eine Schwester blieben allerdings bei den Eltern zurück. Möglich ist aber, dass CauCau von Geburt an geistig behindert war und sich in den Wald verirrte. Los Riscos, wo er des Öfteren bei den Bauern um Essen gebettelt hatte, lag etwa vierzig Kilometer vom Dorf seiner Eltern entfernt.

Im Hospital untersuchte man ihn gründlich. Er sprach nicht, bewegte sich zeitweilig auf allen vieren und wurde beobachtet, wie er einen Stuhl erklimmte, anstatt sich einfach darauf zu setzen. Er aß mit den Händen, am liebsten Rohkost, und beschnupperte stets sein Essen vor dem Verzehren. Die EEG-Messungen waren unauffällig. Nach Meinung eines Arztes war er schizophren. Allerdings entpuppte er sich alsbald als begnadetes Zeichentalent und produzierte nach kurzer Zeit sehr detaillierte Bilder. Nach und nach begann er zu sprechen. Zunächst benannte er die Dinge nach ihrer Farbe: »weiß« für Milch, »rot« für Radieschen. Sein erster Satz lautete: »Mach das Licht an.«

Im November 1950 zog er zu Bertha Riquelme, einer Logopädin, und wohnte bei ihr bis zu ihrem Tod. Ähnlich wie Jean Itard versuchte sie CauCau zu einer gewissen Empfindsamkeit zu erziehen, und führte genauestens Buch darüber. Am Anfang seines Aufenthalts bei ihr stellte sie fest:

»Er hat keine syntaktischen Kenntnisse, spricht nur in der Gegenwart. Er kann nicht abstrahieren. Er ist behände und identifiziert sich beim Spielen mit Pflanzen und Tieren. Er ist von Kleidern wie besessen und will seine Bedürfnisse sofort befriedigen. Er hat kein Verständnis dafür, die Erfüllung seiner Wünsche hinauszuschieben. Um ihm Gehorsam beizubringen, nehme ich ihm seine Lieblingskleider weg. Er isst nur Reis und Obst.«

Bertha Riquelme schickte ihn in die Schule, und er kam in die zweite Klasse, obwohl er bereits etwa fünfzehn Jahre alt war. Er zeichnete weiterhin leidenschaftlich. Seine Sprachkenntnisse im Spanischen blieben jedoch unvollkommen, immerhin beherrschte er inzwischen die Vergangenheits- und Zukunftsformen. Er war außerdem sehr penibel und sortierte sein Essen gerne nach der Größe, das heißt, große Erbsen zu großen Kartoffeln, kleine zu kleinen. Meistens nahm er sein Essen auf dem Boden ein. Wenn er sprach, dann nur über sich selbst. Er interessierte sich nicht für andere Menschen – mit Ausnahme eines deutlichen sexuellen Begehrens, das immer präsenter wurde. Mit unmissverständlichem Vergnügen grapschte er Frauen an den Hintern und an den Busen.

1957 tauchte seine Schwester auf. Er wollte sie sogleich heiraten, denn er verstand den Sinn seiner Verwandtschaft zu ihr nicht. Nach dem Tod von Bertha Riquelme zog er zu ihrem Neffen, einem Schriftsteller, der das Leben CauCaus als Vorlage für einen Roman benutzte. Heute lebt das einstige wilde Kind, mittlerweile Ende sechzig, mit seinem Bruder Alfonso zusammen. CauCau war Gegenstand einer Fernsehreportage wie auch mancher Zeitungsberichte in Chile. Im Alter erzählte er Reportern gerne, dass er im Wald von einer Pumamutter großgezogen worden sei. Von einer Pumamutter war aber bisher nie die Rede. Woher er diese Idee hat, ist unbekannt. Im Jahr 2000 suchte ihn ein Team der BBC auf. Man hatte die Absicht, einen Film über ihn zu drehen.

»Die Erlebnisse seiner Vergangenheit spielen für ihn noch immer eine wichtige Rolle. Er wacht nachts auf, wird bei Vollmond unruhig; er redet oft über seine Zeit im Wald. Heute ist er eine sympathische und gesellige Person, die wenig spricht und dazu neigt, depressiv und ängstlich zu sein. Er kann sich an- und ausschalten wie eine Lampe – er fällt in eine Art Trance, wenn seine Aufmerksamkeit nachlässt. Er reist gerne und hat einen außerordentlichen Orientierungssinn.«

So urteilte Jonah Weston der BBC. CauCaus Bruder Alfonso stellte die Filmarbeit allerdings ein und brachte den einstigen wilden Jungen an einen sicheren Ort auf dem Land, weit weg vom Rampenlicht. Heute lebt er im Schutz der Familie im Süden Chiles.

ANMERKUNG: Der Fall CauCau ist gut dokumentiert. Candland hatte alle relevanten Unterlagen untersucht: Krankenhausberichte, Tagebücher der Betreuerin usw. Darüber hinaus war CauCau selbst in der Lage, über sich als wilden Menschen zu erzählen. Seine Situation erinnert mich seltsamerweise an die des dritten litauischen Bärenkinds, das als Kuriosität am polnischen Hof seinen Lebensunterhalt verdiente. Außerdem fällt mir das irische Schafskind ein, das mangels anderer Möglichkeiten auf Jahrmärkten herumtingelte. Ähnlich erging es dem Mädchen von Songi, das im Alter eine autobiographische Broschüre verkaufte, um ein paar Sous zu bekommen. Alle wurden zu »Berufswilden«, nachdem ihnen diese unausweichliche Identität von der Umwelt praktisch zugeteilt worden war.

Wir wissen im Grunde wenig über CauCau. Möglich ist, dass er wirklich drei Jahre im Wald lebte. Ebenso wahrscheinlich ist es, dass er schon immer geistig behindert war, als er ausriss oder ausgesetzt wurde. Ein Nachbar aus seinem Heimatdorf hatte ihn in Erinnerung als »un poco loco«, ein bisschen verrückt. Leider weiß ich nicht, ob Mapuche seine Muttersprache war. Träfe dies zu, so könnte das seine Schwierigkeiten mit dem Erlernen der spanischen Sprache erklären. Womöglich war er auch autistisch. Die Behauptung seiner Pflegerin, dass er kein Interesse an anderen Menschen zeigte und gerne Ordnung hielt, passen durchaus zum Weltbild einer autistischen Persönlichkeit, ebenso die Tendenz – auch im Alter –, in Trance zu fallen. Ein Glück, dass seine Familie die Reporter in die Wüste schickte, nachdem CauCau vermehrt von seinem Leben mit den Pumas zu erzählen begann. Nebenbei: Dass sein Körper mit Haaren bedeckt war, als die Polizei ihn aufspürte, muss kein Märchen sein, es könnte auch das Resultat einer Mangelernährung gewesen sein.

♦

Kapitel 13

Der Schöne und das Biest

Marcos, der wilde Junge von der Sierra Morena (1953)

Das Schicksal von Marcos Rodríguez Pantoja hat mir stets besonders zugesetzt. Er ist mein Zeitgenosse. Wenn wir im gleichen Land und im gleichen Ort gelebt hätten, so wären wir vielleicht Spielkameraden oder Mitschüler gewesen. Ich spüre wohl deshalb seine Wirklichkeit besonders stark und denke zuweilen, dass sein Los nur durch den Zufall der Geburt nicht meins geworden ist. In einer anderen Welt wäre ich vielleicht der Wilde geworden und er der Schriftsteller. Geboren am 7. Juni 1946 in Andalusien, war Marcos der zweite von drei Söhnen. Seine Mutter starb nach der Geburt seines jüngeren Bruders. Der Vater, ein armer Kohlenbrenner, konnte seine Kinder nicht versorgen. Er schickte einen seiner Söhne nach Madrid zu einer Tante, einen zu Verwandten in Barcelona. Als der Vater wieder heiratete, zog er mit seinem Jüngsten in die Heimat der Stiefmutter, ins Dorf Fuencaliente in der Sierra Morena.

Mag sein, dass Marcos' Lebensgeschichte bisher an einen schnulzigen Heimatroman erinnert. Nun aber wird sie zu einem grausamen Märchen. Der Bub lebte in einer kleinen Hütte mit Vater, Stiefmutter, Stiefgeschwistern und Stiefgroßmutter. Die Stiefmutter mochte Marcos nicht und zeigte ihre Abneigung ganz offen. Eines Tages – wir schreiben das Jahr 1953, Marcos war damals sieben Jahre alt – kam ein dicker Mann auf einem rötlichen Pferd angeritten, redete kurz mit den Eltern und nahm den Jungen mit. Der Abschied war schnell und völlig unsentimental. Man setzte ihn ohne jede Erklärung einfach aufs Pferd. Zunächst kam er mit dem dicken Mann in ein großes Haus und erhielt dort reichlich zu essen.

Dann setzten sie die Reise fort. Es war Nacht, und sie zogen immer tiefer in die menschenarme Sierra Morena, bis sie wieder ein großes Haus erreichten. Auch hier hielten sie an, und Marcos bekam nochmals reichlich zu essen. Doch dann …

> *»Man brachte mich in die Sierra, zu einer Höhle. Ein kleiner, alter Mann mit einem Bart und mit Schuhen aus Korken kam heraus. Ich musste bei ihm bleiben. Die Wölfe heulten, es gab Füchse, Gämsen, Rehe, Hirsche, Skorpione, Schlangen … nachts hörte ich die Tiere und hatte Angst …*
> *Der alte Mann schnitt Reisig ab und legte es in der Höhle auf den Boden neben das Feuer. Er legte ein Rehfell auf das Reisig und deckte mich mit einem Fell zu. Er fragte mich nichts, er redete überhaupt nicht mit mir …«*

Der katalanische Schriftsteller Gabriel Janer Manila lernte Marcos 1975 auf der Insel Mallorca kennen. Marcos war damals neunundzwanzig Jahre alt und hatte zwölf Jahre, das heißt von 1953 bis 1965, als einsamer Hirtenjunge in einem abgelegenen Tal in der Sierra Morena verbracht. Von November 1975 bis April 1976 setzte sich Janer Manila täglich mit Marcos zusammen und ließ ihn von seinem Leben erzählen, wobei ein Tonband mitlief.

Marcos schilderte, wie ihn der Alte, der eine Herde von 300 Ziegen zu hüten hatte, in das Hirtendasein einführte. Er zeigte ihm, wie man Kaninchen jagt und brät, welche Früchte und Pflanzen essbar waren, wie er die Tiere beaufsichtigen sollte:

> *»Was er nachts machte: Er hatte zwei Dosen. In einer waren Steine, kleine Steinchen, Kiesel. Er sagte mir: ›Wenn eine Ziege ins Gehege geht, tust du jedes Mal ein Steinchen in die andere Dose. Wenn du Steinchen übrig hast, dann fehlen dir welche. Wenn alle Steinchen in der anderen Dose sind, dann weißt du, alle sind da.‹*
> *Eines Nachts sagte er mir nach einer Weile: ›Wenn ich die Tür zumache, gehst du in die Höhle und wartest auf mich. Ich geh jetzt ein Kaninchen holen.‹ Ich hab ihn nie wieder gesehen. Er hat mich verlassen, und ich hab ihn nie wieder gesehen.«*

Marcos hatte etwa zwei bis sechs Monate mit dem alten Hirten zugebracht. Seine Erinnerungen aus dieser Zeit sind freilich sehr ungenau. Nachdem der Hirte verschwunden war, lebte er in der Einsamkeit – zwölf Jahre ohne jegliche menschliche Gesellschaft. Lediglich der Besitzer der Herde oder seine Arbeiter kamen alle paar Monate vorbei, um nach dem Rechten zu sehen oder Tiere mitzunehmen. Diese redeten mit Marcos aber kaum.

Marcos vermutete später, dass sein Vater ihn an den Besitzer der Ziegenherde verkauft hatte, was wohl damals in diesem rückständigen ländlichen Gebiet kein außergewöhnliches Schicksal gewesen wäre. Nachdem der alte Hirte ihn verlassen hatte, war er jedenfalls auf sich selbst angewiesen. Immerhin hatte ihm der Greis einiges beigebracht, um überleben zu können, nur nicht, wie man sich in der Einsamkeit zurechtfindet. Das musste Marcos erst selbst in Erfahrung bringen. Er verwilderte nach und nach: Die Haare reichten bald bis zu den Knien. Er ging nackt, nur wenn es kalt wurde, hüllte er sich in Tierfelle. Er kletterte auf die Bäume und kuschelte sich nachts auf dem Boden seiner Höhle zusammen, um einzuschlafen. Sein Zustand war vielleicht nie so dramatisch wie der von Victor, Tarzancito oder Kamala. Immerhin konnte er Feuer machen, besaß ein Messer und trug die Verantwortung für eine Ziegenherde. Er war gewissermaßen ein kleiner Selkirk geworden. Er vergaß nie, dass er ein Mensch war und dass er über eine menschliche Stimme verfügte.

»Ich konnte reden, aber ich kannte nur wenige Wörter. Ich wusste nicht, wie viele Dinge hießen. Ich wusste, dass ein Glas ein Glas ist, und dass man es zum Trinken benutzt, aber ich wusste nicht, wie man es nannte.«

Das Problem der Einsamkeit löste er bald. Die Tiere wurden zu seinen Freunden: Eine Füchsin, die er fütterte und »Hund« nannte, war sein Liebling. Auch eine Schlange zählte zu seinem engsten Kreis. Sie schlüpfte regelmäßig in die Höhle, um von ihm Milch zu bekommen. Seiner Nachbarin, einer Wölfin, schenkte er Fleisch für ihre Welpen.

»Ich begann sie zu füttern, und sie vertrauten mir … Ich roch wie sie. Einmal nahm ich einen Welpen in die Arme und tat ihm versehentlich weh und die Wölfin schlug sofort nach mir. Doch wir mochten uns … Wenn ich sie brauchte, zum Beispiel, wenn ich in Gefahr geriet oder mich verlaufen hatte, dann heulte ich aaaauuuuuu…(damals konnte ich es besser) und die Wölfe kamen zu mir, da sie wussten, dass ich ihre Welpen fütterte. Sie verstanden, dass ich mich verlaufen hatte, der Wald war sehr dicht. Ich weinte. Sie sprangen auf mich und zogen mich an den Armen mit den Zähnen, bis ich lachen musste. Dann zeigten sie mir den Weg zu ihrer Höhle. Am Wolfsbau angekommen, wusste ich, wie ich nach Hause fände…
Eines Tages versuchte einer von ihnen ein Zicklein zu reißen. Ich packte einen Dornenstrauch und schlug nach ihm. Der Wolf jaulte und machte sich davon. Am nächsten Tag kam er sehr, sehr vorsichtig zurück. Er schlich immer näher an mich heran. Ich streichelte ihn. Damit er nicht zum Feind werde, ging ich zu den Fallen, die ich für Rebhühner gemacht hatte, und gab ihm einen Vogel. Er setzte sich und fraß ihn. Ich versorgte alle meine Tiere sehr gut.«

Obwohl Marcos so eng mit seinen Tieren zusammenlebte, blieb ihm der Unterschied zwischen Mensch und Tier stets bewusst:

»Ich fühlte mich ihnen ein wenig überlegen. Denn ich konnte Dinge tun, zu denen sie nicht in der Lage waren: Die Hände benutzen, was sie nicht konnten. Sie konnten keinen Baum fällen, ich aber schon. Nur der Adler schien mir überlegen zu sein. Er machte Sachen, die mir nicht möglich waren.«

Der findige Mensch machte sich aber auch den Adler nach und nach zum Freund. Er entdeckte dessen Nest und brachte Kaninchenfleisch für die Jungen. Marcos behauptete sogar, die Adler hätten ihm später Kaninchen gebracht, damit er sie für die Jungen zerteile.

Zwölf Jahre verbrachte Marcos in seinem Garten Eden, bis

aus dem verlassenen Kind ein erwachsener Adam geworden war. Eine Eva war jedoch nirgends in Sicht. Er vermisste sie auch nicht. Obwohl Marcos längst geschlechtsreif geworden war, verspürte er nach eigener Aussage kein sexuelles Begehren. Obwohl er oft beobachtet hatte, wie sich die Kaninchen und die Ziegen paarten, blieb diese Handlung ohne Bedeutung für ihn. Seine Erektionen betrachtete er vielmehr als Hinweis auf den Harntrieb, oder er schnellte Steinchen vermittels dieses körpereigenen Sprungbretts in die Höhe und machte daraus ein unterhaltsames Spiel.

Marcos war zum König des Tals geworden. Er hatte wie Mowgli das »Gesetz des Dschungels« verinnerlicht, aber auch Neues in sein Umfeld eingebracht. Von den Tieren hatte er gelernt, die giftigen Pflanzen und Pilze von den genießbaren zu unterscheiden. Als Mensch blieb er bei seinen Gewohnheiten und aß mit Vorliebe Gekochtes und Gebratenes, womit er auch manchmal seine Freunde fütterte. Manchmal sang er auch. Er konnte zwar keine Lieder, aber er ahmte mit seiner Stimme das Heulen und Summen der Tiere nach.

Der findige Junge fertigte sich Stricke aus Fasern an und baute sich eine Art Boot, um über den Fluss zu kommen. Er erzählte, wie gerne die verschiedensten Tiere zum Vergnügen mit ihm über den Fluss gefahren seien.

Dieses fast paradiesische Leben ging eines Tages jäh zu Ende. Ein Aufseher der Ländereien jenseits des Flusses hatte ihn aus der Entfernung beobachtet und die Guardia Civil benachrichtigt. Die Polizisten tauchten plötzlich auf und wollten Marcos mitnehmen, aber der biss einen der Männer in den Arm und zeriss ihm den Ärmel seiner Uniformjacke. Doch Marcos hatte Glück. Die Guardia Civil begriff, dass der verwilderte Junge Angst hatte. Man band ihn fest, nahm ihn nach Fuencaliente mit und brachte ihn erst einmal zum Friseur, um ihm die Haare schneiden zu lassen:

»Sie setzten mich auf den Stuhl. Sie hatten mir die Hände bereits losgebunden. Als ich da saß, gingen die Polizisten zur Tür. Der Friseur begann an seiner Rasierklinge zu wetzen.

Was hätte ich denken sollen? Ich meinte, er wolle mir die Kehle durchschneiden. Ich bäumte mich auf, kletterte auf den Stuhl, begann zu schreien und warf mich auf ihn. Der Friseur schrie: ›Er will mich umbringen! Er will mich umbringen!‹ Die Polizisten hielten mich fest und holten einen Knaben von der Straße.
Ich hab das dann verstanden. Sie holten einen Knaben von der Straße und fragten ihn, ob man ihm die Haare schneiden könnte. Sie verpassten ihm einen Haarschnitt, damit ich sehen konnte, was sie meinten. Somit konnten sie mir die Haare kurz schneiden … Dann nahmen sie mich aufs Revier mit.«

Die Polizei untersuchte diesen nicht gerade ungewöhnlichen Fall von Kindesmisshandlung. Marcos Vater, inzwischen vergreist und durch grauen Star beinahe erblindet, war sich keiner Schuld bewusst. Ebenso wenig der Besitzer der Herde, der Marcos einst erworben hatte. Die Ermittlungen wurden nach kurzer Zeit wieder eingestellt.

Marcos kam zunächst in den Nachbarort, Lopera, und wohnte privat bei einer Familie, wo er das Nötigste lernte, etwa mit Gabel und Messer zu essen. Immerhin machte er irgendwie einen intelligenten Eindruck, obwohl er nach Meinung der damaligen Augenzeugen – Janer Manila hat Interviews mit ihnen gemacht – äußerst primitiv war. Der Dorfpfarrer Joaquin Pana, ein Augenzeuge, erinnerte sich:

»Am Anfang hatte er noch Probleme mit der Sprache. Man merkte außerdem, dass es ihm Schwierigkeiten bereitete, auf ebenem Boden zu laufen. Er war gewohnt, da oben in der Sierra herumzulaufen. Er hatte viele Jahre in den Bergen verbracht. Die Menschen haben ihn sehr schäbig behandelt. Man merkte, dass er wenig Kontakt zu Menschen gehabt hatte. Jede Einzelheit, eine Zigarette, ein Glas Wein – jede Kleinigkeit war für ihn wie ein Wunder. Er fand alles so merkwürdig … Nächtelang schaute er bei mir fern … Als er unseren Ort verließ, hatte er sich einigermaßen verändert …«

Nach seinem Aufenthalt in Lopera kam Marcos nach Madrid, wo er auf dem Bau arbeitete. Danach ging er zum Militär, wurde aber als untauglich entlassen. Schließlich zog er nach einem erneuten Aufenthalt in Madrid nach Mallorca, wo er in den Hotels als Hilfsarbeiter jobbte. Dort lernte ihn Gabriel Janer Manila kennen. Das Leben des ehemaligen »Königs des Tals« war inzwischen wenig majestätisch geworden. Als Unangepasster versank er zunehmend in Einsamkeit. Er wurde als Außenseiter, als Naivling, als Ignorant gehänselt und ausgegrenzt. Häufig reagierte er darauf mit Aggression, vor allem, wenn er meinte, man habe ihn respektlos behandelt. Einmal boxte er eine Schaufensterpuppe nieder, weil sie seinen Gruß nicht erwiderte.

Marcos

Als Janer Manila ihn kennen lernte, lebte er in einem kleinen Zimmer und schlief auf dem Boden auf einem Zeitungshaufen. An richtige Betten hatte er sich nicht gewöhnen können. Auch gegen Temperaturunterschiede war er scheinbar unempfindlich. Obwohl er damals schon längst aufgeklärt war, hatte er, so weit er dies dem Schriftsteller gebeichtet hatte, nur einmal ein sexuelles Erlebnis gehabt: eine einzige Nacht mit einer ausländischen Touristin:

»Um die Wahrheit zu sagen, hat kein Mensch für mich eine besondere Zuneigung. Die einzige Liebe, die ich empfinde, ist die Selbstliebe. Da ich mein ganzes Leben allein war, ist mein Leben ein einsames. Allmählich verstehe ich, was Freundschaft und Zuneigung in Bezug auf einen anderen Menschen für einen Wert haben.«

Er kam immer wieder auf sein früheres Leben in der Sierra Morena zu sprechen, auf den Frieden, den er dort genossen hatte, trotz aller Entbehrungen. Andererseits war er sich nicht sicher, ob er die Einsamkeit nach seinen Jahren unter den Menschen würde ertragen können. Ein wenig scherzhaft wohl malte er sich aus, was für eine Rückkehr in die Berge aus seiner Sicht erforderlich gewesen wäre:

»Ich würde mit einem Fernseher zurückkehren. Ich bräuchte einen Fotoapparat … vier oder fünf Mädchen, da hätte ich jemanden, mit dem ich mich unterhalten könnte … eine für das Kochen … eine andere würde mit mir in die Berge steigen. Ich glaube, dass einen da oben eine Frau sofort lieben würde. Sie würde dich so sehr lieben, dass sie den ganzen Tag an dir kleben würde. Denn sie hätte auch Angst. Wenn sie ein Tier sähe, eine Gämse, einen Fuchs, eine Wildsau … Manchmal träume ich davon … ich stehe auf und schreie und kreische … Es ist phantastisch. Du atmest nur Bergluft. Wenn die Berge in voller Blüte stehen, ist es schöner als jeder Garten.«

ANMERKUNG: So viel steht fest: Etwa zwölf Jahre lebte Marcos isoliert in seinem Tal. Daran ist nicht zu rütteln – es sei denn, man möchte Gabriel Janer Manila unterstellen, er habe sich die ganze Geschichte ausgedacht. Ob das Leben in den Bergen so paradiesisch war, wie Marcos es schildert, steht auf einem anderen Blatt. Seine Beziehung zu den Tieren jener Bergwelt liest sich wie Mowgli pur. Doch hat Marcos wirklich so enge Freundschaften mit Fuchs und Schlange, Wolf und Adler geschlossen? Oder haben wir es hier lediglich mit verklärten Erinnerungen beziehungsweise dem Wunschdenken eines einsamen Jünglings zu tun? Auch Janer Manila ist nicht bereit, für

Marcos' Angaben die Hand ins Feuer zu legen. Dennoch bleibt der Fall Marcos ein wichtiges Zeugnis eines Lebens in der Einsamkeit. Im Großen und Ganzen ist der Bericht völlig nachvollziehbar und bezeugt die Wirkung einer langfristigen Isolation auf die Leistungsfähigkeit eines Menschen. Dank Marcos ist es vielleicht möglich, die Erlebnisse weniger gesprächiger Verwilderter besser zu deuten. Ein Schicksal, das für uns einen glücklichen Fund darstellt, war allerdings für Marcos die Ursache einer ziemlich verkrachten Existenz. Ich habe an Gabriel Janer Manila geschrieben in der Hoffnung, etwas über Marcos' weiteres Leben zu erfahren. Leider habe ich vom Autor keine Antwort erhalten.

♦

Der Gazellenjunge von Rio de Oro (1960)

Der französische Maler und Dichter Jean-Claude Auger will am 22. September 1960 einen anmutigen Jüngling inmitten einer Gazellenherde gesehen haben. Das seltsame Geschöpf sei in großen Sprüngen mit der Herde weitergezogen, offenbar in jeder Hinsicht selbst eine Art menschliche Gazelle. Schauplatz dieses ungewöhnlichen Ereignisses war das Rio-de-Oro-Gebiet der spanischen Sahara, heute das westliche Marokko. In den *Notes Africaines* erschien ein erster Bericht des Augenzeugen Auger, der die Spuren der Herde hartnäckig verfolgte, bis er das wilde Kind endlich aus der Nähe zu betrachten vermochte:

> *»Es war etwa 1,60m groß, von blassem, bronzefarbenem Teint. Die Haare waren bläulich schwarz und nicht gekraust wie die der meisten Mauren. Als es mich sieht, sind die Augen weit offen vor Schreck. Es macht sich schnell davon und flüchtet ins Dickicht.«*

Wir schreiben jetzt das Jahr 1971. In Frankreich erscheint ein schmales Buch, *L'Enfant Sauvage du Grand Désert*, ein Augenzeugenbericht über eine Begegnung mit einem Gazellenjungen im Rio-de-Oro-Gebiet. Der Autor heißt aber nicht Jean-Claude Auger, sondern Jean-Claude Armen. Doch es handelt sich um die gleiche Person. Das Vorwort zum Buch hat ein gewisser Professor Théodore Monod, Leiter des Institut français d'Afrique noire, geschrieben. Er beruft sich auf den ursprünglichen Bericht in der Zeitschrift *Notes Africaines* und unterscheidet nicht zwischen den beiden Autoren. Wieso Auger sich nun Armen nennt, kann ich nicht sagen.

Das Buch des Autors Armen/Auger ist ein Kunstwerk. Es ist mit vielen poetischen, impressionistischen Zeichnungen versehen. Der Künstler schildert darin in malerischen – ja manchmal schwülstigen – Wortbildern eine Reise, die er 1960 durch die spanische Sahara angetreten hatte, als er etwa sechsundzwanzig Jahre alt war. In eine *dschellaba* gehüllt, mit Skizzenblock, Notizbuch und einer Berberflöte im Gepäck, bestieg er ein Kamel und bereiste mit einem zahmen Wüstenfuchs als Weggefährten die Weiten der westlichen Sahara. Als Gast bei den Wüstennomaden, den Nemadai, und anscheinend in der Lage, ihre Sprache zu verstehen, hielt er sich in ihren Zeltlagern auf und genoss ihre Gastfreundschaft. Er hockte mit ihnen am Lagerfeuer, lauschte ihren Geschichten und bewunderte die Schönheit ihrer Jugend. Als er sich eines Tages mit einem Nemadai-Jüngling auf einen ausgedehnten Ausflug durch die Wüste begeben hatte, erspähte er nach seinem Bericht zum ersten Mal seinen Gazellenjungen. Die menschliche Form war inmitten einer Herde Gazellen aus der Entfernung sichtbar. Sein Nemadai-Gefährte hielt die Erscheinung für einen *dschinn*, einen Wüstengeist, und machte sich schleunigst aus dem Staub. Armen stand nun allein da und staunte:

> *»Endlich, unheimlich wie in einem Traum, sehe ich, wie sich ein Umriss nähert … eine nackte menschliche Form. Sie ist schlank, mit langen, schwarzen Haaren und galoppiert mit großen Sprüngen inmitten einer ausgedehnten Kavalkade weißer Gazellen.«*

Armen beschloss, die Spuren der Herde weiter zu verfolgen. Nach mehreren Stunden befand er sich in einer kleinen, üppigen Oase. Der Augenblick der Begegnung aus der Nähe war gekommen.

Die Gazellen machten sich über die Wurzeln eines *dhanoun*-Busches her:

»Auf einmal sehe ich den blauen Blitz auf der pechschwarzen Mähne. Das Kind, sein Körper gebräunt und schlank, springt hinter dem gleichen Strauch hervor und wirft sich auf die ausgegrabenen Wurzeln. Es kaut sie mit den Zähnen auf, dabei klickt es mit der Zunge, dann beißt es sie frenetisch mit den Schneidezähnen durch.«

Während der nächsten Tage lernte Armen das Weidegebiet der Herde kennen, ein raues Terrain, das zugleich eine Ehrfurcht gebietende Schönheit ausstrahlte. Der naturverbundene Künstler versuchte, den Tieren seine friedliche Absicht zu vermitteln. Stundenlang spielte er in ihrer Nähe auf seiner Berberflöte, bis sich Erfolg einstellte: die mutigsten Tiere kamen allmählich auf ihn zu, um ihn neugierig zu beschnüffeln. Schließlich hätten sie sich von seiner Harmlosigkeit überzeugt und ihn mittels kurzer, schneller Zungenbewegungen als Zeichen des Vertrauens abgeleckt. Armen berichtet weiter, er hätte diese Zärtlichkeiten auf gleiche Weise erwidert. Unterdessen habe der Gazellenjüngling, der eigentliche Gegenstand dieses Abenteuers, aus sicherer Entfernung den freundlichen Austausch genau beobachtet:

»Das Kind, nun war es deutlich sichtbar, zeigt seine lebendigen, dunklen, mandelförmigen Augen. Es hat einen angenehmen, offenen Gesichtsausdruck (nicht grimmig, wie Wolfskinder und andere Kinder, die bei Fleischfressern gelebt haben). Es scheint etwa zehn Jahre alt zu sein. Die Fußgelenke sind außergewöhnlich dick und sicherlich kräftig, die Muskeln fest, sie zitterten auch. Es hatte eine Narbe, wo ein Stück Fleisch vom Arm wohl herausgerissen wurde …«

Nach neun Tagen kam endlich der große Moment. Künstler und Gazellenjunge standen sich zum ersten Mal gegenüber:

»Dann werde ich von ihm ein paar Mal abgeleckt, zuerst an den Beinen, dann an den Fingern. Er stößt kleine, kehlige Geräusche aus, es sind wohl Freudenschreie. Das merkwürdige Naturkind, unfähig, sich der Menschensprache zu bedienen, will sich verständigen.«

Über mehrere Tage habe er sich bei der Herde aufgehalten, fährt Armen fort. Seine Geduld zahlte sich offensichtlich aus. Die Tiere duldeten seine Nähe. Nun konnte er auch seinen Gazellenjungen, dieses schöne, wilde Wesen, das dem Menschen Armen ein vollkommenes Tier zu sein schien, frei beobachten. Der Gazellenjunge habe sich verhalten wie die Tiere der Herde. Auch das Beschnüffeln der Hinterteile seiner Mittiere gehörte zu seinem Tagesritual. Er graste mit den anderen, machte große Sprünge wie sie. Armen stellte nach kurzer Zeit fest, dass der Knabe offensichtlich eine besondere Beziehung zu einer alten Gazellenkuh pflegte, und mutmaßte, diese wäre seine Ziehmutter. Die Herde war genau nach Rang organisiert. Da der Gazellenjüngling stets hinter dem Leittier stand (hinter dem Jungen reihte sich seine »Mutter« ein), ging Armen davon aus, dass der Gazellenjunge bereits ein »ranghohes Tier« war. Doch anders als seine vierbeinigen Kameraden konnte er die Steinwände der Schluchten erklettern und sich von dort Leckerbissen herunterholen. Ebenso erklomm er die hohen Dattelpalmen. Auch Echsen und Würmer verschlang er – im Gegensatz zu den Huftieren.

Einmal machte Armen ein kleines Feuer, um die Reaktion des Tierkindes zu beobachten. Der Junge beobachtete es zunächst ängstlich, dann aber siegte die Neugier. Er streckte langsam die Hand aus, als ob er die Flammen fangen wollte. Er begann sich um das Feuer zu bewegen, zog immer engere Kreise, bis er schließlich die Glut beschnüffelte. Er ergriff einen faustgroßen Haufen Glutasche und hielt ihn lange in der Hand, ohne Schmerzen zu zeigen. Armen meinte, dass dies an der dicken Hornhautschicht an seinen Händen gelegen haben kann.

Der Franzose beschreibt auch einen Versuch, dem Gazellenjungen Sprachunterricht zu erteilen. Er sprach das baskische Wort »*kal*« (Stein) vor, und zeigte auf einen Stein, als er die Vokabel artikulierte. Der Künstler hielt Baskisch, die Sprache seines Vaters, nämlich für eine der ältesten Sprachen der Welt und daher die für den wilden Jungen am zugänglichsten. Das Gazellenkind brachte aber lediglich ein schwaches *khah* hervor, offensichtlich ohne die Zusammenhänge zu verstehen. Umgekehrt versuchte Armen, die Sprache der Herde zu entschlüsseln, und vermeldete dem Leser einen kleinen Erfolg. Die Anzahl beziehungsweise die Kombination der Hufschläge deute, so Armen, auf die Entfernung der nächsten Futterquelle hin. So weise abwechselndes Stampfen mit den vorderen Hufen auf eine Entfernung von etwa zwei Kilometern hin, einmal Stampfen mit dem linken Vorderhuf auf etwa achthundert Meter und so weiter.

Doch eines Tages machte sich die Herde ganz plötzlich aus dem Staub. Armen vermutete, dass die Nähe von Schakalen den raschen Abschied verursacht habe. Er selbst kehrte nun mit Kamel und Wüstenfuchs wieder zu den Menschen zurück, zuerst zu den Nemadai und danach nach Frankreich, wo er drei Jahre später unter dem Namen Jean-Claude Auger seinen ersten Bericht über seine Begegnung mit einem Gazellenjungen veröffentlichte (s. S. 337 f.).

1963 beschloss Armen, nach Afrika zurückzukehren, um wieder nach seinem wilden Gazellenjungen zu suchen. Diesmal wurde er, wie er schreibt, von einem französischen Capitaine des Cercle Militaire Français von El Aioudsch-Idschil (im damaligen französischen Mauretanien) und dessen Adjutanten begleitet. Sie fuhren mit einem Jeep in das Hinterland. Armen bestand allerdings darauf, ab einem gewissen Punkt allein in die Wüste vorzustoßen. Seine Begleiter sollten die Herde nur aus der Entfernung mit Feldstechern beobachten. So sei Armen also allein weitergezogen und wurde, wie er behauptet, bald fündig.

Sein Gazellenjüngling war inzwischen größer und stärker geworden, das Gesicht wirkte weniger kindlich. Er schien nun an der Grenze der Pubertät zu stehen. Die alte Gazellenkuh war nicht mehr zu sehen. Der Gazellenjunge hatte aber seinen

Platz direkt hinter dem Leittier behalten. Armen blieb diesmal nicht lange bei der Herde. Durch die Nähe des Capitaine und seines Adjutanten fühlte sich der Künstler unter Druck gesetzt. Er eilte schnell zu den anderen zurück.

Nun kam der Capitaine offenbar auf die Idee, die Geschwindigkeit des Kindes zu messen. Er raste mit seinem Jeep hinter der Herde her. Die verschreckten Tiere galoppierten los, und der verängstigte Gazellenjunge erreichte, so Armen, eine Geschwindigkeit von 52 bis 54 Stundenkilometern. Der Capitaine wollte nun das Kind einfangen, doch das konnte Armen verhindern.

Die nächste Episode folgte 1966. Eine Gruppe amerikanischer Offiziere, die auf dem NATO-Stützpunkt Villa Cisneros in der westlichen Sahara stationiert waren, starteten, so Armen, einen erneuten Versuch, den Gazellenjungen einzufangen. Doch obwohl mit zwei Hubschraubern und einem Schleppnetz ausgerüstet, gelang ihnen der Fang auch nach mehreren Anläufen nicht, ebenso wenig wie ein neuerlicher Versuch der Amerikaner 1970, wieder von Villa Cisneros aus. In diesem Fall habe sich Armen persönlich dagegen ausgesprochen. Weiteres über das wundersame Wesen ist nicht bekannt.

ANMERKUNG: Jean-Claude Armen (beziehungsweise Auger) hat ein sehnsüchtiges, ja schwülstiges Bild einer wilden Schönheit gezeichnet. Leider muss man sich fragen: Hat er dieses dunkelhaarige Kind mit den mandelförmigen Augen tatsächlich erlebt, oder haben wir es mit der Fata Morgana eines Wüstenliebhabers zu tun? Angesichts der Tatsache, dass Armen der einzige Zeuge dieser Begegnungen war, sind wir letztendlich ganz auf seine Aussage angewiesen. Hätten wir den eifrigen französischen Capitaine, dessen Adjutanten oder die amerikanischen Hubschrauberpiloten ausfindig machen können, kämen wir der Wahrheit möglicherweise einen Schritt näher.

Auch Armens Gönner, Professor Théodore Monod, konnte seine Skepsis nicht verhehlen. Er bemängelte 1971 ganz offen in seinem Vorwort zum Buch die wenig genauen Angaben des Autors wie auch dessen poetische Höhenflüge, die zu impressionistisch wirkten. Obendrein erklärte Monod ganz offen, er sei keineswegs bereit, für die Wahrhaftigkeit des Berichtes zu bürgen. In der englischsprachigen Ausgabe des Buches (sie erschien 1974) fehlte Monods Vorwort vollständig. Stutzig macht auch eine Bemerkung Lucien Malsons zum Thema. Dieser kritische Autor hat einen ausführlichen Briefverkehr mit Auger geführt. Er kommentierte in einem Brief an mich: »Auger ist zu weit gegangen. Er veröffentlichte in einer Zeitschrift sogar gefälschte Fotos von diesem Kind, um damit besser zu überzeugen. Das Gegenteil ist ja eingetreten.« Malson mahnte nachdrücklich zur Vorsicht (*prudence*), was Armen / Auger betrifft. In einer späteren Auflage des Malson-Buches (1981) wird der Gazellenjunge als Fall nicht mehr aufgeführt.

Armen / Auger hat seinen wilden Menschen zu einem idealen Wesen hochstilisiert, einer Art stummen Tarzan oder Mowgli. Immerhin wirkt seine Darstellung oft lebendig, ja zum Teil sogar nachvollziehbar. So sehr erweckt diese verklärte Figur im Leser Sehnsucht nach dem einfachen Leben, dass man dem Autor gerne glauben möchte. Hier haben wir es also endlich mit einem glücklichen, gut angepassten »Tiermenschen« zu tun.

Wir dürfen uns dennoch fragen, ob ein Mensch, besser gesagt ein Menschenkind, wirklich in der Lage wäre, Vier-Meter-Sprünge bei Tempo 50 dauerhaft zu leisten – und dies über viele Jahre hinweg und vor allem im zarten Kindesalter. Ebenso bleibt die Frage, ob Gazellen Artfremde als Mitglieder der Herde tatsächlich dulden würden. Auf solche Rätsel gibt es leider noch keine eindeutige Antwort, bestenfalls unzuverlässige Zeugenaussagen. Zwischen Dichtung und Wahrheit kann man hier leider sehr schwer unterscheiden. Fazit: Es wäre schön daran glauben zu können, doch Glauben ist nicht Wissen.

♦

Kapitel 14
Elende Geschöpfe

Ramu, das Kind von Lucknow (1954)

In der *Süddeutschen Zeitung* vom 22. April 1968 erschien ein Bericht über den Tod von Ramu, der 1954 als »Wolfskind« aufgefunden worden war und vierzehn Jahre lang in einem Krankenhaus gelebt hatte. Einige Monate später erläuterte der indische Journalist Ram Panjabi in der Schweizer *Weltwoche* vom 23. August 1968 in einem Beitrag über das Phänomen der Wolfskinder den Fall etwas ausführlicher. Er schilderte, wie Ramu in einem großen Stoffsack am Bahnhof von Lucknow gefunden und ins Spital von Balrampur gebracht wurde. Sein Verhalten – er konnte nicht aus einem Glas trinken, lehnte gekochte Speisen ab und lief auf allen vieren – überzeugte Doktor Dev Sharma, den Chefarzt des Krankenhauses, dass der Junge unter Wölfen aufgewachsen war. Später untersuchte Sir Philip Mason Bahr, ein britischer Tropenmediziner, sein Benehmen und stellte fest, dass »der Junge ganz deutliche Wolfszüge« aufweise. Nicht alle aber teilten diese Meinung. Einzelne Ärzte und Experten belächelten die »Wolfsjungen-Theorie«.

> *»Dr. Sharma meinte, das einzige Mittel, die Kritiker zum Schweigen zu bringen, wäre, Ramu menschliches Benehmen und vor allem Sprechen beizubringen, so dass er mit eigenem Munde berichten könnte, ob er tatsächlich ein ›Wolfsjunge‹ sei. Der Arzt tat alles, um sein Ziel zu erreichen. Täglich verbrachte er mehrere Stunden mit dem Knaben, zwei Psychologen versuchten regelmäßig, Ramu sprechen zu lehren. Gleichzeitig erhielt er Massagen und andere Behandlungen, um Leben und Beweglichkeit in seine entstellten und nicht gebrauchten Hände und Füße zu bringen.*

Nach jahrelanger harter Arbeit glaubten die Ärzte immer weniger an einen Erfolg. Ramu gewöhnte sich daran, gekochtes Fleisch und später sogar fleischlose Nahrung zu essen; er knurrte weniger, wenn er gebadet wurde oder die Kleider wechseln musste; hie und da lächelte er sogar abwesend, wenn ihm die Schwestern das Essen brachten. Das war der ganze Fortschritt. Auf Spielzeuge, gute Speisen, Kleider, freundliche Worte reagierte Ramu nicht. Nur wenn große Hunde in seine Nähe gebracht wurden, war seine Freude unmissverständlich. Wurden ihm vom Tonband Wolfsgeheul oder die Schreie anderer Tiere abgespielt, so zeigte Ramu seine Freude, indem er versuchte, die Töne zu imitieren. Ramu liebte Besuche im Zoo.

Auch Ramus Körper entwickelte sich nicht. Seine deformierten Glieder und seine gekrümmten, klauenartigen Finger und Zehen veränderten sich nicht, sein Körper blieb der eines Kindes. Ramu wurde erwachsen, konnte aber Frauen und Männer nicht voneinander unterscheiden.

Als dann klar wurde, dass er nur wenige Fortschritte in Richtung ›Menschheit‹ machte, verlangten viele Stimmen die Einstellung der Anstrengungen. ›Lasst Ramu rohes Fleisch essen, wenn er das will. Lasst ihn mit Hunden leben und sich auf seine eigene Art entwickeln. Lasst ihn wenigstens glücklich sein.‹

Die Ärzte jedoch gaben die Hoffnung nicht auf, probierten wieder und wieder, bis Ramu vor einem Jahr so krank wurde, dass er das Bett nicht mehr verlassen konnte. Er litt an Brustfell- und Lungenentzündung und epileptischen Anfällen. Die Entzündung konnte zwar eingedämmt werden, die Anfälle wurden jedoch immer häufiger. Medikamente nützten kaum mehr. Ramu wog nur noch fünfundzwanzig Kilo und wurde monatelang künstlich ernährt.

Nach seinem Tod wurde Dr. Sharma gefragt, ob Ramu nicht glücklicher gewesen wäre und länger gelebt hätte, wenn er das Leben hätte weiterführen dürfen, an das er sich im Dschungel gewöhnt hatte: rohes Fleisch essen, mit Hunden und anderen Tieren spielen, auf allen vieren herumkriechen?

Obwohl Dr. Sharma Ramus Tod sehr bedauerte und zugab,

keinerlei Veränderungen erzielt zu haben, erwiderte er: ›Ich glaube, wir taten das Richtige. Der Versuch, Ramu sprechen zu lehren und ein Mensch zu sein, musste gemacht werden. Wie aufregend, wenn er uns hätte erzählen können! Eine solche Gelegenheit ergibt sich vielleicht lange nicht mehr.‹«

Im Herbst 1999 war mein Kollege Nicolai Schirawski in Indien unterwegs. Ich bat ihn darum, mir zuliebe in Lucknow nach Augenzeugen in Sachen Ramu zu suchen. Es gelang ihm, Dr. Dev Sharma, den ehemaligen Chefarzt des Balrampur-Spitals, ausfindig zu machen. Am 24. November hatte Schirawski Gelegenheit, Dr. Sharma zu besuchen. Am nächsten Tag erhielt ich folgende Mail:

»Gestern noch Dr. D. N. Sharma gesprochen. Ein etwa achtzigjähriger berühmter Arzt aus der Gegend. Er erinnerte sich sofort an den Fall im Balrampur-Spital, erzählte, wie der Junge 1954 auf allen vieren kroch, wie er Wasser nicht trank, sondern mit der Zunge aufleckte usw. …
Sie haben ausführliche Studien betrieben, um zu beweisen, dass der Junge wirklich von Wölfen aufgezogen wurde. Einer seiner Nachfolger … verkaufte dann allerdings in den Siebzigerjahren alle Fotos und Aufzeichnungen für ein paar hundert Dollar an einen Journalisten …
Die Informationen über den Fall sind in einem Buch festgehalten: The Wolf Boy and other Kulpati's Letters von K. M. Munshi und N. Kandra Shakar, erschienen bei Bharatiya Vidhya Bhavan 1954 oder 1956 (Bombay).«

Das Erscheinungsjahr war 1956. Kanaiyalal Maneklal Munshi, berühmter Hindu-Nationalist und Essayist, war dem Fall Ramu damals selbst nachgegangen. Mein wackerer Kollege Schirawski wollte mir den Essay Munshis, der hierzulande nicht aufzutreiben war, in einer Bibliothek in Bombay fotokopieren und zuschicken. Da das Kopiergerät vor Ort den Geist aufgegeben hatte, entschloss er sich, die Eindrücke Munshis über Ramu abzuschreiben.

»Die Nachricht erregte die Gemüter auch jenseits des Meeres. Manche schrien: ›Bitte behaltet ihn nicht in einer menschlichen Umgebung. Gebt ihn seinen lieben alten Wolfseltern zurück!‹ Kinder aus weit entfernten Schulen schickten Spielzeug und gute Wünsche. Sie hätten ihn am liebsten liebevoll umarmt. Doch Ramu lässt dies völlig kalt. Er weiß nichts von den Sorgen der Welt über ihn. Das Ganze interessiert ihn nicht. Paare eilten nach Lucknow, in der Hoffnung, seine Eltern zu werden. Ein Wolfskind ist nämlich Gewinn bringend. Man verdient mit ihm Geld, viel schneller als mit den meisten Söhnen. Ramu war ein Hoffnungsträger für hungernde Familien. Also kamen sie, die Eltern. Manche gingen vor Gericht, aber sie blieben ohne Glück. Sie konnten den nötigen juristischen Nachweis nicht erbringen, dass es deren Sohn war, der es ganz plötzlich zu Ruhm gebracht hatte, und sie schlichen davon. Also bleibt Dr. Sharma zwangsweise der Vater des Wolfskindes …
Als ich das Wolfskind kurz nach seiner Einlieferung ins Spital sah, es war Ende Januar, hatte man ihm bereits die langen, zerzausten Locken geschoren. Der Junge trug Narben an den Schläfen, an der Stirn und an den Gliedern … Sein Aussehen war abgezehrt, hungrig und verschreckt. Er weigerte sich, ins Licht zu schauen. Der Blick war unheimlich, leer, wandte sich von den Menschen ab …
Der Mund war meistens offen, Speichel tropfte an beiden Seiten herab. Er reagierte nie, wenn man ihn rief. Stieß ihn einer in die Rippen, um seine Aufmerksamkeit zu erwecken, so antwortete er mit einem dünnen, verärgerten Schrei. Er wurde entweder stumm geboren oder hat mangels menschlicher Gesellschaft nie zu sprechen gelernt. Sein Gehörsinn war fehlerlos, sehr empfindlich sogar, auch wenn er keinen menschlichen Laut auszudrücken vermochte.
Seine Hände und Füße waren nur Haut und Knochen … Er konnte weder gehen noch stehen, und dies war offensichtlich der Stand der Dinge seit Jahren – wenn er jemals hatte laufen können. In der Sprache der Ärzte waren seine Glieder kontrahiert. Er konnte seine Hände nicht willentlich bewegen … Die Handflächen waren weich wie die eines Säuglings. Die Finger waren wie Krallen. Er hielt sie fest zu. Dies galt insbesondere

für die linke Hand. Die Fingernägel waren lang und krumm. Offensichtlich konnte er nur auf Knien und Ellbogen fortkriechen, als hätte er in einer niedrigen Unterkunft gewohnt, wo er nie aufstehen konnte.

Als er eingeliefert wurde, lehnte er gekochte Nahrung ab, als handle es sich um Gift … Nur wenn man ihm rohes Fleisch brachte, leuchteten die Augen. Die Nase erweiterte sich, und er schnupperte in die Luft. Er war in der Lage, es auch aus einer erheblichen Entfernung zu riechen. Er aß es mit großem Genuss und kaute nur ein oder zweimal, bevor er es verschlang. Auch heute, nach vierzehn Wochen im Spital, zieht er rohes Fleisch gekochter Nahrung vor. Dieses Kind der Natur kennt auch keine Tasse, kein Glas. Das Einzige, was es kennt, ist, den ganzen Mund in eine Schüssel zu halten und Wasser nach Art der Hunde aufzulecken.

Der Junge hat keine Hemmungen in Bezug auf Ausscheidungen. Er benimmt sich diesbezüglich wie ein Tier.

Ramu erkennt keine Menschen … Bringt man einen Schäferhund zu ihm, so steigt sein Interesse. Er fasst ihn an und umarmt ihn.«

Munshi beschreibt in seinem Essay auch einen Besuch im Tierpark, wo die Wissenschaftler die große Verbrüderung vor dem Wolfsgehege zu beobachten hofften. Sie fand aber nicht statt. Die Wölfe flohen vielmehr vor dem Trubel. Man erkennt auf dem Gesicht des im Rollstuhl sitzenden Ramu ein breites Lächeln. Wie diese Reaktion mit einem möglichen Leben unter Wölfen in Zusammenhang zu bringen wäre, ist aber nicht klar. Als Ramu ein Tigerjunges auf den Schoß gelegt wird, reagiert er begeistert und umarmt das Tier mit den schwachen Armen.

Munshi stellte auch Überlegungen zu Ramus möglicher Herkunft und Vorgeschichte an. War er ein Wolfskind, schwachsinnig, ein sprachloser Krüppel oder jemand, der absichtlich brutal zum Deformierten erzogen worden war? War es möglich, dass Ramu irgendwo aufwuchs, wo es nicht möglich war aufrecht zu gehen, wo Menschen ganz und gar fehlten?

Jedenfalls kam Munshi zu dem Schluss, dass Ramu sich nicht wie ein schwachsinniges Kind normaler Eltern verhielt:

»Wäre dies der Fall gewesen, so hätte er wenigstens Kenntnisse erworben, wie man aus einer Tasse trinkt. Auf menschliche Güte würde er auch anders reagieren. Nach vierzehn Wochen erkennt er immerhin seinen eigenen Namen. Er lacht, erkennt seinen Pfleger und liebt auch sein Spielzeug.

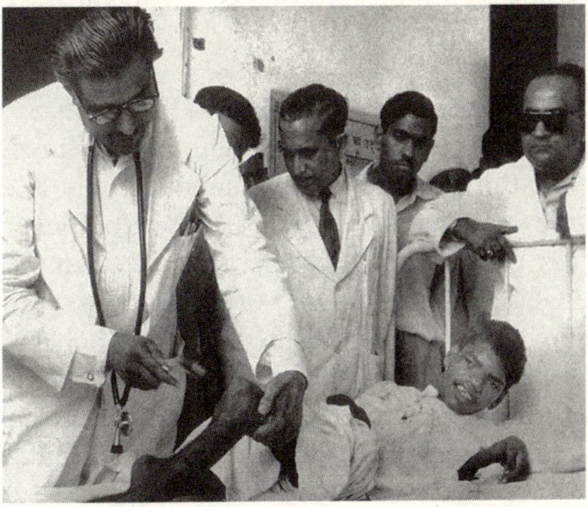

Ramu

Die Vermutung, dass er unter einer Nervenkrankheit leidet, die ihn zu einem stummen Krüppel gemacht hat, passt ebenfalls nicht ganz. Die Mediziner haben keinen konkreten Beweis für eine organische Nervenstörung. Der Geruchs- und Geschmackssinn wie auch der Tastsinn und das Gehör sind gut entwickelt.

Nach vierzehn Wochen vermag er aber noch immer keinen Laut zu formulieren, der auch entfernt wie Sprache klingt. Dies kann aber ein Hinweis auf eine Störung sein …

Hat jemand dieses Kind in einem Loch mit Hunden gefangen gehalten, in der Hoffnung, er könnte es zum Gaukler erziehen und dadurch Geld verdienen? Und als das Kind krank wurde, wollte er nicht als Mörder entlarvt werden und setzte es im Bahnhof aus?

Dies ist eine plausible Theorie. Ich habe mich eine Zeit lang damit beschäftigt. Doch Ramu ist kein Gaukler. Könnte ein Jahrmarktkünstler ein Kind mit teurem Fleisch füttern?

Ich habe den Eifer eines Watson ohne seinen Sherlock Holmes. Mir scheint es wohl, dass Ramu in einem tierischen Umfeld groß gezogen wurde, dass er, indem er rohes Fleisch fraß, genau wie ein Tier gelebt hatte. Er schlug sich mit Hilfe seiner Kameraden ohne jegliche menschliche Gesellschaft durch. Die Beweisführung führt zu einem einzigen Schluss: Er lebte bei den Tieren …«

ANMERKUNG: Also doch ein Wolfskind? Man kann verstehen, dass Munshi zu dieser Schlussfolgerung neigte. Stutzig machte ihn aber die Tatsache, dass sich Ramu auch auf allen vieren kaum fortbewegen konnte. Der bestens informierte Essayist wusste, dass Wolfskinder üblicherweise auf allen vieren flink durch die Gegend sausten. Die Vorstellung, dass Ramus Tierfamilie den verkrüppelten Zögling jahrelang liebevoll mit frischem Fleisch und Wasser versorgt hätte, schien dem gewissenhaften Augenzeugen doch recht abstrus. Letztendlich musste er eingestehen: »Also bleibt das Wolfskind noch immer ein Geheimnis.«

Man muss Ramu wohl als schlichten Schwachsinnigen oder Autisten einordnen. Dass er zusätzlich an den Folgen einer Kinderlähmung litt, wäre auch denkbar. Dass er jemals bei Tieren gelebt hat, ist eine eher phantasievolle Schlussfolgerung. Nicht einmal die üblichen unzuverlässigen Augenzeugen, die den Jungen unter den Wölfen gesehen haben wollen, lassen sich hier auftreiben. Doch wie erklärt man Ramus Gier nach rohem Fleisch? Vor allem im vegetarischen Indien, wo Fleisch für Arme ohnehin unerschwinglich ist? Diese Frage trifft nicht nur auf Ramu zu, sondern auf viele indische (und sonstige) Wolfskinder. Nicht einmal der skeptische Bruno Bettelheim vermochte diese rätselhafte Vorliebe greifbar zu deuten. Seine Autisten hegten eine solche Vorliebe nicht.

Der schweigsame Ramu trug selbst leider nicht dazu bei, das Geheimnis zu lüften. Im Dezember 1999 rief ich Dr. Sharma in Lucknow an, um mit ihm über Ramu zu sprechen. Ich erreichte seinen Sohn, der ebenfalls Arzt ist. Er sagte, sein Vater sei nun achtundachtzig Jahre alt und noch dazu schwerhörig. Er könne mit mir am Telefon deshalb nicht reden. Ich möge ihm doch schreiben. Mein Brief an Dr. Sharma blieb leider ohne Antwort.

♦

Das Tigerkind von Zentralindien (ohne Datum)

Manchmal erreichen uns Nachrichten über wilde Kinder nur beiläufig oder in Nebensätzen. So zum Beispiel die Geschichte dieses Tigerkindes, die am 27. April 1968 in der *Rheinischen Post* in einer Meldung der Deutschen Presse-Agentur anlässlich des Todes von Ramu erwähnt wurde. Das Phänomen der Wolfskinder war das eigentliche Thema des Berichts.

Bei einer Untersuchung in einem Dorfe habe man einem ehemaligen Verwaltungsbeamten der Zentralprovinz Indiens einen Mann zwischen vierzig und fünfundvierzig Jahren gezeigt, der mit Ketten gefesselt war. Leute vom Stamm der Kole hätten ihn einst im Dschungel in der Gesellschaft einer Tigerin und ihrer zwei Jungen aufgespürt und mit einigen Mühen gefangen:

> *»Der Knabe sei damals fünf oder sechs Jahre alt gewesen. Nachts sei die Tigerin in das Dorf gekommen und habe vor dem Hause, in dem der Junge festgehalten wurde, gejault. Nach und nach habe sich die Wildheit des ›Tigerkindes‹ gelegt. Er wuchs heran und heiratete sogar. Doch seine Wildheit sei hin und wieder zum Ausbruch gekommen, so dass man ihn schließlich in Ketten legen musste.«*

ANMERKUNG: Eine schöne Mischung aus Fakt und Fiktion, der eine Prise Märchen beigemengt wurde.

♦

Parasram von Nagla-dscharka (1957)

Die Geschichte von Parasram klingt äußerst glaubwürdig. Ram Panjabi hat sie in der *Weltwoche* in seinem großen Bericht vom 23. August 1968 erzählt:

»Weniger weit zurück liegt der Fall von Parasram. Die Wölfe hatten ihn von seiner schlafenden Mutter weggetragen. Einige Jahre später, im April 1957, wurde der Junge von Jägern im Wald gefunden und seiner Familie zurückgebracht. Die Mutter erkannte ihren Sohn, obwohl dieser nur noch wenige menschliche Eigenschaften aufwies. Große Narben überzogen Brust, Rücken, Arme und Beine. Als er mit einem wild dreinschauenden Hund konfrontiert wurde, fürchtete er sich nicht wie seine Altersgenossen, sondern liebkoste und küsste ihn. Der Junge leckte Wasser aus einem Napf und schnappte, am Boden liegend, mit seinen langen Zähnen nach der Nahrung. Nach wenigen Monaten erkrankte er an Masern und starb.

Parasram wurde von Professor William F. Ogburn von der Universität Chicago, damals Gastdozent am Institute of International Studies in New Delhi, untersucht. Seiner Meinung nach ist es sehr wohl möglich, dass eine Wölfin, die ihre eigenen Jungen verliert, einen Säugling stehlen und nähren kann.«

Was sagte Professor Ogburn wirklich? Der amerikanische Soziologe (1886–1959) hatte einst den Fall Kamala untersucht und darüber skeptisch berichtet. 1956–1957 kam er wieder als Gastdozent nach Indien und stieß auf eine Geschichte in der Delhi-Ausgabe der *Times of India*.

Wieder einmal wurde von einem Kind berichtet, das nach einem viereinhalb Jahre langen Aufenthalt bei Wölfen zu seinen Eltern zurückgekehrt sei. Es wurde ein Ort, ein Dorf nahe dem Polizeirevier Khandauli, und der Name des Vaters, Kantschan Dschataw, genannt.

Ogburn ging dem Fall Parasram nach. Er erfuhr im Dorf Nagla-dscharka, wo Parasram wieder lebte, dass die Familie Babulal Dschataw in der Tat ein Kind von achtzehn Monaten vor viereinhalb Jahren verloren hatte und dass es damals möglicherweise von Wölfen entführt wurde. Ogburn bezweifelte nicht, dass Wölfe und Hyänen Kinder wegzerrten. Zuverlässige Berichte darüber gab es in Hülle und Fülle. Der Professor fragte sich aber, ob es sich bei Parasram tatsächlich um das einst entführte Kleinkind handelte.

»Ich sah Parasram das erste Mal, als er auf mich zulief und auf meinem Stuhl mit den bloßen Händen herumtrommelte. Dann lief er auf andere Leute zu, die im Kreis herumstanden. Er schaute sie an oder schubste gegen ihre Beine oder Füße. Dann zog er weiter zum nächsten Stuhl und klopfte auf dessen Unterteil. Er näherte sich meiner Hose und zupfte daran. Ich nahm ihn in die Arme. Er leistete keinen Widerstand und zeigte keine Angst. Er zog an meiner Nase und piekste mich in den Mund. Bald wurde er unruhig. Ich setzte ihn ab. Er sprang auf den tscharpai, legte sich wieder hin, krempelte sein Gewand hoch und spielte mit seinen Genitalien. Dann stand er wieder auf und ging von Mensch zu Mensch. Dann legte er sich auf den Boden und lutschte an dem Daumen …
Die Bewegungsvorgänge waren gut koordiniert. Er schien behände zu sein und flink auf den Beinen. Zu keiner Zeit kroch er auf allen vieren auf dem Boden. Der Gesichtsausdruck schien gar nicht stumpfsinnig zu sein, im Gegenteil. Ich glaube nicht, dass er lächelte, doch mit den zum Teil geschlossenen Lippen hätte man den Ausdruck als Lächeln deuten können …
Mein erster Eindruck von Parasram war der eines exhibitionistischen, verzogenen Kindes, dessen Eltern es dazu gebracht hatten, solche Faxen vor Besuchern vorzuführen, damit man das Kind bewundere. Doch das Kind schien kein Interesse an der Aufmerksamkeit der Erwachsenen zu haben. Es schien weder Anerkennung noch Lob zu suchen. Man hatte vielmehr das Gefühl, diesem Kind sei die Meinung anderer gleichgültig. Sein Interesse an anderen Menschen bestand darin, sie lediglich als Gegenstände zu betrachten …«

Ogburn bezeichnete das Kind als eindeutig hyperaktiv. Die Ursache dafür müsste, so meinte er, eingehend untersucht werden. Fest stand nur: Hyperaktivität gehört nicht zu den Eigenschaften des Wolfsrudels. Die Tiere verhalten sich untereinander eher zurückhaltend und ruhig. Nebenbei: Die Sprache war bei Parasram nicht ganz versiegt, wie es bei manchen Wolfskindern der Fall ist. Er redete zwar wenig, artikulierte, wenn es sein musste, dennoch ein paar wichtige Vokabeln, etwa »Brot« und »Wasser«.

Als der Soziologe den Vater fragte, wie er sicher sein könne, dass es sich bei Parasram tatsächlich um das eigene damals entführte Kind handele, zeigte dieser auf eine kahle Stelle am Kopf des Knaben, wo Parasram als Baby angeblich die Narbe eines Furunkels hatte. Auch auf eine zweite Narbe am Hals wies er hin. Auch diese sei die Folge eines Furunkels. Die Aufforderung, sich einer Blutuntersuchung zu unterziehen, lehnte der Vater allerdings ab. Im Zeitalter vor der DNS-Analyse hätte man höchstens die Blutgruppen von Vater und Sohn vergleichen können. Herr Dschataw erklärte sich nur gegen die Zahlung einer astronomischen Geldsumme zu einer solchen Untersuchung bereit.

Unterdessen offenbarte dem Professor ein Journalist in Agra, dass das Kind von Soldaten aufgegriffen worden sei, als es in der Begleitung von Wölfen an einem Bach trank. Die Soldaten hatten das Kind einem Arzt übergeben, der es wiederum einem Brahmanen, Radschendra Prasad Sharma, Besitzer eines Fahrradgeschäftes in Ferosabad, anvertraute. Der Brahmane habe ihn nun an die Familie eines Dieners weitergereicht, dessen Nachbarn wiederum mit Babulal Dschataw verwandt waren. Der Journalist betonte, er habe selbst mit fast allen Beteiligten außer den Soldaten und dem Arzt, der weggezogen war, geredet.

Ogburn interviewte einen Arzt in Agra, der den Jungen einst untersucht hatte. Dieser habe einen geringfügigen Mikrozephalus festgestellt und glaubte zudem, ein gewisses wölfisches Benehmen zu erkennen. Etwa: Beim Wassertrinken schaute er zunächst ins Wasser und schüttelte den Kopf. Er habe ebenfalls keine Furcht vor einem großen Schäferhund gezeigt. Vielmehr habe er das Tier herzlich umarmt. In Ferosabad besuchte Ogburn nun den Brahmanen Sharma, um ihn zu Parasram zu befragen. Dieser erzählte, er habe das Kind etwa zwei Meilen von Tundia entfernt gefunden. Von Wölfen war also keine Rede. Er habe es einem Arzt gezeigt, da es in einem sehr schlechten Zustand war. Danach habe es eine Zeit lang bei ihm gelebt, bis die Familie Dschataw es zu sich nahm.

Tundia, betonte Ogburn, sei eine Eisenbahnkreuzung, die sich etwa fünfunddreißig Kilometer von Nagla-dscharka, dem

Ort der Entführung, befinde, eine ziemlich weite Strecke für einen Wolf mit Beute. Ogburn war nun restlos überzeugt: Parasram war keinesfalls ein Wolfskind. Undenkbar war es auch, dass es sich beim entführten und beim wieder gefundenen Kind um dieselbe Person handelte.

ANMERKUNG: Mit dieser Untersuchung war es Ogburn gelungen, die Spanne zwischen Dichtung und Wahrheit genau auszuloten. Im besten Fall handelt es sich hier um ein Missverständnis, im schlimmsten um einen bewussten Betrug. Nach einem Bericht des *France-Soir* vom 23. September 1961 starb Parasram kaum elfjährig am 11. Juni jenes Jahres.

♦

Das Affenkind von Teheran (1961)

Lucien Malson verdanke ich den Hinweis auf seine Quelle für diesen sonst kaum bekannten Fall; Alexander Rodger gebührt mein Dank für seine hartnäckigen Bemühungen, den entsprechenden Artikel dem Archivar bei *France-Soir* zu entlocken.

In der Ausgabe vom 23. September 1961 wurde von einem »Affenkind« berichtet, welches im Norden des Iran im Dschungel an der Grenze zur Sowjetunion festgenommen worden war. Es wurde als äußerst aggressiv beschrieben.

Am 28. September erschien in der *France-Soir* ein Bild des wilden Jungen. Dem Leser wurde mitgeteilt, dass sich das Kind nunmehr in einem Waisenhaus befinde und sich vernünftiger verhalte. Das Bild zeigt einen dunkelhaarigen, barfüßigen, etwas verlegen in das Objektiv schauenden Jungen. Er trägt einen Pullover, aus dem ein Hemdkragen hervorlugt, und eine kurze Hose. Er verschränkt die Hände vor dem Körper.

ANMERKUNG: Dieses Kind lebte bestimmt nicht bei den Affen. Es gibt keine wilden Affen in dem angegebenen Gebiet. Dass es sich hier um einen Affen nur im übertragenen Sinn handelt, um das Wortbild eines findigen Journalisten, liegt auf der Hand. Was sonst noch an diesem kurzen Text nicht stimmen könnte, ist leider nicht mehr zu eruieren. Dafür sind die Angaben zu dürftig. Spontan tippt man auf einen verirrten beziehungsweise ausgesetzten Autisten oder Schwachsinnigen. Aber auch das ist kein gesichertes Wissen.

♦

Rocco aus den Abruzzen (1971)

Im August 1973 berichtete die dpa von Rocco, der im Alter von vier Jahren in den Abruzzen gefunden wurde. Zur Zeit des Berichts, zwei Jahre später, schienen alle Versuche, ihn zu einem Menschen zu machen, gescheitert zu sein.

Der Junge war zunächst einem Studentenehepaar anvertraut worden. Auf jede zärtliche Geste reagierte er aber mit Bissen und tierähnlichem Geheul. Die junge Frau erlitt einen Nervenzusammenbruch, der Junge wurde in die psychiatrische Klinik in Mailand gebracht. Dort wollte man versuchen, der Herkunft des Jungen und seiner Verhaltensstörung auf den Grund zu kommen.

Ein weiterer Hinweis auf Rocco (er wurde nach den Felsen, *rocchi*, genannt, wo man ihn gefunden hatte) erschien in einem Artikel der *London Times* am 29. August 1973. Der Autor, Peter Watson, hatte offensichtlich keinen persönlichen Kontakt zu diesem bedauernswerten Kind, vermutete aber, Rocco wäre möglicherweise ein Autist.

ANMERKUNG: Hier haben wir wieder eine jener Geschichten, die in knappen Zügen ein ganzes Schicksal wiedergibt. Sie erscheinen wie Sternschnuppen und verschwinden aus den Augen beinahe unbemerkt. Eins steht aber fest: Wenn Rocco im zarten Alter von vier aufgefunden wurde und sich nach zwei Jahren noch immer wie ein Wilder verhielt, war das Kind nicht nur verwildert.

♦

Pascal, der Wolfsjunge von Lucknow (1972)

Ramu war erst vier Jahre tot, als wieder ein Wolfskind im ehemaligen Oudh für Interesse sorgte. Der Fall trat in Europa allerdings erst zehn Jahre nach seiner Entdeckung in Erscheinung. Am 15. August 1982 berichtete die *Welt am Sonntag* von einem etwa fünfzehn Jahre alten Jungen, der im Heim der Barmherzigen Schwestern in der indischen Stadt Lucknow lebte. Sein Körper sei stark behaart. Er streune tagsüber durch die Felder, er spreche nicht, knurre aber im Schlaf.

Zehn Jahre zuvor war der indische Bauer Narsingh Bahdur Singh mit dem Rad durch einen Wald gefahren. Er begegnete einem Rudel Wölfe. Die Tiere flohen vor ihm, zurück blieb ein fünf Jahre altes Wesen. Es kroch auf allen vieren. Sein Haar war lang, die Zähne messerscharf. Die langen Eckzähne ähnelten denen eines Raubtieres. Die Füße und Fingernägel sahen aus wie Krallen. Der kleine Körper war von Narben übersät. Der »Wolfsjunge« fletschte die Zähne und knurrte, als der Bauer nach ihm griff. Der Bauer nahm den Wolfsjungen mit in sein Dorf.

Eines Tages kamen Nonnen der Barmherzigen Schwestern in das Dorf. Sie sahen das Kind und nahmen es mit in ihr Heim, das die Friedensnobelpreisträgerin Mutter Teresa gegründet hatte. Schwester Clementina, damals fünfunddreißig Jahre alt, nahm sich des Kindes an und gab ihm den Namen »Pascal« – das Osterlamm.

Die Schwestern bemühten sich um das Kind und hielten es von der Öffentlichkeit fern. Nun aber gaben sie Einzelheiten preis: Der Junge habe sich, wurde Schwester Clementina zitiert, seiner menschlichen Umgebung angepasst. Er gehe mittlerweile aufrecht und verabscheue rohes Fleisch. Er knurre auch nicht mehr, wenn sich ihm Fremde näherten, fletsche aber noch gelegentlich die Zähne. Dann müsse sie ihn beruhigen. Eine seiner Lieblingsbeschäftigungen seien Ausflüge mit Schwester Clementina in den Zoo: Der erste Weg führt ihn dort stets zu den Wölfen. »Er ist einer von uns«, sagte Schwester Clementina in dem Bericht. »Wir wollen nicht, dass Menschen kommen, um ihn zu bemitleiden oder zu begaffen.«

Drei Jahre später, am 24. Februar 1985, erschien in der *Welt am Sonntag* erneut ein Bericht über Pascal, denn dieser »Wolfsjunge« war vor kurzem gestorben. Der Autor des Presseberichts hat an diesem Tag offensichtlich geschlafen. Er verwechselte aus unerklärlichen Gründen Pascal mit dem siebzehn Jahre früher gestorbenen Ramu. Wo »Ramu« im Text steht, meinte er eigentlich »Pascal«:

> *»Im Alter von nur etwa zwanzig Jahren ist nach einer Meldung der Nachrichtenagentur Uni in Indien der ›Wolfsmensch‹ Ramu gestorben.*
> *Die ersten zehn Jahre seines Lebens verbrachte er im Dschungel unter Wölfen. Dann kam er zu den Menschen. Doch er blieb immer ein ›Wolfsmensch‹.«*

Der Artikel geht auf Pascals Kindheit ein – mit einigen Ausschmückungen, etwa, dass er von drei Wölfen begleitet wurde, als man ihn fand. Neues zur Person konnte auch diesem Bericht nicht entnommen werden, auch die Todesursache wurde nicht angegeben.

So viel zu den Zeitungsberichten. Am 24. November 1999 erreichte ich per Telefon die ehemalige Betreuerin des verstorbenen »Wolfskindes«, die seit geraumer Zeit in der Provinz Davao auf den Philippinen im Auftrag der Barmherzigen Schwestern tätig war. Nicht Schwester Clementina, sondern Schwester Antonia war ihr Name. Von einer »Schwester Clementina« wusste sie nichts. Nur eine Schwester Eva habe Pascal auch gelegentlich betreut.

Pascal sei zur Zeit seines Todes siebzehn Jahre alt gewesen, erklärte mir Schwester Antonia. Sein Körper war gar nicht stark behaart, wie es in der Zeitung hieß, er habe aber lange Haare gehabt. Er ging ganz normal aufrecht und aß das Gleiche wie alle anderen. Er sei anfangs aber tatsächlich auf allen vieren gekrochen und habe Steinchen und Blätter gefressen. Und er mochte Fleisch.

Ihres Wissens habe ihn ein Radfahrer im Wald aufgefunden (von einem Wolfsrudel war nicht die Rede) und nach Sultanpur gebracht. Dort habe dieser Mann den Jungen in einem Käfig gehalten. Er versuchte, ihn als »Wolfskind« zu vermarkten. Da der Gewinn ziemlich dürftig ausfiel, ließ der entmutigte Schausteller das wilde Kind in einem Dorf frei. Dort streifte das Kind auf allen vieren umher und schreckte die Dorfbewohner, die es schließlich zum örtlichen Pfarrer, einem älteren Herrn, brachten. Der Pfarrer, bei dem der Junge nur wenige Tage blieb, gab ihm den Namen Pascal und schickte ihn nach Lucknow zu den Barmherzigen Schwestern.

Pascal lebte etwa drei oder vier Jahre in Lucknow unter der Obhut von Schwester Antonia. Er war zwar sprachlos, verstand aber alles und verständigte sich mit ihr durch Zeichen. In Lucknow habe er begonnen, andere Menschen wahrzunehmen und nachzumachen, und er sei außerdem sehr hilfsbereit gewesen. Wenn Schwester Antonia die Wäsche machte, half er ihr dabei. Ja, Pascal habe manchmal den Lucknower Tierpark besucht. Wie reagierte er auf die Wölfe? fragte ich. Schwester Antonia konnte nur lachen: »Er hatte Angst vor ihnen.«

Anmerkung: Das Geheimnis ist nicht ganz gelüftet. Man kann aber getrost davon ausgehen, dass es sich im Fall Pascal nicht um ein echtes Wolfskind handelt. War es vielleicht der Schausteller, der ihm das Laufen auf allen vieren beibrachte? Leider wissen wir nicht, ob er damals gleichzeitig aufrecht gehen konnte. Man kann es aber vermuten. Möglich ist, dass der findige Radfahrer ein ausgesetztes – wohl auch verwildertes Kind – im Wald gefunden hatte, einen Tarzancito oder Victor etwa. Sollen wir Pascal unter die Autisten einreihen? Lag seine Sprachlosigkeit an einer organischen Schwäche? Alles Fragen, auf die es keine befriedigende Antwort gibt.

♦

Tissa von Sri Lanka (1973)

Laut Peter Watson (in der *London Times,* 29. August 1973) war 1973 ein Jahr der »seltsamen anthropologischen Ereignisse«. Grund dafür waren die Nachricht über Rocco und die über Tissa, der in der Nähe des Dorfes Tissa (daher der Name) in einem Dschungel im südlichen Sri Lanka entdeckt wurde. Das verwilderte Kind schien etwa zwölf Jahre alt zu sein und sollte bei den Affen gelebt haben. Es konnte nicht sprechen, bellte nur und heulte. Es ging auf allen vieren. »Zur Entspannung hockt es sich nach Art der Affen hin.«

ANMERKUNG: Mehr ist nicht zu erfahren. Über diesen kurzen Zeitungsbericht ist eigentlich nichts Konkretes zu sagen. Man kann höchstens etwas gesunden Zweifel aussprechen. Der Artikel geht einher mit einem Bild, das ein pummeliges Kleinkind auf allen vieren zeigt. Obwohl sich das Bild auf Tissa beziehen soll, kann man es schwer einem zwölfjährigen Affenkind zuordnen.

Immerhin ist Peter Watson bereit zu vermuten, dass es sich auch im Fall Tissa möglicherweise um einen Autisten oder einen Schwachsinnigen handeln könnte.

♦

Kapitel 15

Im Haus des Teufels

P. M. und J. M., die tschechischen Zwillinge (1967)

Die eineiigen Zwillinge P. M. und J. M. wurden am 4. September 1960 geboren und verloren nach kurzer Zeit ihre Mutter. Der überforderte Vater steckte sie in ein Heim, wo sie allen Berichten zufolge ganz normal gediehen. Er selbst kümmerte sich inzwischen um zwei Töchter. Nachdem der Vater wieder geheiratet hatte, kehrten die mittlerweile einjährigen Buben zu ihm und den Schwestern, zur Stiefmutter, einem Stiefbruder und einer Stiefschwester zurück. Sechs Kinder waren es jetzt insgesamt, das älteste kaum neunjährig. Die Familie zog in den Vorort einer tschechischen Kleinstadt, wo keiner sie kannte.

Sechs Kinder überforderten die Stiefmutter, und sie begann, die Zwillinge, die Jüngsten der Familie, zu vernachlässigen. Zuerst verbannte sie sie in eine ungeheizte Kammer. Später hausten die Kleinen im Keller und schliefen auf einer Kunststoffplane auf dem Boden. Sie kamen nie an die frische Luft und bekamen selten genug zu essen. Der Kellerraum stand fast leer, nur ein paar Bausteine lagen herum. Den übrigen Kindern war es streng verboten, mit den Zwillingen zu reden und zu spielen.

Da der Vater bei der Eisenbahn arbeitete, war er selten zu Hause. Er war außerdem kein besonders heller Mensch. Seine Frau vermochte ihm die Vernachlässigung der Zwillinge problemlos zu verbergen. Die Nachbarn, so erfuhr man später, hatten durch ein Fenster manchmal beobachtet, wie Herr M. die Zwillinge prügelte. Doch keiner wagte es, die Polizei davon in Kenntnis zu setzen. Immer wieder drangen Schreie aus dem Haus, doch alle Menschen schwiegen eisern.

Um die älteren Kinder kümmerte sich die Stiefmutter

durchaus. Sie machte sogar Hausaufgaben mit ihnen. Sie wurde aber ganz allgemein als gefühlskalt beschrieben. Das Verbrechen flog endlich auf, als der Vater im August 1967 einen der Zwillinge zum Kinderarzt brachte. Er wollte ein Attest, das die Untauglichkeit der Kinder für die Grundschule bestätigte. Der schmächtige Sechsjährige, der ihn damals begleitete, konnte kaum stehen und machte den Eindruck eines behinderten Dreijährigen. Gegen den Wunsch des Vaters bestand der Arzt darauf, dass die Zwillinge in den Kindergarten eingeschrieben würden.

Der Arzt hatte offensichtlich Verdacht geschöpft. Denn bald standen ein Sozialarbeiter und eine Krankenschwester vor der Haustür der Familie M., um die Situation der Kinder vor Ort zu überprüfen. Die Stiefmutter versuchte die Anzeichen einer Misshandlung zu vertuschen. Vergebens. Die zwei Besucher witterten schnell einen kriminellen Fall – erst recht, als die Krankenschwester feststellte, dass die Buben an einer akuten Rachitis erkrankt waren, einer Mangelerscheinung, die in der damaligen Tschechoslowakei beinahe ausgerottet war.

Nach einer dreimonatigen Untersuchung wurde den Eltern das Sorgerecht entzogen. Alle Kinder kamen in Pflegeheime. Die Rabeneltern kamen vor Gericht, die böse Stiefmutter musste vier Jahre ins Gefängnis.

Mit sechs Jahren konnten P. M. und J. M. kaum sprechen oder stehen und verständigten sich durch eine primitive Gestensprache. Doch innerhalb von sechs Monaten hatten sie zügig aufgeholt und die Entwicklungsstufe von Vierjährigen erreicht. Nach zwei Jahren konnten sie ihr geistiges Alter um drei weitere Jahre erhöhen.

1969 wurden die Zwillinge zwei unverheirateten Schwestern mittleren Alters anvertraut. Die neuen Pflegeeltern hatten bereits ein anderes Pflegekind, ein Mädchen, bei sich. In dieser fürsorglichen und liebevollen Umgebung gediehen die Zwillinge prächtig. Die eine Schwester nannten sie »Mutter«, die andere »Tante«. Mit elf Jahren galten beide Jungen als aufgeweckte, intelligente Kinder. In der Schule passten sie sich gut an, sie spielten Klavier und genossen die Liebe und den Respekt der Pflegeeltern. Sie waren auch endlich in der Lage, über ihr Martyrium bei der Stiefmutter zu berichten. »Diese Frau«, wie sie sie nannten, hatte sie oftmals unter ein Federbett gesteckt, um die Schreie zu dämpfen, und dann mit einem Holzlöffel verprügelt.

Manche Narben blieben P. M. und J. M. trotz aller Fürsorge erhalten – sie fürchteten die Dunkelheit, und auch als Heranwachsende gingen beide immer noch ungern allein in den Keller.

ANMERKUNG: Kein Märchen, vielmehr ein Schicksal aus der Nachbarschaft. Die Psychologin Jarmila Koluchová betreute die zwei Jungen jahrelang und veröffentlichte 1972 und 1976 zwei Artikel im britischen *Journal of Psychology and Psychiatry* über ihre Patienten. Die erfreuliche Nachricht zu diesem gut dokumentierten Fall: Kinder, die wie hier ganze sechs Jahre unter schlimmsten Entbehrungen leiden mussten, können dennoch auf eine Rückkehr in die Normalität hoffen. Doch warum gelingt anderen, egal wie günstig das neue Umfeld ist, diese Wiedereingliederung in die Gesellschaft nicht? Siehe Peter, Victor, Kamala, Pascal, um nur einige Namen zu nennen. Liegt eine weitere Störung neben der erlittenen Verwilderung vor? Eine angeborene Geistesschwäche etwa? Diese Frage erhebt sich auch im nächsten Fall …

♦

Genie von Temple City (1970)

Die Nachricht schlug wie eine Bombe ein. Am 17. November 1970 berichtete die *Los Angeles Times* von einem dreizehnjährigen Mädchen, das seit seiner frühen Kindheit in einem Vorort von Los Angeles als Gefangene gehalten wurde. Zehn Jahre hatte es in der Hölle verbracht. Tagsüber fesselte man es an ein Kindertöpfchen, die Nächte verbrachte es, fest verschnürt in einem Schlafsack, in einem vergitterten Kinderbett. Es durfte das schmucklose, verdunkelte Zimmer nie verlassen.

Das Mädchen, Susan W., ging in die psychologische Literatur unter dem Decknamen »Genie« ein. Genie wirkte nach ihrer

Befreiung wie eine zurückgebliebene Sechsjährige. Sie war unterernährt, unfähig, feste Nahrung zu kauen, und konnte kaum schlucken. Die ungeschulten Augen sahen nur auf eine Entfernung von höchstens dreißig Zentimetern scharf. Genie sabberte, spuckte, war nicht in der Lage zu weinen, konnte kaum auf den Beinen stehen, war auch wie viele wilde Kinder unempfindlich gegenüber Temperaturunterschieden. Die Haare hingen struppig herab, das Gesäß war von einer dicken Hornhaut überzogen, der Rest des Körpers wirkte wie aus Elfenbein. Die großen Augen strahlten völlige Hilflosigkeit aus. Nur zwei Phrasen konnte sie sagen: »Aufhören!« (»Stop it!«) und »Genug!« (»No more!«). Knapp siebenundzwanzig Kilogramm wog der Teenager bei einer Größe von 135 Zentimetern.

Hauptpeiniger war ihr siebzigjähriger Vater, Clark W., der mit der zwanzig Jahre jüngeren Irene W. verheiratet war. Der krankhaft eifersüchtige Clark wollte keine Kinder haben. Als seine Frau dennoch nach fünf Ehejahren das erste Kind, ein Mädchen, gebar, bestand der lärmempfindliche Vater darauf, dass sie das Kind in der Garage halte, wo es nach zweieinhalb Monaten an einer Lungenentzündung starb. Auch das zweite Kind, ein Junge, verstarb einige Tage nach der Geburt. Grund dafür war aber eine Blutunverträglichkeit. Das Baby war Rh-negativ auf die Welt gekommen. Nach drei Jahren bekam die Mutter wieder einen Jungen. Auch er war Rh-negativ, überlebte aber dank einer Bluttransfusion und hatte das Glück, nach anfänglichen Entwicklungsschwierigkeiten eine Zeit lang bei der Großmutter väterlicherseits wohnen zu dürfen, wo er normal gedieh. Drei Jahre später erblickte Genie per Kaiserschnitt das Licht der Welt. Wieder stellten die Ärzte den negativen Rhesusfaktor fest. Nach einer Bluttransfusion schien sie außer Gefahr zu sein. Medizinische Unterlagen wiesen jedenfalls auf eine unauffällige Entwicklung hin. Nach einem Jahr hatte sie aber kaum zugenommen. Unklar ist, ob die Ursache dafür eine angeborene Gebrechlichkeit war oder ob sie schon damals an den Folgen einer Misshandlung litt.

Wie dem auch sei: Der eifersüchtige Vater brach in Rage aus, wenn sich die Mutter um den Säugling kümmerte. Das Füttern irritierte ihn ebenso wie jegliche Liebkosung.

Alles wurde noch schlimmer, als die Großmutter nach einem Verkehrsunfall starb. Genie war damals zwanzig Monate alt. Genies Vater war außer sich vor Wut und reagierte mit einer schweren Depression, unter der seine Familie fortan zu leiden hatte. Die Familie zog nun in das Haus der verstorbenen Großmutter. Clark W. wurde immer sonderbarer. Das Schlafzimmer seiner Mutter behandelte er wie ein Heiligtum. Keiner durfte auch nur einen Fuß in das Zimmer setzen. Genie, das unerwünschte Kleinkind, sperrte er in das zweite Schlafzimmer ein. Mit Frau und Sohn bezog er das Wohnzimmer. Irene und Sohn schliefen auf dem Boden, Clark streckte sich nachts mit der Flinte auf dem Schoß in einem Fernsehsessel aus. Er bestand auf völlige Ruhe.

Der findige Clark entwarf eigens für seine Tochter ein Geschirr und fesselte sie nackt an das Kindertöpfchen. Die raffinierte Konstruktion raubte ihr jegliche Bewegungsfreiheit. Nur Hände, Finger, Füße und Zehen konnte sie rühren. Sie verbrachte Jahre ihres Lebens in diesem Gestell, zumindest tagsüber. Nachts steckte er sie in einen engen Schlafsack – auch eine eigene Erfindung –, um sie weiterhin bewegungslos zu halten. Sie kam dann in ein Gitterbett, das der Vater mit einem feinmaschigen Drahtgeflecht an den Seiten und oberhalb des Gestells umhüllte. Er hatte Angst, sie könnte flüchten.

Genies Mutter protestierte nie gegen diese Maßnahmen. Clark hatte sie durch häufige Todesdrohungen völlig eingeschüchtert. Da sie zudem stark sehbehindert war – sie litt an einem grauen Star und einer Netzhautablösung – war sie vom Ehemann fast vollständig abhängig. In Genies schmucklosem Zimmer legte Clark einen Prügelstock bereit. Wenn das Kind gelegentlich Lärm machte, bedrohte oder schlug der rabiate Vater seine Tochter damit. Manchmal knurrte er Genie an wie ein gefährliches Raubtier, manchmal bellte er sie an oder drohte, sie mit den langen Fingernägeln zu zerkratzen. Oft brauchte er nur vor der Tür laut zu bellen, um sie zum Schweigen zu bringen. Um die Gunst des Vaters zu erringen, wurde der Sohn häufig zum Mittäter und bedrohte seine Schwester mit wildem Gebell. Kein Wunder, dass Genie auch Jahre später unter einer panischen Angst vor Hunden und Katzen litt.

Zu essen bekam das Mädchen dreimal täglich Haferschleim, manchmal auch ein weich gekochtes Ei. Das Füttern ging stets schnell vonstatten. Der Vater beziehungsweise die Mutter stopfte ihr löffelweise den Fraß in den Mund. Wenn das Kind würgte oder den Brei ausspuckte, schmierte ihm der Vater das Essen ins Gesicht oder ließ die Tochter zur Strafe eine Weile hungern.

Jahrein, jahraus herrschte die gleiche grausame Routine. Dass das Kind diese Qual überlebte, grenzt an ein Wunder. Die Wende kam, als Genie dreizehneinhalb Jahre alt war. Eines Tages konfrontierte Irene ihren Mann mit der Forderung, ihre Mutter endlich anrufen zu dürfen. Irenes Mutter wohnte unweit der Familie W., doch Clark hatte den Kontakt zwischen seiner Frau und seiner Schwiegermutter jahrelang unterbunden. Mittlerweile war er aber siebzig Jahre alt geworden und nicht mehr so energisch wie ehemals. Irene setzte sich endlich durch. Clark wählte die Telefonnummer seiner Schwiegermutter für die sehbehinderte Frau. Am gleichen Tag nahm Irene Genie und zog zu ihrer Mutter.

Die entsetzliche Geschichte flog erst einige Wochen später auf, als Genies Mutter mit der behinderten Tochter bei einer staatlichen Behörde vorsprach, um Blindenhilfe zu beantragen. Versehentlich betraten sie das Büro für Familienhilfe. Der zuständige Beamte erkannte sogleich, dass hier etwas nicht stimmte, und verständigte die Polizei. Beide Eltern wurden verhaftet, kamen aber gegen eine Kaution bald wieder frei. Genie brachte man zur Beobachtung ins Los Angeles Children's Hospital.

Am Tag des anberaumten Gerichtsverfahrens zog sich Clark W. elegant aus der Affäre: Im eigenen Wohnzimmer jagte er sich eine Kugel durch den Kopf. Zuvor hatte er allerdings eine Plane fein säuberlich auf dem Boden ausgebreitet und zwei Briefe verfasst. Den ersten richtete er an die Polizei. Darin informierte er sie unter anderem, dass sein Sohn vor dem Haus mit Freunden spiele und nichts von seinem Selbstmord ahne. Zum grausamen Umgang mit seiner Tochter meinte er nur pathetisch: »Die Welt wird es nie verstehen.«

Den zweiten Brief adressierte er direkt an seinen Sohn:

»Das Hemd darfst du nicht behalten. Ich brauche es für meine Beisetzung. Du weißt, wo mein blaues Hemd zu finden ist. Unterwäsche ist in dem Schrank im Flur. Ich liebe dich. Auf Wiedersehen und sei brav. Dad«

Wochenlang berichtete die Tagespresse vom elenden Schicksal des verwilderten Kindes. Im Children's Hospital wurde Genie zur großen Attraktion. Noch nie hatten die Mitarbeiter der Klinik einen derart extremen Fall von Kindesmisshandlung zu sehen bekommen. Psychologen, Psychiater, Sprachwissenschaftler, Sozialarbeiter und Pädagogen nahmen Genie fleißig unter die Lupe. Sie betasteten sie, untersuchten die Blutwerte, schlossen sie an die modernsten Messgeräte an, um Kreislauf und Hirnströme zu erforschen, sie ermittelten den Intelligenzquotienten und prüften die Sprachkenntnisse des Mädchens.

Nach einigen Wochen konnten die Experten einen zumindest bescheidenen Fortschritt konstatieren: Das Laufen fiel ihr leichter, auch wenn die Gangart immer noch ziemlich staksig war, sie konnte sich baden, ging sogar manchmal allein auf die Toilette. Gelegentlich artikulierte sie auch das eine oder andere Wort. Ihre leise Piepsstimme mutete aber stets etwas außerirdisch an.

Ihr erster Therapeut, Dr. James Kent, erkannte instinktiv, dass Genie am dringendsten ein liebevolles Zuhause brauchte. Der väterliche Kent übernahm also zunächst sowohl die Rolle des Therapeuten wie auch die des Ersatzvaters. Das war keine sehr glückliche Kombination, denn Genie wurde zunehmend anhänglicher. Man hätte also erwartet, dass sich die Ärzte des Children's Hospital jetzt nach einer Pflegefamilie für das Kind umgesehen und es gleichzeitig therapiert hätten. Doch wir schreiben das Jahr 1971. In der Filmhauptstadt Los Angeles feierte man gerade die amerikanische Uraufführung des hochgepriesenen französischen Spielfilms *L'enfant sauvage*, François Truffauts rührende Bearbeitung der Geschichte des Wilden von Aveyron. Eine Privatvorführung des Films wurde für die Mitarbeiter im Fall Genie anberaumt. Das Schicksal des berühmten wilden Kindes aus Frankreich sollte wohl mit dem Schicksal des wilden Kindes aus Kalifornien verknüpft werden.

Ärzte und Pflegepersonal versammelten sich also im Los Feliz Kino in Los Angeles, um sich das Werk anzusehen, in dem Truffaut selbst die Rolle des liebevollen und zugleich einfallsreichen Lehrers des putzigen Film-Victors spielte. Lauter Möchtegern-Itards verließen das Kino, »Rettungsphantasien« vor Augen. Pech für Genie.

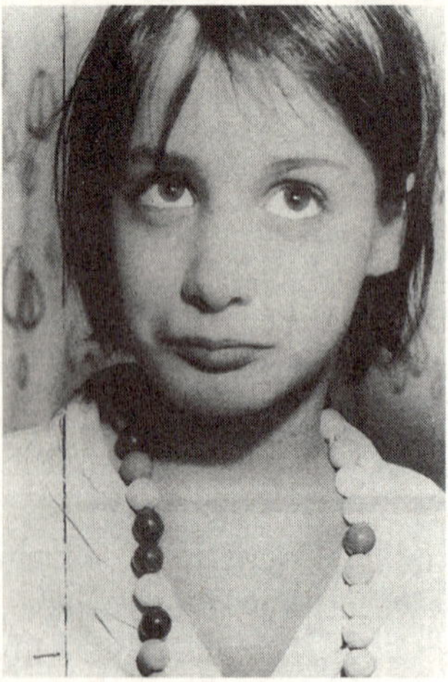

Genie, 1970

Nun klebten die Wissenschaftler an Genie wie Pech und gaben an, das Mädchen heilen zu wollen, ohne die eigene Profilierungssucht zu erkennen oder den Ehrgeiz, einer Lieblingstheorie nachzugehen – etwa Noam Chomskys Tiefengrammatik, damals noch ein heißes Eisen. Der Sprachwissenschaftler hatte festgestellt, dass der Drang zur Sprache dem Menschen angeboren und organisch verankert sei. Sein Kollege Eric Lennenberg ergänzte dies mit der Behauptung, dass der Entfaltung dieser Fähigkeit eine zeitliche Grenze gesetzt sei: Wer sich bis zur Pubertät keine Sprache aneigne, erwerbe nämlich keine mehr.

Genie bot nun die seltene Gelegenheit, Lennenberg und Chomsky auf die Probe zu stellen. Eine solche Chance schickt man nicht in ein fürsorgliches Pflegeheim.

Allerdings bezweifelten manche, dass Genie eine geeignete Testperson sei. EEC-Messungen hatten auf erhebliche Störungen der Hirnströme hingewiesen. Es war nicht auszuschließen, dass diese Unregelmäßigkeiten dem Mädchen angeboren, nicht Folge der Misshandlung waren.

Die Möchtegern-Itards wussten ganz genau, dass sie Genies Heilungschancen aufs Spiel setzten, wenn sie sie zur Testperson umfunktionierten. Andererseits hatten sie Angst, eine wohl einmalige Gelegenheit für die Wissenschaft zu versäumen.

Doch während die Experten noch an ihren Strategien werkelten, schuf eine junge Mitarbeiterin der Rehabilitationsabteilung des Krankenhauses, die Lehrerin Jean Butler, vollendete Tatsachen. Sie nahm Genie eines Tages zu sich nach Hause, um sie selbst zu versorgen. Im Sommer 1971 kam es zu einem Eklat, als Butler Besuche der Forscher pauschal untersagte. Möglicherweise war das eine sinnvolle Entscheidung. Nach Tagebuchaufzeichnungen und Briefen Frau Butlers aus der Zeit geht hervor, dass die neue Umgebung positiv auf Genie wirkte. Sie machte nicht nur große Fortschritte im täglichen Umgang mit anderen Menschen, sie begann auch kurze Sätze zu bauen und richtig zu artikulieren.

Die Gegner Jean Butlers waren über Butlers Kühnheit selbstverständlich entsetzt und bezichtigten sie des Größenwahns: Frau Butler habe wohl den Ehrgeiz, die neue Anne Sullivan (die Lehrerin der taubblinden Helen Keller) zu werden. Das meinte etwa die junge Sprachwissenschaftlerin Susan Curtiss, die bisher Genies Sprachfähigkeit fleißig erforscht hatte. Butler stand unter einem enormen Druck, als Genie bei ihr wohnte. Ihr Chef im Kinderkrankenhaus, der Psychiater David Rigler, warf ihr unter anderem unterlassene Hilfeleistung vor. Butler entgegnete, dass die »Experten« im Krankenhaus in acht Monaten dem Mädchen kaum geholfen hatten. Rigler wurde in einem Brief an Butler sehr deutlich: »... nach unserer Meinung und nach Meinung der Fördervereine ist das Wissen, das man durch die Erforschung dieses einzigartigen Mädchens erringen könnte, ein wichtiges Wissen, das auch der Menschheit dienen könnte.« Die Lehrerin ließ sich aber nicht beeindrucken. Sie beantragte die Vormundschaft für Genie. Im August 1971 bekam sie eine abschlägige Antwort. Sie dürfe Genie nicht länger bei sich beherbergen, hieß es lapidar. Ob die Verwaltung des Children's Hospital bei dieser Entscheidung eine Rolle spielte, ist freilich unbekannt.

Es ist müßig, darüber zu spekulieren, was aus Genie geworden wäre, wenn sie bei Jean Butler hätte bleiben dürfen. Stabile Verhältnisse und Schutz vor forschungsgeilen Experten hätten Genies Entwicklung damals sicherlich gefördert. Aus unparteiischen Berichten des National Institute of Mental Health (NIMH), einer Bundesforschungsbehörde, geht hervor, dass das Mädchen in der Obhut Butlers einen ausgeglichenen Eindruck machte. Genie wirkte verspielt, ja munter im Vergleich zu ihrer Erscheinung im Kinderkrankenhaus. Sie hatte beinahe aufgehört, das Bett einzunässen. Zudem masturbierte sie nur noch selten. Die Masturbation war für sie bis dahin, so hatte man festgestellt, ein wichtiges Ventil, um den geballten Frust wenigstens vorübergehend abzubauen. Ungeschickt in den Dingen dieser Welt, masturbierte sie ohne Befangenheit in aller Öffentlichkeit.

Nachdem der Antrag Butlers abgelehnt worden war, fing für Genie wieder ein neuer Lebensabschnitt an. Das Sozialamt bestimmte eine geeignete Pflegefamilie: Doktor David Rigler, Jean Butlers Chef, der das Mädchen als Forschungsgegenstand gepriesen hatte, und seine Frau Marilyn. Die Riglers lebten mit ihren drei Kindern in einem vornehmen Viertel von Los Angeles. Anfang September 1971 zog Genie zu ihnen und wurde nach kurzer Zeit erneut zum Studienobjekt der Wissenschaftler, die sie wieder nach Lust und Laune messen und prüfen konnten. Zu den Besuchern im Hause Rigler zählte auch die Sprachwissenschaftlerin Susan Curtiss, die Genie im Sinne der Thesen Chomskys und Lennenbergs untersuchte. Auch Rigler selbst zählte zu den Forschern. Neben Kindergeld vom Staat für die Pflege des Mädchens beanspruchte er auch Forschungsgelder des NIMH. Dafür musste er gelegentlich einen wissenschaftlichen Bericht über Genie liefern. Rigler und seine Frau gaben freilich öffentlich zu, dass man nur schwer Ersatzeltern und Forscherteam gleichzeitig spielen konnte.

Und doch, trotz aller Widrigkeiten, machte Genie auch in diesem Umfeld nach und nach große Fortschritte. Nach vier Jahren hatte sich das verwilderte Mädchen in eine zierliche und ansehnliche junge Dame verwandelt. Ihre körperlichen Unzulänglichkeiten waren kaum noch anzumerken. Sie hatte gelernt, auch Gefühle auszudrücken und vor allem mit Zorn auf Kränkungen zu reagieren. Leider blieb ihre Sprachfähigkeit weiterhin beschränkt. Susan Curtiss schloss daraus, dass die Linguisten Lennenberg und Chomsky Recht hatten: Der Mensch kann eine erste Sprache nach Anbruch der Pubertät nicht mehr einwandfrei erwerben. Genie verfügte über einen ausreichenden Wortschatz, war aber nicht in der Lage, einen normalen Satz nach den Regeln der Grammatik zu bilden, eine Fähigkeit, die jedes Kleinkind mühelos beherrscht. Ihre Sätze erinnerten vielmehr an die der gesprächigen Gorilladame Koko: *stay bathtub long time* (bleiben Badewanne lange Zeit) oder *applesauce buy store* (Apfelmus kaufen Laden). Manches war schwer zu deuten. Etwa: *very angry clear water* (sehr böse klares Wasser) oder *I supermarket surprise Roy* (ich Supermarkt überraschen Roy). 1977 veröffentlichte Curtiss ihre Forschungsergebnisse über Genie als Doktorarbeit im Fach Sprachwissenschaft.

Vier Jahre hatte Genie bei den Riglers gehaust, als der NIMH eines Tages anmahnte, dass neue beziehungsweise wichtige Erkenntnisse im Fall Genie seit geraumer Zeit ausblieben. Das Forschungsinstitut drehte den Geldhahn zu. Die Familie Rigler erhielt (mit Ausnahme des Kindergeldes) keine Zuschüsse mehr. Es mag Zufall gewesen sein, dass David und Marilyn Rigler just zu diesem Zeitpunkt entschieden, Genie auszuquartieren. Zwar hätten sie stets gesagt, so Marilyn Rigler, dass das Mädchen lediglich vorübergehend bei ihnen wohnen würde, doch das Argument überzeugt kaum.

Genie war zutiefst verletzt, doch zum Glück bahnte sich, wie es schien, eine befriedigende Lösung an. Im Juni 1975 zog das Mädchen zu seiner Mutter, Irene W., zurück. Nach dem Tod des tyrannischen Ehemannes hatte das Gericht eingesehen, dass auch sie dessen Opfer war. So wurde Irene vom Vorwurf der Kindesmisshandlung freigesprochen. Über all die Jahre hatte sie ihre Tochter sowohl bei Frau Butler wie auch später bei den Riglers regelmäßig besucht. Mutter und Tochter waren einander also nicht fremd. Und Irene konnte nach einer Augenoperation wieder normal sehen. Nun kehrte das einstige Opfer ins Haus des damaligen Verbrechens zurück. Happyend? Leider nicht. Die Beziehung zwischen Mutter und Tochter geriet schnell aus dem Ruder. Die neuerlich entwurzelte Genie war stets gereizt, knallte mit den Türen, gehorchte nie, masturbierte nicht nur unentwegt, sondern obendrein öffentlich. Ihre Mutter, die nie besonders durchsetzungsfähig gewesen war, konnte ihre Tochter nicht bändigen. Das Sozialamt wurde eingeschaltet und Genie kam wieder in eine Pflegefamilie – doch leider diesmal in eine sehr schlechte. Die neuen Pflegeeltern machten ihr das Leben zur Hölle. Sie war bald so eingeschüchtert, dass sich nach kurzer Zeit alle Fortschritte der vergangenen Jahre verflüchtigten. Sie schwieg wie früher vor dem Vater.

Susan Curtiss war die Einzige aus dem alten Forscherklüngel, die noch Interesse an Genie zeigte, obwohl die Forschungsgelder versiegt waren. Als die Sprachforscherin den Ernst der Lage erkannte, schlug sie sofort Alarm. Genie wurde aus der misslichen Lage befreit und kehrte ins Children's Hospital zurück. Man beabsichtigte, eine neue Pflegestelle für sie zu finden.

Erst 1978 wurde Irene W. die Vormundschaft über ihre Tochter endlich zugesprochen. Daraufhin reichte sie eine Klage gegen die Wissenschaftler des Children's Hospital ein wegen der »extremen, unzumutbaren und entsetzlichen Intensivtests, Experimente und Untersuchungen«, denen Genie unter »Umständen des Zwanges und der Sklaverei« ausgesetzt war. Nach sechs Jahren gab ihr das Gericht auch Recht.

Aus nicht ganz nachvollziehbaren Gründen zog nun David Rigler vor Gericht und klagte sein Honorar als Psychoanalytiker wie auch Verpflegungskosten für Genie für den Zeitraum von vier Jahren ein. Das Gericht gab Rigler ebenfalls recht und sprach ihm 4500 Dollar zu, das gesamte Treuhandvermögen des Mädchens. Rigler behauptete später in einem Interview mit dem Journalisten Russ Rymer, er habe das Geld für Genie vor dem Staat in Sicherheit bringen wollen. Sein Gedächtnis wäre aber in der Sache etwas lückenhaft geworden.

1987 verkaufte Irene W. das verwünschte Haus in Temple City. Sie zog weg, ohne eine Nachsendeadresse zu hinterlassen. Genie kam in ein Pflegeheim für zurückgebliebene Erwachsene, dessen Standort die Mutter streng geheim hielt, um neugierige Wissenschaftler, die den Ist-Zustand des ehemaligen Studienobjekts gerne eruiert hätten, fernzuhalten. Russ Rymer, der 1993 diesen Leidensweg in einem eindrucksvollen Buch, *Genie, a Scientific Tragedy*, festhielt, wusste einiges mehr über das spätere Schicksal dieses misshandelten Menschen zu berichten. Im Pflegeheim fristete sie ihr Dasein in einem Dämmerzustand. Die Hoffnung auf eine Änderung war längst verflogen. Fotos von Genie mit neunundzwanzig Jahren zeigten eine eindeutig debile Person, so Rymer. Doch die Geschichte geht offenbar nicht ganz so trübe zu Ende. Die öffentlichkeitsscheue Irene W. informierte Rymer Anfang der Neunzigerjahre, dass Genie mittlerweile in ein neues Heim umgezogen sei, in eine helle und fürsorgliche Umgebung. Sie wäre aus ihrem langjährigen Dämmerzustand erwacht und spreche wieder, wenn auch nicht perfekt. Ein verstörter Mensch sei sie geblieben, doch immerhin munter …

ANMERKUNG: Das Leiden eines Unschuldslamms, ein Leben, das zum Trauerspiel wurde. Genies Schicksal als Forschungsgegenstand skrupelloser Wissenschaftler erinnert zum Teil an das von Victor, mit dem Unterschied jedoch, dass Victor einem Itard und keinem Rigler in die Hände gefallen ist. Noch wesentlicher: Victor wurde zum Glück eine Mme. Guérin zur Seite gestellt, die ihn liebte. Genie hatte zwar ihre Mutter, die Beziehung war jedoch oft ambivalent. Itard war wohl kaum fürsorglicher als Rigler. Beide wandten sich von ihrem »Fall« ab, wenn auch aus unterschiedlichen Gründen. Itard war die Phantasie, vielleicht auch der Mut ausgegangen, Rigler das Geld.

Genie fällt aus der Reihe durch das ausgelebte Geschlechtliche. Woher sie die Masturbation kannte, ist meines Wissens nirgends erörtert. Wurde das Kind während seines Martyriums auch sexuell missbraucht? Oder entdeckte es rein zufällig diese Quelle der Lust? Victor dagegen hat die körperlichen Zusammenhänge bezüglich der Selbstbefriedigung nie ganz verinnerlicht. Itard wollte ihn gar nicht aufklären. Bei ihm erlosch das Feuer letztlich vollkommen.

Es ist müßig zu spekulieren, was aus Genie geworden wäre, hätte sie nicht Clark W. zum Vater gehabt. Denn möglich ist, dass ihr auch im besten Fall keine hoffnungsvolle Zukunft beschieden gewesen wäre. Als sie erst ein Jahr alt war, hatte ein Arzt bei ihr nämlich einen Kernikterus diagnostiziert, eine geistige Schwäche, die als Folge einer verpfuschten Rh-Transfusion zustande kommen kann. Vielleicht wäre sie auch ohne den wahnsinnigen Vater und die gefühllosen Wissenschaftler zu einem Leben in der Dämmerung verdammt gewesen. Nein, ich nehme diesen Gedanken zurück. Hier ist kein Vergleich möglich. Was Genie ertragen musste, zählt zu den grauenvollsten Schicksalen, die man auf dieser Erde erleiden kann.

♦

Kapitel 16

... AUCH HEUTE

Jean, der Affenjunge von Burundi (1976)

B. F. Skinner, Verhaltensforscher und Professor für Psychologie in Harvard, erhielt im April 1976 einen eindringlichen Brief von einem gewissen Charles Taylor, dessen Vater Leiter des US-Peace Corps in Botswana war.

Gegenstand des etwas wirr geschriebenen Hilferufs an Professor Skinner war ein Kind, von dem gemunkelt wurde, es habe unter Affen gelebt. Charles Taylor hielt das Kind für gefährdet. Der Hintergrund dieser Geschichte war in einem beigelegten Artikel des Journalisten David Barritt in der *Johannesburg Sunday Times* vom 11. April 1976 zu lesen:

Während eines Patrouillenganges im Juni 1974 stieß ein Trupp Soldaten im Süden Burundis auf eine Herde Enkede-Affen. Die Affen kreischten und stoben auseinander, bis sie die Baumwipfel erreichten. Dort schnatterten sie aufgeregt und schaukelten hin und her. Die Soldaten kümmerten sich wenig um die Tiere. Eine Begegnung mit Affen ist nichts Ungewöhnliches in diesem Wald. Doch dann bemerkte einer der Soldaten etwas Merkwürdiges. Einer der Affen schaffte es nicht, den Baum zu erklettern. Dieses Wesen wirkte weniger geschickt als seine Gefährten. Der Soldat wollte zunächst seinen Augen nicht trauen:

> *»Nackt und zornig vor sich hinschnatternd, stand ein kleines Menschenkind da und versuchte, so schnell wie möglich hinaufzuklettern. Der Soldat traf auf etwas, wovon die Menschen sonst nur träumen: einen wahrhaft lebendigen Dschungeljungen, einen Miniaturtarzan, einen Jungen, der bei einer Herde Affen lebte und als einer der ihrigen aufgenommen wurde.«*

Inzwischen, so der Zeitungsbericht weiter, seien zwei Jahre verflossen. Jean sei nun acht Jahre alt und lebe in einem katholischen Waisenhaus im ländlichen Gitega, 110 Kilometer nördlich von der Hauptstadt Bujumbura. Trotz aller Versuche ihn zu erziehen, verhalte er sich aber nach wie vor wie ein Affe: Er rede nicht, schnattere und grunze nur, wenn er etwaige Wünsche mitteilen wolle, esse lediglich Obst und Gemüse und kreische, wenn er sich bedroht fühle.

Pater Pierre Tuhabonye, der katholische Geistliche, der das Waisenhaus führte, hatte David Barritt erzählt, Jean sei wohl während des Bürgerkriegs 1972 in den Wald geflüchtet, als seine Hutu-Eltern ermordet wurden. Er habe überlebt, weil ihn eine Affenherde adoptierte. Soldaten hätten ihn in einem Wald unweit des Tanganjikasees aufgespürt und ihn nach Bujumbura gebracht.

Von dort kam er ins städtische Waisenhaus, so Barritt, wo er die nächsten achtzehn Monate verbrachte. Unter anderem habe er im Waisenhaus das aufrechte Stehen wieder erlernt. Der zuständige Psychiater, Dr. Wiatscheslaw Sarotschintsew vom städtischen Krankenhaus, habe ihm aber nur wenig Hoffnung auf Heilungschancen eingeräumt.

Schließlich hatte man den Affenjungen nach Gitega verlegt. Seine Pflegerin Petronille Sinibarura berichtete über ihn: »Als Jean hierher kam, war er trotz aller Bemühungen der Kollegen in Bujumbura noch immer ein Tier. Sein Körper war behaart, und er weigerte sich, von einem Teller zu essen. Wenn wir ihm etwas zu essen gaben, warf er es auf den Boden und aß es dort. Wir haben aber innerhalb kurzer Zeit große Fortschritte gemacht. Er reagiert auf seinen Namen und die Wörter, ›Komm essen‹. Die Körperbehaarung ist ganz verschwunden, und er isst jetzt aus einem Teller.«

Jean ging es gut in Gitega. Er war kräftig und flink, schmuste gern und aß gut und viel. Andere Kinder hatten aber Angst vor ihm, denn er war weiterhin unberechenbar wie ein Affe. David Barritt, Autor des Artikels in der *Johannesburg Sunday Times,* erlebte ihn aus der Nähe:

»Ich beobachtete Jean über mehrere Stunden. Er schnattert ständig und macht Geräusche, die an Affen erinnern. Obwohl er jetzt aufrecht geht, hängen seine Arme nach unten und er hält sich gebückt, so dass die Hände manchmal den Boden berühren. Aus diesem Grund hat er noch immer eine dicke Hornhautschicht auf den Händen. Er ist sehr ängstlich … Einmal während meines Besuches hat Jean einen kleinen Jungen ins Visier genommen, der gerade eine Banane essen wollte. Jean knurrte zornig, lief auf das Kind zu und schnappte ihm die Banane aus der Hand. Es war eine Szene aus dem Affenkäfig im Tierpark.«

Auch Vater Tuhabonye unterstrich, dass Jeans Verhalten dem der Affen ähnelte. Er behauptete sogar, Jean halte sich selbst für einen Affen.

Nachdem B. F. Skinner die Post aus Afrika akribisch studiert hatte, machte er seinen Kollegen Harlan Lane mit dem Inhalt bekannt. Lane, der bereits ein Werk über Victor von Aveyron veröffentlicht hatte, sah hier die Möglichkeit, einen lebendigen wilden Jungen aus der Nähe kennen zu lernen, und beschloss kurzerhand, nach Afrika zu fahren. Es gelang ihm, seinen Freund und Kollegen Richard Pillard, Professor der Psychiatrie an der Boston University School of Medicine, für das Projekt zu gewinnen. Nach sorgfältigen Vorbereitungen brach das Team Ende Mai 1976 nach Bujumbura auf. Ziel der Reise war festzustellen, ob es sich hier um einen echten *homo ferus* handelte oder ob das Kind lediglich geistig zurückgeblieben beziehungsweise autistisch war.

Lane und Pillard fanden ein armes und zerrüttetes Land vor, als sie Bujumbura erreichten. Die Wunden des großen Stammeskrieges der vergangenen Jahre zwischen Hutu und Tutsi waren noch nicht verheilt. Aus dem Zeitungsartikel der *Johannesburg Sunday Times* wussten sie, dass die Regierung Burundis den Fall Jean wegen der heiklen Verknüpfung mit dem Bürgerkrieg lange verschwiegen hatte.

David Barritt hatte ja auch berichtet, er sei beinahe des Landes verwiesen worden. Reporter seien in Burundi unerwünscht. Nur nach zähen Verhandlungen war es ihm schließlich gestattet worden, einige Stunden im Waisenhaus in Gitega zu verbringen, um Jean zu beobachten, und einen Tag in Bujumbura, um dort zu recherchieren. Sein Wunsch, jene Soldaten, die Jean angeblich aufgespürt hatten, zu interviewen, wurde ihm aber nicht erfüllt.

Lane und Pillard hatten mehr Glück. Sie durften ohne Auflagen landauf, landab reisen, um das Schicksal Jeans zu beleuchten. Zunächst aber vereinbarten sie einen Termin in der Hauptstadt mit Dr. W. Sarotschintsew, Chefpsychiater an der Prince-Regent-Charles-Klinik. Sarotschintsew hatte schon 1974 mit dem Kind zu tun gehabt, als er gerade an das Krankenhaus gekommen war. Der melancholische Arzt in seinem etwas zerknitterten Kittel warf in Gegenwart seiner amerikanischen Kollegen einen kurzen Blick in die Krankenhausunterlagen. Er stellte fest, dass der junge Patient bereits am 13. Juni 1972 in die Klinik eingeliefert wurde. Lane und Pillard reagierten auf diese Nachricht etwas verdutzt. Denn eigentlich hätte Jean nach den Angaben des Zeitungsartikels zu der Zeit im Urwald bei den Affen sein müssen. Aber auch vor seinem Aufenthalt in der Prince-Regent-Charles-Klinik hätte Jean nach dem medizinischen Bericht wenig Gelegenheit gehabt, im Dschungel unter Affen zu weilen. Denn vor dem 13. Juni 1972 hatte er laut Unterlagen bereits im großen Waisenhaus von Bujumbura gewohnt. Dr. Sarotschintsew konnte sich noch gut an das Verhalten des Kindes erinnern: Der Junge flatterte mit den Händen und schlug sich häufig auf die Stirn. Hände und Stirn waren deshalb mit einer dicken Hornhaut belegt. Der kleine Patient habe aber wie jedes Kind in einem Bett geschlafen und sei nie auf allen vieren gegangen. Der Psychiater hielt ihn für einen gewöhnlichen Schwachsinnigen, vielleicht habe er an einer Epilepsie gelitten.

Im Waisenhaus in Bujumbura erfuhren die zwei Suchenden nun, dass der Affenjunge Jean in Wirklichkeit Balthazar Nsanzerugeze hieß und laut dortigen Unterlagen 1964 zur Welt gekommen war. Bereits am 22. Januar 1969 sei er ins Waisenhaus eingeliefert worden. Davor lebte er aber ebenfalls in einem Waisenhaus, und zwar in der Stadt Kiganda. Offensichtlich war seine Mutter kurz nach seiner Geburt gestorben. Als der Vater daraufhin wieder heiratete, kam der Sohn aus erster Ehe ins Waisenhaus, nichts Außergewöhnliches in Burundi, wie Lane und Pillard betonen. Alle Spuren aber führten immer weiter vom Urwald weg.

Jean von Burundi

Nach diesen Auskünften war die Suche nach einem jungen Tarzan am ersten Interviewtag im Grunde schon beendet. Doch die zwei Wissenschaftler beschlossen, der Gründlichkeit halber weiter zu recherchieren. Sie verließen die Hauptstadt und reisten zunächst nach Gitega, um Jean/Balthazar vor Ort zu beobachten. Dort wurde Sarotschintsews Diagnose sogleich bestätigt. Er erwies sich als hyperaktives Kind, das sich immer wieder mit den Händen gegen die Stirn klopfte. Der wilde Junge hatte allerdings eine ganz normale Gangart, kein Affe also, war schmusebedürftig und lachte, wenn man ihn kitzelte. Er machte sich gerne zum Mittelpunkt, war auf keinen Menschen besonders fixiert, war flink, kräftig und ging oft auf den Zehenspitzen.

Lane und Pillard brachen nun nach Kiganda auf, um im dortigen Waisenhaus weitere Informationen über Jean / Balthazar zu bekommen. Dort fanden sie fehlende Puzzleteile: Balthazar war wohl 1966 und nicht 1964 geboren. Er sei außerdem kurz nach seiner Geburt ins Waisenhaus gekommen, allerdings im September 1968 wieder zu seiner Familie zurückgekehrt. Den Unterlagen zufolge war er während seines ersten Aufenthalts im Waisenhaus ein ganz normales Kind. Doch als er wieder zu seiner Verwandtschaft zog, erkrankte er offenbar – die Natur seiner Krankheit war nicht mehr zu eruieren: Es konnten Masern oder eine Hirnhautentzündung gewesen sein oder ein allmählich sich manifestierender Autismus. Wie dem auch sei: Anfang 1969 galt er bereits als geistig schwer behindert. Seine Familie brachte ihn wieder ins Waisenhaus in der Hauptstadt Bujumbura.

Um endgültige Sicherheit hinsichtlich der wahren Natur des Leidens von Jean bemüht, kehrten Lane und Pillard nach Gitega zurück und erhielten von der Waisenhausführung die Genehmigung, mit Jean / Balthazar nach Nairobi zu fliegen, um ihn dort weiteren neurologischen Tests zu unterziehen. Das vermutete Ergebnis wurde aber nur noch bestätigt: Der Affenjunge Jean war in Wirklichkeit ein geisteskranker Hutu namens Balthazar Nsanzerugeze. Von einem Dschungelkind also keine Spur. Vor dem Waisenhaus in Gitega hing weiterhin ein großes Plakat aus:

Jean, der Affenjunge
Besuchszeiten 9–5
Spende: 50 Francs.

ANMERKUNG: Wer nach dem wilden Menschen sucht, freut sich über jedes Indiz, selbst wenn es einen Betrug bestätigt. Denn damit werden die Grenzen des Möglichen aufgezeigt. Schade, dass es keinen Lane und keinen Pillard gab, als Dina Sanichar bei Agra zur Schau gestellt wurde. Auch in manch anderen Fällen wäre die Gründlichkeit dieser Wissenschaftler wohltuend gewesen. Einen Lebenslauf lückenlos zu beleuchten, glückt aber leider nur selten, mit ein Grund für die mystifizierende Aura, die dieses Thema immer begleitet.

Das Hundekind von Oklahoma City (um 1980)

Dieser flüchtige Hinweis auf einen sonst unbekannten Fall ist in Russ Rymers Buch über Genie zu lesen. Rymer erfuhr darüber vom Psychiater Jay Shurley aus Oklahoma City.

> *»Es gab hier neulich in Oklahoma City einen Jungen, er war vier Jahre alt. Seine Eltern hielten ihn mit den Hunden in einem Zwinger hinter dem Haus. Er ging auf allen vieren ...«*

ANMERKUNG: Shurley erwähnte dieses Fragment eines grausamen Schicksals in einem Gespräch mit Russ Rymer über das Phänomen der psychotischen Eltern. Was aus diesem armen Hundekind später wurde, erzählte er hier nicht. Falls der Junge mit zarten vier Jahren unversehrt aus dem Zwinger kam, möchte man davon ausgehen, dass er zumindest theoretisch in der Lage war, sich normal weiterzuentwickeln.

♦

Isabel, das portugiesische Hühnerkind (1980)

> *»Es handelt sich nicht um eine Fiktion. Isabel lebte, als wäre sie ein Tier. Als Gesellschaft hatte sie Hühner, Elend und Einsamkeit ...«*

So dramatisch beginnt ein Artikel aus der portugiesischen Tageszeitung *Diário de Noticias* vom 19. Januar 1980. Isabel, damals neun Jahre alt, habe acht Jahre mit den Hühnern gelebt. Die Autorin, Conceição Lobo, gibt sich als Augenzeugin aus. Mit ihrem Team von der DN besuchte sie das Mädchen, nachdem sie zufällig von dessen Schicksal erfahren hatte. Isabel lebte mit ihrer Mutter und deren Lebensgefährten in einer ärmlichen Einöde nahe Tábua. Zu diesem Zeitpunkt allerdings gackerte das Mädchen nicht mehr mit den Hühnern, sondern logierte vielmehr in einem kleinen Stall hinter dem Garten. Noch immer, so Lobo, ähnelte es aber einem Hühnchen: das »Profil, die Stellung der Lippen, die Zähne, die zu einem Schnabel geformt waren, und die großen Augen, weit in Richtung Boden aufgerissen«. Auch die fest am Körper gehaltenen Arme erinnerten ihn an Hühnerflügel. Das Kind sprach nicht, reagierte auf einfache Fragen lediglich mit einer primitiven Gestensprache und machte schlechthin den Eindruck eines sehr gestörten Menschen.

ANMERKUNG: Ich bezweifle, dass Isabel wirklich ein wildes Kind war. Sie hauste in großer Armut mit ihrer Mutter, die offenbar keine Anstalten machte, das Schicksal der Tochter zu verheimlichen. Im November 1998 spürte die *Diário de Notícias* das Mädchen auf und besuchte es erneut. Isabel, so erfährt der Leser, lebe seit nunmehr achtzehn Jahren im Institut Casa do Bom Samaritano, sie habe noch immer das geistige Niveau einer Zweijährigen. Doch nun erfährt man das eigentliche Problem: Isabel ist nämlich mikrozephal, also kleinköpfig. Ihr Leiden war also schon immer ein organisches, wohl kaum ein ausschließlich umweltbedingtes. Ob sie jemals mit den Hühnern mitgegackert hatte, bleibt dahingestellt. Augenzeugin Lobo mengte ihrer Geschichte sicherlich eine hübsche Portion Wunschdenken bei. Interessant ist dieser Fall dennoch, weil er uns deutlich vor Augen führt, wie auch in der Vergangenheit manche »Augenzeugen« durch Phantasie und eigene Wunschvorstellungen wahre Gegebenheiten in schöne Geschichten umgemodelt haben mögen.

♦

Der Affenmensch von Kenia (1982)

Am 6. Mai 1982 erschien in der *Frankfurter Allgemeinen Zeitung* ein kurzer AP-Bericht über einen Affenmenschen, der in einem Wald im Lambwa-Tal am Ostufer des Victoria-Sees aufgefunden worden war. Ein Beamter der Gesundheitsbehörde meinte hierzu, bei dem Patienten handle es sich mit Sicherheit um einen Menschen, doch um einen, der vielleicht geistesgestört sei.

»Der Mann sei ungefähr 26 Jahre alt und habe affenähnliche Gewohnheiten angenommen. Möglicherweise sei er als Kind von der Familie ausgesetzt worden und unter Tieren aufgewachsen. Aus dem Krankenhaus wurde berichtet, der Patient verständige sich mit Grunzlauten sowie mit schnellen tierähnlichen Gesten, doch auch mit einigen Lauten, die Wörtern aus der Sprache zweier Stämme glichen. Als Essen bevorzuge er Fleisch am Knochen, ungeschälte Bananen und Laub.«

ANMERKUNG: Sachlich, sehr sachlich war diese kurze und wahrhaft vorsichtige Notiz formuliert. Was man davon halten soll, steht aber auf einem anderen Blatt. Irgendwie fühlt man sich bei der Lektüre an die alten Chroniken erinnert. Was ist die Zeitung von heute außer einer Tageschronik?

♦

Robert, das Affenkind von Uganda (1986)

Thomas Schneider legte den Lesern der Zeitschrift *Bunte* am 23. Oktober 1986 einen Augenzeugenbericht über einen Jungen namens Robert vor, der von Soldaten im Urwald gefunden wurde. Er befand sich etwa ein Jahr in einem Waisenhaus in Kampala, als seine Geschichte publik wurde.

»So dunkel wie die Vergangenheit des kleinen Burschen aus Afrika ist, so dunkel wird auch seine Zukunft sein: Gelernt hat Robert in dem Jahr unter Menschen noch nichts ... das unglückliche Menschenkind benimmt sich nach wie vor wie ein Affe. Der Junge spricht nicht, stößt nur unartikulierte Laute aus. Er kann nicht lachen, nicht weinen. Mit Vorliebe bewegt er sich auf allen vieren fort; auf zwei Beinen läuft er nur, wenn er dazu gezwungen wird.«

Die weitere Beschreibung gleicht ähnlich gelagerten Fällen. Der Junge hatte einen kurzen Oberkörper und sehr lange Arme und Beine, die Gelenke waren verdickt, die Hände affenartig gekrümmt. Seine Entwicklung hatte sich offenbar den Erfordernissen eines Affenlebens angepasst.

Die anderen vierzig Waisenkinder beachte Robert nicht. Während sie spielten, sitze er zusammengekauert in der Sonne und döse vor sich hin. Interesse zeige Robert nur, wenn es etwas zu essen gebe. Er bevorzuge noch immer Gras, Baumrinde und als Nachtisch Bananen, die er gierig in sich hineinstopfe. Er lehne es ab, aus einer Tasse zu trinken. Das Wasser schütte er sich in die hohle Hand und schlürfe daraus.

ANMERKUNG: Thomas Schneiders Text trägt die Überschrift »Robert, das Kind der Gorillas«. Anfang 2000 erreichte ich Schneider in der *Bunte*-Redaktion und fragte ihn, wie er so sicher sein könne, dass Robert bei Gorillas gelebt habe. Er gestand einen gewissen Sensationalismus im gewählten Titel seiner Illustriertengeschichte ein. Von Gorillas könne also keine Rede sein. Schneider habe von Robert durch einen Kollegen, den Fotografen Arvind Vohora, erfahren. Vohora konnte Schneider überzeugen, mit ihm das Kind in Kampala aufzusuchen. Die Reportage war das Resultat der langen Reise. Auch Arvind Vohora erreichte ich per Telefon. Er lebt heute in Nairobi und erzählte mir von den Narben, die er auf der Innenseite von Roberts Beinen gesehen hatte. Vohora deutete diese Narben als Nachweis, dass der Affenjunge auf die Bäume hochgeklettert war. Als ich fragte, ob Robert mit den Händen flattere – ich dachte an Jean von Burundi –, verneinte dies Vohora. Die Menschen vor Ort, zu denen Vohora Kontakt hatte, waren überzeugt, dass das Kind im Busch gelebt hatte. Der Fotograf beteuerte, dass Robert nicht geistig zurückgeblieben wäre. Er sei außerdem recht gelenkig gewesen. Sein Verhalten wäre, so Vohora, eindeutig das eines Affen. Vohora selbst schöpfte keinen Verdacht, dass es sich hier um einen Betrug handelte. Man möchte ihm gerne glauben. Thomas Schneider hat sicherlich Recht, wenn er die Zukunft des Jungen als dunkel beschrieb. Ebenso dunkel ist aber seine Vergangenheit.

In der englischen Zeitung *Mail on Sunday* vom 11. Oktober 1987 erfuhr ich allerdings noch einige Details aus dem Leben von Robert. In diesem Sensationsblatt hieß es, er sei ein Opfer des ugandischen Bürgerkriegs 1982 gewesen. Nach der Ermordung seiner Familie sei er in den Dschungel geflüchtet und habe dort unter grünen Meerkatzen gelebt. Er sei bei ihnen drei Jahre geblieben, bis er eines Tages – erheblich abgemagert und kaum in der Lage zu stehen – von Soldaten aufgespürt wurde. Die Affen seien alle geflüchtet, mit Ausnahme eines Weibchens, das, so der Bericht, zumindest kurzfristig nicht von seiner Seite gewichen sei, als wolle es ihn vor Feinden schützen. Vergleichen Sie dieses Schicksal mit dem des John von Uganda (s. S. 388–394).

♦

Saturday Mifune, das Affenkind vom Zululand (1986)

Der englische Filmemacher James Cutler, der diesen Fall als Erster aufgedeckt hat, teilte mir die Ergebnisse seiner Recherchen freundlicherweise in einem privaten Brief mit.

Saturday war etwa vier Jahre alt, als er 1986 ins Stanger Hospital in der südafrikanischen Provinz Natal Kwa Zulu eingeliefert wurde. Es war ein Samstag, daher sein Name. Die Feldarbeiter einer nahe gelegenen Zuckerrohrplantage, die ihn ins Krankenhaus brachten, erzählten, dass sie ihn in einer Herde Meerkatzen entdeckt hätten. Etwa ein Jahr lang hatten sie den Knaben beobachtet. Er lebte zusammen mit den Affen in einem Dschungelstreifen, der quer durch die Felder verlief, und verließ den Wald nur, um mit den Tieren eine Müllhalde hinter der Arbeiterwohnanlage zu plündern oder gelegentlich Zuckerrohrstangen aus den Feldern zu stibitzen. Die Tagelöhner stellten eine Falle und machten den Jungen endlich dingfest. Überraschenderweise griffen die Affen die Männer an, als wollten sie dem Jungen zur Hilfe eilen.

Das Kind wurde im Krankenhaus nach kurzer Untersuchung als geistig behindert diagnostiziert, was sicherlich auch zutraf. Er sprach nicht, war aber sehr behände und trippelte gern auf dem Geländer der Gitterbetten herum. Außerdem machte er große Sprünge, um auf die hohen Wandschränke zu gelangen. Zuweilen flüchtete er durch ein Fenster und kletterte aufs Dach. Am liebsten nahm er sein Essen, rohes Fleisch und Bananen, auf dem Boden ein und fraß ohne Hände wie ein Tier.

Häufig erklomm er die Deckenbalken und nahm dort seine Mahlzeiten zu sich. Nach einem Jahr kam das schwierige Kind in ein Waisenhaus, doch der Ortswechsel veränderte sein Verhalten keineswegs. Er kreischte und grunzte, kletterte wie immer auf die Deckenbalken und balancierte auf den Geländern der Gitterbetten herum. Cutler besuchte ihn viele Jahre nach seiner Einlieferung ins Waisenhaus:

> *»Der erste Eindruck war der eines gestörten Heranwachsenden. Er schaukelt wie ein Fötus hin und her, während er auf dem Boden sitzt. Er rast im großen Saal des einfachen Gebäudes von Wand zu Wand und stößt sich buchstäblich von den Wänden ab … Er klettert noch immer gern auf Bäume und springt auf hohe Möbelstücke. Sein Verhalten ist durchaus affenartig.«*

ANMERKUNG: Cutler ist kein Schwärmer und erst recht kein Sensationalist. Es hätte ihm sicher nichts ausgemacht, wenn Saturday ein ganz »normales« behindertes Kind gewesen wäre. Seine Interviewpartner waren aber anderer Meinung. Die Leiterin des Krankenhauses beteuerte beispielsweise, dass sich geistig behinderte Kinder nach ihrer Erfahrung nie und nimmer so behände bewegten wie Saturday. Alle Zeugen sagten letztendlich das Gleiche: Der Junge gebärde sich wie ein Affe. Cutler konnte auch einen Augenzeugen auftreiben, einen Feldarbeiter, der damals Saturday bei den Affen gesichtet hatte. Der Zeuge bestätigte, dass er den Knaben mit den Meerkatzen öfter gesehen habe. Cutler hielt den Mann für glaubwürdig.

Alles Lügner? Schon möglich. Märchengeschichten sind höchst ansteckend. Doch Saturday wäre nicht der einzige Junge, der unter Meerkatzen gelebt hätte (ein anderes Beispiel wäre John, der Affenjunge von Uganda, ein Fall, über den James Cutler einen Film für die BBC gedreht hat, s. S. 388). Die Meerkatze, *cercopithecus aethiops*, sei, so Cutler, ein geselliges Tier und dulde Artfremde an der Peripherie der Herde. Der Filmemacher ging davon aus, dass Saturday von seinen Eltern wegen seiner angeborenen geistigen Behinderung ausgesetzt wurde und nur zufällig überlebt hat, als er sich einer Affengruppe anschloss. »Der Tarzanmythos von einem Säugling, der *von* wilden Tieren großgezogen wird, ist unmöglich. Die Möglichkeit, dass ein ausgesetztes Kind in verwildertem Zustand *neben* Affen lebt, ist unter Umständen vollkommen plausibel«, meinte Cutler.

♦

Der Hundejunge von Mettmann (1988)

In einem Artikel vom 22. März 1988 in der *Stuttgarter Zeitung* wird die Geschichte des kleinen Horst R. aus Mettmann geschildert. Er geriet in die internationalen Schlagzeilen, als bekannt wurde, dass er in der verwahrlosten Wohnung seiner jungen Eltern – beide Alkoholiker – monate-, wenn nicht jahrelang mit einer Schäferhündin das Lager geteilt und dabei die Verhaltensweisen des Tiers weitgehend angenommen hatte. Es hieß zunächst von offizieller Seite, der Junge könne nicht sprechen. Tatsächlich war er aber durchaus in der Lage, wie andere durch lange Einsamkeit in ihrer Entwicklung zurückgebliebene Kleinkinder einzelne Wörter wie »Mama«, »Papa«, »Opa«, »Oma« oder den Namen des Hundes »Asta« auszusprechen. Der Artikel merkt auch kritisch an, »dass ein Wettlauf um möglichst exklusive Fotos zur ›Story des Jahres‹« in Gang gekommen sei, an dem nicht nur die Eltern des Kindes ein finanzielles Interesse hätten:

> *»Seit Tagen versuchte ein großes deutsches Blatt, den arbeitslosen, nicht ausgelernten Metzger Werner R. (30) und seine Ehefrau Jutta (23) zusammen mit der Schäferhündin ›Asta‹ verborgen zu halten, um sich die ›Exklusivrechte‹ zu sichern. Zunächst in Wuppertal, dann in Düsseldorf sollen die ›tragenden Figuren‹ in erstklassigen Hotels untergebracht und gegen jede Konkurrenz aus dem Blätterwald abgeschirmt worden sein …«*

ANMERKUNG: Horst war drei Jahre alt, als er vom Sozialamt aus seiner Verwahrlosung gerettet wurde, jung genug also, um sich entwickeln zu können, vorausgesetzt, er wäre in einer halbwegs normalen Familie untergekommen. Was später aus Horst wurde, ist nicht bekannt. Menschenkinder werden ab und zu von Hunden quasi als Welpen toleriert. Das steht fest. Ob Asta wirklich die fürsorgliche Ziehmutter spielte, ist eine andere Frage und wird hier leider nicht ausreichend aufgehellt. Man darf ruhig skeptisch bleiben.

♦

John, der Affenjunge von Uganda (1991)

Mein Kollege Wolfgang Goede machte mich als Erster auf das Schicksal von John Ssebunya aufmerksam, nachdem ein Bericht über diesen Affenjungen im Nachrichtenmagazin *Focus* erschienen war. Die Geschichte Johns zog weite Kreise, nachdem die BBC 1999 eine Wissenschaftssendung, *The Boy who Lived with Monkeys*, ausstrahlte. Der Produzent/Regisseur, James Cutler, schickte mir liebenswürdigerweise einen Video-Mitschnitt seines Werkes und legte einen Brief bei, aus dem ich hier zitiere:

»John lebte in Kabonge, einem Dorf nahe Bombo, nördlich von Kampala. Das Dorf hat kein echtes Zentrum, ist lediglich eine Reihe Häuser und kleiner Güter, die sich auf einigen Quadratmeilen ausbreiten. John flüchtete und versteckte sich im Wald, etwa zwei bis drei Kilometer von seinem Haus, nachdem er Zeuge wurde, wie sein Vater seine Mutter umbrachte. Sein Vater war als gewalttätiger Alkoholiker bekannt.
John sagt, er hatte solche Angst vor seinem Vater, dass er im Wald blieb. Es ist ebenfalls möglich, dass er damals gewissermaßen geistig behindert war. Vielleicht war dies unter anderem der Grund, weshalb er es versäumte, Hilfe bei anderen Erwachsenen zu suchen.
Er war vier oder fünf, als man ihn 1989 fand, so meinte die Zeugin, Mrs. Millie Sseba, die ihn im Wald aufspürte. Es gibt keine Geburtsurkunde.
Ich sprach auch mit einer Frau aus einem anderen Teil des Dorfes. Sie hatte John von Zeit zu Zeit im Wald mit den Affen gesichtet. Sie erklärte mir, ›Ich konnte ihn nicht ergreifen und

zu mir nach Hause bringen. Er war wie ein wildes Tier.‹ Falls Sie möchten, kann ich Ihnen auch ihren Namen zukommen lassen. Millie Sseba hatte eine andere Einstellung und versuchte ihn zu retten, sobald sie ihn sah. Er war halb tot als Folge von Unterernährung und musste wegen Wurmbefalls behandelt werden. Hätte sie ihn an dem Tag nicht dingfest gemacht, so wäre er wohl nach einigen Tagen gestorben, und kein Mensch hätte seine Geschichte erfahren.

Damals waren die Felder nahe dem Wald wegen der Auswirkungen eines acht Jahre andauernden Bürgerkriegs noch ungeschützt. Die Bevölkerung war häufig auf Wanderschaft. Die Dorfbewohner bezeugen, dass der Landstreifen am Wald wegen des Bürgerkriegs von unzähligen Affen bevölkert war. Normalerweise werden Affen in Uganda Grenzen gesetzt. Sie gelten allgemein als Plage und als Schädlinge. Man beseitigt sie oder vertreibt sie, wo man sie nur antrifft. Die Menschen in Uganda hegen keine Sympathie für Affen, wie wir es tun, wenn wir ihnen in Tierparks oder Safariparks begegnen. Das ist ein wichtiger Punkt.

Ich besuchte den fraglichen Wald. Auch heute, da es viel weniger Affen gibt, trifft man auf Hinweise, welche ich im Film dokumentierte, dass sich die Affen an der Ernte bedienen. Das heißt: Sie begeben sich in die nahe liegenden Felder und stehlen Bananen, Wintermelonen [cassava] und Yams.

John meint, dass er im Wald auf eine Herde Affen stieß. Er sagt, er konnte von den Früchten essen, die die Affen von den Feldern geholt hatten. Er selbst ging mit in die Felder und klaute Essbares. Es gibt keinen Beweis dafür, dass die Affen ihn fütterten. Primatologen halten dies ohnehin für sehr unwahrscheinlich. Sie mutmaßen vielmehr, dass die Affen mehr Nahrung stibitzten, als sie selbst brauchten. Was sie hinterließen, sammelte John ein und aß es.

John erkannte die Affen [aus Bildern]. Es waren cercopithicus aethiops (die gemeine afrikanische graue oder grüne Meerkatze). Dies ist sehr wichtig, denn diese gehören zu den wenigen, die gesellig zusammenleben. Sie sind außerdem bereit, Einzelgänger einer anderen Affengattung zu akzeptieren und dulden diese neben der Herde. Andere Affen und Groß-

affen neigen nicht dazu – Schimpansen zum Beispiel hätten ein Menschenkind möglicherweise gefressen.
Die Primatologin Dr. Debbie Cox des Uganda Wildlife and Education Centre in Entebbe konnte Johns Verhalten bei einer Herde cercopithecus aethiops beobachten. Als Expertin auf diesem Gebiet bezeichnete sie Johns Umgang mit den Affen, seine Fähigkeit, mit ihnen zu kommunizieren, als einmalig. Noch nie hätte sie dies bei einem ungeschulten Menschen gesehen.
Sie habe den Umgang ugandischer Kinder mit Affen als Haustieren beobachtet. Sie lernen das soziale Verhalten der Affen unter diesen Umständen nicht. Es gibt keinen Hinweis, dass John mit den Affen in Berührung kam, bevor er in den Wald ging. Sein Leben seitdem ist sehr gut dokumentiert. Man kann also kategorisch behaupten, dass er keine Erfahrung mit Affen gemacht hat, seit er aus dem Wald kam. Man hält die Affen, wie schon gesagt, für eine Plage. Die schlimmste Beschimpfung in Uganda ist: ›Du bist der Sohn eines Affen‹.
Dr. Cox vermutet, dass, um die komplizierte Körper- und Lautsprache zu lernen, die er vorführte, John als akzeptiertes und geduldetes Randmitglied der c. aethiops-Herde gelebt hatte. Bei einem Einzelgänger dauert dieser Prozess normalerweise mehrere Monate, das heißt, zwei bis vier Monate, wenn nicht länger. Ihre Schlussfolgerung: John habe UNBEDINGT mehrere Monate mit einer Herde c.aethiops verbracht. Ich kenne keinen Primatologen, der dies widerlegen würde. Professor Douglas Candland, ein Fachmann auf dem Gebiet des Tierverhaltens von der Bucknell University, bestätigte diese Schlussfolgerung von Dr. Cox bedingungslos. Professor Vernon Reynolds von der Oxford School of Evolutionary Biology und selbst ein führender Verhaltensforscher, teilt die Meinung von Dr. Cox.
Dennoch: Diese Erkenntnisse bezeugen NICHT, dass der Tarzanmythos Wahrheit ist (auch wenn sie zeigen, wie ein solcher Mythos aus Fakten apokryphisch entsteht). John wurde NICHT von Affen ERZOGEN. EBENSOWENIG wurde er als Baby GESTOHLEN. Im Gegenteil. Es steht fest, dass er neben einer Herde c. aethiops mehrere Monate gelebt hatte.

Er wurde GEDULDET und AKZEPTIERT als RANDMITGLIED der Gruppe, nie als volles Mitglied mit einer eigenen Stelle in der sozialen Hierarchie. Er kann mit c. aethiops auch ›spielen‹. Sie oder ich – ohne Vorkenntnisse oder besonderes Training – würden dagegen Schaden erleiden oder angegriffen werden. Es dauert einige Monate, um Studenten oder Wärtern die gleichen Fähigkeiten beizubringen, wie John sie hat. Er flüchtete und konnte dank glücklicher Umstände im Wald überleben. Er wäre aber trotzdem gestorben und in Vergessenheit geraten, wenn er nicht rechtzeitig gerettet worden wäre. [Hervorhebungen von James Cutler.]
Nach der Schilderung von Millie Sseba war sein Körper mit Haaren bedeckt. Als ich den Film machte, dachte ich, es wären seine Kleider gewesen, die an seinem Körper vermoderten und verschimmelten, und dass Millie Sseba dies fälschlich als Körperbehaarung deutete. Inzwischen habe ich erfahren, dass eine ausgeprägte Behaarung als Resultat einer chronischen Unterernährung auftreten kann, vor allem bei einem Kleinkind. Dies wäre eine weitere Bestätigung, dass dieser Hinweis Millies fundiert war.
Es gibt viele Zeugen, die John nach der Rettung gesehen hatten. Keiner wollte den Fall an die Öffentlichkeit bringen. Man hat ihn gewissermaßen versteckt, weil man sich seiner Erfahrungen schämte. Nur durch Zufall erschien seine Geschichte auf der Internetseite einer mildtätigen Organisation, die ihn aufgenommen hatte …«

James Cutlers nüchterner und einleuchtender Film zeigt den Affenjungen im Jahr 1999, im Alter von vierzehn Jahren. Er wirkt vor der Kamera meist schüchtern und unbeholfen. Kein Wunder – er ist kein medienerprobter Mensch aus dem Westen, sondern ein afrikanisches Kind, das ganz unerwartet im Rampenlicht steht, umkreist obendrein von vielen wichtigen ausländischen Weißen, die mit ihm Englisch reden, eine Sprache, die es nur leidlich versteht. John schaut niemandem direkt in die Augen, lächelt verlegen. Nur in den Szenen, wo er sich unbeobachtet fühlt, wirkt er weniger gehemmt.

Er stottert vor der Kamera, auch wenn er seine Muttersprache Luganda spricht. Als er von der Ermordung seiner Mutter und seiner Flucht in den Wald erzählt, lächelt er verlegen. Er schildert dem Interviewer, wie die Affen ihn gefunden hatten und ihn fütterten. »Die Affen liebten mich, wir spielten die ganze Zeit zusammen«, erklärt er. Man fragt ihn, ob er so sicher sei, dass es wirklich so war. Er antwortet: »So hab ich es in Erinnerung, und es ist wahr.«

Professor Candland ist besonders interessiert, mehr über die Behauptung zu erfahren, dass John auf dem ganzen Körper behaart gewesen sei, als man ihn aufspürte. Er bittet die Augenzeugin Minnie Sseba um Auskunft. Candland denkt natürlich an Linnés *homo hirsutus*: Ob Johns Kopfhaare vielleicht sehr lang waren, will er wissen. Der Professor vermutet, man habe diese mit Körperbehaarung verwechseln können. Minnie bleibt aber stur. Er hatte lange, wilde Haare auf dem Kopf, aber der Körper war ebenfalls behaart, und zwar überall – nur nicht am Gesäß. Minnie ist nicht die Einzige, die John als behaart in Erinnerung behalten hat. Auch Paul und Molly Wasswa, Leiter des Waisenhauses, in dem 800 Kinder leben, bestätigen die Aussage Minnies. Als er nach Bombo kam, sagen sie, war John ausgemergelt, krank, ähnelte einem wilden Tier – auch dem Verhalten nach – und sehr ängstlich. Es dauerte lange, bis er wieder lächeln und lachen lernte. Auch seine Sprachfähigkeit habe er nur mit großer Mühe wiedererlangt. Minnie, die ihn vor dem sicheren Tod rettete, betrachtete ihn anfangs als halb Mensch, halb Affe. Die Affen machten einen kurzen Versuch, ihn vor den Menschen zu beschützen, sagt sie. Sie habe die Herde aber mit einem Stock vertrieben.

Douglas Candland hält die Geschichte für plausibel. Es beeindruckt ihn, dass John aus einem dicken zoologischen Nachschlagewerk mit Hunderten von Bildern auf genau die Affenart zeigte, die als Ziehfamilie in Frage kam: die grüne Meerkatze. Candland macht sich Gedanken, wie lange der Junge es im Wald bei den Affen ausgehalten hatte. Er glaubt letztendlich, es könne sich höchstens um einige Monate handeln. Das Gedächtnis eines Kleinkindes habe wenig Sinn für das Verstreichen der Zeit.

Um die Geschichte nochmals zu überprüfen, fährt das BBC-

Team mit John ins Uganda Wildlife Centre. Dort soll der ehemalige Affenjunge zum ersten Mal seit zehn Jahren mit einer Herde grüner Meerkatzen in Berührung kommen. John beweist sogleich, dass er in der Tat einiges vom Umgang mit diesen Tieren versteht. In ihrer Gegenwart verhält er sich gekonnt, entspannt, weiß, wann er den Blick abzuwenden hat, wie er sich zu gebärden hat. Die Primatologin Debbie Cox bestätigt: »Kein Zweifel. Er hat bei ihnen gelebt, und zwar über längere Zeit.« Douglas Candland ist gleicher Meinung.

Professor Candland schickte mir am 10. November 1999 folgende Mail von der Bucknell University:

»… John singt und tanzt und gibt gerne ein bisschen an. Er spielt Fußball leidenschaftlich gern und hat die USA bereits im Rahmen der Special Olympics besucht, Spiele für Kinder mit Behinderungen …
Ich stellte genaue Fragen über seine Zeit bei den Affen (sicherlich Meerkatzen), und er zeigte mir, wie sie ihm Nahrung hinterließen. (Ohne Zweifel hatten sie wie alle Meerkatzen die Hälfte des Essens einfach weggeworfen und duldeten es, dass er sich dessen bediente.) Ich verwendete die Worte ›von den Affen geduldet‹ häufig im Film, um die Vorstellung zu vermeiden, dass sie sich um ihn kümmerten. Er kann sich nicht mehr erinnern, wie lange er im Wald gelebt hat, wie er zu Wasser kam, ob es eine oder mehrere Herden gegeben hatte (das heißt, ob er mit fünfundzwanzig Affen zusammen war oder mit fünf Herden von jeweils fünf Tieren).
Das Gedächtnis ist freilich eine Erfindung, es ist ein lebender Organismus. Ich kann mit ziemlicher Sicherheit sagen, dass er in der Umgebung von grünen Meerkatzen gelebt hat, dass er ihre Körpersprache vorwegnimmt, dass er angemessen darauf antwortet. Wo er dies lernte, vermag man nicht zu sagen …«

ANMERKUNG: Man hält es kaum für möglich, aber endlich ein nachweisbar echter Affenjunge! Und doch, wie James Cutler beteuert, handelt es sich hier keinesfalls um den jungen Tarzan. Die Tiere, bei denen John als geduldeter Mitläufer lebte, kümmerten sich kaum um ihn. Es war sein Glück, dass er auf eine gesellige Affenart gestoßen war, deren Natur es erlaubte, Artfremde zu tolerieren. Auch Wölfe sind gesellige Tiere. Ob ein Wolf einen Menschen beziehungsweise ein hilfloses Menschenkind umsorgt oder lediglich duldet, wäre vielleicht auch eine zulässige Frage. So kehren wir zu einer wesentlichen Frage zurück: Kann die Tiermutter das Menschenkind in ihrer Nähe jemals wirklich lieben? John von Uganda und Robert von Uganda: Auf den ersten Blick ähneln sich ihre Geschichten sehr. Doch während die eine glaubwürdig wirkt, zweifelt man leicht an der anderen. Warum? Schade, dass Robert nie die Gelegenheit hatte, das Wildlife Center in Entebbe zu besuchen. Vielleicht hätte auch er die Prüfung bestanden.

♦

Sobrin von Rumänien (1992)

Ein kleiner Hinweis auf ein furchtbares Schicksal tauchte in der *Süddeutschen Zeitung* vom 13. Juli 1994 auf. Es war von einem neunjährigen Rumänen die Rede, der seit zwei Jahren in einem Heim untergebracht sei und sich weigere, zu sprechen. Der Junge, Sobrin, war von seiner Mutter verlassen und von einer Hündin aufgezogen worden. Er wurde zum Zeitpunkt des Berichts angeblich noch immer von der Hündin gesäugt. Mit ihr verständige er sich durch Bell-Laute.

ANMERKUNG: Eine Geschichte, über die man gerne mehr erfahren möchte. Unfassbar, dass die Leute vom Fach damals nicht nach Rumänien eilten, um den Fall zu erforschen. Sobrin war 1994 allerdings leider nicht das einzige Kind in diesem Land, das in elenden Verhältnissen dahinvegetieren musste.

♦

Der Höhlenmensch von der Wolga (1994)

In der *Frankfurter Rundschau* vom 30. Mai 1994 erschien ein rätselhafter Bericht über einen dreiundfünfzigjährigen Mann, der drei Jahrzehnte lang zusammengekauert in einem winzigen, fensterlosen Kellerraum verbracht hatte. Als ihn die Polizei entdeckte, brachte sie ihn in ein Krankenhaus. Der Mann war von seiner achtzigjährigen Mutter versorgt worden, die ihm sein Essen durch einen Türschlitz zuschob. Der Mann konnte weder sprechen noch laufen und war bis auf die Knochen abgemagert:

»Die Mutter gab an, ihr Sohn sei ein ›ganz normales Kind‹ gewesen, bis er eines Tages aufgehört habe zu sprechen. In der Folgezeit habe er sich immer mehr von seiner Umwelt abgekapselt und schließlich ganz in den kleinen Kellerraum ihres Hauses in der Region Saratow zurückgezogen. In all den Jahren habe er sich geweigert, die Kammer wieder zu verlassen.«

ANMERKUNG: Man hat es hier eindeutig mit einem Geisteskranken zu tun, möglicherweise mit einem Autisten. Dieser Kaspar Hauser hauste dreißig Jahre im Kellerloch. Die Isolierung von der Welt machte den Sonderbaren wohl noch sonderbarer, die Entwirrung der Fakten nur noch verwirrender.

♦

Iwan, der Hundejunge von Moskau (1998)

Der Engländer Michael Newton, Autor eines neuen Buches über wilde Kinder, *Savage Girls and Wild Boys: A History of Feral Children* (2002), machte mich auf diesen Fall aufmerksam. Der Journalist Tom Whitehouse berichtete darüber in *The Guardian* vom 16. Juli 1998:

Ein sechsjähriger Junge hatte zwei Jahre bei einem Rudel streunender Hunde gelebt, nachdem ihn seine Eltern im Stich ließen. Er erzählte den Sozialarbeitern, dass er die Gesellschaft von Tieren den brutalen Zuständen in einem russischen Waisenhaus bevorzuge. »Es ging mir bei den Hunden besser. Sie liebten und beschützten mich«, erzählte der kleine Iwan Mischkukow seinen Rettern. Die Empfindung zwischen dem Kind und den Hunden beruhte auf Gegenseitigkeit. Dass ein wildes Kind in einer Stadt überlebt, in der Wintertemperaturen von minus dreißig Grad herrschen, erfordert einiges an Einfallsreichtum und eine Menge Glück.

Die Journalistin Galina Maschtakowa berichtete, Iwan sei an Erwachsene herangetreten und habe um Essen gebettelt. Dies teilte er mit den Hunden. Wenn Erwachsene ihm zu nahe kamen, sprangen die Hunde auf, um ihn zu verteidigen. »Iwan ist nur eines von zwei Millionen obdachlosen Kindern«, meinte Maschtakowa. »Es gibt ebenso viele streunende Hunde. Kinder lieben Hunde. Es ist klar, dass sie Freunde werden und aufeinander aufpassen.«

Die Hunde machten warme Nischen ausfindig, wo sie mit Iwan die Winternächte überleben konnten: etwa Müllhalden, Gullis nahe der U-Bahn, Warmwasserleitungen, Keller und Speicher in leeren Häusern. Die Verbindung zwischen dem Knaben und den Hunden war derart intensiv, dass die Polizei einen ganzen Monat benötigte, sie auseinander zu bekommen. Drei Versuche scheiterten, weil Iwan sich weigerte hervorzutreten und weil ihn die Hunde wie wild beschützten.

Schließlich stellte die Polizei den Hunden und Iwan eine Falle in einer Lagerkammer und nahm dort das Kind fest.

Iwan kam in ein Kinderheim, wo er ärztlich und psychologisch betreut wurde. Er litt unter Hautkrankheiten und Läusen, war aber sonst körperlich nicht beeinträchtigt. Seine Sprachfähigkeit war durch das Betteln erhalten geblieben, er konnte sich auch wieder an die Gesellschaft von Menschen gewöhnen.

Nachdem die Geschichte publik geworden war, meldeten sich übrigens einige adoptionswillige Paare. Doch Iwan musste in der Obhut des Gerichts bleiben, da dieses erst einmal feststellen wollte, ob seine Mutter ihre Fürsorgepflicht verletzt habe …

ANMERKUNG: Der wilde Iwan war nie »Mithund«, sondern stets »Überhund«, wenn man so will. Die Tiere haben sich von ihm leiten lassen. Er hat seine Tiere mit Nahrung versorgt, nicht umgekehrt. Sie waren von ihm abhängig und beschützten ihn, wie es der Hundenatur gegenüber dem Herrchen eigen ist. Es ist nicht anzunehmen, dass sich Iwan jemals wie ein Hund fühlte. Er war sich seines Menschseins immer bewusst. Dass er dennoch eine Zeit lang verwilderte, steht aber nicht zur Debatte.

♦

»Der unbekannte Europäer: 17 Jahre im Busch« lautete die Schlagzeile der *Münchner Abendzeitung* vom 19. Oktober 1999. Ich erkundigte mich bei meinem Kollegen Fritz Thorgesson in Tasmanien, ob er etwas über diesen Fall in der australischen Presse finden könnte. Er schickte mir einen Bericht aus dem *Sidney Morning Herald* vom 18. Oktober 1999. Darin wurde die Geschichte des Matrosen Johann Reuss aufgerollt, der sechzehn Jahre lang durch den Norden Australiens gezogen war und angeblich vom Aas überfahrener Tiere auf der Straße und von Essbarem im Busch gelebt hatte. Er war als illegal eingereister Ausländer verhaftet und in die Arthur Gorrie Strafanstalt in Brisbane eingeliefert worden.

Johann Reuss flehte die Ausländerbehörde an, ihn wieder in sein Nomadenleben zu entlassen. Seinem Anwalt hatte er erzählt, dass er seit seiner Kindheit davon geträumt habe, die Kimberleys im westlichen Australien zu durchstreifen. Nach seiner Ankunft in Australien sei er sofort untergetaucht und habe jeden Kontakt mit seiner Heimat abgebrochen.

Er durchkreuzte mehrmals das Top End und verbrachte einige Zeit mit Aborigines. Sie brachten ihm bei, wie man im Busch Nahrung findet. Er lagerte oft in der Nähe von Straßen, um eher an überfahrene Tiere heranzukommen. Im Gefängnis weigerte er sich, gekochtes Fleisch zu essen, er bestand darauf, es roh serviert zu bekommen.

Da die Einwanderungsbehörde nicht wusste, wie sie mit Reuss verfahren sollte, blieb er in Haft. Die Angaben, die der eigenbrötlerische Reuss selbst machte, erwiesen sich als nicht stichhaltig. Seine Identität konnte nicht wirklich festgestellt werden, keine ausländische Vertretungsbehörde wollte oder konnte sich seiner annehmen. Nur sein Anwalt, ein Mr. Cousins, warnte vor einer Verlängerung der Haft. »Er ist seit achtzehn Monaten in Gewahrsam, während Beamte in aller Welt diskutieren, was mit ihm geschehen soll.« Man habe allen Grund, sich wegen seiner körperlichen und geistigen Gesundheit Sorgen zu machen. »Er ist ein ziemlicher Einzelgänger, schüchtern und hasst es, eingesperrt zu sein. Er isst nicht viel und scheint sein Interesse am Leben verloren zu haben.«

ANMERKUNG: Der Fall Reuss beweist, dass der Mensch jederzeit in der Lage ist, zu verwildern. Hier handelt es sich freilich um eine freiwillige Absonderung. Reuss kann sprechen und schreiben, wollte aber lieber in der Einsamkeit leben. Er steht nicht ganz allein mit diesem Verlangen da, ist vielleicht nur etwas konsequenter als andere, die diesen Traum hegen. Mein Kollege Fritz Thorgesson schrieb mir am 26. Oktober 1999:

»Wie ich schon einmal erwähnte, ist das Long Grass des abgelegenen Nordens von Australien Heimat und Versteck manches menschlichen Strandgutes der Städte, Menschen, die die Nase voll von der Krone der Schöpfung haben und sich in der krassen Einfachheit der Wildnis einfach wohler fühlen. Das sind manchmal ganz malerische Figuren.«

♦

Alex, das chilenische Hundekind (2001)

Der Fall Alex beschäftigte die Medien im Juni 2001. Die BBC und der Nachrichtensender CNN informierten damals eifrig darüber.

Mehrere Monate streunte Alex mit einem Hunderudel durch die Straßen der Stadt Talcahuano, südlich von Santiago de Chile, bevor er aufgegriffen wurde. Schon mit fünf Monaten, hieß es in den Berichten, hatte die überforderte Mutter das Kind einer Bekannten anvertraut. Erst 1997 nahm die Mutter Alex wieder zu sich, doch sie war scheinbar äußerst grausam zu ihm. Alex kam in ein Heim, wo er sich nicht wohl fühlte. Mindestens sieben Mal riss er aus. Mit elf Jahren zog er aus Verzweiflung zu den Hunden und saugte sogar an einer Hündin, weil er Durst hatte. Die Milch sei sein Frühstück gewesen. Nur unter größten Schwierigkeiten konnten ihn Sozialarbeiter endlich einfangen. Sie lieferten das sehr aggressive Kind, in ein psychiatrisches Krankenhaus der Hauptstadt ein.

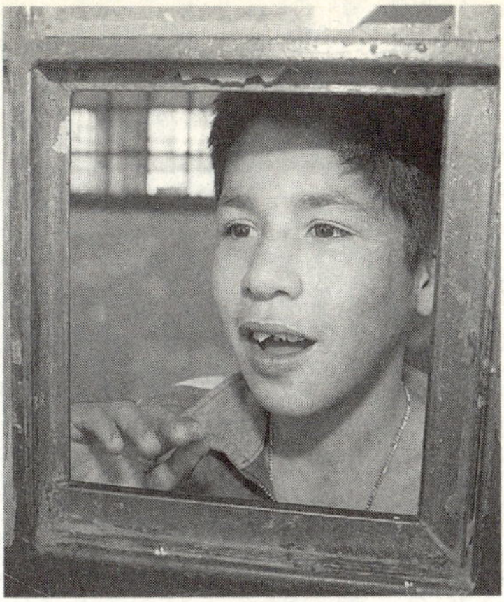

Alex, 2001

ANMERKUNG: Alex ist ein Kind, das buchstäblich vor die Hunde ging. Es war aber eindeutig verhaltensgestört, was vielleicht an den Umständen seiner frühen Kindheit liegt. Möglich ist, dass manche Geschichten aus der dunklen Vergangenheit – ich denke dabei an den Forstteufel von Salzburg oder verschiedene Bärenkinder – ebenfalls von ähnlichen verwahrlosten Gestörten handelten. Fälle wie der von Alex sind vielleicht der Schlüssel zu anderen obskuren und mythologisierten Überlieferungen.

♦

Das Beinahebärenkind von Lorestan (2001)

Der Leser, die Leserin der *Süddeutschen Zeitung* vom 4. Oktober 2001 hätte beim Frühstückskaffee auf diese Überschrift stoßen können: »Bärin bemuttert verschwundenes Kind«. Die Schlagzeile bezog sich auf ein Schmankerl, in dem von einem Zeitungsbericht aus dem Iran die Rede war. Ein vermisstes Kleinkind war angeblich von einer Bärin bemuttert worden:

> *»Suchtrupps hätten den sechzehn Monate alten Jungen drei Tage nach seinem Verschwinden bei guter Gesundheit in einer Bärenhöhle in der westiranischen Provinz Lorestan gefun-*

den, berichtete die Zeitung Kajhan am Dienstag. Die Suchmannschaften hielten es für wahrscheinlich, dass die Bärin den Jungen gesäugt habe. Das Kind gehörte zu einem Nomadenstamm und war aus dem Zelt seiner Eltern verschwunden.«

ANMERKUNG: Hätte der heutige Leser obigen Kurzbericht in einer alten Chronik oder Zeitung aufgestöbert, wäre ein müdes, skeptisches Lächeln angebracht. Doch dieser Bericht schildert eine Sachlage im Jahr 2001. Macht ihn das glaubwürdiger? Womöglich schon, vor allem wenn der Sachverhalt, wie in diesem Fall, plausibel dargestellt wird. Geschichten aus der fernen Vergangenheit wirken meistens lückenhafter als die zeitgenössischen. Immerhin hat man die Gelegenheit, Gegenwärtiges jederzeit näher zu erforschen. Leider blieb mein Brief an die Zeitung *Kajhan* aber ohne Antwort. Schade, denn diese kurze Darstellung könnte endlich den Beweis liefern, dass Bärinnen doch unter Umständen Menschenkinder säugen.

♦

Bello, der Schimpansenjunge aus Nigerien (2002)

Über den Fall Bello berichtete die *Agence-France-Presse* am 16. April 2002. Die Geschichte erschien damals in verschiedenen Zeitungen. Ich bin auf sie im Internet gestoßen, bei *feralchildren.com*, einer Webseite, die sich eingehend mit dem wilden Menschen befasst.

Im Tudun-Maliki-Torrey-Heim in Kano, Nigerien, lebte ein behinderter Knabe namens Bello. Von diesem wurde behauptet, er sei von Schimpansen großgezogen worden. Jäger sollen ihn vor sechs Jahren in das Heim gebracht haben, nachdem sie ihn bei einer Schimpansenfamilie im Falgorewald, hundertfünfzig Kilometer südlich von Kano, entdeckten. Jedenfalls hatten sie das der AFP erzählt.

Bei der Aufnahme im Heim war der Junge etwa zwei Jahre alt. Bello stammt wahrscheinlich vom nomadischen Fulani-Volk, das durch jene Gegend zieht, meinte Abba Isa Muhammad, einer der Mitarbeiter des Heims. Er beschrieb das Kind als geistig und körperlich schwer behindert. Isa Muhammad vermutete, es sei wegen dieser Behinderungen ausgesetzt worden. Und er erklärte, das derartige Aussetzungen bei den Fulani öfters vorkämen, denn dieses Hirtenvolk müsse große Strecken im Sahel zurücklegen und könne Kranke und Gebrechliche nicht mitnehmen.

Isa Muhammad behauptete, dass Bello möglicherweise von einer Schimpansenfamilie aufgenommen worden sei, da er sonst nicht hätte überleben können. Dann schilderte er das affenartige Verhalten Bellos, dessen Grunzen und unruhige Bewegungen, dessen Zerstörungsdrang, und bezeichnete es als Hinweis auf Bellos Aufenthalt bei den Affen. Die Hoffnung, jemand würde Bello aus dem Heim holen und zu sich nehmen, hatte Isa Muhammed zum Zeitpunkt des Berichtes bereits aufgegeben.

ANMERKUNG: Die fadenscheinige Darstellung einer Kindheit bei den Affen. Schimpansen hätten den artfremden Bello bestimmt viel eher gefressen als gefüttert. Möglich wäre jedoch, dass die erwähnten »Jäger« in Wirklichkeit Verwandte des behinderten Kindes waren. Mit Hilfe einer phantasievollen Notlüge konnten sie sich des unbequemen Sprösslings entledigen, ohne ihn dem sicheren Tod auszusetzen.

♦

Traian, das wilde Kind von Transsylvanien (2002)

Rumänien, eines der Armenhäuser des heutigen Europa, ist der Schauplatz von Traians Geschichte, die am 22. Februar 2002 in *The Scotsman* erschien.

Der Siebenjährige war drei Jahre zuvor spurlos verschwunden und hatte in dieser Zeit offenbar wie ein Tier gelebt. Seine Mutter wollte ihn nach seinem Auftauchen sofort wieder zu sich nehmen. Der Junge war aber in einem derart schlechten Zustand, dass er zunächst in ein Krankenhaus gebracht werden musste. Dort wurde ihm der Spitzname »Mowgli« gegeben, in Anlehnung an Kiplings Dschungelkind.

Traian war so groß wie ein Dreijähriger, er konnte nicht sprechen, war nackt und hatte offenbar in einem Karton gelebt. Er litt unter einer ernsten Rachitis und verschiedenen Hautentzündungen, Kreislaufbeschwerden und Erfrierungserscheinungen. Die Ärzte meinten, er könne unmöglich ganz allein überlebt haben. Sie vermuteten, er habe von den streunenden Hunden im ländlichen Transsylvanien Hilfe bekommen. Man fand ihn neben einem Hundekadaver, von dem er scheinbar gegessen hatte.

Ein Hirte, Ioan Manolescu, war auf das Kind gestoßen und hatte die Polizei benachrichtigt. Sie brachte den Jungen in das kleine Provinzkrankenhaus in Fagaras. Die Krankenschwestern meinten, dass er wohl jahrelang allein in den Sümpfen gelebt und sich von Tierkadavern ernährt hätte. Er torkelte wie ein Schimpanse und versuchte, unter dem Bett zu schlafen.

Auch der Arzt Mircea Florea schilderte das animalische Verhalten des Kindes. »Der Junge hockte da wie ein Tier, als man ihn fand. Er gebärdete sich auch tierisch. Daraus kann man schließen, dass er in keinem sozialen Umfeld großgezogen wurde. Er wirkt äußerst gereizt, wenn er kein Essen bekommt. Er sucht ständig nach Essen. Er schläft, nachdem er isst. Das ist für ihn die beste Schlaftablette … Er hat begonnen, Benehmen zu lernen. Mit richtiger Fürsorge wird er noch mehr lernen …«

Anmerkung: An der Wahrheit dieser Geschichte kann man leider nicht zweifeln. Dass Traian mit den Hunden lief, ist nur eine bequeme Theorie, um seine Verwahrlosung noch bildhafter zu machen, muss aber nicht stimmen. Das Kind überlebte mehr schlecht als recht und wäre vielleicht bald gestorben, hätte der Hirte Ioan Manolescu es nicht zufällig aufgespürt. Diese Tatsache lässt vermuten, dass wilde Kinder wie Victor und der Wilde Peter sicherlich älter und stärker waren, als sie sich verliefen oder ausgesetzt wurden, was also in ihren Fällen für eine bereits existierende geistige Behinderung spricht und keineswegs für eine *dementia ex separatione*, wie Rauber und andere vermuteten. Schade, dass über Traians weitere Entwicklung keine konkreten Angaben vorliegen.

Dritter Teil
Zum Schluss

Auf der Suche nach dem wilden Menschen ...

Wilde Menschen hausen wohl nur selten bei Wölfen oder Bären. Sie springen nicht unbedingt nackt durch den Wald, um Wurzeln, Nüsse und Beeren zu suchen. Und doch ist ihre Existenz Gegenstand von Spekulationen. Es gibt sie wirklich.

Sie sind Außenseiter, weil sie in sich selbst eingesperrt und sprachlos sind. Sie sind kaum fähig, das eigene Umfeld und die eigene Innenwelt, das heißt, die eigenen Gedanken und Gefühle differenziert zu erfassen, zumindest auf eine Art, die uns zugänglich wäre. Und unsere Gesten, Verhaltensweisen und Erwartungen an sie sind ihnen unbegreiflich.

Monboddo, Buffon, Tafel und andere Jäger nach dem reinen Naturmenschen hatten sicherlich so ein Wesen vor Augen, als sie vom Urzustand des Menschen, vom Menschen bar jeglichen Einflusses der Gesellschaft träumten. Doch das Fehlen jedes menschlichen Einflusses führt zur Verkrüppelung der Sensibilität, der Fähigkeit, mit anderen Menschen zusammenzuleben, im schlimmsten Falle zur *dementia ex separatione.*

Im Lauf dieses Buches wurde immer wieder auf das klägliche Dahinvegetieren der wilden Menschen eingegangen – »Tarzans arme Vettern«, wie Dieter E. Zimmer sie so schön bezeichnete. Ein jeder von ihnen war, gemessen an den Umständen des eigenen Schicksals, arm auf eine ganz eigene Art. Keiner entsprach dem Idealbild des unschuldigen Naturkindes, das fern von der verdorbenen Gesellschaft ein glückliches Leben führt.

Für den Naturwissenschaftler ist der wilde Mensch eigentlich kein Geheimnis. Man kann ihn ziemlich systematisch unter die Lupe nehmen, wenn man über verlässliche Fakten verfügt (was allerdings nur selten der Fall ist). Er ist letztendlich eines von vielen Erscheinungsbildern der Humanpathologie. Er liefert den Beweis, dass der Mensch ohne die Gesellschaft anderer Menschen in seinem Menschsein verkümmert, eine Erkenntnis, die uns nicht überraschen sollte: Der Mensch, dem schon in jungen Jahren und über längere Zeit diese Absonderung widerfahren ist, findet den Weg in die Normalität nie wieder ganz zurück. Ist der wilde Mensch also lediglich ein klinischer Fall?

Womöglich hat er wirklich keine andere psychopathologische Bedeutung. Und doch bezieht sich dieser Begriff auf mehr als die bloße Bezeichnung eines klinischen Zustandes, wie es bei den Fachausdrücken »Schwachsinn« oder »Autismus« der Fall ist. Der *homo ferus* verkörpert irgendwie den Lockruf der Wildnis. Er erweckt Sehnsucht nach dem Unbekannten. Man will ihn deshalb aus der Nähe betrachten. Man will ihn gerne kennen lernen. Warum dies so ist, kann man ganz nüchtern erklären: Seine seelische Lage erinnert – vielleicht ja nur zufällig – an ein existentielles Problem, das die menschliche Phantasie stets beschäftigt hat, ein Problem, das sich in der Frage ausdrücken lässt: Wie unterscheiden wir uns von den Tieren – von jenen unheimlichen Verwandten, die zugleich Rivalen, Feinde, Sklaven und Kameraden sind? Selbst jene Tiere, mit denen wir zusammenleben, können wir niemals zuverlässig ergründen oder gar verstehen. Wilde Menschen, besonders wenn wir glauben, sie hätten unter Tieren gelebt, faszinieren, weil sie vielleicht – wie am Anfang dieses Buches gemutmaßt – eine Brücke zwischen den zwei Welten darstellen könnten. Nicht von ungefähr beziehen sich die Mythen vieler Völker auf Wesen halb Tier, halb Mensch, die zwischen den Welten vermitteln.

In den Berichten geht es oft um das Versagen der Stimme, ein Verstummen, das den Verlust von konkreten Informationen nach sich zieht. Man ist deshalb auf Quellen angewiesen, die den Ansprüchen der Wissenschaft nicht genügen. Sie gleichen oft mythischen, d. h. mündlichen Überlieferungen. Nicht ganz zufällig dient das Hörensagen als Quelle vieler der Fälle in diesem Buch. So sehr man ihn be- und ergreifen möchte, anders kommt man an den wilden Menschen kaum heran.

Anfang 2002 berichtete mir die Filmemacherin Evi Oberkofler von einem verwilderten Mädchen, das sie glaubte, vor drei bis sechs Monaten im Fernsehen gesehen zu haben. Das Mädchen habe bei drei debilen Brüdern – irgendwo weit weg (vielleicht in Moldawien, meinte Evi) – gelebt und sei nicht unter Menschen, sondern von wolfsähnlichen Hunden großgezogen worden. Es sei auf allen vieren gelaufen und dabei blitzschnell gewesen. Man habe versucht, ihm das aufrechte Stehen beizubringen, es wäre aber so ungelenkig wie ein Hund gewesen. Das Gesicht wirkte verzerrt, insgesamt hätte das Mädchen den Eindruck eines tierähnlichen, stummen Wesens gemacht. Ich wollte mehr über diesen Fall wissen, der so viele Elemente schon bekannter Geschichten (etwa die des hessischen Wolfsjungen) aufwies, und erkundigte mich bei verschiedenen Fernsehanstalten, in der Hoffnung, Näheres darüber zu erfahren. Alles vergebens. Keiner konnte mir weiterhelfen. Kein Archivar fand einen solchen Inhalt in den Senderarchiven. Dennoch zweifelte ich nicht daran, dass Evi Oberkofler mir nach bestem Wissen und Gewissen etwas von ihr Wahrgenommenes mitgeteilt hatte. Und ich fragte mich, warum ihre Aussage weniger zuverlässig sein sollte als die eines Chronisten im Mittelalter oder eines Reisenden im 18. Jahrhundert? Was vor Jahrhunderten aufgeschrieben wurde, muss nicht unbedingt mit falsch, verlogen oder verrückt gleichgesetzt werden. Nicht die Ausführlichkeit einer Überlieferung ist ausschlaggebend, so dachte ich, sondern das Vertrauen, das man dem Berichterstatter entgegenbringt.

Sind wir also im Lauf dieser Untersuchung jemals wahrhaft wilden Menschen begegnet? Ganz sicher. Ebenso haben wir selbstverständlich jede Menge Geisteskranke, Autisten und Simulanten aufgespürt. Leider werden wir nie ganz in der Lage sein, all die Stränge säuberlich zu entwirren. Man kann also getrost davon ausgehen, dass der *homo ferus* in der Tat existiert, auch wenn er nur selten die strengen Kriterien der Wissenschaft auf Wiederholbarkeit ganz erfüllen wird. Ob er uns Auskunft geben kann über die Parallelen zwischen Mensch und Tier ist aber zweifelhaft, auch wenn dies der tiefere Sinn unserer Studie sein soll. Mensch bleibt Mensch, Tier bleibt Tier. Nur in der Literatur ist die Verbrüderung von Mensch und Tier möglich. Der wilde Mensch ist weder Urmensch noch kaputter

Mensch, sondern der Mensch in einer seiner unzähligen Formen. Das Geheimnis seiner Seele unterscheidet sich letztlich nicht vom Geheimnis unserer eigenen Seele. Kein Wissenschaftler wird ihn jemals ergründen können, ohne zugleich das eigene Dasein zu entlarven. Jeder von uns trägt seine Portion Wildheit mit sich herum. Im Grunde ist die Suche nach dem wilden Menschen nichts anders als die Suche nach uns selbst.

Danksagung

Dieses Buch ist durch eine Verkettung glücklicher Zufälle zustande gekommen. Der erste Zufall ereignete sich, als ich 1978 auf einem Wiener Flohmarkt auf Lucien Malsons Buch *Die wilden Kinder* stieß. Es war Liebe auf den ersten Blick. Der Stoff faszinierte mich. Im folgenden Jahr vertiefte ich mich in das Thema und verfasste einen Artikel darüber. Fast zwanzig Jahre später kam der nächste Zufall. Mein Kollege Reinhold Dörrzapf schickte seinen Agenten, Albert Sellner, zu mir, um mich zu ermuntern, ein Sachbuch zu schreiben. Spontan fiel mir bei dieser Gelegenheit das Thema Wolfskinder wieder ein. Albert Sellner vermittelte nach kurzer Zeit einen Vertrag mit dem Deuticke Verlag. Ihm und Reinhold Dörrzapf gebührt mein aufrichtiger Dank.

Ein Buch schreibt man in der Einsamkeit, der Autor ist dennoch von der Hilfe, der Unterstützung und der Mitarbeit vieler Menschen abhängig, bis er sein Projekt realisiert. Die Liste derer, die mir durch ihren persönlichen Einsatz geholfen haben, ist umfangreich. Vor allem möchte ich mich bei Franck Tinland, Autor des hervorragenden (und leider vergriffenen) *L'Homme sauvage* bedanken. Professor Tinland schickte mir freundlicherweise ein Exemplar seines exzellenten Buches, nachdem ich mich an ihn gewandt hatte, weil ich es nirgends auftreiben konnte. Dieses Werk, mit größter Gelehrsamkeit und Spannung geschrieben, erläutert die Bedeutung des wilden Menschen im Bewusstein Europas im 17. und 18. Jahrhundert. Ich empfehle es jedem. Professor Tinlands Einfluss ist aus meinem Werk nicht wegzudenken, auch da, wo er nicht namentlich erwähnt wird. Ebenfalls möchte ich mich bei Lucien Malson bedanken, nicht allein wegen seines wichtigen *Les enfants sauvages*, das mir als Inspiration diente. Er hat mich stets ermutigt, weiterzumachen. Ich bedanke mich zugleich für Rat und Tat bei Professor Douglas Keith Candland für seine Bemerkungen über den Fall John Ssebunya, Dr. Uta Frith, die mir entscheidende Hinweise über Autismus gab, Dr. Gennadi Rajwich, der immer eine Antwort auf meine obskuren Fragen hatte, Dieter E. Zimmer, der den Anruf eines Fremden entgegennahm und sogleich zu Hilfe eilte, James Cutler, der mir einen langen Brief und einen Mitschnitt seines einmaligen Films über John Ssebunya schickte, meinem Kollegen Nicolai Schirawski, der mir zuliebe tagelang in Lucknow nach wilden Menschen jagte, Sister Antonia vom Orden der Barmherzigen Schwestern, die mir aus den Philippinen über ihre Erfahrungen mit dem wilden Pascal ausführlich berichtete, Wolfgang Goede, der mich als Erster auf den Fall John Ssebunya aufmerksam machte, Jana Rink und Rosina Öttl für die Vermittlung mancher mir unbekannten Fälle, Fritz Thorgesson für seinen Einsatz im fernen Tasmanien, Shaul Friberg für seine Hilfe bei einer Übersetzung aus dem Norwegischen, Ellen Presser, die mir mehrmals zu Hilfe eilte, Gottfried Hüngsberg und Elfriede Jelinek, die mich auf das Tagebuch Georg Daumers aufmerksam machten, Dr. Rudolf Biedermann, dem unermüdlichen Kämpfer in Sachen Kaspar Hauser, für seine wichtigen Hinweise, Alexander Rodger, dem es gelungen war, mir uralte Artikel aus dem *France-Soir*-Archiv zu verschaffen, Claire Welford und Helen Hill des Rare Book Room der Cambridge Universität, die mir Fotokopien zum Fall Seeall organisierten. Ich bedanke mich ebenso herzlich bei Cassandra Fitzherbert, David Vardeman und Barbara Stevens des Interlibrary Loan der Bibliothek der University of Southern Maine für ihren treuen Einsatz, um mir manch seltene Quellen zugänglich zu machen, Joy Bevan und Jean der Columbus Metropolitan Library, Frau Brigitte Rühmer von der Fernleihe der Bayerischen Staatsbibliothek, Frau K. Fromme-Schindler der Bayerischen Staatsbibliothek für ihre jahrelange Treue, einer namenlosen Archivistin der *Rheinischen Post*, Frau Elfi Karsch vom Bayerischen Rundfunk für ein Manuskript über verwaiste Schimpansen. Ein besonderer Dank gebührt Fritz Muschel, Christa Stegemann und Alina Freund, die mir geduldig zuhörten und mich ermunterten, als ich ihnen gelegentlich frühe Fassungen verschiedener Texte aus diesem Buch vorlas. Dem Schützenverein, D'Denninger gebührt ein besonderer Dank. Bei ihm lernte ich das ruhige Zielen und die geballte Konzentration.

Auch vor den Toten möchte ich mich an dieser Stelle verneigen: meinen Vorgängern in dieser Überlieferungskette: Johann Friedrich Immanuel Tafel, August Rauber und Robert M. Zingg. So wie ihre Arbeit meine möglich gemacht hat, hoffe ich, dass meine auch künftigen Suchenden Vorschub leisten wird.

An dieser Stelle möchte ich mich bei meiner Lektorin, Frau Afra Margaretha, ganz herzlich bedanken. Ihr sanfter, wenn auch stetiger Druck verhalf mir, wenn ich manchmal nach fünfjähriger Arbeit den Überblick verlor, zu nötigen Zugeständnissen. Sie straffte gekonnt und souverän. Ihr weiser Rat hat mich sicherlich vor manchen schweren Fehlern verschont. Für noch bleibende Ungereimtheiten muss ich selbst die volle Verantwortung übernehmen.

Frau Sonja Franzke, Projektleiterin beim Deuticke-Verlag, gebührt ebenfalls ein großer Dank. Feinfühlig und mit hervorragender Professionalität hat sie dieses Projekt bis zum Schluss durchgeführt. Sie ist eine Kämpferin und hat auch für diesen Autor erfolgreich gekämpft.

Schließlich möchte ich mich bei meiner duldsamen Familie bedanken: bei meiner Frau Liane für ihren stets klaren Blick und unseren Kindern, Uriel und Jonah, die sich immerdar als sprachbewusste Zuhörer erwiesen, und bei meiner Schwiegermutter Elisabeth Thiele für ihre Unterstützung.

Danksagung zur erweiterten Taschenbuchausgabe

Lernt man den wilden Menschen kennen, erfährt man Wichtiges über das eigene Dasein. Ich bin bei den Recherchen für dieses Buch stets um Vollständigkeit bemüht gewesen, denn jedes erzählte Schicksal aus diesem Grenzgebiet des Menschseins ist wie ein Versatzstück aus einem geheimnisvollen Bild. Wilde Menschen und kein Ende: Obwohl die Taschenbuchausgabe um fünf Fälle erweitert wurde, erreichen mich ständig neue Geschichten. Die Grenze zwischen einer echten Verwilderung und einer »gewöhnlichen« Misshandlung ist oft fließend, dennoch seien hier folgende Fälle kurz erwähnt:

- Kevin Halfpenny (1956) wurde im irischen Broclough, Crossgar von seiner verarmten Mutter in einem Hühnerstall gehalten.
- Ein indonesisches Mädchen (1985) verbrachte sechs Jahre im Urwald, nachdem es in einen Fluss gestürzt war. Näheres darüber erfuhr ich nicht.
- Oxana Malaga (1991), die von ihren alkoholkranken Eltern vernachlässigt wurde, lebte fünf Jahre bei Kiew unter Hunden und kam mit acht Jahren in ein Heim.
- Die iranischen Zwillinge Zahra und Massoumeh Naderi (1997) verbrachten zwölf Jahre in einem vom Vater gebauten Gefängnis. Als sie befreit wurden, konnten sie weder reden noch lachen.
- Edik (1999), ein misshandeltes Kind alkoholkranker Eltern, lebte im ukrainischen Mirny bis zum vierten Lebensjahr mit Hunden zusammen.
- Die so genannten Blackstockjungen (2001), zwei Heranwachsende, wurden von ihren Adoptiveltern in Blackstock, Ontario, dreizehn Jahre lang teilweise in einem Käfig gehalten. Sie konnten aber reden.

- Die Rodriguez-Zwillinge (2003) aus Phoenix, Arizona, wurden von den Eltern vier Jahre in Gitterbetten gefangen gehalten. Bei ihrer Befreiung konnten sie nicht sprechen.
- Die Eltern und vier Kinder der Familie Majola (2004) lebten zwanzig Jahre nahe Welkom, Südafrika in der Isolation. Die Mutter und drei der Kinder verständigten sich nur über eine Zeichensprache.

Auch für diese erweiterte Ausgabe bin ich einigen Menschen zu besonderem Dank verpflichtet: dem unermüdlichen Andrew Ward, Betreiber der Internetseite www.feralchildren.com, der mich stets mit großer Hingabe auf neue Fälle aufmerksam machte (darunter das Wolfskind von den Ardennen, Madame de ... und Isabel, das portugiesische Hühnerkind), Professor Douglas K. Candland, der mir freundlicherweise die Geschichte von CauCau zuschickte, und James Cutler für seinen Augenzeugenbericht über Saturday Mifune. Mit ganzem Herzen möchte ich mich ebenfalls bei Alina Freund und meiner Frau Liane Thiele-Blumenthal für ihre große Mühe bedanken, das Buch von ärgerlichen Flüchtigkeitsfehlern zu befreien. Schließlich möchte ich meiner Lektorin Annika Krummacher meinen Dank dafür aussprechen, dass sie mir weitsichtig und seelenruhig die Erlaubnis erteilte, die Erweiterungen für diese neue Ausgabe vorzunehmen.

Literaturverzeichnis

Anonym, *Ausführliches Leben und besondere Schicksale eines wilden Knaben von zwölf Jahren, der zu Barra einer Schottländischen Insel von zweyen berühmten Aerzten gefangen und auferzogen worden.* Frankfurt und Leipzig 1762

Appiah, K. Anthony, *Dancing with the Moon* [über Colin M. Turnbull]. In: New York Review of Books, 16. November 2000

Aristoteles, *The Politics of Aristotle.* (Hrsg. u. Übers.: Ernest Barker), Oxford University Press, New York 1958

Armen, Jean-Claude, *L'Enfant Sauvage du Grand Désert.* Delachaux & Niestlé, Neuchâtel 1971

Armen, Jean-Claude, *Gazelle-Boy.* (Aus dem Französischen von Stephen Hardman), Universe Books, New York 1974

Aroles, Serge, *Marie-Angélique: Haut Mississippi, 1712 – Paris, 1775: Survie et résurrection d'une enfant perdue dix années en forêt*, Terre-Éditions, Bonneuil-sur-Marne 2004

Auger, Jean-Claude, *Un Enfant-Gazelle au Sahara Occidental.* In: Notes Africaines 98, S. 58–61, April 1963

Baker, E. C. Stuart, *The Power of Scent in Wild Animals.* In: Journal of the Bombay Natural History Society 27, S. 112–118, 1920

Ball, Valentine, *Tribal and Peasant Life in Nineteenth Century India.* [Ursprünglich: *Jungle Life in India or the Journeys and Journals of an Indian Geologist.* 1880] Usha Jain, New Delhi 1979

Barber, Theodore Xenophon, *The Human Nature of Birds – A Scientific Discovery with Startling Implications.* St. Martin's Press, New York 1993

Bernadac, Christian, *Madame de … qui vivait nue parmi les ours, au sommet des monts perdus.* Éditions France-Empire, Paris 1984

Bettelheim, Bruno, *Feral Children and Autistic Children.* In: American Journal of Sociology Band 64, No. 5, S. 455–467, März 1959

Bettelheim, Bruno, *The Informed Heart.* Avon Books, New York 1971

Bettelheim, Bruno, *Die Geburt des Selbst.* (Aus dem Amerikanischen von Edwin Ortmann), Fischer Taschenbuch Verlag, Frankfurt am Main 1995

[Original: *The Empty Fortress:Infantile Autism and the Birth of the Self.* Free Press, New York 1967]

Bickerton, Derek, *Creolensprachen.* In: Spektrum der Wissenschaft, September 1983

Biedermann, Rudolf, *Kaspar Hauser: Neue Forschung und Aspekte I, Dokumente – Gegebenheiten – Kommentare, von der Entzifferung des*

Dolches bis zur Gen-Analyse-Farce. Kaspar Hauser Verlag, Offenbach 1998

Biedermann, Dr. Rudolf (V. i. S. d. P.), *Neue Forschung zu Kaspar Hauser, Presse-Information vom 25. September 2002 zur Pressekonferenz in Karlsruhe.* Kaspar-Hauser-Forschung, Offenbach 2002

Blumenbach, Johann Friedrich von, *Beyträge zur Naturgeschichte. Zweiter Teil.* Heinrich Dietrich, Göttingen 1811

Bonnaterre, Pierre-Joseph, *Notice historique sur le sauvage de l'Aveyron et sur quelques autres individus qu'on a trouvés dans les Forêts à differentes époques.* Paris 1800 (s. Harlan Lane)

Breslauer Sammlungen, passim.

Brody, Jane E. *The Too-Common Crow, Too Close for Comfort.* In: New York Times, S. C1 ff., 27. Mai 1997

Buffon, G.-L. de, *Buffons sämmtliche Werke, sammt Den Ergänzungen nach der Klassifikation v. G. Cuvier, Einzige Ausgabe in deutscher Übersetzung von H. J. Schaltenbrand. Band 4 – Allgemeine Gegenstände.* Köln 1840 [*Oeuvres Complètes de Buffon, suivies de la classification comparée de Cuivier, Lesson, etc. etc. Nouvelle Édition revue par M. Richard.* Pourrat Frères, Editeurs, Paris 1839]

Burroughs, Edgar Rice, *Tarzan of the Apes.* A Tom Doherty Associates Book, New York 1999

Camerarius, Phil., *Operae horarum subcisivarum, sive meditationes historicae.* Centur. I, Francoforte 1602

Candland, Douglas Keith, *Feral Children and Clever Animals – Reflections on Human Nature.* Oxford University Press, New York 1993

Candland, Douglas Keith, *CauCau.* Unveröffentlichtes Manuskript 2003 (siehe auch www.feralchildren.com)

Challis, Natalia / Dewey, Horace W., *The Blessed Fools of Old Russia.* In: Jahrbücher für die Geschichte Osteuropas, Neue Folge / Band 22, S. 1–11, Franz Steiner, Wiesbaden 1974

Condillac, Etienne de, *Essai sur l'origine des connaissances humaines.* Amsterdam 1746

Connor, Bernard, *History of Poland.* London 1698

Connor, Bernhardus, *Evangelium Medici art.: seu medicina mystica; de suspensis naturae legibus.* Editio quarta, London 1724

Cook, Arthur Bernard, *Zeus – A Study in Ancient Religion.* Band I, Biblo and Tannen, New York 1964

Curtiss, Susan, *Genie – A Psycholinguistic Study of a Modern Day ›Wild Child‹.* [Dissertation] Academic Press, New York 1977

Darwin, Charles, *Die Abstammung des Menschen und die geschlechtliche Zuchtwahl.* (Übersetzt von J. Viktor Carus), Fourier, Wiesbaden 1986

Daumer, Georg Friedrich / Feuerbach, Anselm von, *Kaspar Hauser.* Mit einem Bericht von Johannes Mayer und einem Essay von Jeffrey M. Masson, Eichborn Verlag, Frankfurt am Main 1995

Davis, Kingsley, *Extreme Social Isolation of a Child.* [Über Anna von Pennsylvania] In: American Journal of Sociology, Band 45, S. 545–565, 1940

Davis, Kingsley, *Final Note on a Case of Extreme Isolation.* [Über Anna von Pennsylvania und Isabelle von Ohio] In: American Journal of Sociology, Band 52, S. 432–437, 1947

Demaison, André, *Le Livre des Enfants Sauvages.* Éditions André Bonne, Paris 1953

Dennis, Wayne, *The Significance of Feral Man.* In: American Journal of Psychology Band 54 S. 425–432 [Zinggs Antwort darauf: S. 432–435], 1941

Digby, Kenelm, *Two Treatises in the one of which the Nature of bodies in the other the Nature of Man's soule is looked into in a way to discovery of the immortality of reasonable soules.* Gilles Blaizot, Paris 1664 [Faksimile-Nachdruck, Friedrich Frommann Verlag, Stuttgart-Bad Cannstatt 1970]

Eibl-Eibesfeldt, Irenäus, *Grundriss der vergleichenden Verhaltensforschung.* 6., überarbeitete und erweiterte Auflage, R. Piper & Co., München 1980

Eibl-Eibesfeldt, Irenäus, *Die Biologie des menschlichen Verhaltens – Grundriss der Humanethologie.* R. Piper & Co., München 1984

Ellis, William, *Polynesian researches, during a Residence of Nearly Six Years in the South Sea Islands.* Band II. Fisher, Son, & Jackson, London 1829

Feuerbach, Paul Johann Anselm von, *Kaspar Hauser, Beispiel eines Verbrechens am Seelenleben des Menschen.* Ansbach 1832 (Nachdruck: Waldkircher Verlag, Waldkirch 1994)

Foley, John P., *The ›Baboon Boy‹ of South Africa.* In: American Journal of Psychology Band 53, No. 1, S. 128–133, 1940

Frau H...t, *Merkwürdiges Leben und Begebenheiten eines in der Wildniss aufgewachsenen Mädgens von zehn Jahren welches vor kurzem im Wald gefunden und hernach eine Nonne geworden*, Franckfurt und Leipzig 1756

Frith, Uta, *Autism – Explaining the Enigma.* Blackwell, Oxford 1989

Frith, Uta (Herausgeberin), *Autism and Asperger Syndrome.* Cambridge University Press, Cambridge 1991

Gall, F. J. et G. Spurzheim, *Anatomie et Physiologie du Système Nerveux en général et du Cerveau en particulier avec des observations sur la possibilité de reconnaître plusieurs dispositions intellectuelles et morales de l'homme et des animaux par la configuration de leurs têtes.* Band 2 : *Physiologie du Cerveau en Particulier.* Paris 1812

Gesell, Arnold, *Wolf Child and Human Child.* The Scientific Book Club, London 1942

Gesner, Conrad, *Allgemeines Thierbuch (Historia Animalium).* Nachdruck der Ausgabe von 1664, Schlütersche Verlagsanstalt, Hannover 1983

Guyon, Louis, *Les diverses leçons de Louis Guyon, Dolois, Sieur de la Nauche, Conseiller du Roy en ses finances au Lymosin*. Claude Morillon, Lyon 1610

Harris, Judith Rich, *The Nurture Assumption – Why Children Turn Out the Way They Do.* The Free Press, New York 1998

Herder, Johann Gottfried, *Ideen zur Philosophie der Geschichte der Menschheit*. R. Löwit, Wiesbaden o. J.

Herodot, *Historien*. Übersetzt von A. Horneffer, neu herausgegeben und erläutert von H. W. Haussig mit einer Einleitung von W. F. Otto, Alfred Kröner Verlag, Stuttgart 1971

Horn, Wilhelm, *Reise durch Deutschland, Ungarn, Holland, Italien, Frankreich, Großbritannien und Irland in Rücksicht auf medicinische und naturwissenschaftliche Institute, Armenpflege u.s.w.* Erster Band. Verlag von Th. Chr. Fr. Enslin. Berlin 1831

Hrdlička, Aleš, *Children Who Run on All Fours*. Whittlesey House, New York 1931

Hutton, J. H., *Wolf-Children*. In: Folklore, Transactions of the Folk-Lore Society, Band 51, Nr. 1, S. 9–31, William Glaisher, Ltd., London, März 1940

Itard, Jean-Marc-Gaspard, *The Wild Boy of Aveyron*. (Übers. Von George und Muriel Humphrey; Einleitung von George Humphrey). Prentice-Hall, Englewood Cliffs 1962

Janer Manila, Gabriel, *Marcos, Wild Child of the Sierra Morena*. (Übers. von Deborah Bonner). A Condor Book Souvenir Press (E & A) Ltd., London 1982

Jespersen, Otto, *Language, its Nature, Development and Origin*. George Allen & Unwin Ltd., London 1922

Kagan, Jerome, *The Nature of the Child*. BasicBooks, New York 1994

Kellogg, Winthrop Niles, *Humanizing the Ape*. In: Psychological Review, Band 38, S. 160–176, 1931

Kellogg, Winthrop Niles, *More About the ›Wolf Children‹ of India*. In: American Journal of Psychology Band 43, S. 508–509, 1931

Kellogg, Winthrop Niles/Kellogg, Luella Agger, *The Ape and the child – A Study of Environmental Influence upon Early Childhood*. McGraw-Hill, New York 1933 [Nachdruck: Hafner Publishing Company, New York 1967]

Kellogg, Winthrop Niles, *A Further Note on the ›Wolf Children‹ of India*. In: American Journal of Psychology Band 46, S. 149–150, 1934

Kinneir, John Macdonald, *Reise durch Klein-Asien, Armenien und Kurdistan in den Jahren 1813–1814*. (Aus dem Englischen von F. A. Ukert). Im Verlage des Gr. H. S. priv. Landes-Industrie Comptoirs, Weimar 1821 [Original: *Journey through Asia Minor and Kurdistan in the years 1813 and 1814*. London 1818]

Kipling, Rudyard, *The Jungle Book*. Everyman's Library, New York 1994

Kircher, Athanasius, *e soc. Jesu China monumentis ... illustrata.* Amstel 1667

Koluchová, Jarmila, *Severe Deprivation in Twins: A Case Study.* In: Journal of Child Psychology and Psychiatry, Band 13, S. 107–114, Pergamon Press, England 1972

Koluchová, Jarmila, *The Further Development of Twins After Severe and Prolonged Deprivation: A Second Report.* In: Journal of Child Psychology and Psychiatry, Band 17, S. 181–188, Pergamon Press, England 1976

Lane, Harlan, *The Wild Boy of Aveyron.* Harvard University Press, Cambridge 1976

Lane, Harlan / Richard Pillard, *The Wild Boy of Burundi.* Random House, New York 1978

Larrey, Baron D. J., *Mémoires de chirurgie militaire et campagnes.* Tome IV, Paris 1817 (s. Tafel)

Lehmann, Johannes, *Die Staufer – Glanz und Elend eines deutschen Kaisergeschlechts.* C. Bertelsmann, München 1978

Le Roux, Hugues, *Notes sur La Norvège.* Calmann Lévy, Editeur, Paris 1895

Leroy, J. J. S., *Mémoires sur les travaux, qui ont rapport à l'exploitation de la mâture dans les Pyrénées.* Paris 1777 (s. Tafel)

Levi, Primo, *Ist das ein Mensch? Die Atempause.* Carl Hanser, München 1991

Linné, Carl von, *Systema Naturae Regnum Animali.* Editio Decima 1758, Cura Societatis Zoologicae Germanicae iterum edita Sumptibus Guilielmi Engelmann Lipsiae A. MDCCCXCIV

Lorenz, Konrad, *Das Jahr der Graugans.* R. Piper & Co., München 1979

Ludovico, Anna, *La scimmia vestita – I ragazzi selvaggi: 47 casi.* Armando, Roma 1979

Lumley, Frederick Elmore, *Principles of Sociology.* McGraw Hill, New York 1928

Maclean, Charles, *The Wolf Children.* Hill and Wang, New York 1978

Malson, Lucien / Jean Itard, *Les Enfants Sauvages – Mythe et Réalité.* France Loisirs, Paris 1981. (Deutsch: Malson / Jean Itard / Octave Mannoni, *Die wilden Kinder.* Suhrkamp, Frankfurt am Main 1989)

Marais, Eugène, *Die Seele des Affen.* Symposion-Verlag, Esslingen 1973

Mason, Marie K., *Learning to Speak after Six and One Half Years of Silence.* In: Journal of Speech Disorders, Band 7, S. 295–304, 1942

Masson, Jeffrey Moussaieff / Susan McCarthy, *When Elephants Weep – The Emotional Lives of Animals.* Delacorte Press, New York 1995

Mayer, Johannes, *Philip Henry Lord Stanhope, Der Gegenspieler Kaspar Hausers.* Urachhaus, Stuttgart 1988

Mehle, Ferdinand, *Der Kriminalfall Kaspar Hauser.* Morstadt Verlag, Kehl 1995

Mitra, Sarat Chandra, *On a Wild Boy and a Wild Girl.* In: Journal of the Anthropological Society of Bombay, Band 3, S. 109–111, 1892–1894

Monboddo, James Burnett, Lord, *Antient Metaphysics. Containing the History and Philosophy of Men.* dritter Band, T. Cadell, in the Strand, London 1784

Moréri, M. Louis, *Le Grand Dictionnaire historique.* VI, Basle 1732

Munshi, Kanaiyalal Maneklal/N. Kandra Shakar, *The Wolf Boy and other Kulapati's Letters.* Band 3, Bharatiya Vidya Bhavan, Bombay 1956

Nohl, J., *Der schwarze Tod – Eine Chronik der Pest 1348–1720.* Gustav Kiepenheuer Verlag, Potsdam 1924

Ogburn, William Fielding, *The Wolf Boy of Agra.* In: American Journal of Sociology, Band 64, Nr. 5, S. 449–454, März 1959

Ogburn, William Fielding/Nirmal K. Bose/assistiert von Jyoti R. Moyee Sarma, *On the Trail of the Wolf-Children.* In: Genetic Psychology Monographs 60, S. 117–193, Provincetown, Massachusetts 1959

Ornstein, B., *Wilde Menschen in Trikkala.* In: Verhandlungen der Berliner Anthropologischen Gesellschaft, Band 23, S. 817–818, 1891

Panjabi, Ram, *Kindheit im Dschungel.* In: Die Weltwoche, S. 37, 23. August 1968

Park, Clara Claiborne, *The Siege – The First Eight Years of an Autistic Child.* Little, Brown and Company, Boston 1982

Pies, Hermann, *Kaspar Hauser – Augenzeugenberichte und Selbstzeugnisse.* 2 Bde. Robert Lutz Verlag Stuttgart 1925

Pies, Hermann, *Die Wahrheit über Kaspar Hausers Auftauchen und erste Nürnberger Zeit.* Minerva Verlag, Saarbrücken 1956

Pinel, Pistorius, Joh., *Illustrium veterum scriptorum, qui rerum a Germanis per multas aetates gestarum Historias vel Annales posteris traditerunt, Tomus unus.* Fol. P. 264, Francoforte 1583

Plutarch, *Lives.* (Mit einer englischen Übersetzung von Bernadotte Perrin [Band I: Romulus]). Loeb Library, William Heinemann Ltd., London 1948

Procopius, *History of the Wars.* Buch VI und Buch VII. (Mit einer englischen Übersetzung von H. B. Dewing). Loeb Library, Harvard University Press, Cambridge 1972

Rauber, August, *Homo sapiens ferus, oder die Zustände der Verwilderten und ihre Bedeutung für Wissenschaft, Politik und Schule.* Denickes Verlag, Leipzig 1885

Reynolds, Vernon, *The Apes.* Harper Colophon Books, New York 1971

Rheinz, Hanna, *Eine tierische Liebe – Zur Psychologie der Beziehung zwischen Mensch und Tier.* Kösel, München 1994

Rheinz, Hanna, *Tiere, Frauen, Seelenbilder – Die neue Tierpsychologie.* Frauenoffensive, München 2000

Rogers, Woodes, *A Cruising Voyage Round the World: First to the South-Seas, thence to the East-Indies, and homewards by the Cape of Good Hope.* A. Bell at the Cross Keys and Bible in Cornhil, London 1712

Rose, H.J., *Gods & Heroes of the Greeks.* Meridian Books, New York 1961

Rosenfield, Israel, *A Vision of Vision*. In: New York Review of Books, 21. September 2000 [Rezension der Bücher: *Inner Vision: An Exploration of Art and the Brain* von Semir Zeki und *Visual Intelligence: How we Create What we See* von Donald D. Hoffman]

Ross, Hercules Grey, *Supposititious Wild Man*. In: The Field, No. 2237, S. 786, 9. November 1895

Rousseau, Jean-Jacques, *Discours sur l'origine et les fondements de l'inégalité parmi les hommes*. Garnier-Flammarion, Paris 1971

Rymer, Russ, *Genie – A Scientific Tragedy*. HarperPerennial, New York 1998

Rzaczynski, P. Gabrielis, *Historia naturalis curiosa Regni Poloniae, Magni Ducatus Lituaniae, annexarumque provinciarum*. Sandomirae 1721

Scholz, Hans, *Der Prinz Kaspar Hauser, Protokoll einer modernen Sage*. Hoffmann und Campe, Hamburg 1964

Schreber, Johann Christian Daniel, *Die Säugetiere in Abbildungen nach der Natur mit Beschreibungen. Erster Teil: Der Mensch Der Affe Der Maki Die Fledermaus*. Wolfgang Walther, Erlangen 1775

Sellin, Birger, *ich will kein inmich mehr sein – botschaften aus einem autistischen kerker*. (Hrsg.: Michael Klonovsky) Kiepenheuer & Witsch, Köln 1993

Sellin, Birger, *ich deserteur einer artigen autistenrasse – neue botschaften an das volk der oberwelt*. (Hrsg.: Michael Klonovsky) Kiepenheuer & Witsch, Köln 1995

Shattuck, Roger, *The Forbidden Experiment – The Story of the Wild Boy of Aveyron*. Kodansha International, New York 1998

Sigman, Marian/Lisa Capps, *Children with Autism*. Harvard University Press, Cambridge 1997

Singer, Wolf, *Lernen, bevor es zu spät ist*. In: Süddeutsche Zeitung, 28. Juli 2001

Sleeman, William Henry, *A Journey through the Kingdom of Oude in 1849–1850*. Erster Band, Richard Bentley, London 1858

Sleeman, William Henry, *Sleeman in Oudh, an Abridgement of W. H. Sleeman's »A Journey through the Kingdom of Oudh in 1849–50«*. (Hrsg.: P. D. Reeves). Cambridge University Press, Cambridge 1971

Smith, A. Mervyn, *Sport and Adventure in the Indian Jungle*. Hurst and Blackett, London 1904

Der Spiegel: *Schönster Krimi aller Zeiten*. [Über Kaspar Hauser] Nr. 48, S. 254–272, 25. November 1996

Squires, Paul C., *›Wolf Children‹ in India*. In: American Journal of Psychology, Band 38, S. 313–315, 1927

Staguhn, Gerhard, *Tierliebe – Eine einseitige Beziehung*. Hanser, München 1996

Stockwell, George Archie, *Wolf-Children*. In: Lippincott's Monthly Magazine, Band 61, S. 115–125, Philadelphia 1898

Struys, Jean, *Les Voyages de Jean Struys en Moscovie, en Tartarie, en Perse, aux Indes etc.,* Tome I., Lyon 1682

Tafel, Johann Friedrich Immanuel, *Die Fundamentalphilosophie in genetischer Entwicklung mit besonderer Rücksicht auf die Geschichte jedes einzelnen Problems. Erster Teil.* Verlags-Expedition, Tübingen 1848

Tinland, Franck, *L'Homme sauvage – homo ferus et homo sylvestris – de l'animal à l'homme.* Payot, Paris 1968

Tinland, Franck, *Histoire d'une jeune fille sauvage.* Éditions Ducros, Bordeaux 1971

Tulpius, Nicol., *Amstelredamensis Observationes medicae.* Ed. Nova, libro quarto auctior, Amsterdam 1672

Tylor, E. Burnet, *Wild Men and Beast-Children.* In: Anthropological Review, Band 1, S. 21–32, Treubner & Co., London 1863

Turnbull, Colin M., *The Mountain People.* Simon & Schuster, New York 1972

Virey, J. J., *Dissertation sur un jeune Enfant trouvé dans les Forêts du département de l'Aveyron, comparé aux sauvages trouvés dans l'Europe à diverses époques, avec des remarques sur l'état primitiv de l'Homme.* In: Nouveau Dictionnaire d'histoire naturelle. Paris 1817 (s. Tafel)

Waal, Frans de, *Wilde Diplomaten – Versöhnung und Entspannungspolitik bei Affen und Menschen.* (Aus dem Englischen von Ellen Vogel). Hanser Verlag, München 1991

Wagner, Michael, *Beyträge zur philosophischen Anthropologie und den damit verwandten Wissenschaften.* Erstes Bändchen, Joseph Stahel und Compagnie, Wien 1794

Wickler, Wolfgang/Uta Seibt, *Das Prinzip Eigennutz – Ursachen und Konsequenzen sozialen Verhaltens.* DTV, München 1981

Williams, Donna, *Ich könnte verschwinden, wenn du mich berührst – Erinnerungen an eine autistische Kindheit.* (Aus dem Englischen von Sabine Schulte). Hoffmann und Campe Verlag, Hamburg 1992

Wright, Lawrence, *Twins – And What They Tell us About Who We Are.* John Wiley & Sons Inc., New York 1997

Ziegler, Philip, *The Black Death.* Harper Torchbooks, New York 1969

Zimmer, Dieter E., *Tarzans arme Vettern.* In: *Experimente des Lebens.* Haffmans Verlag, Zürich 1989

Zingg, Robert M., *More About the ›Baboon Boy' of South Africa.* In: American Journal of Psychology Band 53, Nr. 3, S. 455–462, 1940

Zingg, Robert M., *Feral Man and Extreme Cases of Isolation.* In: American Journal of Psychology Band 53 Nr. 4, S. 487–517, October 1940

Zingg, Robert M./J. A. L. Singh, *Wolf-Children and Feral Man.* Archon Books 1966

Zeitungsberichte:

Agence France Presse, 16. April 2002 [Bello, der Schimpansenjunge aus Nigerien]

Die Bunte, 23. Oktober 1986 [Robert, das Affenkind von Uganda]

The Columbus Citizen, 1. Mai 1925 [Hausbootkinder von North Bergen]

Diário de Noticias, 19. Januar 1980 und (undatiert) November 1998 [Isabel, das portugiesische Hühnerkind]

DPA, 13. August 1973 [Rocco von den Abruzzen]

France-Soir, 23. September 1961 [Parasram, Affenkind von Teheran]

France-Soir, 28. September 1961 [Affenkind von Teheran]

Frankfurter Allgemeine Zeitung, 6. Mai 1982 [Affenmensch von Kenia]

Frankfurter Rundschau, 30. Mai 1994 [Höhlenmensch von der Wolga]

The Guardian, 16. Juli 1998 [Iwan von Moskau]

London Times, 5. April 1927 [Wolfskind von Maiwana]

London Times, 29. August 1973 [Rocco von den Abruzzen, Tissa von Sri Lanka]

Los Angeles Times 17. November 1970 [Genie]

The Mail on Sunday, 11. Oktober 1987, [Robert, das Affenkind von Uganda]

Münchner Abendzeitung, 19. Oktober 1999 [Johann Reuss]

Notes Africaines, Nr. 26, April 1945 [Gazellenkind]

The New York Times, 29. April 1925 [Hausbootkinder von North Bergen]

The New York Times, 30. Oktober 1925 [Hausbootkinder von North Bergen]

The New York Times, 10. Mai 1927 [ungarischer Affenmensch]

The New York Times, 17. November 1931 [Edith von Washington]

The New York Times, 6. Februar 1938 [Anna von Pennsylvania]

Rheinische Post, 27. April 1968 [Das Tigerkind von Zentralasien]

The Scotsman, 22. Februar 2002 [Traian, das wilde Kind von Transsylvanien]

Sidney Morning Herald, 18. Oktober 1999 [Johann Reuss]

Stuttgarter Zeitung, 22. März 1988 [Hundejunge von Mettmann]

Süddeutsche Zeitung, 22. April 1968 [Ramu]

Süddeutsche Zeitung, 13. Juli 1994 [Sobrin von Rumänien]

Süddeutsche Zeitung, 4. Oktober 2001 [Beinahebärenkind von Lorestan]

Die Welt am Sonntag, 15. August 1982 [Pascal]

Die Welt am Sonntag, 24. Februar 1985 [Pascal]

www.feralchildren.com

Text- und Bildquellen:

Zitat aus Primo Levi: *Ist das ein Mensch? Die Atempause* mit freundlicher Genehmigung des Carl Hanser Verlags. Aus dem Italienischen von Heinz Riedt und Barbara und Robert Picht. © 1991 Carl Hanser Verlag, München / Wien
Cambridge University Library S. 247
Gabriel Janer Manila S. 335
Mary Evans Online S. 272
Österreichische Nationalbibliothek, Bildarchiv: S. 43, 207
Picture-Alliance S. 349
Psychology Archives – The University of Akron S. 57
Reuters Picture Archive S. 399
Franck Tinland S. 101
UCLA S. 368
Görel Day Wilson S. 379
Robert M. Zingg S. 129, 234

Der Verlag hat sich um die Einholung der Abbildungsrechte bemüht. Da in einigen Fällen die Inhaber der Rechte nicht zu ermitteln waren, werden rechtmäßige Ansprüche nach Geltendmachung abgegolten.

Personenregister